高职高专素质教育系列教材

大学生心理健康指导

靳江丽　夏川生　杨淑芳　主编

U0362226

清华大学出版社
北京

内 容 简 介

本书紧扣积极心理发展的主题,以大学生的心理健康成长为主线,借鉴了近年来国内外心理研究的成果,围绕大学生的身心发展特点,针对大学生生活、学习中的主要问题,运用心理学理论和技术,阐述了心理健康、入学适应、学习心理、自我认识、人格发展、情绪管理、人际交往、恋爱心理、原生家庭、生命教育和心理危机应对等专题,旨在帮助大学生树立心理健康意识,提高心理承受能力,学会心理调适,促进身心健康发展,拥有健康幸福的人生。每个专题以"心灵探索"导入课程,专题末设有"心理测试""心理训练"和"推荐资源"三个栏目。

本书既可作为大学生心理健康教育的教材,也可作为大学生和其他读者心理调适的自助读物。

图书在版编目(CIP)数据

大学生心理健康指导/靳江丽,夏川生,杨淑芳主编.—北京:清华大学出版社,2020.9(2021.7重印)
高职高专素质教育系列教材
ISBN 978-7-302-56342-6

Ⅰ.①大… Ⅱ.①靳… ②夏… ③杨… Ⅲ.①大学生-心理健康-健康教育-高等职业教育-教材 Ⅳ.①G444

中国版本图书馆 CIP 数据核字(2020)第 167352 号

责任编辑:刘士平
封面设计:傅瑞学
责任校对:袁　芳
责任印制:丛怀宇

出版发行:清华大学出版社
　　　　网　　址:http://www.tup.com.cn,http://www.wqbook.com
　　　　地　　址:北京清华大学学研大厦 A 座　　　　邮　编:100084
　　　　社 总 机:010-62770175　　　　　　　　　　邮　购:010-62786544
　　　　投稿与读者服务:010-62776969,c-service@tup.tsinghua.edu.cn
　　　　质量反馈:010-62772015,zhiliang@tup.tsinghua.edu.cn
　　　　课件下载:http://www.tup.com.cn,010-83470410
印 装 者:小森印刷霸州有限公司
经　　销:全国新华书店
开　　本:185mm×260mm　　　　印　张:17.75　　　　字　数:408 千字
版　　次:2020 年 10 月第 1 版　　　　　　　印　次:2021 年 7 月第 3 次印刷
定　　价:55.00 元

产品编号:087689-01

本书编委会

主　编　靳江丽　　夏川生　　杨淑芳

副主编　朱　丹　　段玲玲　　沈佩琦

编　委（按姓氏笔画排序）

马　芹　　　刘　燕　　　刘　曦

朱　丹　　　陈　萍　　　沈佩琦

杨淑芳　　　段玲玲　　　俞　祥

夏川生　　　靳江丽　　　戴　宁

前 言

FOREWORD

　　大学生心理健康教育是高校思想政治工作的重要内容,是促进大学生健康成长、全面发展的重要途径和手段。2017 年 10 月,习近平总书记在党的十九大报告中提出:"加强社会心理服务体系建设,培育自尊自信、理性平和、积极向上的社会心态。"2018 年 7 月,中共教育部党组印发《高等学校学生心理健康教育指导纲要》(教党〔2018〕41 号),对高校学生心理健康教育工作的指导思想、总体目标、基本原则、主要任务、工作保障、组织实施给出了指导性意见。以提高大学生的心理素质为目标,加强心理疏导,优化心理品质,培养健全的心智,增强大学生自我解决心理问题的能力和心理调适能力,是大学生心理健康教育工作的基本任务。

　　为了切实落实这一任务,本书编写组根据国家各部委对高校心理健康工作的要求与指导,结合高职教育形势新的发展和教育对象新的变化,引入多年教学实践积累的丰富而新鲜的教学经验和教学资料,引导学生树立积极的心理发展理念,培养学生积极的心态,更多地从学生的视角感受生命的可贵和生活的温暖,学会用积极的心理对待适应、学习、自我、情绪、人际、爱情、家庭、生命等人生关系和人生问题,希望能够对广大大学生的学习和生活提供有益的帮助。

　　本书有以下特点。

　　(1) 兼顾教材的理论性与应用性,体现了面向高职学生的针对性。心理健康教育是一门专业性很强的课程,教材内容必须体现理论性。但教材有别于专著,如果理论内容繁多、晦涩,又会挫伤学生学习的积极性,毕竟心理健康教育课程不是培养心理学的专门人才。本书在内容的处理上体现了专业性、可读性和生活化的原则,难易适度,专业性较强的知识点用知识拓展、心理悦读等方式呈现,注重调动学生的求知欲,培养高职学生综合运用心理学基本理论解决实际问题的能力,符合高职学生的实际水平及兴趣。

　　(2) 注重内容的适用性与时代性。本书融入了近年来心理健康教育研究的热点问题,如积极心理和幸福人生、高效学习方法、原生家庭影响、生命教育等内容,充分体现了内容的适用性和时代性的结合。考虑到高职学生的实际状况,本书在学生的发展性方面下功夫,包含了丰富的联系学生现实生活、具有现实意义的学习素材。

　　(3) 把握了体例的结构性与丰富性,使教材形式多样化。本书每个章节开头通过心灵探索,用发人深省的故事或者案例导入,引起思考。知识拓展、心理悦读、心理训练、推荐资源等丰富的栏目内容是教材主体知识结构的有效补充,同时为学有余力的学生提供自学资料,既开阔学生的知识视野,又可以让学生参与活动,使学习充满活力。

　　(4) 体现了教材的适教性和宜学性,使教学方式多元化。心理健康教育的课程目标是希望通过一系列的心理辅导活动,让学生能够从活动中懂得认识自我、发展自我的重要性,进而能够主动地去发展和提高自己的心理品质。本书的灵活多样的内容编排不仅适合学生自学,也使教师更具有操作性,体现了教、学、做一体化,课堂讲授与案例教学、活动体验相结合,课堂教学与课外实践相结合,课堂教学与学生自我教育、互助教育相结合,也可以整合案例讨论法、角色扮演法、心理测验法、行为训练法等多种教学方法。教材制作了配套 PPT 和部分教学视频,为教师教学提供了丰富的素材,也为教师进一步拓展教学提供了必要的空间。

本书在编写过程中参考了大量的国内外出版物中相关资料和心理健康的研究成果,并在心理悦读和推荐资源中引用和改编了许多网络资源,由于几易其稿,部分引文原出处遗失,未能悉数列出,在此致歉,谨向这些作者、学者和网站材料提供者表示深深的谢意。由于编者学识有限,书中难免会有疏漏和不足之处,恳请专家、同行和广大读者批评、指正。

编　者

2020 年 5 月

目 录

CONTENTS

第一章　开启健心之旅

积极心理学：让人生更美好

这是一位父亲在生活中经历的一件普通事件，也是一个积极心理学的故事。

父亲在自己屋前的花园里割草，他的小女儿尼奇在一边玩着。这位父亲是一个做事认真的人，他割草时也是如此——埋头割草、专心致志。他的女儿是一个天真活泼的孩子，她在旁边又唱又跳，还不时地把父亲割下的草抛向天空。父亲对女儿尼奇的行为不耐烦了，于是大声地呵斥了尼奇。尼奇一声不响地走开了，可不久她又回到了花园，并且一本正经地对父亲说："爸爸，我想和你谈谈。""可以啊，尼奇。"爸爸回答。"爸爸，你还记得我在过5岁生日之前的情况吗？你常说我在3岁到5岁时总爱为许多事抱怨和哭诉，也不管这些事是紧要的还是无关紧要的。但当我过了5岁的生日后，我就下决心不再就任何事对任何人抱怨和哭诉了，这是我做过的一件最艰难的事。不过我发现，当我不再抱怨和哭诉时，你也会停止对我吼叫的。"

这位父亲就是美国著名心理学家、积极心理学之父、美国心理学会主席马丁·塞利格曼教授。女儿的回答，让塞利格曼产生了一种闪电般的震动，仿佛出现了神灵的启示。他太了解尼奇的成长，太了解自己和自己的职业了。他认识到，是尼奇自己矫正了自己的抱怨。培养尼奇意味着看到她心灵深处的潜能，发扬尼奇的优秀品质，培养她的力量。培养孩子不是盯着他身上的短处，而是认识并塑造孩子身上的优势，即他拥有的最美好的东西，将这些最优秀的品质变成促进他们幸福生活的动力。

这一天也改变了塞利格曼的生活。他过去的50年都在阴暗的气氛中生活，心中有许多不高兴的情绪，而从那天开始，他决定让心灵充满阳光，让积极的情绪成为心灵的主导。继而，塞利格曼教授认识到心理学应该研究人的积极方面，将这种关心人的优秀品质和美好心灵的心理学，定位为积极心理学。

第一节　积极心理学与幸福人生

一、积极心理学的基本理念

一直以来，人类都在追求幸福、快乐。心理学是一门让人幸福的学科。然而心理学让人熟知的并不是如何让人幸福，当人们听到"心理学"这三个字时，便自觉地联想到心理问题和疾病。直到20世纪90年代，在美国兴起了积极心理学的研究，积极心理学主张研究人类的优势品质和美德,充分挖掘人们潜在的具有建设性的力量,促进个人幸福和社会发展。

积极心理学,从传统消极心理学关注人的"最不幸的事件"转向研究"最幸福的事件",从关注"精神病人"转向研究普通人如何在良好的条件下更好地发展、生活,并指导人们如何获得幸福,这正在成为心理学的一种思潮。积极心理学是利用心理学已比较完善和有效的实验方法与测量手段,研究人的优势与幸福的一门心理学学科。

塞利格曼教授指出,心理学应有三项使命:一是研究消极心理,治疗精神疾病;二是让所有人生活得更加充实和更有意义;三是鉴别和培养天才。而传统心理学仅仅履行了第一项使命,未来心理学任重道远。积极心理学的使命,通俗地说,就是让心理有问题的人能及时解决自己的问题;让正常人能发现并发挥自己的优势、挖掘自己的潜能以及培养自己的力量与美德,从而过得更有意义;让那些"超常人"能够发现自己的"超常",并能很好地利用资源平台发挥自己的超常才能,以实现自身的价值。

一个拥有强大心理免疫系统的人,一是能大大降低患心理疾病的可能性,就像抵抗力强的人很少得感冒,而抵抗力弱的人可能三天两头地患各种小病;二是即使有了心理问题和困扰也能依靠自己的能力及时解决,恢复到常态。心理免疫系统可以说是提供了强大的预防力和恢复力。

心理学研究应立足人类自身内部,系统地塑造各项能力来预防心理疾病的发生,而不是事后修正缺陷。积极心理学认为预防的主要任务是创建一门有关人类心理力量的科学,旨在培养所有人的美德与优势,发掘力量与潜能。科学研究已表明,人类自身存在着可以抵御精神疾病的力量,它们是:勇气、关注未来、乐观主义、人际技巧、信仰、职业道德、希望、诚实、毅力和洞察力,等等。所以积极心理学要做的就是发现发展人类的积极优势与力量,建立强大的心理免疫系统以预防和治愈生活中消极暗劣的部分。

例如,对滥用药物的青少年有效地预防并不是对他们进行"矫治"。单纯地关注个体身上的弱点和缺陷不能产生有效的预防效果,而是应该找出并发展其自身拥有的力量。一个关注未来、人际关系良好,并能从运动中得到快乐的青少年是不会滥用药物的。心理学者在这方面应做的是弄清如何培养青年人的这些品质,通过可靠并有效地测量这些品质,进行适当的纵向研究,弄清这些品质的形成过程和途径,并进行恰当的干预,以塑造这些品质。

二、积极心理学的三大主题

在今天物质生活有了相当大的发展的背景下,内在精神满足已经成为人们的诉求。积极、幸福和蓬勃已经成为人们精神生活的自觉追求,这也是当前积极心理学发展的三大主题。

(一)积极

积极(positive)一词是指"实际而具有'建设性的'或'潜在的'意思"。现在心理学中所谓的"积极",一般是指"正向的""乐观的"或"主动的"含义,既包含外显的主动、积极行为,又包含人内部潜在的积极性和自主性。积极心理学强调了人类心理现象中正性、积极的一面,积极就是能够从正面的角度看到问题或困境的正面、积极意义。人之所以看到阴影,是因为他背对着阳光。

积极是指人的一种出色的心理素质和生活态度,这种心理素质和态度促使一个人热爱自己,热爱他人,热爱世界,拥有快乐和幸福。积极还指一个人发挥了最高潜能的行为,把所有力量都运用到了极限而问心无悔的人生态度。积极也是一个行为过程,包括过程的体验。由此看来,积极心理学的"积极"二字异常重要,也是它具有时代意义的根本所在。

(二)幸福

幸福是一种持续时间较长的对生活的满足和感到生活有巨大乐趣,并自然而然地希望持续久远的愉快心情。这既是每个人追求的目标,也是整个人类追求的终极目标。积极心理学也可以说是幸福科学。幸福感是人类最为重要的也是最为典型的内在积极体验,是所有积极力量和品质的终极感受。这是人类积极心理现象的核心和关键,也是个体最重要的自我体验和感受。在这种体验中,高度地满意当前的生活,并发自内心地充满了高兴、愉快等积极情绪。对幸福的追求正是人类对内在精神的追求。幸福不同于积极,如果说积极强调的是外显行为特征和内隐的积极心理状态,侧重于心理现象中积极的一面,那么幸福强调的是个体的主观感受和评价。

幸福与财富并没有必然的联系,幸福的人不一定是富人,穷人也可以很快乐,而富人并不一定就幸福。积极状态的人不一定富有,但一定是幸福、快乐和乐观的。很多人不感到幸福,可能不在于缺乏积极的外在表现,而是缺少幸福的主观体验,有高水平的生活却感受不到生活的品质。身处同样的境地、面对同样的问题,不同的人会有截然不同的心理体验,即不同的幸福感。一个人能不能获得较高的幸福感在很大程度上取决于他的幸福观。

📖 知识拓展

幸福感可以长久吗?

当我们经过努力获得奖学金,当我们坠入爱河,当我们购买的彩票中奖了……你会怎么样?不容置疑,我们肯定会非常高兴,也会感到很幸福。但是过不了多久,幸福的感觉就会下降,我们很难让幸福的感受一直持续下去。甚至有研究发现,中奖的人在一年以后的快乐程度还不如没有中奖的人。来自双生子的调查发现,50%的幸福体验来自遗传,10%源自环境,剩下的40%源自我们有目的地提升自身幸福感的行为。所以,我们获得的幸福体验并不能一直持续下去,是因为我们与幸福相关的目的行为发生了变化。比如,我们一直努力地追求某一门课程获得90分,但得到90分之后,我们的行为意图不再聚焦于90分。所以,即便再次得到90分,我们也不会感受到强烈的快乐。所以,要想获得持久的幸福,就应该保持一些与幸福相关的活动或行为。

（三）蓬勃

蓬勃（flourish）是繁荣、昌盛、兴旺、茁壮成长、健康幸福，也可以理解为旺盛的生命力。在中国文化里面，蓬勃就是指生命充满活力和张力。积极地提高自己的生活质量，使自己的生命充满活力，可以增强和提升自己的幸福感。对于大学生而言，有两个例子有助于理解什么是蓬勃。第一个是敢于"仰望星空"，有理想、有抱负，在心中燃烧着一股充满希望的烈焰。第二个是"初生牛犊不怕虎"，朝气蓬勃，有敢作敢为的冲劲。大学生在这两个方面的表现正是对蓬勃的最好注解。

积极心理学的目标之一是追求快乐，但不仅仅是快乐。塞利格曼教授提出了一个更全面的幸福模型——PERMA 模型。他提出将人生的蓬勃程度作为幸福的黄金标准，真正的幸福感的衡量标准应该是既有主观成分，又有客观成分，可以从积极的情绪、专注和投入、积极的人际关系、人生意义和成就 5 个方面评估幸福的程度。

📖 知识拓展

塞利格曼的 PERMA 幸福模型

1. 积极的情绪（positive emotion）

幸福的第一个要素是积极的情绪。积极的情绪是人们拥有主观幸福感所必需的，它是轻盈的、微笑的、放松的、振奋的，是幸福最原始的要义。积极的情绪主要包含以下 9 种：快乐、感恩、平静、希望、自尊（自豪）、乐趣、鼓舞人心、敬畏、爱。积极的情绪会带来更具适应性的发展结果，可以使人们扩展认识，学会独立探索，应对外部环境的种种威胁。和消极情绪的狭隘性相比，积极情绪更容易使人逐步走向发展和蓬勃，是 PERMA 中可以被主观评价的因素。

2. 专注和投入（engagement）

幸福的第二个要素是专注和投入。投入的生活是一种醉心于某一对象的生活，包括深入而专心地工作、拥有亲密的关系等。当人们全身心投入一种状态和任务时，能体验到一种"福流"（flow）状态：时间飞快流近，注意力高度集中于当前活动，甚至感觉不到自我的存在。当所有的信息和个人的热情、目的、愉悦结合在一起时，当活动的挑战水平和个人的技能水平匹配时，个人会经历这种状态。当一个人处于"福流"状态时，他就会感到精力充沛，感受到自身的成长，这是专注的快乐。投入也是 PERMA 中可以被主观评价的因素。

3. 积极的人际关系（relationship）

幸福的第三个要素是人际关系。人们都生活在一定的社会关系中，拥有各种人际关系，爱和友谊是人赖以生存的基础，朋友和亲人则承载着温暖、骄傲、责任和生命意义。积极的人际关系为人们提供了一个有助于个人安全感的支持系统，这种支持系统促进了他们能发展和走向蓬勃。研究表明，最亲密的伙伴对个体的快乐有重要影响。人际关系中，既有让我们感激的援手，也有无意的伤害。人们要学着感恩、宽容和谅解，更要学习贯穿一生的主题：爱与被爱。

4. 人生意义（meaning）

幸福的第四个要素是人生意义。当一个人理解了自己是世界上独一无二的，并且明确他在生活中将达到的目标时，便具有了生存的意义。在某些时刻，人们比渴望快乐更渴望被某种使命召唤，为了一个宏大的目标，像英雄一样忍受痛苦。这种召唤不来自外界，而来自内心。人们大都希望做有意义的工作，过有意义的生活，拥有人生意义好似拥有了一个提供方向和目标的指南针。那些找到生活意义的人往往更加乐观，拥有高自尊，抑郁和焦虑水平较低。人生意义在很大程度上是主观的，不是逻辑或推理的结果。

5. 成就（achievement）

幸福的第五个要素是成就。人们都希望自己成为人生赢家，取得成功，获得他人的认可，满足自我实现的需要，这也是幸福不可或缺的元素。成就代表了一个人对环境的掌控能力。成就使人们知晓他们的活动是有意义的，并且使他们在生活中感到有效力。这使人们产生了一种对生活道路的控制感，并且会得到这样的反馈：他们没有偏离生活的轨道。和人生意义不同，成就更加关注环境给予的反馈，而不是个体的贡献。幸福感常常来自成就的实现过程而不是成就本身。

PERMA 的五个元素不仅是个体幸福感的重要因素，也是相互作用的整体。一个人可以以自己的方式拥有纯粹的成功或者过有意义的生活。但是，某一领域的停滞可能会引起一个真空，且渗透到生活的其他领域。当人们实现所有的 PERMA 的元素而不是其中一个或者几个时，他们会更加蓬勃。积极情绪和投入是一种主观的变量，由想法和感受决定。生活意义、人际关系和成就则兼有主观和客观的成分，因为人可以自认为拥有生活意义、良好的人际关系和杰出的成就，也许实际情况并不是这样。PERMA 不单纯是一种理念，因为它不仅包括良好的感觉，还包括个体真实存在生活的意义、良好的关系和成就。

积极心理学发展到今天，积极、幸福和蓬勃成为我们追求的积极状态。积极突出人类心理现象中的正面性，幸福强调人类内在的积极体验，蓬勃则凸显人类寻求幸福的内在动力性与主动性。对于积极心理学来说，追求快乐仅仅是第一步，发现自己的优势并全身心地投入，获得有意义的人生，为自身、他人和社会谋福祉，这样的目标才值得我们为之奋斗终身。

三、积极心理学的三大支柱

积极心理学发展初期，塞利格曼教授曾提出积极心理学的三大研究支柱：积极情感体验、积极人格、积极的社会组织系统，它们是支撑和推动积极心理学发展的三大着力点。之后，伴随着积极心理学的发展和成果的不断丰富，通过很多学者的努力和梳理，积极心理学逐步形成一套比较完备的内容体系。简单地说，积极心理学的研究内容主要集中在三个方面：个体层面上的积极的主观体验、积极的人格特质，以及群体层面上的积极的社会环境，如图 1-1 所示。

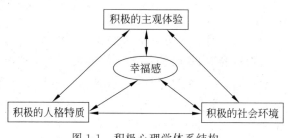

图 1-1　积极心理学体系结构

（一）积极的主观体验

积极情绪是积极心理学研究的一个主要方面,它主张研究个体对待过去、现在和将来的积极体验。在对待过去方面,主要研究满足、满意等积极体验;在对待现在方面,主要研究幸福、快乐等积极体验;在对待将来方面,主要研究乐观和希望等积极体验。

1. 回顾过去——幸福而满足

心理学对幸福的研究主要用主观幸福感作为幸福的指标。幸福不仅仅是获得快乐,而且包含了通过发挥自身潜能而达到的完美体验。学者们的调查研究发现,并不是发生的事情决定了人们的幸福,幸福决定于人们如何看待所发生的事情。包括婚姻关系、家庭成员关系、朋友关系、邻里关系等在内的社会关系和个人人格特质是影响幸福感的重要因素。

2. 面对今天——快乐而充盈

心理学家比较了那些快乐的人和不快乐的人,发现他们在认知、判断、动机和策略上有所差异,并且这些不同经常是自动化的、并未被个人意识到的,主要表现在快乐的人对社会性比较信息,较那些不快乐的人稍微迟钝。关于快乐与金钱的关系、快乐与信仰的关系以及快乐随着社会发展而有所变化等主题也有不少研究。

3. 憧憬未来——现实而乐观

乐观可以让人更多地看到好的方面。心理学家认为,乐观涉及认知、情感和动机成分。乐观的人更容易拥有好心情,更加不懈努力和容易成功,并且拥有更好的身体健康状况。对大量如患有艾滋病等危及生命的病人的研究表明,那些始终保持乐观的人活得更长久一些。乐观主要是在认知水平上起调节作用。一个乐观的人更可能习得促进健康的习惯并获得更多的社会支持。

（二）积极的人格特质

积极的人格特质是积极心理学得以建立的基础。积极心理学家认为,积极的人格特质主要是通过对个体各种现实能力和潜在能力加以激发和强化,当激发和强化使某种现实能力或潜在能力变成一种习惯性的工作方式时,积极的人格特质就形成了。积极的人格有助于个体采取更有效的应对策略。积极心理学家认为培养这些特质的最佳方法之一就是增强个体的积极情绪体验。自身的性格力量和优势是通往幸福的渠道,真实的幸福源于发现自己的优势和美德,并在生活中充分发挥它们。

积极的人格特质中存在两个独立维度:一是正性的利己主义,是指接受自我、具有个人生活目标或能感觉到生活的意义、感觉独立、感觉到成功,或者能够把握环境因素及其挑战;二是与他人的积极关系,指的是当自己需要的时候能够获得他人的支持,在别人需要的时候愿意并且有能力提供帮助,看重与他人的关系并对于已达到的与他人的关系表示满意。积极的人格特质有助于个体采取更为有效的应对策略,从而更好地面对生活中的各种压力。

（三）积极的社会环境

心理学家马斯洛、罗杰斯等人指出,当孩子能够获得教师、同学和朋友提供的最优支持、同情时,孩子最有可能健康成长和自我实现。英国著名哲学家培根认为与能交流思想的朋友和搭档接触有两个好处,即"使人加倍快乐,并将痛苦减半"。

积极心理学非常重视社会背景下的人及其体验的再认识,关注积极团体和社会机构对于个人健康成长的重要意义。积极心理学研究公民美德（如有责任感、有职业道德、乐于助人、有礼貌、宽容）,以及有利于个体形成这些美德的社会环境因素,包括健康的家庭、关系融洽的社区、有效能的学校、有社会责任感的媒体等。实践证明,积极心理学的干预可明显增进家庭的良性互动、提升企业的工作绩效、促进社会和谐发展。

每个人都有获得幸福和成功的能力。积极心理学研究这三大支柱的目的是为了增进人们的幸福感。积极心理学研究快乐、投入、成就、意义和积极关系,关注愉悦、宁静、敬畏等积极情绪,帮助人们通过感恩、宽恕和助人等积极行为建立良好的人际关系,鼓励人们借由投入而获得"心流"和成就,进而追寻和实现人生的意义。因此,积极心理学的核心任务就是建立积极情绪,培养积极的个人特质,创造积极的社会环境。

知识拓展

快乐的具体招数

究竟如何才能使我们更快乐呢?美国加州大学心理学家桑雅·吕波密斯基根据研究结果,提出以下八项具体可行的做法。

一、心存感激:每周记下三五件令你感恩的事件。这些可以是俗事（你的牡丹花盛开了）,也可以是更具意义的事（小孩开始学走路了）。保持鲜活,内容越常更换越好。

二、时时行善:行善可以是随时的（排队时,让赶时间的人排你前面）,也可以是系统的（每周日固定送晚餐给老年邻居）。对朋友或陌生人行善,会让自己感觉很慷慨、很有能力,也会赢得别人的笑脸、赞许及仁慈回馈。这些都会让人感觉快乐。

三、品尝乐趣:多注意美好的事物,例如草莓的甜美、阳光的和煦。心理学家建议,不妨将快乐时光如照相一般"印存脑海中",在痛苦时回味。

四、感戴良师：如果有人在你的人生十字路口予以指引，要赶快致谢。越详尽越好，最好是亲自答谢。

五、学习宽恕：对伤害与误解你的人，放下怒气与怨恨写封信给对方表示宽恕。无法宽恕他人会让自己停在积怨与心怀报复上，宽恕则能让你继续前行。

六、爱家爱友：对生活满意与否，其实与钱财、头衔甚至健康关系不大。最重要的因素是坚固的人际关系。多花点时间与精力在朋友与亲人身上。

七、照顾身体：睡眠充足、运动、伸展四肢、笑口常开都可暂时改善心情。经常如此会让你对生活感到满意。

八、逆境自持：人生不免有难关，一些人生信条可助你渡过。例如"事情总会过去""任何击不倒我的事，会让我变得更强壮。"关键在于，你必须相信它们。

第二节　大学生心理健康概述

健康是人生快乐、幸福、成功的基础和前提，每个人都渴求健康。马克思提出把健康作为人的第一权利，作为一切人类生存的第一前提。教育家洛克则强调若没有健康，就没有幸福。而哲学家叔本华则更形象地说明，一个健康的乞丐比患病的国王更幸福。

一、现代科学健康观

长期以来，人们对健康的认识存在许多片面性。比如，一谈起健康，首先想到的是身体健康，一旦遇到健康问题，首先想到的又是医学的事。所以日常生活中人们往往注重的是生理健康，以为身体没病就是健康。但随着社会的进步和科学的发展，人们关于健康的观念也在悄然发生着改变。

《简明不列颠百科全书》对健康的定义是："没有疾病和营养不良以及虚弱状态。"《辞海》(1989年版)中，也将健康定义为："人体各器官系统发育良好，功能正常，体质健壮，精力充沛，并具有良好劳动效能的状态。通常用人体测量、体格检验和各种生物指标来衡量。"这些对健康的定义都是在生物医学模式下的解释，这种模式虽然为人类的健康作出了卓越的贡献，但对健康的认识局限于躯体的生物学变化，而忽视了人的心理活动及社会存在对健康的影响。

随着社会的发展与科学技术的进步以及对人类自身认识的深化，人们对于健康的定义已经不仅仅局限于有没有疾病，对健康概念的把握也越来越准确，越来越科学。越来越多的专家和学者认为，一个健康的人不仅要有强健的体魄，还要有良好的心态、较好的心理素质、良好的适应能力。

1946年，世界卫生组织(WHO)在其《世界卫生组织宣言》中开宗明义："健康乃是一种身体上、心理上和社会适应上都趋于完满的状态(well-being)，而不仅是没有疾病和虚弱的现象。"这是对健康较为全面、科学、完整、系统的定义。这种对健康的理解意味着，衡量一个人是否健康必须从生理、心理、社会、行为等因素分析，不仅看他有没有器质性异常或功能性异常，还要看他有没有主观不适感，有没有社会公认的不健康行为。

1989年,世界卫生组织又为健康概念注入了新的内容,提出了21世纪健康新概念:"健康不仅是没有疾病,而且包括躯体健康、心理健康、社会适应良好和道德健康。"

世界卫生组织关于健康定义中四个要素的具体内容如下。

(1)躯体健康。一般指人体生理的健康。

(2)心理健康。一般有三个方面的标志:第一,具备健康的心理的人,人格是完整的,自我感觉是良好的,情绪是稳定的,积极情绪多于消极情绪,有较好的自控能力,能保持心理上的平衡,有自尊、自爱、自信心以及有自知之明。第二,一个人在自己所处的环境中有充分的安全感,且能保持正常的人际关系,能受到别人的欢迎和信任。第三,健康的人对未来有明确的生活目标,能切合实际地、不断地进取,有理想和事业的追求。

(3)社会适应良好。指一个人的心理活动和行为,能适应当时复杂的环境变化,为他人所理解,为大家所接受。

(4)道德健康。最主要的是不以损害他人利益来满足自己的需要,有辨别真伪、善恶、荣辱、美丑等是非观念,能按社会认为规范的准则约束、支配自己的行为,能为他人的幸福作贡献。

科学的健康观改变了人们传统的没有躯体疾病即健康的概念,它包含了躯体健康、心理健康、社会适应良好和道德健康。健康的目标是追求一种更积极的状况、更高层次的适应和发展,是一种身心健康、生活幸福的完美状态。人是生理和心理紧密结合的有机体,生理健康是心理健康的基础和载体,心理健康对生理健康有重要的影响,保持心理健康能够对身体健康起到良好的促进作用。生理健康和心理健康的辩证统一是现代健康的根本。一个健康的人,既要有健康的身体,还要有健康的心理和行为。只有当一个人身体、心理和社会适应都处在一种良好状态时,才是真正的健康。

为了帮助人们直观地认识健康,世界卫生组织规定了健康的10条标准。

(1)有足够的、充沛的精力,能从容不迫地应付日常生活和工作的压力,而不感到过分紧张。

(2)处事乐观,态度积极,乐于承担责任,不论事情大小都不挑剔。

(3)善于休息,睡眠良好。

(4)应变能力强,能适应环境的各种变化。

(5)能够抵抗一般性感冒和传染病。

(6)体重适当,身材匀称,站立时头、肩、臂位置协调。

(7)眼睛明亮,反应敏捷,眼睑不发炎。

(8)牙齿清洁,无空洞、无痛感,齿龈颜色正常,无出血现象。

(9)头发有光泽,无头屑。

(10)肌肉和皮肤富有弹性,走路感觉轻松。

近年来,世界卫生组织又将健康标准进行重新表述,基本思想和理念未变,但更容易使大众掌握与理解,这一新的表述可概括为"五快"和"三良好"。

"五快"包含以下内容。

(1)吃得快。进餐时,有良好的食欲,不挑剔食物,并能很快吃完一顿饭。

(2)便得快。一旦感觉有便意,能很快排泄完大、小便,而且感觉良好。

（3）睡得快。有睡意，上床后能很快入睡，且睡得好，醒后头脑清醒，精神饱满。

（4）走得快。行步自如，步履轻盈。

（5）说得快。思维敏捷，口齿伶俐。

"三良好"指以下三点。

（1）良好的个性人格。情绪稳定，性格温和；意志坚强，感情丰富；胸怀坦荡，豁达乐观。

（2）良好的处事能力。观察问题客观、现实，具有较好的自控能力，能适应复杂的社会环境。

（3）良好的人际关系。助人为乐，与人为善，对人际关系充满热情。

二、心理健康的含义

《心理学百科全书》在"心理健康"词条下的解释是："心理健康（mental health）又称心理卫生，包括两个方面的含义：其一，指心理健康状态，个体处于这种状态时，不仅自我状态良好，而且与社会契合和谐；其二，指维持心理健康、减少行为问题和精神疾病的原则和措施，主要目的在于预防心理障碍或行为问题，以促进人们心理调节，发展更大的心理效能为目标。"

迄今为止，关于心理健康还没有一个统一的概念，国内外学者一般认同心理健康标准的复杂性，既有文化差异，也有个体差异。从广义上讲，心理健康是一种持续高效而满意的心理状态；从狭义上讲，心理健康是知、情、意、行的统一，是人格完善协调，社会适应良好。

第三届国际心理卫生大会（1946年）对心理健康是这样定义的："所谓心理健康，是指在身体、智能以及情感上与他人的心理健康不相矛盾的范围内，将个人心境发展成最佳的状态。"

世界心理卫生联合会还明确提出了心理健康的如下标志。

（1）身体、智力、情绪十分调和。

（2）适应环境、人际关系中彼此能谦让。

（3）有幸福感。

（4）在工作和职业中，能充分发挥自己的能力，过高效率的生活。

美国著名心理学家马斯洛和米特尔曼曾提出心理健康者的10条标准，受到心理卫生界的普遍重视，并被广泛引用。这10条标准如下。

（1）有充分的安全感。

（2）充分了解自己，并能恰当地评价自己的能力。

（3）自己的生活理想和目标切合实际。

（4）与周围环境事物保持良好的接触。

（5）能保持自身人格的完整与和谐。

（6）具有从经验中学习的能力。

（7）能保持适当和良好的人际关系。

（8）适度地表达和控制自己的情绪。

（9）在集体允许的前提下，有限地发挥自己的个性。

（10）在社会规范的范围内，适当地满足个人的基本需求。

我国郭念锋教授认为，心理健康是指人的心理，即知、情、意活动的内在关系协调，心理的内容与客观世界保持统一，并能促使人体内、外环境平衡，促使个体与社会环境相适应的状态，并由此不断地发展健全的人格，提高生活质量，保持旺盛的精力和愉快的情绪。

以上关于心理健康的含义和标准，理解角度虽然有所不同，但基本理念是一致的，都是指人的基本心理活动的过程内容完整、协调一致，即认识、情感、意志、行为、人格完整和协调，能适应社会，与社会保持同步。

 知识拓展

> **心理健康的等级**
>
> 根据中外心理健康专家的研究，人的心理健康水平大体可分为三个等级。
>
> 一是一般常态心理，表现为心情经常愉快，适应能力强，善于与别人相处，能较好地完成与同龄人发展水平相适应的活动，具有调节情绪的能力。
>
> 二是轻度失调心理，表现出不具有同龄人所应有的愉快，与他人相处略感困难，生活自理能力较差，经主动调节或通过专业人员帮助后可恢复常态。
>
> 三是严重病态心理，表现为严重的适应失调，不能维持正常的生活和工作，如不及时治疗可能恶化，成为精神病患者。

其实，心理健康是一个相对概念，从不健康到健康只是程度不同而已。心理正常与异常是相对的，不像生理健康那样具有精确的、易于度量的指标，易于看得见。人的心理健康可以从相对不健康变得相对健康，也可以从相对健康变得相对不健康。因此，心理健康与否是一个动态的过程，不是固定不变的。

从心理健康的含义可以看出，心理健康应该包括两个层面：一是无心理疾病。即个体的心理活动处于正常状态下，认知正常、情感协调、意志健全、个性完整和适应良好。无心理疾病是心理健康的最基本条件。二是具有一种积极发展的心理状态，是和更高质量的生活连在一起的。从积极的、预防的角度出发，保护和促进个体的心理健康，消除一切不健康的心理倾向，充分发挥身心潜能。高层次的心理健康不仅没有心理疾病，而且能充分发挥个人潜能，发展建设性人际关系，从事具有社会价值的创造，追求高层次需要和生活的意义。

三、大学生心理健康的标准

根据处于青年中期的大学生具有的心理特征、大学生特定社会角色的要求以及心理健康学的基本理论，大学生心理健康的标准表现在以下几个方面。

1. 智力正常

一般来说，大学生能够通过高考的选拔表明大学生的智力是正常的，并且总体智力水平高于同龄人。学习是大学生活的主要内容，心理健康的学生会对学习有热情，求知欲望强烈、好奇心强，对未知的事情敢于探索，能克服学习中的困难，学习成绩稳定，能保持一定的学习效率，在学习中经常能够体验到满足与快乐。

2. 自我评价正确

正确的自我认识、自我评价是大学生心理健康的重要条件。心理健康的人能体验到自己存在的价值，既能了解自己，又能接受自己，有自知之明，对自己的能力、性格和优缺点都能作出恰当的、客观的评价；既不妄自尊大而做力所不能及的工作，也不妄自菲薄而甘愿放弃可能发展的机会。自信乐观，生活目标与理想切合实际。

3. 人际关系和谐

人际关系和谐既是心理健康的重要标准，也是维持心理健康的重要条件。心理健康的人乐于与人交往，能够接受他人，能认可别人存在的重要性和作用，在与他人交往中，能以尊重、信任、友爱、宽容、理解的态度与人相处，能分享、接受，给予爱和友谊，与集体保持协调的关系，能与他人同心协力、合作共事，乐于助人。

4. 情绪积极稳定

良好的心态是心理健康的重要标志。心理健康的人在生活中愉快、乐观、开朗、满意等积极情绪状态总是占优势的，虽然也会有悲、忧、愁、怒等消极情绪体验，但能进行自我调节，而当负面情绪占了主导地位时，也能主动调节，有适度表达和控制情绪的能力，能保持良好的心境。

5. 人格完整统一

人格是指人的整体精神面貌，人格完整是指人格构成要素的需要、动机、兴趣、气质、能力、性格和理想、信念、世界观等各方面统一、协调、健全地发展。心理健康的大学生的所思、所做、所言协调一致，具有积极进取的人生观，具有正确的自我意识，并以此支配自己的心理与行为。

6. 意志品质健全

健全的意志品质表现为意志的目的性、果断性、坚韧性、自制性。在学习、训练等任务中不畏困难和挫折，知难而上，持之以恒；需要作出决定时，能毫不犹豫、当机立断；善于明辨是非，能够控制一时的感情冲动，在实现目标的过程中自觉地约束自己，抵制各种外部的诱惑。

7. 社会适应正常

当环境发生改变时，有的人适应能力较差，就容易紧张、焦虑、失眠，有的人则适应能力良好，很快就能随遇而安。心理健康的大学生在环境改变时能面对现实，使个人行为符合新环境的要求，主动调整自我以积极地适应新的环境；能和社会保持良好的接触，对社会现状有清晰的认识，能不断调整自己的期待及态度，使自己的思想、行为与社会协调一致。

8. 心理行为符合年龄特征

在人的不同年龄阶段，都有相对应的心理行为表现，从而形成不同年龄阶段独特的心理行为模式,心理健康的人应具有与多数同龄人相符合的心理行为特征。青年应该是精力充沛、反应敏捷、行为果断的,过于老成、过于幼稚、过于依赖都是心理不健康的表现。

四、正确理解心理健康的标准

心理健康的标准是一种理想尺度,它一方面为我们提供了衡量心理是否健康的标准,同时也为我们指明了提高心理健康水平的努力方向。正确理解和运用大学生心理健康标准应注意以下几个问题。

(1)心理不健康不能完全等同于不健康的心理和行为。心理不健康是指一种持续的不良状态。一个人偶尔出现一些不健康的心理和行为并不等于心理不健康,更不等于患了心理疾病。因此,不能只看一时一事就简单地对自己或他人作出心理不健康的结论。

(2)心理健康与不健康不是泾渭分明的对立面,而是一种连续的状态。从良好的心理健康状态到严重的心理疾病之间有一个广阔的过渡带,心理完全健康和完全不健康的人都是极少数的,大多数人处于中间区域。

(3)心理健康状态不是固定不变的,而是动态变化的过程。心理健康状态是随着人的成长、经验的积累、环境的变化而改变的。

(4)因为人的心理世界是复杂多样的,即使一个健康的人,也可能有突发性、暂时的心理异常,每一个人随时都可能出现心境不良状态,产生心理问题和心理困扰,这就像感冒、发烧一样不足为奇。

可见,心理健康是一个相对概念、理想状态,每一个人在自己现有的基础上做不同程度的努力,都可以追求心理发展的更高层次,不断激发自身的潜能。

五、心理问题的界定

心理正常是一个常态范围,在这个范围内允许不同程度的差异存在。心理不健康主要分为以下三类。

1. 一般心理问题

一般心理问题的判断标准如下。

(1)不良情绪不间断地持续满一个月或不良情绪间断地满两个月还不能自行化解。

(2)不良情绪反应仍在相当程度的理智控制下,始终保持行为不失常态,基本维持正常生活、学习、社会交往,但效率有所下降。

(3)自始至终,不良情绪的激发因素仅限于最初事件,未导致不良情绪的泛化。

一般心理问题可定义为:心理问题是由现实因素激发,持续时间短,情绪反应能在理智的控制之下,不严重破坏社会功能,情绪反应尚未泛化的心理不健康状态。例如,大学生由于现实生活、学习压力、人际关系等产生的内心冲突,并因此而体验到的情绪(如后悔、厌烦、自责等)。

2. 严重心理问题

严重心理问题必须满足下列条件。

(1) 原因是较为强烈的对个体危害较大的现实刺激。不同的原因引起的严重心理问题,体验不同的痛苦情绪(如冤屈、失落、恼怒、悲哀、悔恨等)。

(2) 时间上,从产生痛苦的情绪开始,痛苦情绪间断或不间断地持续两个月以上,半年以下。

(3) 遭受的刺激越大,反应越强烈。多数情况下,个体会短暂地失去理智控制,随着时间的推移,痛苦可逐渐减轻,但是单纯地依靠"自然发展"或"非专业的干预"难以解脱,对生活、工作、社会交往有一定程度的影响。

(4) 有泛化现象,痛苦情绪不但能被最初的刺激引起,也可以被与当初相类似或相关联的刺激引起,即反应对象被泛化。

综上所述,严重心理问题是由相对强烈的现实因素激发,初始情绪反应剧烈、持续时间长、内容充分泛化的心理不健康状态。

3. 神经症性的心理问题

出现神经症性心理问题的状态是神经衰弱或神经症早期阶段,有时也把有严重心理问题但没有严重人格缺陷者列入这一类。

严重心理问题与神经症的鉴别,根据许又新教授关于神经症诊断的论述,鉴别的要点是"内心冲突的性质"和"病程(持续时间)",严重心理问题的心理冲突是现实性的(有现实意义的)或道德性的,持续时间在一年之内;社会功能破坏程度也可以作为参考因子予以考虑。如果在出现严重心理问题后一年之内,在社会功能方面出现严重缺损,应考虑为神经症或其他精神疾病的可能。

🖥 知识拓展

心理健康"灰色区"理论

人在心理健康上存在着一个广泛的灰色区域。具体地说,如果将人的精神健康比作白色,精神不正常比作黑色,那么,在白色与黑色之间存在着一个巨大的缓冲区域——灰色区,大多数人的精神状况都处于这一灰色区域。

换言之,灰色区可谓是人非器质性精神痛苦的总和,其中包括人的心理不平衡、情绪障碍及变态人格。这些问题不同程度地干扰了人们的正常生活与情绪状态。灰色区又可以进一步划分为浅灰色与深灰色两区域。浅灰色区的人只有心理冲突而无人格变态,突出表现为因诸如失恋、丧亲、夫妻纠纷、家庭不和、工作不顺心、人际关系不好等生活矛盾而带来的心理不平衡与精神压抑。深灰色区的人则患有种种异常人格和神经症,如强迫症、恐人症、癔症、性倒错等。

浅灰色区与深灰色区之间无明确界限,后者往往包含了前者。心理健康灰色区理论如图 1-2 所示。

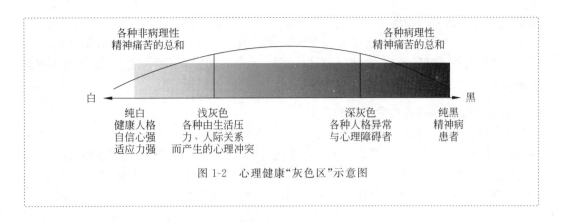

图 1-2　心理健康"灰色区"示意图

第三节　维护和增进心理健康

一、大学生心理健康的重要意义

心理学家的研究结果证实,每个人都会在某种程度上具有创造的天性,但只有保持健康心理的人才会把创造性表现出来。心理不正常者,包括情绪低落者、焦虑者等,往往无法发挥出自己正常的水平,甚至无法专心学习和工作。美国心理学家刘易斯·推孟(L. M. Terman)在《天才的发生学研究》一书中分析了同为高智商的 150 名最成功者和 150 名最不成功者,发现他们之间的主要区别在于取得最后成果的持久力、锲而不舍的精神、自信心、社会适应力和实现目标的内驱力等健康的心理素质等方面。

在现实生活中,我们也常看到心理健康的人目标追求明确、具体而现实,在目标实现过程中既能持之以恒,又能沉着应对困难和挫折,因而在事业上能比一般人更有建树。对大学生而言,健康的心理对其成长的作用体现在以下几个方面。

1. 心理健康是大学生身心健康发展的需要

生理健康是心理健康的基础,而心理健康是身体健康的保证,心理健康反过来又能促进生理健康。有关研究表明,人体内有一种最能促进身体健康的力量,即良好的情绪的力量。如果善于调节情绪,经常保持心情愉快,可以提高自身的免疫力,促进身体健康。长寿学者胡兰夫德指出:"一切对人不利的影响中,最能使人短命和夭折的是不良的情绪和恶劣的心境。"

2. 心理健康是大学生适应社会生活的需要

现代社会要求人才具有良好的心理素质和较强的适应能力。培养大学生良好的个性品质,拥有创新、自信、进取、合作的精神,使个人的心理素质、文化素质、专业素质和身体素质协调发展,是现代社会对人才的要求,是大学生必备的心理素质。现代社会迅速变革,挑战与机遇并存,每个人都会承受来自各方面的巨大压力。迎接挑战,战胜压力,要不断调整个人的心理,使之与环境相适应。

3. 心理健康有助于大学生潜能开发

20 世纪初,美国著名的心理学家威廉·詹姆斯断言,普通人只开发了他们全部潜能的极小部分。健康的心理会促进大学生开发自己的潜能,发展、完善和实现自我。当一个人拥有自信、情绪积极乐观、意志品质坚强时,能够最大限度地挖掘自己的潜能;当一个人处于自卑、愤怒、抑郁、焦虑、紧张等消极状态时,对外界的感知能力就会下降,从而限制自己潜能的发挥。

4. 心理健康是提高生活质量的需要

生活质量包含物质与精神两个方面。马斯洛的需要层次理论指出,一个人在生理需要得到满足之后,就会追求更高层次的需要,比如安全的需要、归属与爱的需要、自尊的需要、自我实现的需要。这些需要只有在人际交往中得以实现。良好人际关系的尊重、真诚、宽容等因素与健康的心理息息相关,许多人际交往的障碍,比如封闭、自卑、嫉妒等,正是不良心理的表现。哲学家黑格尔认为,额上的皱纹是愁苦表情留下的痕迹。保持心理健康也是美容妙方。

二、高职学生主要的心理问题

(一)个人定位问题

一些高职学生自我定位偏差,认为自己没有进入本科高校学习,就是没有实现个人理想,产生严重的自卑心理,身为高职生却不了解高职教育和高职的培养目标以及高职的发展趋势,而且看不起高职教育中的技能练习。

一部分高职学生看不到自身的优势,用自身的短处与本科生的长处相比较,觉得自己一无是处,自卑而不敢与人交往,显得古怪、孤僻。还有一部分高职学生不能在理想与现实之间找到一个较好的平衡点,经常使自己的心理处于一种压抑状态,甚至一些学生感到遭受挫折且无能为力,表现出不思进取、情绪低落、情感淡漠、意志麻木等心态。还有一部分高职生忽略了自我的优势,放大了自我的劣势,产生了自卑和厌学心理。

还有学生在报考专业志愿时,对各专业情况不了解,入学后对自己所学专业不喜欢、不感兴趣,觉得上高职院校没有什么意思,学不到什么,学了也感到没有什么用,导致学习没有目标和方向,如果没有课就不知道自己该干什么。这些都源于高职学生没有正确进行个人定位,从而产生了心理问题。

(二)环境适应问题

环境变化会引起人心理上的不适应,高职学生进入学校以后,以往生活由父母包办的状况被独立生活的方式代替,生活上的每一件事都需要自己处理,这种变化使得一些学生感到极不适应。有些高职生由于学习基础差,加上不适应职业院校的学习方式,听不懂老师讲课的内容,跟不上老师讲课的节奏,久而久之形成了严重的厌学心理。有的学生学习方法不对或不抓紧时间,一学期下来有两三门课亮"红牌",就有被淘汰的可能,并由此产生悲观、消极情绪和"破罐子破摔"的矛盾心理。

而有的学生却表现出自负自傲、眼高手低、自命不凡等。学校的各种奖惩措施及其带来的名誉地位问题也常常会引起学生心理困扰,使一些学生联系自身利益而计较其中,以致产生行为不稳定、多疑、不信任他人、烦恼和恐惧不安的心理。

（三）能力缺乏问题

高等教育进入大众化阶段,已经能够满足绝大部分学生升学的愿望。但是,高职学生多数因为在中学时学习不够努力或学习方法不当或学习主动性不强等,在高考中没有如愿地考上本科学校。但是,他们的志向普遍比较高,而各方面能力却显得不尽如人意。在学习上,有的学生不知从何处入手,有的学生总是担心自己所学的内容将来是否用得上,有的学生很想努力学习却缺乏自控能力,有的学生在学习与社团工作之间不知如何协调。一旦遇到困难、挫折,他们不免产生失落、自卑的心理,情绪压抑和抑郁。他们做事往往以自我为中心,希望别人按自己的意愿办,不知道为别人着想。当遇到困难和不顺心的事时,表现为不能克制自己,又不尊重别人意见,常处于矛盾之中,有的学生又怕得罪同学,产生封闭自己的心理,导致性格孤僻和心理焦虑等。

（四）就业压力问题

高职生的学历属于大专层次,高职生的"弱势文凭"在就业竞争中明显处于劣势,人们对高职生的知识结构、专业技能、适应岗位都缺乏全面的认识。因此,高职生从入学到毕业前,都有一种潜在的危机感,尤其是一些成绩和技能平平、家境一般的学生,压力更大,在毕业前的阶段,这种压力表现得尤为明显。

面对复杂多变、严峻激烈的就业竞争,压力的不断积累,使得部分高职学生出现不同程度的焦虑,遇到挫折很容易消沉,感到前途一片黑暗。正如有的学生说"校园生活的轻松不属于我,外面精彩的世界更不属于我"。

三、增进大学生心理健康的途径

大学生的心理健康与否,不仅仅关系到学生个人的学习、生活、发展和高等教育目标的实现,更关系到民族与国家的未来。因此,大学生维护和增进心理健康,学会在困境中获得成长就显得非常必要与重要。

（一）学习和运用心理卫生知识

心理卫生又称精神卫生,是与生理卫生相对而言的,我国著名心理学家潘菽在《教育心理学》一书中指出:"我们因注重身体的健康,故研究生理卫生;我们若要使心理得到健全地发展,则必须注重心理卫生。"

大学生可以通过上心理健康必修课和选修课、听心理健康教育讲座、阅读心理健康书刊、浏览心理健康相关网页等途径来接受心理健康教育,并有意识地将所学心理卫生知识运用到自己的实际生活中。这有益于大学生从理论上正确认识和理解自身出现的心理问题,是大学生自我心理保健的理论武器和向导。

（二）培养健全良好的个性

个性是心理现象的重要组成部分,是指在个体思想和行为中表现出来的比较稳定的特征和倾向,是心理活动长期积累的结晶。它包括个体的认知素质、情感品质、意志品质、兴趣素质、性格品质等。不良的个性容易诱发心理疾病,而良好的个性对心理失调具有"免疫"能力。大学生培养健全良好的个性品质、提高人格境界,有益于身心健康发展。

大学生要保持与促进自身的心理健康,必须注重良好个性品质的培养。虽然大学生的个性在进入大学前已基本定型,具有稳定性,但是其个性又具有可塑性,大学生可以通过大学的教育教学活动、文体活动、社会实践活动和自我教育活动等,进一步培养和健全良好的个性。

(三)养成健康的生活方式

健康的心理与健康的身体密不可分。对大学生而言,健康的生活方式包括以下内容。
(1)合理作息,起居有常,早睡早起,充足睡眠。
(2)平衡膳食,坚持吃早餐,体重保持在正常水平。
(3)科学用脑,实行时间管理,提高学习效率,劳逸结合,有张有弛,避免用脑过度。
(4)积极休闲,选择文明高雅的休闲娱乐方式,娱悦身心。
(5)适量运动,积极参加体育锻炼,不吸烟,不喝酒。
大学生不文明的生活方式有网络沉溺、暴饮暴食、节食瘦身、晚睡晚起、饮食不规律、不从事体育运动、抽烟酗酒、做危险动作等。

在情绪低落时,要运用情绪升华法积极地进行注意力转移,把注意力转移到有意义的活动上。学习、读书、看励志电影、进行体育锻炼、练习书法等各种积极的活动和知识的营养会带给大学生成就感和价值感,继而激发其斗志,使其奋发图强。

(四)积极参加各种实践活动

参加实践活动能够扩大人际交往,建立广泛的社会支持系统,帮助大学生保持良好的环境适应能力和沟通协调能力。大学生要踊跃参加各种业余活动,培养多种兴趣,锻炼多方面的能力,在活动中全面提高自身素质,通过群体交往活动,理解人与人之间的关系,体验友谊与沟通的快乐,开阔视野。当面临挫折与压力时,广泛宽厚的社会支持会帮助大学生走出困境,走向充满阳光的生活。

有研究表明,大学生在参加实践活动之后,在人际交往中会更加宽容。另外,实践活动也有助于大学生克服自卑、羞怯等心理,促使大学生大胆主动地与人交往。通过实践,大学生还可以认识到自己与别人的差距,找到自身要改进、提升的方向。这些都有利于大学生客观地认识自己,克服自卑、自傲,在生活和学习中保持良好的心态。

(五)学会自我心理调节方法

自我心理调节是指通过自己的认识、言语、思维等活动来调节和改善自己的心理状态,以达到保持和维护心理健康的过程。自我心理调节是自我心理保健的核心,离开了自我调节,心理保健也就无从谈起。大学生有意识地运用自我调节方法,对克服心理障碍、预防心理疾病的发生不仅是必要的,而且是可行的。大学生应学习并懂得健康的心理自我调节方法,如自我暗示法、合理宣泄法、自我代偿法、自我升华法、转移注意法、换角度思考法、幽默化解法、放松法、冥想法等。

（六）善于积极主动寻求帮助

1. 积极寻求社会支持

大学生在遇到较大的心理困扰时,无法通过心理自助解决,可以积极寻求社会支持资源的帮助。社会支持资源是指来自大学生外部的社会资源,个人可利用的社会资源越多,越能积极利用这些资源,就越能有效化解心理压力。来自个人社会关系的支持资源很广,主要有亲人、恋人、朋友、同学、老师以及热情的网友,还有学校、社团组织、心理协会或其他专业机构等。大学生通过获得这些社会支持,接受他人的帮助,及时发现问题,找到解决问题的方法,有利于缓解压力。求助并不丢人,也不意味着依赖,求助本身就是一种能力,是强者的表现。

2. 主动求助心理咨询

心理咨询依据科学的理论,遵循健康或成长的原则,采用心理学的技术,帮助咨询对象解决困惑或烦恼问题。大学生要学会寻求科学和规范的心理咨询。我国很多高校建立了心理咨询机构并开展了心理咨询活动。大学里校园心理咨询的目的是帮助精神正常但又存在某种心理困惑的大学生解决其在学习、工作、生活、人际交往以及疾病和康复等方面的心理不适应,给予其指导、帮助和启发,使其学会发掘自身的潜能,以更好地适应环境、完善自我。

有人将大学里的心理咨询中心比喻为情感的驿站、心灵的港湾,为疏导和解决大学生心理问题提供了方便。大学生应充分利用这些机构,在自我调节不起作用的情况下,主动求助咨询老师。咨询的形式可以根据自己的需求采取个别面谈、电话咨询、团体咨询、通信咨询等方式。在求助时应相信咨询老师,并在咨询老师的帮助、启发下充分调动自身的主观能动性来解决心理问题。

四、正确对待心理咨询

使人开心是心理咨询的前奏曲,使人成长是心理咨询的主旋律。

（一）心理咨询的概念

简单地说,心理咨询建立在平等、尊重、理解的咨访关系的基础上,通过心理咨询人员与咨询对象的交谈过程,使咨询对象对自己与环境有一个正确的认识,以改变其态度和行为,并对社会生活有良好的适应。

心理咨询主要针对正常人,为其提供有效的心理帮助。它可以使咨询对象在认识、情感和态度上有所变化,解决其在学习、工作和生活等方面出现的心理问题,从而更好地适应环境,保持身心健康。例如,青少年教育问题、学习问题、人际关系问题、情绪问题、恋爱以及家庭问题等都可以通过心理咨询得到有效解决。

（二）心理咨询的特点和工作理念

1. 心理咨询的特点

（1）来访者的困难和问题是心理或者行为方面的困难。

（2）咨询互动的内容主要属于心理学范畴。帮助来访者提高自我认识，分析其行为的有效性，帮助其设立学习目标并达到目的。

（3）咨询目标是促成来访者在心理、行为方面的积极改变，如消除紧张反应，获得客观自我认识。

（4）咨询所依据的理论、使用的方法来自心理学的基础研究。

2. 心理咨询的工作理念

通过心理咨询过程，纠正求助者不适当的认识观念，提高求助者的认识能力，透过求助者自身认识和观念的改变来协助求助者解决问题。心理咨询工作者的一个信条是"每个人都是解决自己的问题的专家"，求助者的问题要借助其自身的能力和资源来解决，而求助者的能力和资源只有求助者自己最了解，因此解决问题的方法主要靠求助者自己发现。

心理咨询工作的基本理念是"助人自助"。心理咨询的目标并不是给求助者提建议，而是让求助者看到自己的问题，认识到自己具有解决问题的能力并找到解决问题的方法和途径，咨询师的任务是引导求助者找到解决问题的办法。

 知识拓展

心理咨询能帮你什么？

——教你学会管理自己的情绪。在日常生活中，人们不可避免地会产生一些情绪，这些情绪在一定程度上会消耗你的能量，并影响你的健康。心理咨询就是帮助你把损耗性情绪转化为积极性情绪，让你的心里充满阳光。

——帮助你学会从不同的角度思考问题。每个人的思维方式、归因倾向以及认知特点各不相同，应对困难和挫折的态度、行为也大相径庭。有些人容易钻牛角尖，有些人遇到挫折后容易气馁……心理咨询能引领你跨过人生的低谷，迈向更有生命力、充满乐趣的世界。

——帮助你恢复爱的能力。爱是可以习得的，通过心理咨询师与你深入沟通，你会感受到被爱、被关注、被肯定等积极情感，重新体验到爱的力量。

——使你拥有健全的人格。人格的形成是非常复杂的过程，受到多种因素的影响，而且在儿童早期就已基本形成，因此一些不良的人格特征就会像影子一样一直跟着你，在不知不觉中发挥巨大的破坏作用。心理咨询虽然不能彻底重塑你的人格，但却可以帮助你消除自卑、自恋、自闭等不良心态带来的巨大的破坏作用，使你的人生更顺利。

——帮助你渡过人生各个发展阶段的危机。人的每一个年龄段都有各自的发展任务，如果没有完成好，就会影响下一个年龄段的正常发展。心理咨询师会帮助你认识你的任务是什么，在完成任务的过程中会有怎样的情绪，如何克服不良情绪带来的反应，怎样顺利完成这些任务，等等。

（三）如何对待心理咨询

心理咨询的理论与技巧源自西方医学与心理学，心理咨询在我国并不是一项发展成熟的专业服务，心理咨询师对国人而言，仍是一个相当新鲜而陌生的职业。因此，民众对心理咨询容易产生误解，心理咨询有以下这些常见误区。

1. 精神病患者才需要心理咨询

许多人会以为接受心理咨询的人通常是患有严重精神疾病的人，这是一个很大的误解。能够受惠于心理咨询的人，其本身的心理功能不能太差，至少要具有相当程度的语言表达能力、理解能力、人际交往能力等。接受心理咨询的人通常是没有心理疾病但是有不同程度心理困扰的人或是患有轻微心理疾病的人，如神经症等。

2. 看心理咨询，一定要去精神科

有心理困扰或精神疾病的人，如果需要心理咨询，固然可以去精神科门诊，但是，一般精神科门诊由于医师太忙，通常不会主动提供帮助，因此个案需主动提出要求。除了精神科门诊外，提供心理咨询的地方还包括社区心理卫生中心、心理咨询中心、学生辅导中心，以及私人开设的各种心理工作室。

3. 心理咨询师是替人解决问题的人

许多人认为心理咨询师是专门替人解决问题的人，例如以为心理咨询师会帮助失业的人找到工作，帮助失恋的人重获爱情，帮助外遇的人回心转意，帮助父母寻回离家的孩子等。这样的期待恐怕是要落空的，因为心理咨询师的主要工作是帮助个案自我了解，进而发挥个人的潜能，去处理生活中的人际问题，为自己做最好的决定，过自己想过的生活。

4. 心理咨询的谈话内容会绝对保密

基于职业规范，心理咨询师通常会对个案当事人的谈话内容加以保密，即心理咨询师未经当事人同意，不会将当事人的谈话内容告诉其他人。但心理咨询的专业保密也是有限制的。心理咨询师在下列的情形之下，为了保护当事人及公众的安全，通常无法继续保密，必须通知有关机构与人员。

（1）当个案企图自杀或伤害自己时，心理咨询师为了保护个案的生命安全，通知家属或有关医疗急救人员。

（2）当个案企图伤害他人或危害公共安全时，心理咨询师为了保护个案免于犯罪，以及保护其他无辜的第三者免于受害，通知有关机构与无辜的第三者。

（3）当个案的行为涉及家庭暴力或儿童虐待时，心理咨询师为保护受害人，以及预防家庭暴力的继续发生，通知社政单位进行处理。

5. 心理咨询师具有透视人心的能力

心理咨询师既没有特异功能，也没有透视人心的能力。但是，心理咨询师受过扎实的心理学与心理咨询训练，对于人的内心世界特别关心，对于个案所表述的问题特别敏感。如果想要获得心理咨询最大的帮助，个案需要和心理咨询师充分合作，愿意信任他，以及愿意花时间与治疗师一起努力。

6. 好的心理咨询,看一次就有效

心理咨询不同于一般的药物治疗,很少有看一次就有效的。一般人求助于心理咨询时,通常带着经年累月形成的心理问题。因此,要有效改善累积多年的问题,便要花较长的时间接受心理咨询。一般而言,心理咨询的时间不宜太短,根据塞利格曼的研究,心理咨询的时间与疗效是成正比的。

其实,心理咨询并不神秘。有的人认为自己有了心理问题,只要一咨询,就能得以解决,其实不然,心理咨询只能解决一部分人的心理问题。在企业中,由于工资发不出、失业而引起的心理问题;在学校,由于学校讲升学率而采取的一些并不科学的教育方式而引发的学生心理问题;在社会上,由于不正之风和社会治安不好而引起的人的心理问题等,心理咨询并不会有很好的效果。

随着心理健康知识的逐渐普及,心理咨询已为越来越多的人所接受。当感到心情抑郁、焦虑、信心和兴趣下降等不适或在行为上有异常表现时,都可求助于心理咨询师,就像得了感冒看医生一样自然。有些人也能认识到自己有心理问题,但想依靠自己原有的认知力、意志力同心理问题抗争,没想到其结果是越克服越厉害,越抗争越严重,严重影响了工作、学习和生活;有些还引发了躯体性疾病,最后不得不走进心理咨询室。因此,不要等心理问题严重了再解决,要防患未然。自己认为是小毛病的地方,很可能就是已存在心理问题的信号,也是心理咨询师查找心理问题的线索。

 心理测试

（一）生活满意度量表

请读一读表 1-1 中的五个问题,然后根据你的赞同程度给每个问题打分,表达你对各项的同意程度。

表 1-1　生活满意度量表

问题　　　赞同程度	非常不同意	不同意	有点不同意	中立	有点同意	同意	非常同意
1. 在大多数情况下我的生活接近我想过的生活	1	2	3	4	5	6	7
2. 我的生活状况非常圆满	1	2	3	4	5	6	7
3. 我对生活感到满意	1	2	3	4	5	6	7
4. 迄今为止我已经得到我在生活上想要得到的重要东西	1	2	3	4	5	6	7
5. 如果生活能够重新来过,我几乎什么都不想改变	1	2	3	4	5	6	7

评分标准：总分在 31～35 分,你对生活特别满意;26～30 分,非常满意;21～25 分,大体满意;20 分,无所谓满意不满意;15～19 分,不太满意;10～14 分,不满意;5～9 分,非

常不满意。

(二) 心理健康自测量表 SCL-90

指导语：表 1-2 中是关于一些人可能会有的问题的陈述，包含五个自我评定的等级。没有：自觉无该问题（症状）；轻度：自觉有该问题，但发生得并不频繁、严重；中度：自觉有该项症状，其严重程度为轻度到中度；偏重：自觉常有该项症状，其严重程度为中度到严重；严重：自觉该症状的频度和强度都十分严重。

请你仔细阅读每个条目，然后根据最近一星期内对这些情况的实际感觉，在最符合的一项上画"√"，每个项目只能画一个"√"。答案没有对、错之分。不要对每个陈述花太多的时间去考虑，但所给的回答应该是最能体现你现在的感觉的答案。

表 1-2　症状自测量表 SCL-90

题号	问　题	没有	轻度	中度	偏重	严重
		1	2	3	4	5
1	头痛	□	□	□	□	□
2	神经过敏,心中不踏实	□	□	□	□	□
3	头脑中有不必要的想法或字句盘旋	□	□	□	□	□
4	头昏或昏倒	□	□	□	□	□
5	对异性的兴趣减退	□	□	□	□	□
6	对旁人责备求全	□	□	□	□	□
7	感到别人能控制你的思想	□	□	□	□	□
8	责怪别人制造麻烦	□	□	□	□	□
9	忘性大	□	□	□	□	□
10	担心自己的衣饰不整齐及仪态不端正	□	□	□	□	□
11	容易烦恼和激动	□	□	□	□	□
12	胸痛	□	□	□	□	□
13	害怕空旷的场所或街道	□	□	□	□	□
14	感到自己的精力减退,活动减慢	□	□	□	□	□
15	想结束自己的生命	□	□	□	□	□
16	听到旁人听不到的声音	□	□	□	□	□
17	发抖	□	□	□	□	□
18	感到大多数人都不可信任	□	□	□	□	□
19	胃口不好	□	□	□	□	□
20	容易哭泣	□	□	□	□	□
21	同异性相处时感到害羞不自在	□	□	□	□	□
22	感到受骗、中了圈套或有人想抓住你	□	□	□	□	□
23	无缘无故忽然感到害怕	□	□	□	□	□
24	自己不能控制地大发脾气	□	□	□	□	□

题号	问题	没有	轻度	中度	偏重	严重
		1	2	3	4	5
25	怕单独出门	□	□	□	□	□
26	经常责怪自己	□	□	□	□	□
27	腰痛	□	□	□	□	□
28	感到难以完成任务	□	□	□	□	□
29	感到孤独	□	□	□	□	□
30	感到苦闷	□	□	□	□	□
31	过分担忧	□	□	□	□	□
32	对事物不感兴趣	□	□	□	□	□
33	感到害怕	□	□	□	□	□
34	你的感情容易受到伤害	□	□	□	□	□
35	旁人能知道你的私下想法	□	□	□	□	□
36	感到别人不理解你,不同情你	□	□	□	□	□
37	感到人们对你不友好,不喜欢你	□	□	□	□	□
38	做事必须做得很慢以保证正确	□	□	□	□	□
39	心跳得很厉害	□	□	□	□	□
40	恶心或胃部不舒服	□	□	□	□	□
41	感到比不上他人	□	□	□	□	□
42	肌肉酸痛	□	□	□	□	□
43	感到有人在监视你、谈论你	□	□	□	□	□
44	难以入睡	□	□	□	□	□
45	做事必须反复检查	□	□	□	□	□
46	难以作出决定	□	□	□	□	□
47	怕乘坐电车、公共汽车、地铁或火车	□	□	□	□	□
48	呼吸有困难	□	□	□	□	□
49	一阵阵发冷或发热	□	□	□	□	□
50	因为感到害怕而避开某些东西、场合或活动	□	□	□	□	□
51	脑子变空了	□	□	□	□	□
52	身体发麻或感到刺痛	□	□	□	□	□
53	喉咙有梗塞感	□	□	□	□	□
54	感到前途没有希望	□	□	□	□	□
55	不能集中注意力	□	□	□	□	□
56	感到身体的某一部分软弱无力	□	□	□	□	□
57	感到紧张或容易紧张	□	□	□	□	□
58	感到手或脚发重	□	□	□	□	□

续表

题号	问 题	没有	轻度	中度	偏重	严重
		1	2	3	4	5
59	想到死亡的事	□	□	□	□	□
60	吃得太多	□	□	□	□	□
61	当别人看着你或谈论你时感到不自在	□	□	□	□	□
62	有一些不属于你自己的想法	□	□	□	□	□
63	有想打人或伤害他人的冲动	□	□	□	□	□
64	醒得太早	□	□	□	□	□
65	必须反复洗手、点数目或触摸某些东西	□	□	□	□	□
66	睡得不稳、不深	□	□	□	□	□
67	有想摔坏或破坏东西的冲动	□	□	□	□	□
68	有一些别人没有的想法或念头	□	□	□	□	□
69	感到对别人神经过敏	□	□	□	□	□
70	在商店或电影院等人多的地方感到不自在	□	□	□	□	□
71	感到任何事情都很困难	□	□	□	□	□
72	一阵阵恐惧或惊恐	□	□	□	□	□
73	感到公共场合吃东西很不舒服	□	□	□	□	□
74	经常与人争论	□	□	□	□	□
75	单独一人时神经很紧张	□	□	□	□	□
76	别人对你的成绩没有作出恰当的评价	□	□	□	□	□
77	即使和别人在一起也感到孤单	□	□	□	□	□
78	感到坐立不安、心神不定	□	□	□	□	□
79	感到自己没有什么价值	□	□	□	□	□
80	感到熟悉的东西变得陌生或不像是真的	□	□	□	□	□
81	大叫或摔东西	□	□	□	□	□
82	害怕会在公共场合昏倒	□	□	□	□	□
83	感到别人想占你的便宜	□	□	□	□	□
84	为一些有关性的想法而很苦恼	□	□	□	□	□
85	认为应该因为自己的过错而受到惩罚	□	□	□	□	□
86	感到要很快把事情做完	□	□	□	□	□
87	感到自己的身体有严重问题	□	□	□	□	□
88	从未感到和其他人很亲近	□	□	□	□	□
89	感到自己有罪	□	□	□	□	□
90	感到自己的脑子有毛病	□	□	□	□	□

　　症状自评量表（SCI-90）是进行心理健康状况鉴别的量表，有较高的信度和效度。该量表包括90个项目。

计分方法：分为五级评分（从 1～5 级），1—没有，2—轻度，3—中度，4—偏重，5—严重。每个项目只能选择一个分值。

因子均分为每个因子包括的项目得分之和，除以该因子包括的项目个数，如躯体化因子均分 $=(1+4+12+27+40+42+48+49+52+53+56+58)/12$。

（1）躯体化。包括 1、4、12、27、40、42、48、49、52、53、56、58 共 12 项。主要反映身体不适感，包括心血管、胃肠道、呼吸和其他系统的主诉不适，如头痛、背痛、肌肉酸痛，以及焦虑的其他躯体表现。

（2）强迫症状。包括 3、9、10、28、38、45、46、51、55、65 共 10 项。主要反映那些明知没有必要，但又无法摆脱的无意义的思想、冲动和行为，还有一些比较一般的认知障碍的行为征象。如"脑子都变空了""记忆力不行"等也在这一因子中反映。

（3）人际关系敏感。包括 6、21、34、36、37、41、61、69、73 共 9 项。主要指某些个人不自在感与自卑感，尤其是在与其他人相比较时更突出。在人际交往中的自卑感、心神不安、明显不自在，以及人际交流中的自我意识、消极期待也是这方面症状的典型原因。

（4）抑郁。包括 5、14、15、20、22、26、29、30、31、32、54、71、79 共 13 项。主要反映与临床上忧郁症状相联系的广泛概念，忧郁苦闷的情感和心境为其代表性症状。它还以对生活兴趣的减退、动力缺乏、活动丧失等为特征，并包括失望、悲观以及与抑郁相联系的认知和躯体方面的感受。另外，还包括有关死亡的思想和自杀观念。

（5）焦虑。包括 2、17、23、33、39、57、72、78、80、86 共 10 项。一般指那些烦躁、坐立不安、神经过敏、紧张以及由此产生的躯体征象（如震颤等）。测定游离不安的焦虑及惊恐发作是本因子的主要内容，还包括一些躯体感受的项目。

（6）敌对。包括 11、24、63、67、74、81 共 6 项。主要从思想、感情和行为三个方面来反映敌对的表现，其项目包括厌烦的感觉、摔物、争论直到发脾气等各方面。

（7）恐惧。包括 13、25、47、50、70、75、82 共 7 项。恐惧的对象包括出门旅行、空旷场地、人群、公共场所、交通工具等，此外，还有反映社交恐惧的项目。

（8）偏执。包括 8、18、43、68、76、83 共 6 项。主要是反映偏执性思维的基本特征，如投射性思维、敌对、猜疑、关系观念、妄想、被动体验和夸大等。

（9）精神病性。包括 7、16、35、62、77、84、85、87、88、90 共 10 项。主要反映各式各样的急性症状和行为，也可反映精神病性行为。

（10）19、44、59、60、64、66、89 共 7 项未能归入上述因子，它们主要反映睡眠及饮食情况。在有些资料分析中，将之归为因子 10"其他"。

结果解释：本测验的目的是从感觉、情感、思维、意识、行为到生活习惯、人际关系、饮食睡眠等多种角度评定一个人是否有某种心理症状及其严重程度如何。它对有心理症状（即有可能处于心理障碍或心理障碍边缘）的人有良好的区分能力。任一因子均分≥3（每个因子得分之和除以该因子包括的项目个数），即提示可能需要关注自己的心理健康或者寻求心理咨询。

自测后提醒：此问卷仅作为了解自己的参考，如有疑问，请咨询专业人员。

🖊 心理训练

（一）入学以来遇到的心理压力事件

请根据自己的情况，填写"心理压力与应对策略的自我分析表"中的左四列，如表 1-3 所示。

要求列出 3～5 项事件（最多可列 10 项），列出心理压力事件名称、强度等级（弱到强分为 1～10 级）。注意右边三列内容现在不用填，在后面本课程的学习中，运用相关的应对方式和策略再进一步进行调整。

表 1-3　心理压力与应对策略的自我分析表

压力序号	入学以来遇到的主要心理压力事件	强度等级	持续时间（天）	目前强度	之前主要应对方式	总体效果				应对策略调整
						无效	不太有效	有些效果	有效	
1										
2										
3										
4										
5										
6										
7										
8										
9										
10										

（二）每天记录三件好事

积极心理学家塞利格曼和彼得森一起设计了一个积极干预的方法，叫"三件好事"。根据两位教授对参与此方法的志愿者的追踪测试，六个月后，"三件好事"参与者的幸福指数平均要比对照组高 5%，抑郁指数低 20%。

训练方式为每天晚上写下当天发生的三件好事。所列举的事情可以是非常微不足道的，只要认为有意义就可以。所谓"三"件，是虚指，如果想起了更多的好事，就可以多写一些，如果想不起来，少写一两件也无妨，重要的是坚持。每天写一件好事，要胜过前两天写十件好事而后三天压根儿不写。

请每天都这样做，坚持一个星期，然后再感受一下自己的心情有什么变化。

推荐资源

（一）书籍《真实的幸福》（作者：［美］马丁·塞利格曼）

图 1-3　书籍《真实的幸福》

《真实的幸福》（见图 1-3）作为积极心理学的一部力作，为我们打开了寻找幸福的新思路，让我们了解了如何获得真实的幸福，让我们的人生变得更加美好。本书以一种通俗而不失科学严谨的方式告诉人们，什么是真正的幸福，怎样才能变得更幸福。其实，真正的幸福来源于你对自身所拥有的优势的辨别和运用，来源于你对生活意义的理解和追求，它是可控的。

在本书里，马丁·塞利格曼一直在传递这样的观念：不论你的过去是否幸福，你的天性是否积极，你的现状是否顺遂，幸福是可以通过实践创造的。负向思考的习惯也可以调整得更正向地思考。比如通过感恩练习、宽恕练习、积极事件的想象练习等。如果你想变得更幸福一些，不妨按照塞利格曼博士的建议来试试：改变对过去的消极看法，重视当下的积极体验以及对未来的积极期望。

（二）书籍《幸福有方法》（作者：［美］索尼娅·柳博米尔斯基）

《幸福有方法》（见图 1-4）是由全球权威的积极心理学家索尼娅·柳博米尔斯基所撰写的幸福生活指南，也是她数十年来对幸福这门科学进行潜心研究的结晶。基于翔实可靠的实验成果，她写出了这本著名的《幸福有方法》。作者认为，我们 50％ 的幸福是天生的，由基因决定；10％ 的幸福由生活环境决定；剩下 40％ 的幸福则由我们的行为和思维决定，而幸福的秘密就在于这 40％。同时，作者还提出了 12 项可行性极强的幸福行动，这些方法能够帮助我们提升这 40％ 的幸福，帮助我们重新发现内在的力量，拓展自己的积极性思维，更加深入地了解自己，最终激发出幸福的潜能。更为重要的是，它能够让你更持久地感受到这份满足感与幸福感。

图 1-4　书籍《幸福有方法》

（三）网易公开课《哈佛幸福课》［美］

泰勒·本·沙哈尔是哈佛大学哲学与心理学博士，最受欢迎的积极心理学主讲老师。他认为：我们来到这个世界上，幸福是第一要任，也是衡量人生的唯一标准，是所有目标的最终目标。该课教给学生如何获得幸福人生,故又被学生们亲切地称为"幸福课"。《幸福课》听课人数超过王牌课《经济学导论》,成为美国主流媒体(包括《波士顿全球报》《纽约时报》,以及 CNN、CBS、美国国家公共广播电台)争相报道的对象。

(四)电影《心灵捕手》[美]

《心灵捕手》(见图 1-5)讲述了一个名叫威尔的麻省理工学院的清洁工逆袭成为天才数学家的故事。威尔作为学校的清洁工,在一次意外中看到数学教授公布的一道数学难题,这道难题没有学生能解,但最终却被威尔解了出来,数学教授蓝波因而发现了威尔在数学方面的惊人天赋。但不巧的是,威尔出生在一个状况不良的家庭,导致他内心叛逆,变成了一个问题少年。于是数学教授蓝波请求资深的心理学教授老友尚恩来辅导这个数学天才的心理问题。最终威尔渐渐地打开了自己的心扉,重新恢复了对人性的信任和希望,并鼓起勇气找回了爱情,完成了自我的升华。整部电影感人至深,发人深省。

图 1-5 电影《心灵捕手》

积极心理学:让人生更美好

第二章　适应大学生活

心灵探索

大学新生的迷茫

小磊，高职一年级学生。上大学前，他在家连一双袜子都没有洗过，凡事都由父母包办，根本不用自己操心。到学校后，宿舍里有4个人，大家作息时间不一致，每天总有人睡得很迟，小磊也只好跟着晚睡晚起。宿舍里的男生大都不注意卫生，脏衣服脏鞋子乱扔，平时宿舍又脏又乱，只有检查卫生时，大家才匆匆打扫一下。小磊常常起居饮食没有规律，生活用品丢三落四，甚至把生活费弄丢了，生活陷入困境。刚开学那段时间，有两个同学晚上天天打网络游戏，有时大呼小叫，根本不顾及别人的感受。在学习上，小磊觉得自己比其他同学用心多了，至少努力地去听课，但是，不知道为什么，上课时他总是走神，听着听着就想睡觉。看到别的同学在玩手机，他也克制不住自己。室友看到小磊心情沉重，甚至劝解他："已经考上大学啦，该好好歇一歇了，上大学玩才是主题！"小磊父母反复叮嘱他到学校后要好好学习，跟同学好好相处，可是现实是他根本不知道从何做起。面对一团糟的生活，小磊感到很茫然，自己应该怎么面对大学的学习和生活呢？

小磊在入学适应方面出现了哪些问题？由于小磊适应能力不强，面对新的环境没有能够及时调整自己，没有很好地适应环境，结果出现了迷茫和困惑。从高中步入大学，每个大学新生都面临着环境的重大转变，进入人生的关键阶段，要经历生活、学习、人际交往等多方面的适应。因此，大学生通过学习掌握行之有效的心理调适方法，可有效减轻适应的"代价"，从而拥有健康的大学生活。学会适应是每个学生健康生活、谋取发展的前提和基础。如何更快、更好地适应大学生活，度过有意义的大学生活，实现自我价值，是每一个大学生需要思考和实践的重要课题。

第一节　大学新生适应问题

一、什么是适应

经历了"十年寒窗"苦读，九月开学季，新生们满怀期待地来到陌生的校园，开启崭新的大学生活。还没等在兴奋中回过神来，有许多大学生除了最初的新鲜感之外也会产生一些不适应，常出现像小磊那样的困惑，不知如何应对。因此，了解大学生心理健康的知识，掌握更好地适应大学生活的方法，度过新生适应期，是顺利完成大学学业的关键一步。

朱智贤的《心理学大辞典》中提到,适应是源于生物学(生物适应)的一个词,用来表示能增加有机体生存机会的那些身体上和行为上的改变。心理学中用来表示对环境变化作出的反应。适应是一个人通过不断调整自身,使其个人的需要能够在环境中得到满足的过程。适应也是自我与环境和谐统一的一种良好的生存状态,反映了个人与环境的互动关系。

在现实生活中,人们对环境的适应可以分为消极适应与积极适应两种情况。

消极适应是个体改变自己的行为或态度以适合外部环境的要求。这是人与环境的一种基本的、比较被动的适应过程。在这一过程中,个体认同并顺应了环境中的消极因素,压抑了自身的积极因素和自身的潜能,其结果是个体无法发挥主观能动性,致使环境改造了人。例如,有的学生因为高考成绩不理想,无奈地进入了不是自己所期望的高校,对自己非常失望,自暴自弃,感觉前途渺茫,以致不思进取。这种对环境的消极适应压抑了自己的潜能。

积极适应是主体充分发挥自身的主观能动性,积极主动地调整自己与环境不相适应的行为,尽最大可能去改变环境,使之适合自己发展的需要。这是一种比较高级、主动的适应方式。任何环境中都存在着有利于个人成长的积极因素和不利于个人成长的消极因素,积极、主动地适应是能全面客观地分析自身的特点及环境的特点,能够将环境中的有利因素和个性中的积极因素统一在自己能动的实践活动中,获得一种积极适应。例如,同样是从偏远山村来到大城市上学的大学生,有的认为自己是小地方来的,处处感到自卑,自怨自艾,敏感多疑,觉得活得压抑,逃避环境而止步不前;而有的却把清贫的生活当成对自己意志的磨炼,不断汲取自己应对困苦生活的经验,刻苦学习,积极肯干,努力去感受和发掘环境中的资源,这种个人发展便是主动适应环境的结果。

大学生适应是指大学生对大学生活的适应过程,即大学生在新环境的刺激下,调整自己的心态,改变自身的认知和行为,最终达到心理平衡的动态过程,是大学生心理健康的标准之一。在这个过程中,如果大学生调节不好,心理不能达到平衡,就会产生很多的困惑和迷茫,从而影响生活和学习。

二、适应的重要性

适应对个体发展的重要性主要体现在以下两个方面。

1. 适应是生存的基本本领

社会是我们生存和发展的外部环境,社会存在是客观的和现实的,是不以人的意识为转移的,一个人要使自己很好地生存,必须要对他所生活的社会有一个比较全面的了解,并能顺应和充分利用这些赖以生存的外部条件。同时,我们所处的社会又是千变万化、不断前进和发展的,这又需要我们经常洞察社会的变化规律,了解社会发展的趋势,不断调整自己的认知、行为来顺应和利用这些变化,借以帮助自己更好地生存,这也是人类对社会的适应。

2. 适应是发展的基本前提

生存是人的基本需要,发展是人更高层次的追求。人们必须保证基本的生存需要才能集中精力去谋求更高层次的发展。人们只有在顺应和掌握了社会环境、熟悉了社会发展对人的要求之后，才能根据自己的兴趣，剖析自身条件并扬长避短，找准谋求发展的方向，探索个人发展之路。人也只有在得到社会的认可、人们理解的基础上才能用自己的创新成果来改造社会，在自身发展过程中促进社会进步。人生是一个不断适应和发展的过程，大学生走向社会要经历适应和发展。

三、大学新生的适应性问题

大学新生适应性就是指大学新生在开始大学生活，经历角色变化的过程中，能够顺应新变化，敢于应对新挑战，具备面对大学新环境的能力。高职大学新生适应性不良主要源于以下几个方面。

（一）生活适应不良

1. 生活环境的变化

进入大学后，新生面临的第一个巨大变化就是生活环境的转变。这里所说的环境既包括校园的自然环境，也包括大学与中学所不同的学习、生活及人际环境。中学基本上是封闭式管理，大多数学生是在从家到学校的"两点一线"之间活动，应对高考是其生活的核心内容，课余生活也较单一。进入了大学，同学们住在学校，新的集体成为生活的主要环境，上课无固定教室，图书馆、阅览室、计算机房成为学生们经常光顾的场所。丰富多彩的社会实践活动和校园文化生活，也使得学生们与社会接触机会多了起来，犹如从"小天地"来到了"大世界"，生活环境发生了很大的变化。

2. 生活方式的变化

上了大学以后，由原来依赖父母的家庭环境过渡到相对自立的集体生活，生活方式发生巨大转变，会使大学新生遇到很多困难或感到不适应。上大学前，生活方面的事务全由父母打理，可谓"衣来伸手、饭来张口"，这使不少学生依赖性强，缺乏生活自理能力。到了大学，离开父母保姆式的照顾，吃在食堂，住在宿舍，远离家乡、远离父母，凡事都要自己料理，必须独立地安排自己的生活，诸如买衣服、整理宿舍内务、洗衣服等，都会使新生们一筹莫展。他们有的不知道如何安排饮食，挑食严重，还有的在自由的生活方式下，饮食和作息没有规律，出现熬夜或者暴饮暴食等现象。以前是靠别人管自己，大学则要靠自己管自己，这对缺乏独立生活能力的大学新生来说无疑是一个挑战。

3. 生活习惯的变化

大学生来自天南地北，由于地域的不同，风俗习惯、卫生习惯、饮食习惯甚至语言习惯都有所差异，比如有的学生个人卫生习惯较差，有的学生难以适应与他人共用寝室和其他生活设施。这种不适应也给生活带来不少的困难和麻烦。集体生活必须有一个相互磨合的过程。由于缺乏独立自主性，许多新生入学后不知道如何安排自己的生活，不会协调生活、学习、休闲之间的关系，突出表现在不知道如何安排课余时间，他们一方面抱怨课程太多，一方面又抱怨课后没事做。一些学生表现出不良的生活习惯，诸如睡懒觉、逛街、打牌、熬夜、沉迷于网络等，大部分时间都浪费在消遣活动中，对学习逐渐失去了兴趣。时间长了,很多学生几乎淡忘了在大学里还能做些其他更有意义的事情。

4. 生活条件的变化

在中学时,学生的生活单一,由家长料理,学习费用相对较少,大家很少为经济发愁。进入大学以后,父母一般把生活费打到卡上,生活费用要靠自己计划支配使用,如有安排不当,就会造成经济困难。大学里的生活更加丰富多彩,面对外面的花花世界,会有更多开销,加上有的同学虚荣心强,有攀比心理,额外的开支可能会变多,很容易出现过度消费的情况,给部分家庭经济并不宽裕的同学带来较大的经济压力和心理压力,来自农村的同学这方面的感觉尤甚。由于经济上不如人,心理上便产生一种处处不如人的感觉,这种压力是在中学时代所感受不到的。

(二)学习适应不良

高职院校的学习与中学时期的学习相比,的确存在很多不同之处,其中最主要的是在学习目标、学习内容、学习方式、评价标准等方面有较大变化。

1. 学习目标的变化

中学阶段是为升入高校打好基础,那时学生有一个强有力的目标就是考大学,一切向考试成绩看齐,每天朝向这个目标努力,使学生觉得生活很充实,很有动力。很多学生反映,上了高职院校就像泄了气的皮球,漫无目的,感到很迷茫,不知道该做什么。面对学习目标改变,多数大学新生学习目标不明确,学习动力不足。对这样的一个重要转变,需要大家及时及早进行调整,要明白大学学习的职业定向目标明确,课程设置紧扣专业发展需要。大学除了需要学习一些基础知识,更重要的是学习更深的专业知识,掌握更精的专业技能。大学生要掌握系统、深入的知识,为将来走向社会做好准备,为将来从事某一类专项工作打好基础。

2. 学习内容的变化

中学阶段是基础教育阶段,学习各种科学文化基础知识。中学阶段所学的课程内容变化较少,知识面也较窄,基本上没有选修课,课外参考书也很少。进入高职院校后,培养目标发生了变化,开设的课程有公共基础课、专业基础课和专业技能课,专业基础课还包含专业理论基础课和专业技术基础课。除了基础课、专业课外,还要开设选修课。课堂讲授知识后,学生不仅要消化理解课堂上学习的内容,而且要大量阅读相关方面的书籍和文献资料。学习内容比中学要大得多,知识面也要宽得多,学习任务远比中学重。高职院校的学习具有较强的专业定向性和实践性,强调动手能力的培养,具有探索性,不再以知识记忆为主,强调创新和发展。

3. 学习方式的变化

中学生主要从课堂教学中获取知识,学习途径和渠道相对单一,学习上大多处于被动状态,习惯于在老师的督促、检查和具体指导下进行学习,对老师的依赖性较大。而大学更强调启发性、研讨性、自学式教育,课堂讲授时间相对较少,覆盖内容相对较多,讲课速度快、跨度大,真正是"师傅领进门,修行在个人",以教师为主的教学模式变成了以学生为主的自主学习模式。自学能力的高低成为影响学业成绩的重要因素,那些学习能力差的学生难以很快适应这种自主学习方式,导致部分新生无所适从,甚至可能放弃学习。因此,大学阶段的学习需要学生有更自觉的学习态度、更强的自主意识,学会怎样学习,培养较强的自学能力和分析能力,养成良好的学习习惯。

大学为学生提供了较好的学习环境,有藏书丰富的图书馆,有设备先进的实验室和专业实训基地,有海量的信息网络资源,有设备齐全的体育馆,有多彩的课外活动,有丰富的国际交流。这些都为大学生们提供了多元化的学习内容和学习方式。

4. 评价标准的变化

中学的学习评价主要是由学习分数的"排名"一锤定音,到了大学,分数不再是衡量学生优劣的唯一标准,对学生的评价更看重能力和素质,社会工作能力、组织协调能力、科研能力等都成了评价标准。在学业评价方式上也更加多元化,更注重学习评价的过程性、综合性,强调学生学习的积极性、主动性和创造性。高职院校的学业评价不仅有理论课的学习成绩,还有参加实习实训活动的评价,并且以综合评价为主,呈现的不仅是分数,更有描述性的过程性评价,以适应学生就业的需要和可持续发展需要。

(三)人际交往适应不良

1. 交往对象的变化

中学时代交往的对象主要是同窗好友、父母亲戚、老师,尤其是班主任,他们天天与学生见面,对学生的思想、学习、生活样样关心,家长更是体贴入微,关怀备至,学生的人际关系熟悉而单纯。进入大学后,交往范围扩大了,交往对象更加社会化,对象的个体性更加明显,独立性更强。交往对象除了老师、朋友、室友以及同学,还有学校各种行政部门、服务部门、医疗机构等工作人员,同学关系不限于同班同学关系,还包括室友关系、新老生关系、老乡关系、社团成员关系等。在异性交往上,随着生理和心理日渐成熟,大学新生内心渴望与异性交往,但部分新生在异性交往中表现出明显不适应,不敢于、不善于与异性交往。

2. 交往环境的变化

中学时代的交往有共同的文化基础,没有语言的障碍、乡土的差异,人际关系比较单纯。进入大学后,人际交往环境发生变化,人际关系相对复杂起来。伴随着重要人际关系的远离,如失去了对家庭的完全依赖,旧友的分离,对老师的依赖减少,师生关系也不那么密切,老师不再是学生精力和情感投入最大的交往对象,反而是室友关系显得更加重要,但是部分新生不能很好地适应集体宿舍生活,由于班级和宿舍里的同学来自五湖四海,脾气习惯各异,遇到问题不能很好地处理时,往往容易发生矛盾和冲突。部分新生由于自身性格特点、交往能力等方面的问题,不能很好地适应新环境,因而出现种种人际环境适应问题。

3. 交往方式的变化

很多大学新生都是第一次离家外出上学,从熟人社会步入陌生人社会,他们还比较依赖原有的社会支持系统,新的社会支持系统还未建立起来,面临迫切的人际交往方式转换问题。由于青春期的闭锁心理,当他们与大学里的新同学接触时,总习惯以高中时的好友为标准来加以衡量,常常会觉得新面孔不太合意,因此他们宁愿采取被动接受的态度,从而阻碍了同学间的沟通和交流,影响了建立新的友谊。在交往中,大学新生普遍采用试探式交往方式,与人交往广而不深且防范意识强,在交往中比较保守,不敢直接、毫无保留地进行思想、信息和情感交流。因此大学新生需要更好、更快地适应新的人际关系环境,努力实现由被动交往向主动交往、由试探式交往向直接交往的方式转换。

4. 交往难度的变化

中学时人际关系单一,学生对于交往的要求不那么强烈,加上沉重的学习压力,用于人际交往的时间也非常有限。进入大学后,交往群体日渐复杂,由于同学之间在语言、生活习惯、家庭背景、价值观、思维模式等方面的差异,相互之间的了解和磨合需要一定的时间,这增加了交往的难度。但大部分同学缺乏交往技巧,一时还难以建立友好的、协调的人际关系,有时甚至可能发生人际冲突。如一些学生习惯以自我为中心,缺乏容忍、谦让、合作的品质,待人接物缺少多角度考虑的融通性,容易造成交往障碍。这对学生的人际交往能力提出了更高的要求。

(四)心理适应不良

大学新生心理适应不良与其学习、生活和人际交往方面适应不良紧密相关,从一定意义上说,心理上的不适应是学习、生活和人际交往方面适应不良的结果,而心理上的不适应反过来又进一步加剧了学习、生活以及人际交往中的不适应。

1. 难以适应生活新环境的孤独感

初入大学,可能一切都是陌生而新鲜的,离开了父母的念叨,没有了老师的管束,这样的环境让许多大学新生感到前所未有的自由。但随着新鲜感慢慢消失,随着生活、学习和人际环境的变化,学生易产生强烈的恋旧、思乡、孤独的情绪,出现想家、思念亲人、怀念老同学等现象,并由此可能产生各种烦恼,出现焦虑、抑郁、敌对、低落的情绪,严重者会影响心理健康。

2. 理想与现实的落差形成的失落感

现实中的大学生活与理想中的大学生活差距太大,这也是高职新生普遍存在的心理。一些大学新生觉得所上大学不尽如人意或者所上大学及所学专业并非自己真实意愿,甚至由于学校住宿条件、教学设备、体育设施不及想象中的那么如意,而感到失望和遗憾。由于入学前对大学生活过分憧憬,把大学生活想象得浪漫神秘和多姿多彩,认为大学是一个完美而理想的地方,入学后却发现现实并非完全如此,这种心理落差使大学生深感沮丧、迷茫,容易失去学习的内在动力和方向。实际上大学是人生中非常重要的时期,从学生蜕变成一名社会人就是在这个过程中完成的。大学如果想过得很充实,没有遗憾,不是单靠憧憬,更要不懈地奋斗。

3. 人际交往困难而产生的抑郁感

面对新的环境,由于思想观念、价值标准、兴趣爱好、生活习惯上都有较大差异,再加上人际交往经验不足,使得大学新生在情感上对交往对象或交往关系难以接受,并产生抗拒心理。因此,他们往往面临着较大的认知情感和行为上的压力。另外,随着生活内容的丰富、视野的开阔,人际交往变得复杂化,一些新生对此缺乏足够的心理准备,显得束手无策。在人际交往过程中,有些新生表现为人际交往心理障碍,还有些因为性格上的不合群而不被同学理解,甚至遭到排斥,如果这些问题得不到及时的解决与处理,就会成为他们前进中的迷雾和阻碍,长期沉浸在苦闷压抑的环境中,有可能进一步发展为自闭自锁,甚至导致精神疾患。

4. 学习适应困难而产生的焦虑感

面对新的学习内容、教学方式和学习方法,大学新生自学能力普遍不足,部分新生一时感到无所适从,学习方法不当、学习动力不足、学习目标迷失、自信心丧失成为普遍现象,而这也很容易导致一定程度的焦虑与恐惧,这在高职新生中是十分普遍和正常的心理反应。适当的焦虑对高职新生迅速适应角色有一定的帮助,但是反应过于强烈而陷入严重的焦虑与恐惧,就会影响正常的工作、学习和生活。

5. 自我评价失调导致的自卑感

有些大学新生上了高职院校可能内心有很多不情愿,他们有的是屈于父母的选择,有的则是高考失利的被迫选择,这些学生具有强烈的自卑心理,认为自己读高职很没面子,看不起自己,甚至看不起就读的学校和老师,在这种妄自菲薄中,他们的意志日渐消沉,存在破罐子破摔的不良心理。有的学生在中学时的优越感到了大学不复存在,自尊心受到挫伤,导致自我评价失调。由于对角色地位的变化缺乏足够的认识和准备,一些新生的自我评价受到不同程度的冲击,导致自我认同感降低,出现比较强烈的自卑感。

6. 失去奋斗目标而形成的空虚感

目标具有动力、导向和激励作用。学生经历了紧张的高考后,进入大学,升学的目标达到了,而新的目标尚未确立,失去了前进的动力和奋斗目标,感到彷徨、无所适从,学习缺乏动力、激情。这时大学生就要重新树立目标,使自己重拾斗志,重新行动起来。但是进入大学之后,奋斗目标就不再单一,不再是学习第一,而是出现了许多衡量标准,这种综合性的评价方式使得部分大学生不知所措,不知道自己该做什么,也可能是因为觉得考上大学就满足了,不思进取,无聊、空虚、寂寞就会接踵而来,甚至开始抽烟、喝酒、打牌、沉迷网游……

从中学时代走来,每一个大学新生所面临的都是一个全新的世界。无论是生活环境还是学习方法,无论是个人目标还是社会期望,都发生了很大的变化。由于环境的变化,知音难觅的孤独、中心地位的失落和强烈的自卑心理是导致大学新生适应困难的重要因素。大学新生踏入大学校园的同时,不妨对新的学习生活做一些必要的心理准备。

第二节　适应大学生活的主要途径

李开复先生说:"在我的记忆里,大学是最美好的、最重要的时光。但是,在和一些大学生的交流中,总觉得有不少同学没有充分地发挥大学四年的潜力。"不知从什么时候开始,刚入大学校园的风华正茂的大学生们,开始变得没有目标,有许多时间却都不知所措:在宿舍里的床上度过,在微信上闲聊,在网络游戏里厮杀。或许,是觉得自己有大把的青春,大学时日多得是,所以开始松懈自己,越来越多的大学生开始变得迷茫不定。带着憧憬与梦想进入大学校园,面对新环境、新同学,随着生活、学习和人际环境的变化,大学新生需要提高社会适应能力,进行角色转换与心态调整。适应大学生活的主要途径有以下几个方面。

一、主动融入环境

由于大学的校园范围比较大,所以首先要尽快熟悉校园环境,要迅速熟悉学校的教学及辅助设备,如教学办公地点、食堂、图书馆、实验室、医务所、复印室的位置、开放时间和使用方法等。为适应新的校园环境,还要多向高年级的同学和同乡请教,加强与老师、同学的联系,掌握各方面的信息,这样才能尽快适应新生活。对新环境适应快的学生,很快就成为班级中的重要人物,担任一些班级工作。与老师、同学接触多,掌握的信息多,锻炼的机会也多,能力提高很快,自信心也就逐渐建立起来了。

新生除了熟悉校园自然环境,还应该主动了解学校的人文环境。梅贻琦先生曾说:"所谓大学者,非谓有大楼之谓也,有大师之谓也。"了解关于学校的校史、校训、名人、故事等文化内涵,了解大学文化,即一所大学的办学传统、办学特色和学风校风,对新生理解大学、融入大学文化有积极作用。正如学者所说:"对学生真正有价值的东西,是他周围的环境。"大学新生要去了解学校有哪些先进的办学理念、办学特色和办学成果,开设了哪些特色专业、特色课程,有哪些特色校园文化等,这样才能在接下来的大学生活中作出更好的选择。

二、合理规划目标

目标是人们活动所追求的预期结果,是激发人的积极性、使之产生自觉行为的必要前提。目标对人的行为具有定向作用、激励作用和维持作用。一个人追求的目标越高,他的能力就发展得越快,对社会就越有益。进入大学之后,大学生应该重新审视自己未来的人生之路,重新规划人生目标,为自己增添前进的动力。确定合理科学的目标,应当从自身和客观实际出发,了解自己的个性特点、能力、优缺点,还有客观的条件。如果制定的目标过低,就会缺乏动力;目标过高,又会因为达不到而失望。制定日常目标,应结合自身优势,要具有可操作性和可控性,力求通过自己的努力就能实现。要给自己以恰当的定位,避免盲目地追随别人或社会时尚。

在目标的实现过程中,应改变对自我、对他人、对环境的不恰当的认识,以达到改善人际关系、提高学习或工作效率的目的,使现在的自己不断地向理想的自己靠近,并随时根据已经变化了的情况,及时调整目标,以免因为目标脱离实际而无法实现。当然,还应当认识到自己不可能完成所有想要完成的事情,也不是所有的事情都有能力去实现,只要努力做好自己能做的,对不受自己支配的因素,就不要太在意。

三、培养自立能力

大学教育注重培养学生的自立意识和独立生活的能力,这是大学生跨入社会应该具备的基本素质。日常生活的自我管理,社会生活中的各种矛盾冲突,复杂多变的人际关系,都需要每个人独立面对。人不可能永远依赖父母,每个人独立处理问题的能力都是在生活的实践中培养和锻炼的。

对绝大多数新生来说,进入大学是真正意义上独立生活的第一步,因此,学会自我管理、培养生活自理能力是大学生活的重要一课。

1. 学会打理日常生活

作为一名高职学生,应遵守学校的作息时间,养成准时起床、运动的习惯,学会自己整理床铺、收拾房间,学会自己洗衣服、晾晒被褥,学会安排自己的生活,自己照顾自己。在学习的过程中,如果能够和同学进行相互交流和相互帮助就更好了,这样能够促进生活自理能力的提高。

2. 学会管理好钱物

由于家长一般定期给一些生活费,高职新生要自己独立计划如何进行消费,培养理财观念,要考虑在生活中哪些开支是必要的,哪些开支是完全不必要的,哪些是可有可无的;要根据父母的经济能力和自己勤工俭学的能力,确定切实可行的消费计划,并且要尽量按照计划执行,多余的钱可以存在卡里,以备急需时使用。

3. 了解学校规章制度

作为一名高职学生,要明确什么是该做的、什么是不该做的,安排好自己的课余生活。有的学校开学时会给新生发放《新生手册》,里面涵盖了学校规章制度的方方面面,比如大学生日常行为规范、宿舍管理制度、学业考核办法、综合素质测评办法、奖惩制度、考试制度等,这些都是需要及时了解和把握的。

四、正确调控自我

1. 建立理性认知

认知是指人们对周围事物的看法或观点。一个人是否有正确、健康的认知方式,直接关系到他的心理状况。正确的认知是适应与发展的前提和基础,对生活的不适应,大部分来源于对现实的不合理认知。例如,对自己、对别人的绝对化要求,以偏概全的过分概括化,对自己行为"糟糕至极"的悲观预期等。因此,大学生要培养自己理性的认知方式,从客观的角度重新认识自己、他人以及自己与他人的关系。

2. 适应角色要求

大学生来到了新的环境中,首先要客观地了解自己的优点和缺点,了解现在的社会和环境对自己的要求,使他人的"角色期望"和自己的"角色选择"相一致,尽快理解、认同和接受新的角色要求,从而控制或改变自己的态度与行为,达到改善人际关系和提高学习效率的目的,使现在的自我不断向理想的自我靠近。只有尽早做好思想准备,主动适应角色变化,才能少走弯路,减少心理压力,顺利适应大学生活。

3. 自我心理调适

大学第一年是学生适应性心理调适的重要阶段,其适应状态会直接影响他们以后在大学阶段的发展。大学新生在适应过程中要优化和调节自己的心理状态,通常情况下可以利用心理暗示法、注意力转移法、适度宣泄法、认知调节法、自我安慰法、心理咨询等多种心理调适方法,及时、适度、合理地排解不良情绪,使紧张糟糕的情绪得以缓解和放松。要保持平常心态,坦然接受各种困难和问题,培养良好的生活态度,形成张弛有度的生活方式,对学习、生活的安排与学校的整体进程保持一致,以促进自己尽快适应大学的学习和生活。

4. 采取积极行动

戴尔·卡耐基曾经说过:"如果想要快乐,就为自己树立一个目标,使它支配自己的思想,放出自己的活力,并鼓舞自己的希望。快乐存在于每个人的心里,快乐来源于去做具体而明确的事,并把自己全部心思和活力都放在其中,即要积极地去行动。"积极行动可以使大学生生活充实和愉快,摆脱由于环境不适应带来的孤独、焦虑、无助、恐惧和空虚。很多的烦恼都来自于自己的"冥思",因此,大学生应该积极地投入大学学习和生活中,积极参与各种社会实践、勤工俭学、社团活动、校园文化活动,为同学、集体做些实事,在活动和实践中体验生活,感悟人生,了解社会,知晓他人,赢得认同,获得自信,同时也提高了自我选择、自我决策、自我管理的能力,提升了应对各种困难的能力,增强了自我效能感,完善了人格。

五、增进人际交往

人际关系的冲突是大学生心理适应中最常见的问题。我国著名医学心理学家丁攒教授曾说:"人类的心理适应,最主要的就是对人际关系的适应,所以人类的心理病态,主要是由于人际关系的失调而来。"在大学期间,大学生应该主动与人交往,学习人际交往的技能,建立良好的人际关系。这里着重从建设积极和谐的宿舍关系来理解和认识大学新生如何适应新的人际关系。

拿什么拯救你:我的室友

2013年,《成都商报》记者对市内多家高校的100名大一新生进行了抽样调查。结果显示,在这100名大一新生中,有27名学生对目前宿舍内部的人际关系表示不满。学生们认为,容易造成宿舍关系紧张的原因五花八门,但排名前三的分别是:卫生习惯、作息时间和性格差异。在这些不满自己宿舍关系的学生中,女生人数明显多于男生,约占70%。值得注意的是,在接受调查的学生中,90%以上的同学表示,自己的室友都来自不同的地方,在开学报到之前彼此都不认识。

从上面的新闻报道可以直观地感受到了解和学习处理宿舍人际关系的重要性。大学不仅是增长知识的地方,更是年轻人走入社会的第一站,积极、和谐的人际关系是大学生活幸福的前提。宿舍是大学生学习与生活的主要场所,大学宿舍关系是社会人际关系的缩影,是大学生思想、行为及情感的晴雨表,宿舍人际关系的现状也反映了大学生的人际交往的过程和模式。在宿舍生活中,在与室友的互动过程中,彼此的个性充分展现,容易交到知心朋友,但也容易产生剧烈冲突。处理得好,就是一辈子的财富。处理好宿舍人际关系,是大学生活的必修课。打造"中国好室友",需要通过良好的宿舍人际交往来实现。

1. 理解包容：从他人角度着想

在人际关系中，不少同学将彼此之间的差异简单归结为"对"与"错"。在这种思维模式下，容易将彼此的关系推到不容调和的对立面。比如，冬天宿舍关门的矛盾，本来只是生活习惯的问题。北方来的同学习惯待在有暖气的屋子里，习惯于进门将宿舍门紧闭。但是南方来的同学习惯于进屋后仍然开着大门，有利于空气的流通。关不关都没有错，只是生活习惯的差异，彼此互相理解、互相体谅，矛盾就很容易化解。诸如卫生打扫、作息时间等都存在这样的问题。每个人的生活习惯都有差异，那么大家坐下来，一起协商制作值日表，调整作息时间，便可有效保证宿舍的卫生和大家的睡眠。

江西农大"带饭哥"走红网络，被赞"中国好室友"

江西农大"带饭哥"的图片在该校一个论坛和微博发出后在网上迅速走红。网友们将这两名为室友带饭的男生称为"带饭哥"，同时称之为"中国好室友"。面对这一切，其中一位"带饭哥"平淡地说："那天中午，一些同学不想出去，我刚好出去吃饭就帮他们带了。"有网友说："也许是为聚餐跑很远买回十几包熟食，也许是为照顾同学每餐带回病号饭，带的从来不是饭，是感情！"

有人说，"没为室友带过饭、没托室友带过饭的大学是不完整的。""带饭哥"一句"我刚好出去吃饭就帮他们带了"显示出：不能以"凭什么"这样的对立思维左右自己的言行，而应寻找彼此最大的公约数、相似之处。当找到这样的共同点时，带来的就不再是斤斤计较，而是对"一些同学不想去"的理解与包容。所以"带饭哥"带的不是饭，而是实实在在的感情；带的不是美味佳肴，而是理解和包容。

2. 彼此尊重：把室友当作"自己人"

每个人成长经历、家庭教养方式乃至个人修养是不同的。要学会理解、尊重彼此的独特性。宿舍里比较敏感的生活习惯、卫生习惯、性格差异等都是客观存在的，关键在于如何理解这种差异，这就需要彼此间的包容和理解。既然几个陌生的同学来到一个新的宿舍，住在一起，是大家的缘份，宿舍是大学生生活的"家"，舍友是大学生接触最多的"家人"，那么应当将室友纳入"自己人"范畴。

武汉高校好室友"苗大妈"宿舍传递正能量

她被同学们亲切地称为"苗大妈"。她每天出入宿舍公共晾衣台数次，整理晾晒的湿衣干衣，为没人收取的衣服写"失物招领"。她无怨无悔地当起了同学们免费的"看衣管家"。不仅如此，"我们整个寝室的衣服都是她收的，从来都不用担心衣服不见了或者掉在地上弄脏了这些问题。"她的室友小杨在接受采访时如此说道。

在"苗大妈"的影响下，原本很邋遢的室友都有了改变，自觉地打扫卫生、整理床铺。两年的朝夕相处，室友们都习惯了依赖"苗大妈"，凡事都要请教一下她。

当以"自己人"的方式善待室友时，室友也会以对待"自己人"的方式"投桃报李"。这是因为关系是互惠的。晾衣只是形式，晾衣背后折射出来的是"苗大妈"对待同学如同家人，将晾衣这样的小事当成了自己的事。而她的室友就是在"苗大妈"平凡而温暖的行为中学会了以"自己人"的方式善待对方。在宿舍交往中,只有彼此融进"自己人"的圈内,才能在这近距离的关系中感受到彼此的无私帮助,感受到强大的社会支持,感受到人际的温暖。

3. 坦诚相待:掌握沟通的艺术

现在很多大学生不善于沟通。在现实生活中要么不沟通,要么就不经考虑直接说,不顾别人的感受。沟通方式的不当直接导致宿舍的人际冲突。比如,有的同学晚上熄灯以后还在阳台上打电话,尽管声音很小。过一段时间后,宿舍同学实在忍不住,但又不好意思明说,只好高高地抬起自己的腿,重重地砸在床上,以为打电话的同学知道自己的意思,但是打电话的同学以为那位同学半夜睡不着觉,在翻身。宿舍同学实在忍受不住了,可能就会大喊大闹起来,直接的后果就是导致宿舍人际矛盾和冲突。不会沟通导致宿舍里暗战、激战不断上演,大学生有必要学习和掌握人际沟通的艺术,学会与性格不同的人进行沟通,有问题主动沟通,不要积压矛盾,达到相互理解、尊重和接纳。

4. 自我肯定:给予室友正能量

加拿大心理学家斯廷森(Stinson)通过实验证明:自我肯定能够提升积极的人际关系。通过自我肯定,让积极行为给自己积极的信念;以积极信念塑造积极的行为,产生积极的人际影响;反过来,通过积极的影响强化自己的积极信念。

塑造积极的宿舍人际关系关键在于自己是否愿意承担"室友"这一角色的责任和义务。"室友"在宿舍中的角色,就是在近距离的交往中相互表达、传递彼此所需的情感。大学生应该通过"室友"这个角色,透过自我肯定的机制,满足其他室友情感依恋的需求,在情感上凝聚成一个集体和团队。

案例

尉志伟是华北水利水电机械学院的 15 级的学生,临近期末考,室友感觉到学习困难,尉志伟作为学霸并没有摆出高冷的架子,而是主动为室友辅导,并且自备小黑板,总结知识,讲解难题,每天晚上上课一小时,课前还会发红包调动室友学习积极性。网友纷纷表示,有这样的学霸好室友,夫复何求。

以上案例用事实告诉人们:要学会自我肯定,而不是一味疏离、指责、愤怒,因为这样只能使人感受到自己是多么的无能。要树立诸如"我在室友的生活中是非常重要的""我能够积极地影响室友"的信念,像尉志伟一样相信自己有足够强的正能量,相信自己能够帮助、影响或改变室友。在互动的过程中,尉志伟让室友感受到自己并不是混日子,而是能够克服困难,努力学习,充满了正能量。

📖 知识拓展

人际交往的"3A 法则"

"3A 法则"是美国学者布吉林教授提出的。法则的内容是:把对别人的友善通过三种方式恰到好处地表达出来。这三种方式分别指 accept、appreciate 和 admire,即"3A"。

accept(接受对方)：接受交往对象,接受交往对象的风俗习惯,接受别人的交际礼仪。在交谈时有"三不要",即不要随意打断别人说话,不要轻易地补充对方说话,不要随意更正对方所说的话。

appreciate(重视对方)：重视对方实质上就是欣赏对方,要看到对方的优点。重视对方的技巧：一是在人际交往中善于使用尊称;二是记住对方。

admire(赞美对方)：赞美,以欣赏的态度去肯定对方。赞美对方也有技巧：一是实事求是,不能太夸张;二是适合对方,要夸到点子上。

第三节 大学期间的发展规划

从中学进入大学,既有欣喜,又有迷惑。新生常常会想："我好像完全失去了方向";"我希望自己各方面表现都十分抢眼,可是经常力不从心";"我的大学和所有的生活都是被父母规划的"……在这些问题背后,隐藏着一个共同的期待："我的大学该怎么过?"大学期间的生涯发展规划显得尤为重要。

一、大学生自我同一性的建立

刚入大学的大学生需要探索并且确立自己的发展方向,从而确定未来的目标。在心理任务上,这个确立的过程就是自我同一性建立的过程。自我同一性这一概念是美国心理学家埃里克森提出的,他认为青年期的发展课题是自我同一性的确立。它是指青少年树立关于自己是谁,在社会中的地位如何,将来成为什么样的人,以及怎样成为这样的人,等等一系列的概念,在发展过程中经过积极的探索,明确了个人的价值观,主动解决了成长中的困扰,主动适应了外部的环境变化,就是自我同一性整合的状态;相反,则是自我同一性混乱的状态,无法正确认识自己、认识自己的职责,不能作出适合自己的选择,个人方向迷失,与自己的角色不相适应,最后出现退缩、自卑等不良人格特征。

💻 知识拓展

埃里克森人生发展八阶段学说

埃里克森提出人生发展八阶段理论,并详细论述了每个阶段特定的心理、社会发展课题,称之为心理社会危机。埃里克森认为,每个阶段心理、社会发展课题完成、危机解决,就会产生积极的品质;反之,就会产生消极的品质,如表2-1所示。

表2-1 埃里克森人生发展八阶段理论

发展阶段	主要冲突	发展任务	积极解决	消极解决	品质
婴儿期 (0～1.5岁)	基本信任 对不信任	满足生理上的需要,建立信任感,克服不信任感	对人信任,对外界有安全感	恐惧,焦虑,对外界害怕和不信任	希望

续表

发展阶段	主要冲突	发展任务	积极解决	消极解决	品质
幼儿期（1.5～3岁）	自主对自我怀疑	获得自主感，克服羞怯和怀疑，体验意志的实现	能按社会要求表现目的性行为，发展自主能力	缺乏信心，畏首畏尾，感到羞愧，怀疑自己的能力	意志力
学龄初期（3～6岁）	主动对内疚	获得主动感，克服内疚感，体验目的的实现	主动，表现出积极性和进取心	畏惧、退缩，产生内疚感和失败感	目的
学龄期（6～12岁）	勤奋对自卑	获得勤奋感，克服自卑感，体验能力的实现	勤奋，掌握求学、做事、待人的基本能力	缺乏生活的基本能力，充满自卑和无价值感	能力
青春期（12～18岁）	自我认同性对角色混乱	建立自我同一感，防止同一性混乱，体验忠诚的实现	有明确的自我观念，认为自己是一个独特的和被社会所接受的人	对于自我与他人的角色混乱，充满不确定性	忠诚
成年早期（18～25岁）	亲密对孤独	获得亲密感，避免孤独感，体验爱情的实现	能够与他人建立友情和爱情，发展爱的能力	与社会疏离，孤独寂寞，拒绝亲密的需要	爱
成年中期（25～65岁）	再生力对停滞感	获得再生力，避免失望和厌恶，体验智慧的实现	热爱家庭，关心社会，追求事业成功	自我放纵，不考虑未来，缺乏社会责任感	关心
成年晚期（65岁以后）	自我实现对失望感	获得自我整合感，避免失望和厌恶，体验智慧的实现	有一种完善感，感到生活有意义，对人生感到满意	感觉人生没有意义，悔恨旧事，消极失望	智慧

大学生自我同一性的建立表现为以下几个方面。

（1）前瞻性的时间观与混淆的时间观。大学生对时间的认同是自我认同中非常重要的一件事。有的大学生没有认识到时间改变的不可挽回性，他们必须与时俱进；有的为了避开成长的压力，希望时间过去，面临的困境也随之而去；有的希望时间停滞不前，依旧沉浸在少年时代中，不去主动承担责任，拒绝成长，造成不成熟的自我认同。

（2）自我肯定或自我怀疑。有的大学生从多维度看待自己，如对自己的天赋智力、身体、心理与发展的认知，对成功与挫折的认知，这些都在很大程度上确立了他们的自我认知。有的大学生过分看重别人对自己外表的看法，有的则对一切抱漠不关心的态度。一个自我认同的人能够有效地统合自我与他人的信息，达到自我同一性；反之，则不能达到自我同一性。

（3）预期职业成就与无所事事。大学生的职业生涯规划与职业预期是学业的重要归宿，也是一个非常实际的问题，大学生通过职业生涯确立与肯定自己的能力。大学生重要的是坚持学习并充分发挥自己的潜能，而不是确定自己的能力有多大。许多有才能的大学生由于缺乏毅力而无所建树；也有的大学生沉溺于网络游戏不能自拔，荒废了学业。

（4）服从与领导的认同。大学生既要发展自己作为团体领导者的能力，又要学会与适应作为团体成员的团队精神与合作精神。当作为领导时，能够适当地运用权力；当作为成员时,不盲目服从而又能归属于团队。

（5）价值观形成。大学生真正开始选择人生、思考人生,逐步形成自己的人生观与价值观及生活理念。大学生价值观的确立是自我同一性的最高境界,也是自我同一性最为重要的任务。

二、大学期间的生涯发展规划

（一）生涯和生涯规划

美国国家生涯发展协会提出,生涯是个人通过从事工作所创造出的一个有目的的、延续一定时间的生活模式。确切地说,生涯在本质上是持续一生的过程。它受到个人内在和外在力量的影响。

"创造出(working out)"在这里是指生涯是一个人的愿望与可能性之间、理想与现实之间妥协和权衡的产物。生涯发展是一系列选择连续进行的结果。

"有目的的(purposeful)"是指生涯对个人来说是有意义和有价值的。

"生活模式(life pattern)"在这里意味着生涯不仅是一个人的职业或工作,还包括生活中的各种角色担当。

"工作(work)"可能是生涯领域最易被误解的词语之一。每个人对它的含义都有一定的认识。但对生涯专家而言,工作是一种活动,可以为自己或他人创造价值。

生涯就是生活,生涯就是每日点点滴滴的积累。由于每个人的生活环境、志向与知识背景不同,对生活的理解也不同。但是,如何使人的生活多姿多彩,如何使人生具有意义,是萦绕在每个人心头的一个重要的人生问题。在寻求生活意义的过程中,每个人都会对自己的生涯进行规划,矢志不渝地朝着人生目标奋进。

生涯规划,简单来说,就是对影响生涯发展的经济、社会、心理、教育、生理等各种因素的选择和创造。它通常建立在个体对自我全面、深刻的认识的基础上,需要结合职业发展的一般性特点。对于大学生而言,生涯规划实际上就是寻找自己的发展方向,是结合自己的兴趣爱好、专业特长和知识结构,认真分析个人的性格特征,对将要过的生活和将要从事的职业作出规划。

根据埃里克森人生发展八阶段理论,18～25岁也许是人生中最艰难、最困苦的一个时期,因为它是一个人心理发展的成人初显期,是探索和确立自我的关键时期。不少大学生对未来迷茫,想努力却无从下手。因此,理清思路,给自己规划好未来想要走的路,是这个时期的重要任务。

 **心理悦读**

毛毛虫的故事

第一只毛毛虫来到一棵苹果树前,但它根本就不知道这是一棵苹果树,它没有目的,不知终点,也没想过什么是生命的意义,为什么而活着。

第二只毛毛虫知道这是一棵苹果树,它找到了一个大苹果就扑上去大吃一顿,但它发现如果选择另外一个分枝,它就能得到一个更大的苹果。

第三只毛毛虫知道自己想要的就是大苹果,并制订了一个完美的计划。最后,这只毛毛虫应该会有一个很好的结局。但是真实的情况往往是,因为毛毛虫的爬行相当缓慢,当它抵达时,苹果不是被别的虫捷足先登,就是苹果已熟透而烂掉了。

第四只毛毛虫做事有自己的规划。它的目标并不是一个大苹果,而是一朵含苞待放的苹果花。它计算着自己的行程,结果它如愿以偿,得到了一个又大又甜的苹果,从此过着幸福快乐的生活。

你从毛毛虫的故事里得到了什么样的启发呢?

第一只毛毛虫毫无目标,一生盲目,是个没有自己人生规划的糊涂虫,不知道自己想要什么。遗憾的是,我们大部分的人都像第一只毛毛虫那样活着。

第二只毛毛虫虽然知道自己想要什么,但不知道该怎么去得到苹果,在习惯的正确标准指导下,作出了一些看似正确却使它渐渐远离苹果的选择。而曾几何时,正确的选择离它又是那么接近。

第三只毛毛虫有非常清晰的人生规划和正确的选择,但目标过于大,行动过于缓慢,成功对它来说,已是明日黄花。机会、成功不等人。

第四只毛毛虫不仅知道自己想要什么,也知道如何去得到苹果,以及得到苹果应该需要什么条件,然后制订清晰实际的计划,一步步实现自己的理想。

(二)规划大学生活

生涯规划是一个不断完善的过程,它不仅仅是对工作的打算,更多的是在追求的过程中给自己以希望和满足感。找到工作只是满足了最低的生存感,接下来是工作稳定后的安全感,获得工作成就的自尊感,到达最高一层是工作与生活带来的内心满足感和生活的意义感,所以生涯的最高境界是个人内在天赋的实现和幸福的感受。

生涯规划需要大学生去创造,需要大学生行动起来,不断实践和尝试。

首先,要进行自我评估,定位自己。不仅要探索"我想做什么",还要考虑"我能做什么"。根据家长、老师和同学们的评价,借助于职业兴趣测验和性格测验,发现自己是一个较为外向开朗的人还是内向稳重的人,以及自己对哪些问题较为感兴趣,如经济问题还是管理问题,或擅长哪些技能,如动手能力、语言表达能力等。也可分析自己的一些弱点。只有从自身的兴趣中去体验,从生活的经验中去探索,才能发现自己的内在天赋。

其次,要适应环境,了解环境支持或者允许自己做什么,要看到影响生涯规划的外在因素和资源,包含家庭因素、成长环境因素和社会因素等。

再次,需要制订计划。制订大学三年的发展规划,如学业规划、生活成长规划和社会实践规划等,要根据自己的长期目标,采取不同的方式和途径。一般来讲,可分为以下三个阶段。

大学一年级可以定位为试探期,新生刚刚进入大学,适应大学生活。要多利用学生手册,了解相关规定。提高自己独立生活的能力,培养良好的生活习惯和学习习惯,明确自己的兴趣所在。可以积极加入社团,扩大朋友圈,培养友情,建立良好的人际关系。学好英语,学习计算机知识,能够通过计算机和网络辅助自己的学习。

　　大学二年级可以定位为定向期,也就是说各个方面已经稳定下来了,要以学习为主,重点放到专业课上,加强自己的专业技能训练,通过英语和计算机的相关证书考试,并有选择地辅修其他专业的知识充实自己。可以尝试兼职,去接触社会,积极参加社会实践活动,培养社会实践经验,进一步提升自己各方面的能力,为今后的社会生活做准备。

　　大学三年级是分化期。临近毕业,保证学习成绩能过关。进入实习期后,提高专业技能水平。真正接触社会,培养实践能力,锻炼自己的工作能力和应聘能力。和同学交流求职工作心得体会,学习写简历、求职信,了解收集工作信息的渠道。要积极利用学校提供的条件,了解就业指导中心提供的用人单位资料信息。

　　最后,付诸实际行动。把目标细化到每天,在行动中不断评估、修正和更新目标。

　　凡事预则立,不预则废。当大学新生面对入学适应困扰的时候,需要规划自己的大学生活,做到"我的大学我做主",勇于实践和探索。随着对环境的熟悉、年级的升高和专业学习的深化,大学生应该逐步明确自己的职业目标,结合自己的实际情况,进行周密的生涯发展规划。

心理测试

社会适应能力诊断量表

　　社会适应能力指的是一个人在心理上适应社会生活和社会环境的能力。社会适应能力的高低,从某种意义上说,体现了一个人的成熟程度。下面的问题能帮助你对自己的心理适应能力进行自我判别。请认真阅读,并确定其与你实际情况的符合程度:A. 是　B. 无法肯定　C. 不是,把答案填在括号内。

　　1. 我最怕转学或转班级,每到一个新环境,我总要经过很长一段时间才能适应。(　　)

　　2. 每到一个新的环境,我很容易同别人接近。(　　)

　　3. 在陌生人面前,我常无话可说,感到尴尬。(　　)

　　4. 我最喜欢学习新知识或新学科,它给我一种新鲜感,能调动我的积极性。(　　)

　　5. 每到一个新环境,我第一天总是睡不好,即使在家里,只要换一张床,有时也会失眠。(　　)

　　6. 不管生活条件有多大变化,我也能很快习惯。(　　)

　　7. 越是人多的地方,我越感到紧张。(　　)

　　8. 在正式比赛或考试时,我的成绩多半不会比平时练习差。(　　)

　　9. 我最怕在班上发言,全班同学都看着我,我的心都快跳出来了。(　　)

　　10. 即使有的同学对我有看法,我仍能同他(她)交往。(　　)

　　11. 老师在场的时候,我做事情总有些不自在。(　　)

　　12. 和同学、家人相处,我很少固执己见,乐于采纳别人的看法。(　　)

　　13. 同别人争论时,我常常感到语塞,事后才想起该怎样反驳对方,可惜已经太迟了。(　　)

　　14. 我对生活条件要求不高,即使生活条件很艰苦,我也能过得很愉快。(　　)

15. 有时自己明明把课文背得滚瓜烂熟,可在课堂上背的时候,还是会出差错。
(　　)

16. 在决定胜负成败的关键时刻,我虽然很紧张,但总能很快使自己镇定下来。
(　　)

17. 我不喜欢的东西,不管怎么学也学不会。(　　)

18. 在嘈杂混乱的环境里,我仍然能集中精力学习,并且效率较高。(　　)

19. 我不喜欢陌生人来家里做客,每逢这种情况,我就有意回避。(　　)

20. 我很喜欢参加社交活动,我感到这是交朋友的好机会。(　　)

评分办法:

(1) 凡是单数号题(1,3,5,7,…)选择 A:−2分;B:0分;C:2分。

(2) 凡是双数号题(2,4,6,8,…)选择 A:2分;B:0分;C:−2分。

将各题的得分相加,即得总分。

结果解释:

35～40分:社会适应能力很强,能很快地适应新的学习、生活环境,与人交往轻松、大方,给人的印象极好,无论进入什么样的环境,都能应付自如。

29～34分:社会适应能力良好。

17～28分:社会适应能力一般,当进入一个新环境,经过一段时间的努力,基本上能适应。

6～16分:社会适应能力较差,依赖于较好的学习、生活环境,一旦遇到困难则易怨天尤人,甚至消沉。

5分以下:社会适应能力很差,在各种新环境中,即使经过一段相当长时间的努力,也不一定能够适应,常常因与周围事物格格不入而十分苦恼。在与他人的交往中,总是显得拘谨、羞怯、手足无措。

如果你在这个测查中得分较高,说明你社会适应能力较强。但是,如果你得分较低,也不必忧心忡忡,因为一个人的社会适应能力是随着年龄的增长、知识经验的丰富而不断增强的。只要你充满信心,刻苦学习,虚心求教,加强锻炼,你的心理适应能力一定会得到提高。

 **心理训练**

(一)扩大朋友圈

活动目的:通过自我介绍并记住别人,提高人际交往能力。

操作步骤:

(1) 建立陌生人8人小组。前后两排各4名同学组成一个小组。

(2) 介绍接力。每人用一句话介绍自己。一句话中至少应包括姓名、院系、自己与众不同的特征。(规则:当第一个人介绍完后,第二个人必须从第一个人开始介绍,第三个人直到第八个人都必须从第一个人开始介绍。)

(3) 写一写。在刚才的活动中,你记住了哪些人?请你把他们的名字和特点写在纸上。

活动反思：

（1）你现在能记住多少人的名字？

（2）你对哪些人印象深刻？为什么？

（3）你觉得在这个交友活动中你的表现如何？你给人留下了深刻的第一印象吗？

（二）走出"舒服圈"

活动目的：

（1）体验改变习惯的困难。

（2）让学生意识到不断挑战自己，改变自己的习惯是可能的。

活动步骤：

（1）所有学生面向中心围成一圈，请学生自然地十指交叉相扣约5秒。

（2）再请学生以相反的位置十指交叉相扣约5秒，感受和之前动作不同的地方。

（3）恢复垂手状态，主持人邀请各学生随自己的习惯自然地绕手。

（4）主持人再邀请各学生以相反方向绕手，感受和之前动作不同的地方。

（5）恢复垂手状态。向学生提问："第二次的十指相扣和绕手有什么感觉？为什么有这种感觉？改变习惯可能吗？什么因素可协助改变？"

交流分享：

（1）找一找同龄人身上有哪些不利于自身成长的舒服圈？

（2）在学习和生活中，自我突破可能吗？（请举例说明，如能举自己的实例最佳。）

（3）如何拓展舒服圈，不断实现自我突破？

（4）通过这个活动还想到了什么或者受到了什么启发？

活动延伸：如果你有早晨恋床不起的恶习，可以给自己找一个按时起床的理由，比如出去呼吸新鲜空气、跑步锻炼身体，养成每天清早按时起床和外出锻炼的习惯。

如果自己怕羞或不擅长人际交往，可以尝试多和陌生人打招呼和聊天，如假装问某个地方怎么走，你会发现与陌生人交往并不是一件难事。

放学回家时换一条路走，或换乘另外一条公交线路，虽然可能会费一些时间，但往往会有一些意想不到的发现，说不定会发现更近的路线……

心理感悟：心理学概念"舒服圈"意思是所有人都活在一个无形的界限内，其中有自己熟悉的环境，与认识的人相处，做自己会做的事，在界限内的我们感到舒服；反之，当我们走出界限时，我们就会感到不舒服，很自然地想要退回到界限内。如果我们不刻意扩大自己的舒服圈，个人的发展以及进步就很慢，也无法发挥自己的潜力，过一个丰富多彩的人生，拓展内容包括思维方式、状态、人际交往、休闲习惯等。

人们最大的障碍就是被自己的舒服圈限制了。一个人成长的快慢，关键是看其是否愿意冒一些风险，尝试去做自己没做过或不拿手的事，从自己的舒服圈中走出来。在今天变化快速、竞争激烈的社会里，要改变坏习惯，敢于尝试。

如果总是在自己的舒服区里打转，就永远无法扩大自己的视野，永远无法学到新的东西。只有当我们跑出舒服区以后，才能使自己人生的圆圈变大，才能把自己塑造成一个更优秀的人。

人的成长就是一个不断走出舒服圈、挑战自我的过程！

（三）定位人生坐标

著名生涯规划师古典在他的书《你的生命有什么可能》里提出过一个"生涯四度"的概念，人生有四种方向，如图 2-1 所示。

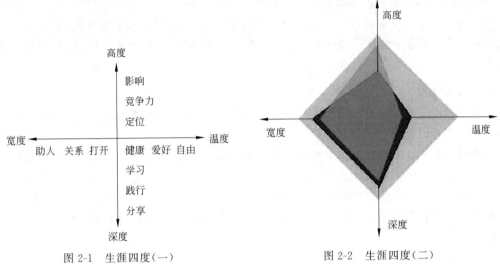

图 2-1　生涯四度（一）　　　　　　　图 2-2　生涯四度（二）

高度——渴望获得的社会影响力和权力。

深度——在思想、智慧、艺术与体能上渴望获得的卓越与精进。

宽度——人生中将要扮演的各个角色，渴望在内心实现和谐。

温度——渴望获得内心的自由。

练习步骤：

（1）如果一辈子有 32 个"生涯点数"，你会如何分配？

（2）画出自己的生涯四度，如图 2-2 所示。

练习说明：重新从生涯的四个维度审视自己过去的人生，对刚刚过去的一年做一个总结。假设你的人生精力只有 32 点，你愿意在每个维度上支付多少精力值呢？如果每个维度的满分是十分，你给现在的自己打几分？你对自己目前的状态满意吗？哪些维度是不满意的，哪些方面是满意的？你希望在哪些维度获得更高的满意度呢？

在纸上画出一个坐标系，在每个维度上打分，然后连成一个属于你的生涯坐标图。

通过练习，对自己的人生会有一个更立体、更全面的看法。对自己有了更清晰的看法后是不是就有了更具体、更确切的想要改变和努力的方向呢？

仅仅有了四个维度还是不够的，针对每个维度，古典老师给出了 3 个不同的人生关键词，每一个人生关键词提供了一个方向，4 个维度就有 12 个人生关键词，也就意味着有 12 个不同的方向。

4 个维度的 12 个关键词，详述如下。

1. 关于高度

定位：即重新思考和定义职业发展的方向；仔细思考，梳理罗列，看看自己职业高度的提升有哪些可能，除了本职工作外，还有哪些途径，还有哪些可以发展的空间，定位并聚焦，给未来一个"小目标"。

竞争力：如果已经有了目标，那么就提升相对应的职业竞争力。这个可以和深度的关键词组合使用，不同于深度的地方在于，职业竞争力包含的内容更多维，除了专业技能外，更着眼于格局，更多的是提升领导力和整合可用的资源。

影响：扩大自身影响力，扩充影响圈，积极努力地去外化能力，展现成绩，让更多的人认识到自己的价值；承担更多的责任，有担当的人才能获取更多的信任，拥有更强的影响力。

2. 关于深度

学习：系统地去学习，通过各种渠道获取对自己有用的或者自己感兴趣的知识，书本、网络，都可以帮助得到知识。

践行：系统地去践行某一个领域。只学不练，就会落入"知道了很多道理，可依旧过不好这一生"的怪圈，刻意地练习，适时地强化，任何一种能力都需要在实际行动中提升。

分享：把学习中的经验和心得感悟梳理出来和分享出去。及时记录，系统整合，坚持输出，只有经历了这样一个完整的过程，学习到的知识才能内化为智慧，才能真正为己所用。

3. 关于宽度

打开：即打开内心，开始和建立一段关系。打开心门是建立关系的第一步，拓展宽度需要适度地打开和接纳，建立起新的连接。

关系：即维护和发展好一段关系。和谐的人际关系是维持宽度的必要条件，而关系在建立了之后，还需要持续地养护，防止其生疏、冷却。

助人：助人是一种极好的使宽度上升的方式，尝试帮助更多的人，连接更多的人。在助人的时候，不仅可以拓展宽度，同时也可以提升温度，因为助人是快乐的，助人可以提高社会认同和自我认同。另外，通过实实在在地帮助他人，可以让你发现自己的天赋和优势。

4. 关于温度

健康：包括身和心两方面，身心健康是提高一个人幸福度和温度的核心方式。身体是否健康，心态是否积极乐观，是否能很好地管理自己的情绪，都直接影响着个人的体验和感觉，可以从身心两方面着手锻炼。

爱好：培养或发展一个或多个爱好也是提高温度的一个策略，不要试图把所有的爱好都发展成职业，留一点简单的快乐给自己。

自由：放生自己，许自己一段小自由。比如陪孩子玩玩游戏、讲讲故事；比如来一次旅行；或者，干脆就是什么也不做，看着天上的云朵或者星星发呆。

这就是 12 个人生发展的关键词，即人生 12 个发展方向。一个人的时间有限，精力有限，所以并不能面面俱到。不要贪心，静下心来，认真面对自己的内心，从这 12 个关键词里选取 4 个就足够了,在接下来的一年里,朝着这 4 个方向努力,就足以获得令自己骄傲的进步了。

4 个关键词,你选出来了吗?

 推荐资源

(一)书籍《成功是道选择题:斯坦福大学人生规划课》(作者:[美]迈克尔·雷)

成功是选择出来的。选择什么样的目标,选择和谁结婚,选择和谁一起合作,甚至选择什么样的对手……直接决定了一生的成败。

本书(见图 2-3)作者迈克尔·雷是斯坦福大学企管研究所创意与创新行销课程的教授,也是一位非常著名的社会心理学家,被誉为"硅谷最有创意的人"以及"现代选择学之父"。本书脱胎于斯坦福大学商学院最有价值的人生规划课,是一本写给生活在迷茫中、失去热情、逐渐懈怠的现代人的心理励志图书。

在本书中,迈克尔·雷教授从"寻找人生最高目标"开始,带领读者一步步走上寻找自我之路。在如今这个人人追求"成功"的社会,许多人获得了财富、荣誉,但内心却越来越痛苦,觉得生活缺乏意义,其根源就是最初的选择出了问题,他们为此作出的努力也因此失去原本的意义。本书就人生如

图 2-3 书籍《成功是道选择题:斯坦福大学人生规划课》

何才能作出最正确的选择作了详细的指导与讲解,辅以大量的案例,并进行细致分析,具有非常强的学习和操作性。

(二)电影《三傻大闹宝莱坞》[印度]

电影《三傻大闹宝莱坞》(见图 2-4)根据印度畅销书作家奇坦·巴哈特的处女作小说《五点人》(*Five Point Someone*)改编而成。法涵、拉杜与兰彻是皇家工程学院的学生,三人共居一室。他们每个人身上都承载了家庭太多的希望。兰彻是花匠的儿子,从小聪明好学,善良调皮,他代替小主人来这里上大学,任务是四年以后为主人拿回一张光宗耀祖的文凭,但是他对于传统的以分数论等级、以分数定前途的教育提出了不满和抵制,引来了众多教师的斥责和刁难。法涵是贫困人家的孩子,他来这里上学的目的就是有钱让爸爸治病、让妈妈过上好日子、让姐姐可以有出嫁的嫁妆,由于压力太重,他胆小而谨慎,学习成绩一直垫底。而拉杜喜欢野外动物摄影,由于惧怕父亲的权威,他选择了不喜欢的工程专业,学习成绩更是倒数。三个年轻人各有自己的生活,各有自己的无奈,因有缘相逢在一所大学的屋檐下,共同分担着彼此的忧虑和不幸,笑中有泪,充满人情味,他们以各种

方式排解着内心的压力,建立了深厚的友情。

图 2-4 电影《三傻大闹宝莱坞》

规划你的大学生涯

第三章　学会有效学习

人生的十字架

每一个人都背负着一个沉重的十字架,在缓慢而艰辛地朝着目的地前进。途中突然有一个人停了下来。他心想:"这个十字架实在太沉重了,就这样背着它,要走到何年何月啊?"于是他拿出刀,做了一个惊人的决定,将十字架砍掉一些。砍掉之后走起来的确是轻松了很多,他的步伐不由地加快了。

于是,就这样走啊走啊,又走了很久很久。他又想:"虽然刚才已经将十字架砍掉了一块,但它还是太重了。"为了能够更快、更轻松地前行,这次他决定将十字架再砍掉一大块。这样一来他感觉轻松了更多。于是,他毫不费力地走到了队伍的前面。当其他人都在负重奋力前行时,他却能边走边轻松地哼着歌。

走着走着,谁料,前边忽然出现了一个又深又宽的沟壑! 沟上没桥,周围也没有路。这时候也没有蜘蛛侠或者超人可以出来解救他……他该怎么办?

后面的人都慢慢赶上来了,他们用自己背着的十字架搭在沟上,做成桥,从容不迫地跨越了沟壑。他也想如法炮制。可惜他的十字架之前已经被砍掉了长长一大截,根本无法做成桥帮助他跨越沟壑。于是,当其他人都在朝着目标继续前进时,他却只能停在原地,垂头丧气,追悔莫及。这个时候,在他的脑海里回响着一句话:"曾经有一个完整的十字架扛在我的肩上,我没有好好珍惜,直到需要它的时候,才后悔莫及,人世间最大的痛苦莫过于此啊!"

其实我们每一个人都背负着各种各样的十字架在艰难地前行,也许是学习,也许是工作,也许是感情,也许是我们必须承担的责任和义务。但是,正是这些责任和义务,构成了我们在这个世界上存在的理由和价值,所以请不要埋怨学习的繁重、工作的劳苦、责任的重大,更不要企图减轻、放弃甚至逃避学习的压力、工作的辛苦。因为真正的快乐是挑战后的结果。没有经历深刻的痛苦,就体会不到酣畅淋漓的快乐!

第一节　调适学习动机

一、激发学习动机

进入大学成为一名大学生,同学们的生活变得丰富起来,但是大学生的根本任务还是学习。大学是人生的关键阶段,最后一次有机会系统地接受教育;最后一次能够全心建立自己的知识基础;最后一次可以将大段时间用于学习,是学习突飞猛进的黄金时期。但现实是,高职学生最头疼的问题就是不想学习,虽然厌学的具体表现多种多样,但总体上可归结为两种,一种是经历紧张高考后在大学里产生了"船到桥头车到站",想要喘口气歇一歇的想法,开始将注意力转移到一些与学习无关的事情上,缺乏明确的人生目标,一味混日子;另一种是发现大学生活与自己想象中的差距过大,对所学专业不感兴趣,生活环境很难适应,再加上学习能力不足,成绩不理想,没有了学习的动力,不愿再继续奋斗。

为什么要学习,实际上是学习动机的问题。人的学习动力可分为两个方面,一个是内在的,即自己想学习;另一个是外在的,即通过外在的压力或者外在的诱因引导学习。

 心理悦读

一个小村庄里住着一位老奶奶,特别喜欢安静,可是她的房子外面有块空地,小孩子们经常跑到这里嬉戏打闹,吵得老奶奶没法休息,于是老奶奶想了一个办法。一天,当孩子们跑来玩耍时,她就笑嘻嘻地走出来对孩子们说:"孩子们,你们每天都来老奶奶这里玩,老奶奶好开心呀!来来来,为了感谢你们,每人给一块钱去买糖吃吧。"孩子们很开心,不仅有的玩,还有钱拿,真好呀!第二天他们又跑来玩耍,一边玩耍,一边期待老奶奶的到来。老奶奶又笑嘻嘻地开门出来对孩子们说:"谢谢你们又跑来给我添热闹!来来来,每人给5毛钱去买糖吃吧。"孩子们愣了一下,但还是开心地把钱拿走了。第三天孩子们又跑来玩,这回老奶奶只是出来跟孩子们打了个招呼,就进屋去了。孩子们都为此愤愤不平,以后再也没人来老奶奶这儿玩了。

心理学家们一般用动机对人们的行为原因进行描述,动机是指激发和维持个体进行活动,并导致该活动朝向某一目标的心理性倾向或动力。动机不仅决定了一个人朝着什么样的方向努力,还决定了努力程度的大小和努力维持的时间。学习动机引发与维持学生的学习行为,并使之指向一定学业目标,是学生学习的推动力和内驱力,因此也可以称为学习动力。

根据学习动机产生的条件可将学习动机划分为内部动机和外部动机,内部动机来源于学习者自身动力的驱使,比如个体对学习充满了强烈的好奇心,发自内心想去学习,或者遇到问题迫切地想要解决它,有强烈的完成欲望,包括认知的驱动力、兴趣的驱动力和成功的驱动力。学习内部动机的作用较为持久,而且能够使学习者处于一种积极主动的学习状态,在学习过程中,能感到幸福、快乐并且享受这一过程。外部动机是指个体自主性较弱的动机,主要是受到外部压力才产生的行为,如获得奖励或避免惩罚等。学习的外部动机往往较为短暂,因此如果学习者完全是被外部动机推动,那么学习活动也往往处于一种被动状态,常常使个体感到压力或者焦虑。

因此,学习活动应该尽可能维持在内部动机上。内部动机和外部动机是可以相互转化的。首先,外部动机可以转化为内部动机,比如"干一行爱一行"。大学生在毕业时找到的工作可能不一定如愿,工作不是自己所喜欢的,但是只要投入进去,有可能逐渐发现这项工作本身还是充满乐趣的,渐渐地就喜欢从事这项工作了。学习也是这样,有时候学生一开始不愿意投入学习,但一旦投入进去,发现了其中的奥秘和乐趣,就会热爱学习。

其次，内部动机也可能转化为外部动机。上述故事中的老奶奶所利用的就是社会心理学上所说的"过度理由效应"。老奶奶提供了一个对孩子们有足够吸引力的理由，把这些孩子引进了一个心理学上的误区，使他们用外在理由（得到报酬）来解释自己的行为（吵闹），那么，一旦外在理由不再存在（没有报酬了），这种行为也将趋于终止。这就是动机的外化。

心理学家德西在实验中也发现，大学生本来可以兴趣盎然地进行某项学习活动，但是如果在他们学习时给他们一定的报酬，那么后来在得不到报酬时，大学生对这项学习就不那么积极了。

人们最初的学习动机都是自发产生的，因为好奇而去探索新世界，因为兴趣去学着自己的事情自己做，因为想获得成功与成长而努力模仿爸爸妈妈。但是随着时间的推移，人们生活中出现了各种各样的"老奶奶"，外界诱惑逐渐将内部动机外化了，让学习生活处于一种被动状态。明白了学习动机对学习活动的重要影响，大学生在学习上要提防过度依赖物质奖励，善于激发自己内在的学习动机，提高自己的学习效率。

二、调节动机水平

动机的最佳水平不是固定的。在一般情况下，动机越强烈，工作积极性越高，潜能发挥得越好，取得的效率也越大；与此相反，动机的强度越低，效率也越差。因此，工作效率是随着动机的增强而提高的。然而，美国心理学家耶克斯和多德森研究证实，动机强度与学习效率之间不是线性关系，而是呈现倒U型的曲线关系，如图3-1所示。动机处于适宜强度时，工作效率最佳；动机强度过低时，缺乏参与活动的积极性，工作效率不可能提高；动机强度超过顶峰时，工作效率会随强度增加而不断下降，因为过强的动机使个体处于过度焦虑和紧张的心理状态，干扰记忆、思维等心理过程的正常活动。这个规律叫作"耶克斯-多德森定律"，即动机不足或过分强烈都会影响学习效率。

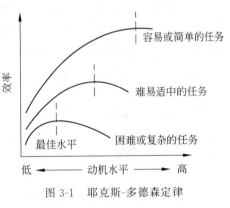

图3-1 耶克斯-多德森定律

上述研究还表明，在完成难度适中的任务中，中等的动机强度效率最高；在完成复杂和困难的任务中，偏低动机强度的工作效率最佳。

因此，大学生们可以根据学习任务的难度调节好自己的学习节奏，适当地调节自己的动机水平，对于比较简单的任务要适当提高动机水平，尽量使自己集中注意力；对于比较困难的任务，应该适当降低动机水平，以免过度紧张和焦虑；中等难度的任务应该保持强度适中的动机水平。学生在考试中尤其要注意调整好自己的动机激发水平。

三、克服习得性无助

"习得性无助"是美国心理学家马丁·塞利格曼在研究动物时提出的。塞利格曼用狗做了一个经典实验,起初是把狗关在一个笼子里,只要蜂音器一响,就给以难受的电击,狗关在笼子里逃避不了电击。如此多次实验后,在狗电击前,先把笼门打开,蜂音器再响,此时狗不但不逃,而是不等电击出现就先倒地,开始呻吟和颤抖,本来可以主动逃避,却绝望地等待痛苦的来临。在这个过程中狗学会了无助无望,后来在对人类的观察实验中也得到了类似的结果,这就是习得性无助。

习得性无助是指由于多次努力仍无法达到目的后,形成的一种对现实绝望和无可奈何的行为及心理状态。比如一个学生的数学成绩不好,经过多次努力依旧无法在考试中及格,他的内心充满了对学习的绝望,认为自己从此再也无法学好数学,甚至连同其他功课也无力完成,当他面对新的学习任务时,会自然而然地生成绝望的心理和直接放弃行为,这就是习得性无助的典型表现。

那么,是什么造成了这种绝望的无助感呢?

其一,学业不良状态的长期积淀。一部分高职学生受到长期应试教育的影响,他们也曾经努力过,付诸了全部精力,但无论怎么努力,仍然常常失败,或者成绩不如他人,很少甚至没有体验到成功的快乐。他们有的对自己的智力产生怀疑,主动地放弃了努力,有的很少得到家长、老师的肯定,长期被忽视,便逐渐丧失了自尊心,进而对人生失去积极预期。

其二,不恰当的评价方式。孩童时期,人们对学习总是充满热情,对新奇的事物充满了兴趣,对一切活动都愿意尝试。只是有些儿童发现自己或同伴在不能顺利完成学习任务时,常常受到老师或家长的批评和嘲讽,会产生焦虑情绪,甚至恐惧心理。经历了一系列失败后,他们开始相信“我真的不行”,也不愿意为完成任务付出努力,而把精力放在维持他们在老师和同学们眼中所谓的“自尊”和“身份”上。

其三,不正确的归因方式。习得性无助的产生,主要来源于一个人的归因方式。当个体认定造成自身学业、工作、心理问题的因素是内在的、稳定的、不可控的时候,就容易感到内疚、沮丧和自卑。从此在心理阴影之下开启灰暗人生预判模式,从此便再也没有了学习的动力,更不愿尝试再次进入寒窗苦读的时光。

可以回想一下自己是否曾经像实验中那条绝望的狗一般,如果在一门功课或多门功课上持续地受到打击,便会形成“无论我如何努力,我的学习成绩也不会好”或“我是一个糟糕的人”的感受,也因此选择放弃挣扎和努力。而这种失败的感受会进一步地泛化,造成“我什么也做不好”的无可救药的感受,认定自己永远是一个失败者。习得性无助是后天形成的,特别容易受环境的影响。尤其是当高职学生来到一个陌生环境开始新的学习生活时,它抑制了人改造与影响环境的能力,影响了大学生对环境的适应。

为了避免进入习得性无助的状态,可以尝试以下几个方法。

首先,检查一下自己的归因模式。习得性无助主要是归因方式出了问题,要学会更加客观理性地为自己的成功和失败找到正确的归因,对症下药找到解决问题的方式,而不是一味地进入“我不行”的习得性无助状态而难以自拔。

其次,从自己擅长的事情做起。大多数人并不是对所有的事情都习得性无助,而是针对某一个领域或某几个特定的领域,比如有人成绩不好会觉得自己不是学习的料,在学习这件事上习得性无助。当意识到自己处于自我效能感较低的状态时,不建议去直接挑战自己认为不可控的事,而是从自己擅长的事情入手,寻找成就感,以及"可以做好一件事"的控制感。人的成就感是可以迁移的,当在自己擅长的事情上获得喜悦感,就会更有能力去挑战自己认为无助无望的事情。

再次,对习得性无助的领域适当降低预期。当对某一个领域已经产生了无力感,在之前多次的尝试中已然挫败而如今又不得不面对的时候,要记得千万不要逼自己把这件事情做好,因为这样很容易因为高要求而进入新一轮的挫败。适当降低预期,找一个容易开始的部分先去尝试,把"我就是做不好"变成"我可以做点什么呢?"看问题的方式变了,从被动陷入悲观情绪到主动寻求解决方式,这个过程中无助感就会相应减少。

最后,树立自信,提高自我效能感。自我效能感是人对自己是否有能力完成某项任务所进行的推测与判断。一个人的成就跟他的自我效能感成正比,而不是跟实际能力成正比。当人的自我效能感增强,人会更自信,更有进取心。著名的罗森塔尔效应说的也是这个道理,学生对自己积极的预期往往对学业有积极的影响。

四、调整归因方式

寻找和激发学习动机的过程不是一蹴而就的,需要持续努力。同时学业成就与学习动机是相互影响的,当学生获得一定的学业成就,比如取得了奖学金,就能激发更大的学习动力;相反,当学业挫败,比如挂科,也会影响学习动力。在探索学习动机的过程中,心理学家韦纳发现人们在解释行为的成功或失败时,一般归为三个维度,如表 3-1 所示。

表 3-1 韦纳的归因模式

归因 是否可控	内 部		外 部	
	稳定的	不稳定的	稳定的	不稳定的
可控的	平时的努力	对特定任务的努力,随知识技能而增长的能力观	他人(如教师)一贯的关心和帮助	这次工作我得到的帮助
不可控的	恒定不变的能力观	情绪、健康等身心状态	任务难度	运气、机遇

第一在来源上归因,就是指认为影响个人成败的因素是个人条件,比如能力、努力程度和状态等,还是来源于外在环境因素,比如学习难度或者运气等,这是一个内控和外控的问题。

第二是稳定性,是指影响学业成败的因素,是否在类似的情境下或者在不同的情境下都是一致的、稳定的,比如能力和工作难度是稳定的,而其他是不稳定的因素。

第三是可控性,就是指认为影响成败的因素能否由个人意愿来决定,如果觉得可以通过努力来达到,那么它就是可控的,否则这个因素是不可控的。

可见不同维度的归因,对于成功和失败后的情感情绪状态、未来结果以及努力程度都有不同程度的影响。如果学生将成功归因为某个或某几个稳定的因素,比如很强的能力、经常的努力、任务的难度和教师的积极关心等,就比将成功归因为不稳定的因素,比如心境变化、暂时的努力、良好的机缘和他人的意外帮助等,更能增强学习的动机。

因此在寻找学习动机的过程中,需要积极地看待问题,调整对问题的归因和解释,从而调整行为,调适学习动机。学生可以练习将自己学业上的成功归因为稳定性的因素,学会肯定自己的能力,就会增强自己的学习动机。同样不要将失败完全归因为个人的条件,而是要通过调整认知来增加自己的信心,进而改善学习状态。

第二节　探索学习奥秘

一、"最近发展区"理论

一般来说,在学习过程中,明确的目标比笼统的目标有更大的激励作用。有一定难度的目标比容易的目标更能有效地促进成绩的提高。苏联心理学家维果茨基认为学生的发展有两种水平:一种是学生的现有水平,指学生独立活动时所能达到的解决问题的水平;另一种是学生通过教学所获得的潜在的、可能的发展水平。这两者间的差异就是"最近发展区"。学习目标落在最近发展区内是最合适的,也就是说,最佳的目标应该是学生在教师的帮助下能够达到的,这样的目标最能激发学生学习的动力。大学生可以根据自己的能力水平制定符合自己发展需要的、"让你跳一跳够得着"的学习计划。

二、艾宾浩斯遗忘曲线

在学习中每个人都要面对的问题是如何更有效地记忆,我们都希望自己能够过目不忘,但遗憾的是人们记住的内容随着时间的流逝会被忘记。

德国心理学家艾宾浩斯曾经通过实验揭示了人类大脑的遗忘规律。这就是艾宾浩斯遗忘曲线,如图 3-2 所示。在刚刚记忆完毕的一段时间里,人们能够保有的记忆量会迅速下降,在一天后记忆量只剩下最初的 33.7%,随后记忆量的下降速度逐渐变慢,6 天后还能保持 25.4%,随后记住的内容会随着时间的流逝缓慢减少。艾宾浩斯遗忘曲线揭示了记忆的规律,也提供了一种高效的记忆方法,那就是合理安排复习。有研究显示,如果在首次学习后的 8~9 小时后再复习一次,那么在后续的时间里能够记得的内容会更多,学习效果也更好。

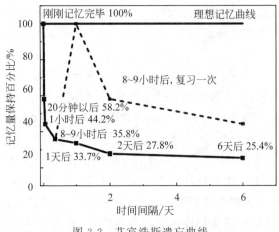

图 3-2　艾宾浩斯遗忘曲线

艾宾浩斯遗忘规律显示了及时复习的重要性，学习之后要立刻复习，并且以后要再复习几次，但复习的时间间隔可以逐渐增加。要改变平时不复习、考前"临时抱佛脚"的坏习惯。

三、必要难度原则

关于记忆还有另外一条规律，那就是由比约克夫妇提出的"必要难度原则"，这是有效学习的一条通用法则。他们发现大脑对信息的提取与存储存在负相关的关系。我们在存储信息的时候越困难，后期提取的时候就越容易；而在存储信息的时候越容易，在后期应用的时候提取就越困难。这个理论也解释了很多学习现象，比如很多概念、理论看似都记住了，但是没有去实际操作、去推导它的由来，在考试的时候面对这个概念的应用，就感觉好像还是陌生的。

如今处于信息爆炸的时代，我们都想"速读"，想快速地学习和掌握知识，真的行得通吗？根据这个原则，当下读得越快存储得越容易，后期提取起来就越困难。可见，学习还是要花工夫的，我们应该让自己学习记忆的过程始终保持必要的难度，这种难度虽然在最初会减慢学习速度，但是长期来看对学习效果更加有利。

四、测验效应

通过回忆增强记忆的有效性，也得到了实验的证实。研究表明，通过回忆来检索记忆，可以将知识学得更扎实，效果远好于重复阅读最初的学习资料，这种现象被称为测验效应。在检索记忆的过程中，相关的神经元连接得到了强化，大脑存储和提取信息的能力得到了增强，要想达到更好的学习效果，就需要多次检索，而且每次检索之间要保持适当的间隙，这就是人们经常通过定期的小测验来帮助巩固知识的原因。

测验效应表明，测试也是一种"学习"，它对于知识的长期保持的作用甚至大于单纯的重复学习。许多学生之所以不倾向于进行自我测试，可能是由于与重复学习或阅读相比，自我测试显得更"费心"。但大量研究表明，这种学习过程中的"费心"虽然可能延缓了学习进程，但它对于长时记忆很有益处，是一种高质量的学习。

古希腊哲学家亚里士多德就曾经说过："反复回忆一件事情可以增强记忆。"遵循记忆的规律，在适当的时候回忆和应用学过的知识，能够取得更好的学习效果。

五、系列位置效应

加拿大学者默多克在一项实验中发现，最先学习的单词和最后学习的单词回忆成绩最好，而中间部分的单词回忆成绩最差。因此人们一般最清晰的记忆就是事情的开头和结尾，清晨起来和晚上临睡前学习有时含有过目不忘的功效。这就是系列位置效应，又叫U型记忆规律。U型记忆规律表明，要重视一节课的开头和结尾，背诵文章单词时变换开始位置，每次学习时间不宜过长，学习时间如果过长，中间部分就相应增多，学习效率就会下降。合理安排学习材料的顺序，同一学习材料，学习时间不要过长，前后两段时间中学习的材料要不一样，这样可以避免材料之间的相互干扰。

六、高原现象

人们常常有这样的体会,在开始复习阶段感到自己学习效率高,收效大,进步也快,但随着复习的进一步深入,虽然与原先同样甚至更加努力,却觉得自己所获得的知识越来越模糊,头脑昏昏沉沉,看不进书也记不住内容,感到身体不适,力不从心,导致成绩停滞不前甚至下滑,这就是高原现象,如图 3-3 所示。如在学习英语的过程中,研究表明:词汇量的多少明显影响阅读能力的高低,但是当掌握的词汇量达到 3500～4500 个时,就会出现第 1 次高原现象,平均滞留时间为 8 个月左右;当词汇量达到 6500～7500 个时,出现第 2 次高原现象,平均滞留时间为 12 个月左右;当词汇量达到 9000～10500 个时,第 3 次高原现象出现了,平均滞留为 18 个月。那么如何正确对待高原现象呢?

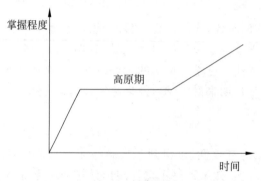

图 3-3　高原现象

在学习方法上,学习开始阶段所用的方法到高原期不一定合适,所以到了高原期,学习者要尽早探索适应该阶段的学习方法。

在个人意志上,学习者学到一定程度时会感到非常疲劳,学习动机会下降很多,这就需要保持强劲的动力系统,遇到困难时具有攻克精神和百折不挠的勇气,有顽强的意志力才能克服高原现象。

在个人知识上,知识基础不牢的学生容易遇到高原现象。知识基础不牢的学生,在学习上"欠债"太多,故而克服高原现象的一个重要方法就是丰富自己的各种知识,打下牢靠的知识基础。

在情绪上,要适当地放松自己,转移注意力,例如参加体育活动、听音乐、看电视等,这样也有利于缓解心理紧张。

高原现象并非是极限,并非是不能再进步的代名词,学习是一个过程,经历从开始阶段、迅速提高阶段、高原期以及再次提高阶段的循环往复。突破了高原现象,迈好眼前的一小步,往往会收到创造性效果。

七、詹森效应

有的学生平时考试挺好的,一遇到大考就不行了。这就是詹森效应。如何避免詹森效应呢?

首先要摒弃心中的非理性观念,许多考试焦虑紧张的学生经常对自己或别人说:"我在重要考试中必须不惜一切代价保证成功,如果我在重要考试中失败,我就会没有价值,别人会看不起我,我会很没面子,如果考不好,我的前程就全毁了。"这些话纵然能增加他们考好的决心,但也容易引起焦虑,不利于正常水平的发挥。要避免詹森效应,平时就应该矫正自己这些不合理的想法,养成以平常心对待考试的习惯。

其次要加强综合训练,提高考试策略,平时小考针对的是部分知识,大考往往着眼于前后知识乃至各科知识的综合应用。学生需要加强对各种知识的整合理解和灵活应用,提高解决问题的能力,形成有效解决综合问题的策略。

八、心流体验

积极心理学家米哈里·契克森米哈赖在大量案例研究的基础上,开创性地提出了"心流"的概念。"心流"是指人们在做某些事情时,那种全神贯注、投入忘我的状态——这种状态下,人们甚至感觉不到时间的存在,在这件事情完成之后会有一种充满能量并且非常满足的感受,这就是专注的快乐。在做自己非常喜欢、有挑战并且擅长的事情的时候,就很容易体验到心流,比如爬山、游泳、打球、玩游戏、阅读、演奏乐器,还有专心工作的时候。

心流状态能极大地提升学习效率和效果,它使人们感到高度的兴奋、充实和幸福。当人们全身心地投入学习和工作时,仿佛周围的一切都消失了,工作的过程也是一种享受。我们或多或少有过这样的经历,但关键是如何有意识地进入这种状态。可以选择自己喜爱的事情,如果对某件事毫无兴趣,就不可能做到忘我。也可以选择有挑战性的任务,但不能太难,如果任务难度太高,我们会很难沉浸其中;如果任务太容易,我们又会觉得很无聊。要做到专注于学习,需要保持良好的身心状态,排除杂念,集中精力完成手头的任务,保持桌面整洁,排除所有干扰因素,比如电话、微信、零食、桌面上的杂物等。最后就是沉浸在所做的事情中,一门心思地扑在上面,把其他东西扔在脑后,充满激情地去学习和工作,并乐在其中。

第三节　学会高效学习

一、高效学习方法

(一)整体性学习

整体性学习也是一种关于学习的思维模式,它的基本理念是知识的学习从来就不是孤立的,学习任何知识(概念、定义、公式、问题、观念、理论等)都需要联系。创造的联系越多,就会记得越牢、理解得越好。整体性学习就是要求我们采用多种途径建立知识间的联系,找到新学知识与已知知识之间的相互关联性,构建属于自己的知识体系,增强对知识的理解和记忆。在斯科特·扬的《如何高效学习》这本书中为大家提供了整体性学习的6步法,主要包括获取、理解、拓展、纠错、应用、测试6个步骤。

第1步,获取信息。也就是通过各种感官综合地获取知识。

第2步,理解。弄明白所获取的信息的表面含义及其与上下文的关系。

第 3 步,拓展。在这一步要充分发散思维,用多种方法把新学到的信息和其他已有的信息建立联系,形成知识网络,做到融会贯通,从而完善自己的知识结构。这是整体性学习最难的阶段。

拓展方式有三种:深度拓展、横向拓展、纵向拓展。首先是深度拓展,探究知识的背景,比如知识从何而来,结论来自何处;其次是横向拓展,要求在知识的周边寻找联系,比如类似的结论还有哪些,哪些地方类似,同一个时期有什么其他的发现,同一个发现者还发现了什么,他们有什么相同和不同;最后是纵向拓展,在更广的范围内与其他知识建立联系,找到那些看似不同的知识背后的相似之处,共同的规律等。纵向拓展相当有难度,也是最有创造性的学习方法,它要求在知识和知识之间创立联系,从而帮助自己理解知识。

第 4 步,纠错。对上一步建立的联系进行梳理,剔除一些错误的联系。

第 5 步,应用。要把所学知识学以致用,应用到各种情境中,包括现实生活和工作中。

第 6 步,测试。在上述阶段的每一步都需要进行测试,检查前五步有没有做好,对做得不好的进行修改和调整。

(二)检索式学习

检索式学习,实际上是上文介绍的测验效应的应用,通过从记忆中提取信息来强化记忆,就是去努力回想已经学习过的知识,并且回想得越吃力就越能长久而牢固地记住知识。有些同学喜欢使用简单重复的阅读方法,虽然让自己觉得很努力,很有成就感,很可能会造成一种假象,认为自己已经掌握了阅读的内容,但其实这样形成的记忆并不深刻,很快会被遗忘。检索学习帮助我们发现记忆薄弱的环节,虽然有时候会让人感到沮丧,觉得自己学得不好,记性很差,但每一次努力地回想都有助于我们加深理解,也帮助我们增强把新知识和先验的知识联系起来的能力。

平常学习中的小测验就是检索学习,实验证明这是非常有效的提高学习效果的方法。学生在学习过程中也可以灵活运用"自我测试"的方法进行检索学习,比如在阅读的过程中可以不时停下来合上书本考考自己,做作业前先不要着急看书,先根据笔记大纲,对重要的知识点进行自测,进行一遍检索学习,完成这一步之后,再对照书本确认正确答案,分析错误原因。每隔一段时间把最近学到的新概念、新公式和新原理梳理一下,理清知识点之间的联系,努力养成有规律地进行检索学习的习惯。

(三)间隔学习法

在合理运用检索学习的同时,还要避免集中学习。实验证明,在一段时间内集中学习取得的成效仅仅作用在短期记忆上,很快就会减退,因此我们应该采取间隔学习方法,在两次学习之间有意识地隔开一段时间,有间隔地重复关键内容。有时间间隔的学习,能够帮助我们更有效地学习新知识。

为什么间隔学习会更有效呢?在学习过程中,人们需要把简单的心理表征强化为长期的记忆,这一过程被称为巩固,在巩固过程中,大脑会重放或重新演练学到的东西,赋予其含义,填补空白,这是大脑识别并稳定记忆痕迹,并把新知识和过去的经验联系起来的过程。与已经存储在长期记忆中的其他知识联系起来,可能需要数个小时或者更长的时间,采用间隔学习法时,实际上就是在给大脑提供巩固的时间,加深了记忆以便搭建新旧知识之间的联系,把学到的东西转化成长期的记忆。在长期记忆中重建所学,不仅强化了记忆,还强化了对知识的掌握。

有的同学可能会问间隔学习这么有效,为什么我们在日常的学习中却感觉集中学习效率更高呢?这是因为采用集中学习的方法看起来节省了切换的时间,能够比较长时间专注在一项学习任务上,自我感觉学习效率更高。这种方式只是产生了短期的记忆,当时觉得自己记住了,但是这种记忆并不持久。要想建立持久记忆,则需要花时间完成巩固的过程,间隔学习则能够给大脑留出建立关联的时间,在建立关联的过程中,大脑会主动把学过的知识从长期记忆中调出来,自然而然就加深了对已有知识的记忆。把新知识与长期记忆的先验知识联系起来,同时重建了知识体系,让重要的概念变得更加突出,记忆也更加深刻。

间隔学习是一种更为有效的学习方法,具体应用间隔学习的方法如下。

建立自测计划,定期自测复习,间隔时间长度取决于知识难度和遗忘曲线。通过遗忘曲线确定测试的间隔,有意识地让记忆出现一些遗忘后再测试,这样在测试时就不得不更加努力地把学过的知识从长期记忆中重新调取出来。

一份简单的自测计划可以包括以下几个部分,在第1次学习后测试一遍,对课程进行简单的回顾;隔一两天后温习一遍知识点,同时自测并完成作业;一周后再测一遍,对后面学习用到的已有知识进行回顾;当确信已经完全掌握后,隔月再做自测;到期中期末复习回顾。当然,自测计划需要根据自己的情况,灵活运用间隔学习法,制订自己的间隔学习策略。

(四)交替学习法

交替学习就是在学习中插入两个以上的学习主题。与交替学习相反的是集中单一学习,也即先精通某一类问题中的所有内容,然后再练习下一类问题。研究实验证明,多样化的练习能够活跃大脑,提升活学活用的能力,效果比单一技巧的重复训练要好。在学习过程中将不同类型的问题混搭起来,虽然在最初的学习阶段会有困难,但是长期坚持会显著提高学习效果。事实上人们一般习惯于集中单一学习,在集中单一学习中,往往会觉得自己越来越精通,而交替学习则不断打断针对某一类问题的练习,切换到另一类的练习,这让人们感觉不够专注,没有成效。

 知识拓展

莫法特休息法

在时间管理方法上有一个著名的莫法特休息法。莫法特是《圣经新约》的翻译者,他的书房里有三张书桌。第1张放着他正在翻译的译稿,第2张放着他的一篇论文,第3张摆放着他正在写的一篇侦探小说,莫法特采用的休息方法是从一张书桌移到另一张书桌,然后继续工作,这是科学用脑的策略。对于人的脑力和体力来说,如果每隔一段时间变换不同的内容,就会产生新的兴奋点,而原来的兴奋得以缓解,这样脑力和体力就能得到有效的调剂和放松。莫法特休息法实际上也是一种交替学习法。

那么如何在学习中应用交替学习法呢？

不要每次只学习一种类型的问题，要轮换接触不同的问题和解法。比如数学学习中，不要每次只练习一类题目，只用一个公式或者方法，而要轮流接触不同的问题和解法。在整体的学习安排上，也可以把多个科目穿插起来学习。比如英语学习与数学学习交替进行，课本学习与实验和实践操作交替进行等。

（五）刻意练习法

学习技能是高职大学生的必修课。但部分学生动手能力不高，感到学习技能很困难，也有学生投入了足够的时间训练，却没有多少提高。技能的学习有着特殊的规律和方法，了解技能学习的规律，掌握正确的训练方法能帮助学习者提高技能学习的效率。

学习一项技能，充分的练习是前提，任何技能的掌握都离不开充分的练习，但如果只是反复地去练习还不够。心理学家安德斯·艾利克森提出了刻意练习法则。刻意练习是有目的的练习，专门针对弱点，能带来进步的练习。它有以下四个鲜明的特征。

（1）明确的目标。学习时需要制定一个明确的目标，将目标分解成小目标，根据小目标去制订具体的计划，逐一精进完成。比如要学习互联网运营技能，还需要制定这个目标的具体事项，包括阅读相关的书籍和文章，学习相关的课程，和做这方面工作的朋友沟通和交流，以及自己实践等。

（2）专注的状态。在进行目标计划时必须把注意力聚焦在要完成的任务上，在练习时，它面对的挑战比平常大，应全神贯注，而不是自由散漫。刻意地练习才能带来进步。

（3）学习有反馈。刻意练习是专门针对弱点进行攻克的练习，需要及时和清晰的反馈来准确辨别在练习中存在的不足。

反馈对于技能掌握的作用是不可或缺的。我们每天都在说话，但是普通话的水平和播音员相差很多；我们每天都在走路，但是和竞走运动员又相差很远；很多人做了几十年的菜依然很难吃，这些现象都说明只是简单重复自己过去一贯的方式，是不会有技能水平的提高的，大量的训练能够有所提高的重要因素是反馈，有了反馈才能知道自己做得对不对。如果不对，是哪里有问题，应该如何纠正，不断重复这个"专注练习—反馈—纠正"的过程是获得持续提高的关键。根据这些回馈，可以调整自己的努力方向。这些反馈最初可能会来自教练或老师，但随着时间和经验的积累，要学会自我监测，发现错误后进行相应的调整。

（4）走出舒适区。这需要在遇到练习瓶颈时，迫使自己走出舒适区。它要求我们持续不断地尝试那些刚好超出自己当前能力范围的事物，因此需要我们付出近乎最大限度的努力，这就需要不断尝试、突破现阶段的技能水准。

二、实用学习工具

（一）思维导图

思维导图是表达发散性思维的有效图形思维工具。阿兰·巴德利对记忆编码方式的研究显示，短期记忆中信息通常以声音形式存储；而长期记忆中信息通常以语义形式存储。思维导图把不同主题用相互隶属或相关的层级图表现出来,能够非常清晰地展示知识之间的联系,通过联想,帮助建立知识间的联系,有助于建立长期记忆。思维导图已经成为人们学习中普遍使用的工具,它使学习主题的重点知识标识醒目,各部分知识之间联系紧密,便于学习和复习。

(二)费曼技巧

费曼技巧是尝试用自己掌握的内容去教别人,这对知识的掌握要求很高,会推动学习者连接各个知识的网络,深入理解这些知识。费曼学习法的核心是用自己的语言来讲述要学习的知识点,总共分成 4 步,首先选择要学习的概念,然后假设自己是老师,正在试图教一名完全没有接触过这个领域的新生这个知识点,因此在讲解的过程中,语言要尽可能地简洁,逻辑要尽可能地清晰,在讲解的过程中可能会有些地方解释不清楚,这时候就需要回头继续学习并再次解释,最后尝试用最简练的语言把对这个知识点的讲解组织起来。

(三)SMART 原则

SMART 原则即目标管理,它不但是一个能使学习由被动变主动的很好的工具,它还是一个能够使学习者更加明确高效学习的好伙伴。

美国管理大师彼得·德鲁克提出目标管理和自我控制的主张,他认为并不是有了工作才有目标。相反,有了目标才能确定每个人的工作。缺乏目标,容易对自我失去有效控制。有了目标就可以制订计划,按计划要求付出行动,使个体的能力得到激励和提高,这样才有可能实现梦想。SMART 原则能够帮助学习者制定一个适合自己的目标,提高自己计划的成功性。

SMART 原则将目标一共分为五个维度,即 S(specific)指的是明确性,M(measurable)代表的是可衡量性,A(attainable)是可达成性,R(relevant)是相关性,T(time-bound)是时限性。一个合理的计划,这五个原则缺一不可,如图 3-4 所示。

具体内容如下。

(1)目标必须是明确具体的。能用具体的语言清楚地说明要达成的标准,比如"英语通过四级考试"这个目标就比"我要学好英语"这个目标明确具体得多。

图 3-4　SMART 原则

(2)目标必须是可以衡量的。制定的目标要可以量化或行为化,可以用数据或者一定的描述作为衡量是否达成目标的依据,比如"英语四级考试取得 500 分"这个目标中的分数就是学好英语的衡量指标。

(3)目标必须是可以实现的。这个目标要根据自身的条件设定,通过努力可以达到。目标不能过高或者过低,过低了没有意义,过高了则实现不了。要给自己适度的挑战,目标必须要跳一跳才能够得着。

（4）目标必须和其他目标具有相关性。大小目标之间完全不相关或者相关度很低，即使达到了也没有多大意义，对于大目标的实现也没有太大帮助。

（5）目标必须具有明确的截止期限。目标要有一个时间期限来管理它。比如把"我要学好英语"这个目标改为"我要通过大一下学期英语四级考试，并且考试成绩超过 500 分"，就比较符合 SMART 原则了。

当然，学生还可以对这个目标进一步细化为，为了实现大一下学期通过英语四级考试，并且超过 500 分的目标，每天早晨 6：30—7：00 背单词，每个星期做一份模拟练习。这就是一个明确的、成功的目标，因为它可以进一步落实到行动上。

（四）用好网络资源

网络是一把双刃剑，智能手机的普及一方面带来了极大的便利，另一方面也存在过度使用的情况，在课堂上会有很多学生低头抱着手机打游戏、看视频、聊天等，把大量的时间花在了这些上面，没有发挥网络强大的功能。除了学校的课程外，网络课程是一个深入学习专业知识的非常便利且低成本的重要途径。现在网络上学习资源非常丰富，有一些网站课程是完全免费的，可以在上面看到各个学科、各个大学完整的课程视频。这在网络没有普及的时代几乎是不可能的，那时为了获得一些学习资源，需要付出很大的努力，现在几乎唾手可得。每个学校的电子图书馆都有大量的电子书、论文资料和学习视频，这些资源也很宝贵，大家一定要充分利用这些资源，帮助自己更好地去学习，深入钻研，开阔视野，提升自己。

三、有效管理时间

学习是艰苦的劳动，首先要有时间保证。大学不同于中学时代，有老师的督促、家长的监督，目标明确，每天都有不同的任务，每天都是充实的。到了大学，生活环境和生活方式的改变，周边诱惑的出现，容易使人不知所措，于是一些大学生开始玩手机、打游戏，慢慢地失去了时间管理意识。美国著名管理大师杜拉说："时间是世界上最短缺的资源，除非严加管理，否则就会一事无成。"拥有一个良好的时间管理意识，对现代大学生来说具有十分重要的意义。

1. 什么是时间管理
时间管理是指通过事先规划和运用一定的技巧、方法与工具实现对时间的灵活以及有效运用，从而实现个人或组织的既定目标。时间管理并不是要把所有的事情都做完，而是更有效地运用时间。能够管理好时间的人，是时间的主人，否则就是时间的奴隶；时间管理得好，能提升人的生活品质，也会很忙碌。要做到忙而有序，忙而有效。

2. 时间管理理论
（1）"四象限法则"。根据事情的紧急和重要程度可以分为重要且紧急的工作、重要但不紧急的工作、不重要但紧急的工作、不重要也不紧急的工作，这就是"四象限法则"，如图 3-5 所示。

一定要先处理重要且紧急的工作，通常这些都是一些突发的事情，是亟须解决的问

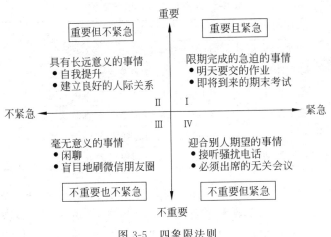

图 3-5 四象限法则

题,但若天天处理这些事情,表示自己时间管理并不理想。应用大部分时间做重要但不紧急的工作,对于不重要但紧急的工作,可以尽量少做,或委托别人做,对于不重要且不紧急的工作最好别做或有时间再做。

在《高效能人士的七个习惯》一书中,作者史蒂芬·柯维提出,"重要事"和"紧急事"的差别是人们浪费时间的最大理由之一。因为人的惯性是先做最紧急的事,但这么做会导致一些重要的事被荒废。一般人的时间分配管理和成功人士的时间分配管理的区别就在于,成功人士把 65%~80% 的时间花在了做重要但不紧急的工作上,做到未雨绸缪,防患未然。这需要很好的时间安排;而一般人把 56%~60% 的时间花在了做不重要但紧急的工作上。

(2)"帕累托法则"。在任何一组东西中,最重要的只占其中一小部分,约 20%,其余 80% 尽管是多数,却是次要的,因此又称"二八定律"。用 80% 的时间和精力来做 20% 最重要的事,80% 的收益来源于 20% 的工作,利用二八定律,可以从一大堆事情中选出最具价值的事情,优先去做对自己至关重要的"20%"的工作,做到"有所为,有所不为"。因此,要清楚对自己来说哪些事情是最重要的,是最有生产力的。

3. 时间管理对策

(1)设立明确的目标。时间管理的目的是在最短时间内实现更多想要实现的目标,那就必须思考作为一名学生,在大学期间的学习发展目标是什么?必须把近一年度的具体目标都列出来,找出一个核心目标,根据重要性依次排列,确定优先处理顺序,然后依照目标制订一些详细的计划,后面的关键就是依照计划执行。

(2)6 点优先工作法。该方法由美国时间管理专家艾维利提出。需要把每天所要做的事情按重要性排序(见表 3-2),分别从 1~6 标出 6 件最重要的事情,当然,6 点只是一个泛指。每天一开始先全力以赴地做好标记为 1 的事情,直到它被完成或被完全准备好,然后再全力以赴地做标记为 2 的事情,由此类推。有的同学目标制定得过于宏大,反而不知从何做起,不如将目标细化,每天具体到 6 个点上,如果每天都能专注地完成几件最重要的事情,学习效率一定会越来越高,完成学期、学年目标也指日可待。

表 3-2　6 点优先工作法示意图

序号	今日事件	目 标 量 化	完成情况
1	上课	按时上所有课程	
2	晨读英语	6:30—7:30 学习英语	
3	数学作业	10:00—11:30 完成数学作业	
4	勤工助学	16:30—17:30 到办公室值班	
5	锻炼身体	晚自习前去操场打篮球	
6	社团活动	21:30—22:30 讨论活动方案	

（3）要事分轻重缓急。根据二八定律，同学们应当对要做的事分轻重缓急，应该首先完成那些重要且紧急的工作，其次是重要但不紧急的任务，再次是不重要但紧急的工作，最后是那些不重要也不紧急的工作。要具有"断舍离"的智慧，善于舍弃不适用的，而保留和掌握自己最想要、最适合的。经常这样去思考，就能真正知道"自己的时间去哪儿了"。

（4）要防止和克服拖延。按照确定的优先级，优先保证重要任务的时间，要学会如何把重要但不紧急的事情变得很紧急，给自己的每项任务都设定好时间期限。学会合理安排学习、锻炼、放松、娱乐的时间。在按时完成任务清单时，在清单上画红线，并及时给自己奖励，肯定自己的成功。

（5）确定不被干扰时间。如果能有一个小时完全不受任何人干扰，在自己的房间里思考一些事情或是做一些自己认为最重要的事情，这一个小时可以抵过一天的工作效率，甚至有时候这一小时比三天工作的效率还要好。

（6）专注于同一件事情。大多数人在专注时会把事情完成得更快更好，所以尽量一次只做一件事情。可以设定一段时间，在该段时间内专心做一件事情。在这个过程中，如果大脑中冒出其他未尽事项或一些点子，不妨先写到纸上，然后继续专注做手头的事，做完后再找时间处理记录下来的那些事项。

（7）要注重提升效率。当大脑疲于工作的时候，对着任务就开始犯困，这个时候不如放松或者稍微休息一下。可以参照番茄钟工作法进行调整：集中精力工作 25 分钟，然后休息 5 分钟。这 25 分钟就专注做一件事情，其他的什么都不要去想，也尽量不要让外部的环境来打断自己。

（8）要善于充分授权。要发挥团队合作优势，把事情进行适当地分配，一方面发挥团队成员的才能和作用，另一方面也能提高自己的工作效率。

有效的时间管理可以提高学习和工作的效率，减少紧张与焦虑，掌握正确的时间管理技巧，制订适合自己的时间管理计划，便可拥有更多可支配的时间，更好地平衡学习、工作和生活，更好地实现自己的人生价值。

"路漫漫其修远兮，吾将上下而求索"这一句箴言说的就是学习的真理。对于每个大学生来说，大学的学习是今后发展的基础，能够培养大学生形成终身学习的理念和能力，学生学习的过程就是过一种有意义的生活的过程，可以说学习是一种生活方式，更是一种生活态度。

心理测试

大学生学习动力自我诊断量表

这个量表主要帮助你了解自己的学习动机、学习兴趣、学习目标上是否存在困惑,一共有 20 个问题,请根据自己的实际情况,逐一对每个问题做"是"或"否"的回答。

1. 如果别人不督促我,我极少主动地学习。(　　)

2. 我一读书就觉得疲劳与厌烦,只想睡觉。(　　)

3. 我读书时,需要很长的时间才能提起精神。(　　)

4. 除了老师指定的作业外,我不想再多看书。(　　)

5. 在学习中遇到不懂的知识,我根本不想方设法弄懂它。(　　)

6. 我常想:我不用花太多的时间,成绩也会超过别人。(　　)

7. 我迫切希望自己在短时间内就能大幅度提高学习成绩。(　　)

8. 我常为短时间内成绩没能提高而烦恼不已。(　　)

9. 为了及时完成某项作业,我宁愿废寝忘食、通宵达旦。(　　)

10. 为了把功课学好,我放弃了许多我感兴趣的活动,如体育锻炼、看电影与郊游等。(　　)

11. 我觉得读书没意思,想去找个工作。(　　)

12. 我常认为课本上的基础知识没什么好学的,只有看高深的理论、读大部头作品才带劲。(　　)

13. 我平时只在喜欢的科目上下功夫,对不喜欢的科目则放任自流。(　　)

14. 我花在课外读物上的时间比花在教科书上的时间要多得多。(　　)

15. 我把自己的时间平均分配在各课程上。(　　)

16. 我给自己定下的学习目标多数因做不到而不得不放弃。(　　)

17. 我几乎毫不费力就实现好几个学习目标。(　　)

18. 我总是同时为实现好几个学习目标而忙得焦头烂额。(　　)

19. 为了应付每天的学习任务,我感到力不从心。(　　)

20. 为了实现一个大目标,我不再给自己制定循序渐进的小目标。(　　)

计分方法:记分时认为"是"记 1 分,认为"否"记 0 分。将各题得分相加,算出总分。

分数解释:上述 20 道题目可分成 4 组,它们分别测查你在四个方面的困扰程度。

1～5 题测查你的学习动机是不是太弱。

6～10 题测查你的学习动机是不是太强。

11～15 题测查你的学习兴趣是否存在困扰。

16～20 题测查你在学习目标上是否存在困扰。

假如你对某组(每组 5 题)中大多数题目持认同的态度,则一般说明你在相应的学习欲望上存在一些不够正确的认识或存在一定程度的困扰。

请将各题得分相加,算出总分来评估学习动机的总体情况。

总分在 0～5 分,说明学习动机上有少许问题,必要时可调整。

总分在 6～13 分,说明学习动机上有一定的问题和困扰,可调整。

总分在 14～20 分,说明学习动机上有严重的问题和困扰,亟须调整。

 心理训练

（一）纸条人生的游戏

有本书叫《百岁人生》,如果我们真的能活到 100 岁,我们该如何用好自己的人生呢?下面我们来玩一个游戏。

请准备一张长条纸,假设这张纸就是你生命的长度,用笔将它划分成 10 份(中间部分刚好每两列一份,代表生命中的 10 年,分别写上 10、20 等),这就是你的人生刻度尺,如图 3-6 所示。

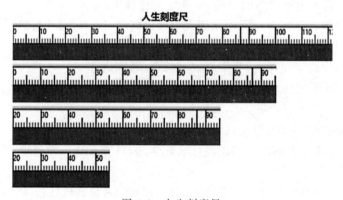

图 3-6　人生刻度尺

（1）请问你现在多少岁?把相应的部分从前面撕掉,这段就是你过去的时光。请你回忆一下在过去的时光里,你的巅峰时刻和低谷时刻分别是什么?你的感受又是如何?

（2）请问你期待活到多少岁?如果不想活到 100 岁,就从后面把那部分撕掉。

（3）请问你想多少岁退休?请把相应的退休以后的部分从后面撕下来。这一段就是你退休的时光,请思考一下你理想的退休后的生活是什么样的。

（4）最后剩下的这一段纸就是你现在的时光到你退休的时光,请你思考一下:

你理想中 5 年后的生活是什么样的?

现在是你人生的什么阶段?在这一阶段中你的重心是什么?

目前每天做什么事情,哪些与你的理想毫不相关?

请在纸上写下问题的答案,要写得尽量详细。

（5）活动总结。

你珍惜生命吗?你想在有生之年有所作为吗?生命是由分分秒秒的时间所组成,时间管理就是生命管理。其实人生是很短暂的,每个阶段都有其不同的责任和目标,决定你 10 年以后生活的不是你 10 年之后做什么,而是你现在做什么。所以大家应该珍惜时间,要学会时间管理,合理安排时间。

（二）个性化学习方案的设计

活动目标：

（1）认识到"自己的学习方法才是最好的方法"。

（2）学会设计适合自己认知特质和学习现状的学习方案。

活动过程：

（1）了解自己的认知特质和学习现状。

① 你属于哪一种学习类型？

② 你觉得在什么状态下，用什么方法学习效果最好？用什么方法学习效果最差？

③ 你觉得一天要睡几个小时才能保证良好的体力和精力？

④ 在一天中，什么时候你的学习效率最高？

⑤ 你觉得一天需要多少时间做作业和温习功课？

⑥ 哪些运动或娱乐能使你迅速消除学习疲劳？

⑦ 除了做作业之外，你还有时间用来查漏补缺吗？

⑧ 当前，你觉得学习上最困难的是什么？

（2）个性化学习方案的设计。

在认真回答上述问题后，尝试设计两套方案。

① 作息方案。制作一个作息时间表，要求做到舒缓有致，张弛有度，以保证旺盛的精力。

② 学习方案。这一方案必须适合你的身心特点，是"你自己的方案"。

（3）在今后的学习实践中不断地调整和校正这一方案。

 推荐资源

（一）书籍《学习之道》（作者：［美］乔希·维茨金）

《学习之道》（见图 3-7）是美国公认的学习第一书。世界冠军现身说法，揭秘从平凡到天才的成功之道。这是在任何领域都能成功的学习方法，也是任何人都适用的终身深入学习法，教你"以最小的努力赢得最大的成就"。

（二）书籍《如何高效学习》（作者：［美］斯科特·扬）

一位因为快速学习而成名的神奇小子，他应用自己发明的学习方法完成了 10 天搞定线性代数、1 年学习 4 年 MIT 课程的"不可能任务"。《如何高效学习》（见图 3-8）就是对他学习方法的全面介绍，其中包括整体性学习策略的核心思想和具体技术，详细介绍了快速阅读法、流笔记法、比喻法、内在化等方法，并为高效学习提供了从生活到时间管理的整体解决方案。跟随作者，你也将成为高效学习的超级学霸。

图3-7　书籍《学习之道》

图3-8　书籍《如何高效学习》

（三）书籍《心流：最优体验心理学》（作者：[美]米哈里·契克森米哈赖）

心流是这样一种体验：很专注地做一件事，直至忘记周围的一切，最后内心升起巨大的喜悦感。换句话说，心流体验就是物我两忘。经过大量研究，米哈里·契克森米哈赖发现，艺术、文学、哲学、烹饪等任何一件事，都可以为人体验心流提供条件。当心流来临时，人的心智会更澄澈。经常体验心流的人，能获得更大的成就。

图3-9　书籍《心流：最优体验心理学》

心理理论之父、积极心理学奠基人米哈里·契克森米哈赖30年前在大量案例研究的基础上开创性地提出了"心流"的概念。本书系统阐述了心流理论，进入心流状态的条件，从日常生活、休闲娱乐、工作、人际关系等各方面阐述如何进入心流状态。对心理学爱好者和研究者来说，《心流：最优体验心理学》（见图3-9）是理解积极心理学等领域不可或缺的理论素材；对大众读者来说，这更是一本提升幸福感和效率的行动指南。

（四）书籍《刻意练习：如何从新手到大师》（作者：[美]安德斯·艾利克森，罗伯特·普尔）

所有人都以为"杰出"源于"天赋"。"天才"却说："我的成就源于'正确的练习'！"

著名心理学家艾利克森在"专业特长科学"领域潜心几十年，研究了一系列行业或领域中的专家级人物，如国际象棋大师、顶尖小提琴家、运动明星、记忆高手、拼字冠军、杰出医生等。他发现，不论在什么行业或领域，提高技能与能力的最有效方法全都遵循一系列普遍原则,他将这种通用方法命名为"刻意练习"。《刻意练习:如何从新手到大师》(见图 3-10)就是他的著作。

对于在任何行业或领域中希望提升自己的每个人,刻意练习是黄金标准,是迄今为止发现的最强大的学习方法。

(五)电影《跳出我天地》(*Billy Elliot*)〔英〕

比利的家人是英国的底层矿工。他们参加罢工,挣扎在贫困的生活中,并认为比利应该学些男人的拳术。比利本来每周都去一次拳击班,偶然的机会却让他走上了不一样的路途。因为一个小意外,比利发现了自己潜意识中对芭蕾的热爱,而挑剔世故的芭蕾老师威尔金森无意中发现了比利极具芭蕾天赋。二人一拍即合,威尔金森甚至放弃她的一班女学生,把全部心思放在培养小比利上。可是比利的家庭全然不理解儿子。比利站在一个十字路口选择他的人生。

影片(见图 3-11)反映在短暂的人生中如果有什么理想或心愿,应心无旁骛、专心致志去尽力达成,才不致等到将来年纪老迈、青春不再时后悔。能够在尝试中找到自己真正想要的东西,寻找什么是最适合自己的。对梦想的执著追求,也许正是很多人所欠缺的,也许我们晚上会下很大决心,但是早上起来依旧我行我素。学学比利的执著吧,一定会受益匪浅。

图 3-10　书籍《刻意练习:如何从新手到大师》

图 3-11　电影《跳出我天地》

纸条人生游戏

有效的时间管理

第四章 做更好的自己

心灵探索

斯芬克斯之谜

斯芬克斯是希腊神话中一个长着狮子躯干、女人头面的有翼怪兽。它受天神派遣坐在忒拜城附近的悬崖上，向过往的路人出一个谜语："什么东西早晨用四条腿走路，中午用两条腿走路，晚上用三条腿走路？"如果路人猜错，就会被害死。

年轻的希腊人俄狄浦斯回答："是人。在人的生命的早晨，他是个孩子，用两条腿和两只手爬行；到了生命的中午，他变成了壮年，只用两条腿走路；到了生命的傍晚，他年老体衰，必须借助拐杖走路，所以被称为三条脚。"俄狄浦斯答对了。斯芬克斯羞愧万分，坠崖而死。

但这并不是问题的全部。俄狄浦斯对"斯芬克斯之谜"的解答是"表象"的、"动物"层面的，换言之，他并没有真正地解开"斯芬克斯之谜"。对于今天的我们来说，德尔菲神庙前石碑上镌刻着的"认识你自己"几个大字仍然是一个"谜"。

索福克勒斯在著名的《俄狄浦斯王》中为我们展示了一幕人类历史上空前绝后、惨绝人寰的人生悲剧：田间麦穗枯萎，牧场上牛羊瘟死，妇人流产，哀鸿遍野；带火的瘟神降临到这个城邦——特拜。神谕明示消灾的办法在于缉拿杀害前国王的凶手。——这样大家的目光均被吸引到谁是凶手的问题上。

紧接着，剧本以倒叙的形式让俄狄浦斯显身：无子的特拜国王拉伊俄斯曾经诱拐了皮萨国王佩洛普斯的小儿子克律西波斯，导致他自杀。佩洛普斯向宙斯祈祷降祸于拉伊俄斯。当拉伊俄斯祈求神恩赐他一个儿子的时候，神一边答应了他的请求，一边预言他的儿子将弑父娶母。为了逃避神谕的实现，拉伊俄斯夫妇一等儿子降生即钉住他的双足（——俄狄浦斯乃双脚肿胀之意），派一位仆人把他扔进山谷。但心地善良的仆人却将俄狄浦斯送给了科任斯国的牧羊人，以致俄狄浦斯被无子的科任斯国王波吕玻斯收养。逐渐长大了的俄狄浦斯在一次宴会中偶然闻知自己并非科任斯国王亲生，便去求问神谕，得知自己命将弑父娶母。为避厄运，俄狄浦斯离开了科任斯，来到了特拜边境。在一个三岔路口，为争夺道路，他与一个老人争执起来，一怒之下，他用手杖打死了这个老人。俄狄浦斯不知，这个老人就是要去德尔斐神庙求神解除斯芬克斯灾难的他的父亲。因为此时，特拜城正遭受狮身人面鸟翼怪兽——斯芬克斯的侵害。俄狄浦斯来到斯芬克斯面前，毫不犹豫地出色地回答了"斯芬克斯之谜"，于是，斯芬克斯一头扎入大海。俄狄浦斯被特拜民众拥戴为新国王，并娶王后为妻。至此，"弑父娶母"的神谕得以彻底实现。

只要人不认识自己，注定要受"命运"的捉弄和支配——就像俄狄浦斯弑父娶母的悲剧所昭示的：在巨大的现实面前，人往往无能为力，不得不"睁一只眼闭一只眼"地"认命"——就像事实上应该知道事情真相的俄狄浦斯的母亲兼妻子所做的那样——当俄狄浦斯执意要彻底追查杀死前国王的凶手时，母亲兼妻子双重角色的伊俄卡斯特苦苦哀求俄狄浦斯："看在天神面上，如果你关心自己的性命，就不要再追问了。"——一个活脱脱被命运打败、"认命"了的人的无奈。

俄狄浦斯在可怕的"预言"支配下演绎了一连串像是命中注定的悲剧之后，并没有退缩和认命，而是勇敢地背起了自己的"十字架"：他用别在母亲兼妻子伊俄卡斯特胸前的金别针戳瞎了自己的双眼，放逐了自己。——这是一个以"慧眼"取代"肉眼"或以"肉眼"为代价换取"慧眼"的隐喻，也是一个个体"赎罪"和"拯救"的隐喻。它表明，俄狄浦斯的"智慧"成熟了，他"认识了自己"。而人一旦认识了自己，人就能够"扼住命运的咽喉"，斩断多米诺骨牌效应那样的悲剧，让可怕的"预言"终止：拥有了一双"慧眼"的俄狄浦斯做了自己的主人，再也不受命运的摆弄了。

古希腊人曾把"认识自己"看作最高智慧，中国古代哲学家老子曾说过："知人者智，自知者明"，认为只有既认识别人，又认识自己的人，才算得上真正聪明的人。探索自我是永恒的话题，"我是谁？""我究竟是怎样的人？""我是不是有价值？""我将来会成为什么样的人？"等问题，是每个大学生都会进行的思考，也是大学阶段最重要的人生课题。从某种意义上讲，人认为自己是一个什么样的人，比他真正是一个什么样的人更重要。懂得理解自我、学会关爱自我、善于规划自我、勇于挑战自我，才能自信地成就自己美好的人生。

第一节　自我意识概述

自我是一个人如何对待自己、他人和世界的独特方式，是每个人心理活动的核心，自我每时每刻都在影响着个体的行为。

一、自我意识的概念

（一）什么是自我意识

自我意识也称自我，是个体意识发展的高级阶段。几乎一切心理问题的根源都和自我有关。每一个人都需要确立正确的"自我认识"。认识自己，关系到心理学中最重要的一个概念就是自我意识。

自我意识也叫自我概念，是指个体对自己身心状态的察觉和认识，包括认识自己的生理状况、心理特征以及自己与他人和周围世界的关系。简单地说就是自己对自己的认识。

具体来讲，自我意识是一个人对这些问题的回答："我是个什么样的人？""我有什么价值？""我期望自己成为什么样的人？"等。

自我意识是个体意识发展的高级阶段，它不是单一的心理品质，而是一个包含认知、情感、意志等多种心理机能的、完整的心理系统。

（二）自我意识的心理结构

自我意识是一个多维度、多层次的复杂的心理系统，可以从不同角度对自我意识进行分析。从结构形式上看，自我意识表现为自我认知、自我体验、自我调控；从意识活动内容看，自我意识可分为生理自我、心理自我、社会自我；从自我观念上来看，自我意识又有现实自我、投射自我、理想自我。

1. 自我认知、自我体验和自我调控

从结构形式上看，自我意识表现为自我认知、自我体验和自我调控，这同时也是一个人的心理活动过程，即自我意识的知、情、意三个层面。

自我认知是指一个人对自己各种身心状况的认识，包括自我感觉、自我观察、自我印象、自我概念、自我分析和自我评价等层次。其中，自我概念和自我评价是自我认知中最主要的方面，集中反映了个体自我认识乃至自我意识的发展水平，也是自我体验和自我调控的前提。自我认知实际上就是回答"我是一个什么样的人"的问题，包括个人特征、外貌、兴趣、爱好、人际关系是什么样的等。

自我体验是指一个人在认识自己的过程中所产生的情绪体验，反映了个体对自己所持的态度和情感，包括自我感受、自尊、自爱、自负、自卑、自信、内疚、羞耻感、自豪感、责任感、优越感、成就感、荣誉感、自我效能感等。其中，自尊是自我体验中最主要的方面。自我体验是在自我认知基础上产生的。自我认知决定自我体验，而自我体验又强化着自我认知，主要集中在"我是不是能接纳自己""对自己是不是满意"等方面。例如一个女生可能会因为觉得自己个子矮、不漂亮、身材差，而讨厌自己，表现出自卑，缺乏自信；或一个男生嫌自己能力差、不聪明、自制力差，从而否定自己。

自我调控是指一个人对自己的行为、心理活动和态度的调节与控制，以达到自我期望的目标，包括自主、自立、自制、自强、自卫、自律、自我设计、自我暗示、自我监控、自我激励、自我教育等。自我控制是自我中的最高阶段，其核心是"我应该做什么""我想成为什么样的人""我怎样改变自己"，"自制力"其实就是自我控制的能力。心理学研究表明：自我控制与大脑额叶的发展紧密相关，当人生理正常时，自我认知与自我体验决定了自我控制。

自我控制是自我意识的关键环节，"知"与"行"之间有很长的路，大学生常常"心动而不行动"，事实上"心动"是一件容易的事，而真正历练意志则需要更多的"行动"。比如：早晨起床，应当是一件最简单不过的事，但对懒惰者而言，也是需要意志的，特别是寒冷冬天的早晨，想想被窝里的温暖，再面对起床的痛苦，每次起床都要进行思想斗争。而当意志成为一种习惯时，自我控制便转化为"自动化"。成功的人都有较高的自我控制。但并非所有的自我控制都是积极的，有的大学生对自己的要求非常高，自我控制力强，而在实际中若因为主观或客观原因没有能够达到，反而容易对自我产生怀疑与否定。

2. 生理自我、心理自我和社会自我

从内容上来看，自我意识可分为生理自我、心理自我和社会自我。

生理自我是指个体对自己身体方面的意识，如个人对自己的身高、体能、容貌、性别等的认识、评价及体验。生理自我是与生俱来的,人们只能接受它,不能改变。随着自我意识的成长,大学生们逐渐对生理自我会有了一个明晰的看法与正确的认识,但由于青年时期的不确定性,有的学生对生理自我会产生较高的心理关注。女生关注自己是不是漂亮、迷人、有吸引力,高矮胖瘦,甚至脸上是否有雀斑等;男生关注自己的体形与身高、声音的吸引力等,这些都是因为大学生正处于青年初期,生理自我处于高度关注时期。

心理自我是指个体对自己的心理特点的认识、评价及体验,如能力、知识、情绪、气质。性格、理想、信念、兴趣、爱好等。心理自我也在成长,情感、智力、能力、兴趣、情绪等都与日俱增,我们应学会评价自己的心理自我、体验心理自我。

社会自我是指个体对自己在社会关系、人际关系中的角色的意识,包括个人对自己在社会关系中的角色、责任、作用和地位的意识,对自己所承担的社会义务和社会权利的意识等。社会自我是对自己与周围关系的认识和评价,如自己在朋友、同学、家庭、社会中所处的地位,自己与他人的关系。学生们常用"我已经长大了"来表达自己的社会自我,期望社会给予积极的肯定与认可。

生理自我、心理自我与社会自我是密切联系、相互影响的,它们都包含着不同的自我认知、自我体验与自我控制,但由于比例和搭配的不同,构成了个体与个体自我意识之间的差异。也使得每个人都有自己的对己、对人、对社会的独特看法和体验,如表 4-1 所示。

表 4-1　自我意识的心理结构

内容 自我	自我认知	自我体验	自我控制
生理自我	对自己的身体(体重、容貌、身材和性别等)及生理特点的认识	英俊、漂亮、有吸引力、迷人、自我悦纳	追求身体的外表、物质欲望的满足,维持家庭的利益
心理自我	对自己的智力、情绪、性格、气质、兴趣、能力、记忆、思维等心理特点的认识	有能力、聪明、优雅、敏感、迟钝、感情丰富、细腻	追求信仰、行为符合社会规范,要求智慧和能力的发展
社会自我	对自己与周围关系的认识(自己在朋友、同学、家庭、社会中所处的地位)	自尊、自信、自爱、自豪、自卑、自怜、自恋	追求名誉地位、与他人竞争,争取得到他人的好感等

3. 现实自我、投射自我和理想自我

从自我观念来看,自我意识又可分为现实自我、投射自我和理想自我。

现实自我是指个人从自己的立场出发,对自己目前的实际状况的评价和看法,它是个体对自己现实的观感,涉及的根本问题是"我实际是一个什么样的人"。

投射自我也称镜中自我,是个人想象中他人对自己的看法和评价,以及由此而产生的自我感,涉及的问题是"在别人心目中我是怎样的一个人"。投射自我和现实自我之间往往存在差异,当差异过大时,个体会感到自己不被别人了解和接纳,进而产生苦恼。

理想自我是个体要实现的比较完善的一种自我境界或形象,是个人追求的目标,涉及的问题是"我想成为一个什么样的人"。理想自我虽非现实自我,但它对个人的认知、情绪和行为的影响很大,是个人前进的动力和方向。

二、自我意识的心理功能

（一）决定个体的现实行为方式

人是社会的动物，人的行为既受诸多社会因素的影响，又与自我意识有很大的关系。每个人的现实行为，并不单是由其所在的情境决定的，更重要的是与自我认知、自我意识有着密切的联系。那些自我意识积极的学生，其成就动机和学习投入及学习成绩都明显优于那些自我意识消极的学生；自我意识不良的学生，会放松对自己行为的约束，行为缺乏持续性与目标性。可以说，个人怎样认识和理解自我，是保证个体如何行为及以何种方式行为的重要前提。

（二）决定个体对经验的解释方式

不同的人可能会获得完全相同的经验，但每个人对这种经验的解释可能有很大的不同。解释经验的方式取决于一个人的自我意识。一个自认为能力一般，只能获得平均成绩的学生，在获得比较好的成绩后会认为取得了极大的成功，感到十分满足；而同样的成绩，对于一个自认为能力优秀、应当获得出众成绩的学生，会解释为遭到了很大的失败，并体会到极大的挫折。事实证明，当个人的自我意识消极时，每一种经验都会与消极的自我评价联系在一起；而如果自我意识是积极的，每一种经验都可能被赋予积极的含义。

（三）影响个体的期望水平

自我意识不仅影响个体现实的行为方式和个体对过去经验的解释，而且会影响个体对未来事件的期待。这是因为，个体对自己的期望是在自我意识的基础上发展起来的，并与自我意识相一致，其后继的行为也取决于自我意识的性质。研究发现，差生的成绩落后并不是孤立存在的，而是他的整个行为动力系统都出现了角色偏离的结果。成绩长期落后对于普通学生是不正常的，但对于差生，由于他们的整个行为动力系统都出现了偏离，并在偏离的状况下形成了一个新的自相一致的系统，因而在系统内部成绩落后并没有不正常。换言之，落后的学习成绩正是差生自己"期待"的结果。

三、自我意识的发展阶段

人的自我意识的发展不是天生的，而是在人的实践活动、社会交往中发展起来的。心理学研究表明，个体自我意识从发生、发展到相对稳定和成熟，需要经历一个较长的过程。

（一）生理自我的发展

人的自我意识先是从生理自我的发展开始。婴儿是没有自我意识的，他们甚至不能意识到自己和外界事物的区别。他们会吸吮自己的手指头，就像吸吮母亲的乳头一样津津有味，因为他们把母亲当作自己的一部分。在婴儿长到8个月左右时，生理自我开始萌生，这是自我意识的最初形态。到1岁左右时，儿童开始能把自己的动作和动作的对象区别开，如当他手里抓着玩具的时候，他不再把玩具当作自己身体的一部分。到2岁左右时,儿童逐渐学会用代词"我"来代表自己,这在自我意识的形成中是一大飞跃。3 岁左右的儿童开始出现羞耻感和疑虑感,出现了占有欲和嫉妒感,第一人称"我"的使用频率提高,很多事情都要求"我自己来"。应该说,3 岁儿童的自我意识有了一定发展,但其行为仍然是以自我为中心的,它是自我意识最原始的形态。

(二)社会自我的形成

儿童开始形成社会自我意识,这是自我意识形成的第二个发展阶段。人的社会自我意识的形成,是在特定的人类社会物质文化生活中通过与社会环境的相互作用,由自然人转化为能参与社会生活、担负起一定角色的社会人的过程。从 3 岁到 14 岁是个体接受社会文化影响最深的时期,也是学习角色的时期。个体在家庭、幼儿园、学校中游戏、学习、劳动,通过模仿、练习等方式,逐渐形成各种角色观念,如性别角色、家庭角色、学生角色等。这一时期是获得社会自我的时期,青少年开始意识到自己在人际关系、社会关系中的作用和地位,意识到自己承担的社会义务和享有的社会权利等。

(三)心理自我的成熟

经历过上述发展时期,自我意识经过分化、矛盾、统一趋于成熟。个体开始清晰地意识到自己的内心世界,开始有明确的价值探索和追求,强烈要求独立,产生了自我塑造、自我教育的紧迫感和实现自我目标的驱动力。可以说,青年的世界观、人生观、价值观的形成与确立正是心理自我成熟的标志。

在生理自我、心理自我和社会自我的发展过程中,三者互相联系、有机组合、完整统一,发展成一个人的自我意识。

第二节 自我意识的形成和发展

一、自我意识的形成途径

生理的成熟和发展只是形成自我意识的前提,并不能必然保证自我意识的形成和发展。心理学研究表明,自我意识的形成和发展还有赖于个体参与社会生活、与他人相互作用。个体自我意识是在个体生理和心理一定程度成熟的基础上发生、发展的,它是个体在与社会环境长期的相互作用过程中形成和发展的,许多社会因素对自我意识的形成和发展起着重要作用。一般而言,大学生对自己的认知可以通过以下几个途径逐渐形成。

(一)他人的反馈

通常,别人会对个体的品质、能力、性格等给予清晰的反馈,从而增强个体对自己的了解。当学生被老师告诫要更加大胆一些,更加主动一些,更加勤奋一些时,学生便会从老师的反馈中得知自己有些胆小,不够主动,学习不够勤奋。特别是当许多人看法一致时,学生就会相信这种看法是正确的,从而确定自己是这样的人。激励对成长中的高职学生是非常重要的,"优秀的学生是夸出来的。"当否定性评价过多时,学生会产生"习得性无助"。

（二）反射性评价

米德指出，个体所属的社会群体是个体观察自己的一面镜子。在生活中，那些对自己生活无关紧要的人有时并不会给予我们清晰明确的反馈，但可以从他们的态度中了解自己，也就是可以通过别人对自己所作出的反应来认识自己。

符号互动学者库利提出"镜中我"，认为人们所认识的自我正是别人眼中所认为的自己的形象。"镜子中的我"或"别人眼中的我"就是人们感知的对象，人们常常依据别人的对待方式来了解自己，这一过程称为反射性评价。反射性评价就是"我相信他人认为我是谁"。

（三）依据自己的行为判断

贝姆的自我知觉理论认为，在内部线索微弱或模糊的情况下，人们常常依据外在行为推断自己的特征，如性格、态度、品质、爱好等。如当学生参加公益活动时，学生认为自己是一个高尚的人。但在大多数情况下，人们常常依据内部线索了解自己，如想法、情绪，而且比外显行为更准确，因为行为易受外在压力的影响，更易伪装。个体的行为既具有外显性又具有内倾性，因而依据自己的行为判断为自我的确立提供了可靠的依据。

（四）社会比较

费斯廷格提出的著名的社会比较（social comparison）理论认为，人们非常想准确地认识自我、评估自我，为此，在缺乏明确标准时，人们常常和自己相似的人做比较。

大学生正处于人生重要的发展时期，他们的人生目标、职业理想、生活态度等都在形成中，社会比较为大学生提供了认识自我、了解自我和发展自我的重要标尺。社会比较也是每个个体认识自我不可或缺的方面。没有社会比较，就没有自我的进一步优化。当然，自我比较并不总是向着积极的方向，自我比较又分为向上比较、向下比较和相似比较。当个体的目的与动机不同时，采用的社会比较策略也不同。例如自我保护与自我美化的动机促使学生与那些不如自己走运、成功和幸福的人比较；而自我成功动机强的人更倾向于向上比较，与那些比自己更成功的人比较，促使自己更加成功。

二、大学生自我意识的独特性

青年期是个体自我意识迅速发展并趋向成熟的关键时期。个体在青年期生理、认识、情感等方面的深刻变化，如性的成熟、思维与想象能力的发展、感受力的提高，使大学生开始把关注的重点转向自身内部，开始去发现、体现自己的内心世界，并迫切要求形成自己独特的个性与独特的理解方式。经过大学生活和教育，其自我意识的发展达到了新的水平，独立感、自尊心、自信心、好胜心等逐步趋于成熟，自我认识、自我体验、自我控制三方面趋于协调发展，自我意识的核心世界观和人生观已基本确立。大学生自我意识的特点主要表现在以下三个方面。

（一）时间上的"延缓偿付期"

大学并非人生的必经时期，对大学生而言，思想上的独立与经济上的依赖，生理上的成熟与心理社会性成熟的滞后存在着深刻矛盾。从年龄上看，大学生到了应该自立地、独立地承担社会责任的时候，但校园相对单纯的学习生活，又使他们应当承担的社会责任从时间上向后延续。这种社会责任的向后延续使学生们处于"准成人"状态。这样也为大学生广泛、深入、细致地思考自我提供了时间的现实可能性。值得重视的是，大学生现实责任感的后移并不能减轻他们心理上的压力，特别是贫困学生。很多学生在作业中写道："每当自己坐在教室里读书时，常常不自觉地想到已白发的父母，本应当挑起家庭重担，为父母分忧解难的我，却还要花父母的血汗钱，想来觉得非常难过，感到很不忍心。一种负罪感悄悄地袭上心头。"

（二）空间上的"自主性"

"象牙塔"为大学生提供了一个多元文化背景下的学习环境，特别是网络更为学生提供了无限广阔的平等自由的学习与交流空间，而东西方文化的交融与发展更为大学生自我意识的发展提供了客观条件。但这种影响是双重的，一方面，大学生有不同的家庭背景、有不同的地域文化、有不同的人生追求，在共同的学习生活中，大家互相影响、互相包容，在这种互动的环境中逐渐形成自己的价值观念，特别是在心灵的沟通与碰撞中建立与尝试新的自我；另一方面，学生在多种价值体系、多种文化的碰撞面前，原来建立的价值体系、自我观念会受到强烈的冲击，这种冲击有时甚至会使他们怀疑自己。特别是大学新生，从原来的环境进入新的环境中，"我是优秀的"可能被期末考试的"红灯"打击得一无是处。这时，调整与反思自我便显得非常重要。

（三）自我意识发展的"不平衡性"

大学生生理自我、心理自我与社会自我的发展并不平稳。大学生的主观自我与他观自我往往表现出不一致性，特别是大学高年级学生，一直处于较高的自我意识水平，但在人才市场选择职业时，常常使他们长期建立的"高自我意识"与"自我概念"变得摇摇欲坠。一位毕业生说道："长期以来，一直心存优越感，尽管心里早就明白大学生已不再是天之骄子，但在就业市场上的冷遇还是接受不了。"高主观自我与他观自我的不平衡，生理自我、心理自我与社会自我发展的不平衡都直接影响大学生自我意识发展的水平。造成这种不平衡的主要原因有：①大学生的人生观、世界观尚在形成与健全中，对自我的认识易受环境的影响；②大学生自我概念仍在不断的发展变化中，大一新生到毕业生的自我概念并不一致，只有到大学毕业才能在不断的变化与调整及社会的需求中建立自我概念；③经历高考，大学生真正开始痛苦的"心理断乳"，适应新环境、新的人际关系必然带来发展着的自我意识与自我概念的不平衡。

三、大学生自我意识的分化和整合

自我意识的分化是大学生自我意识开始走向成熟的标志，也是他们自我意识发展的最重要过程。

一方面,当青年大学生的目光朝向自己内部时,原来完整的自我意识就一分为二:一个是处于观察地位的"我"(我希望成为怎样的人?)——理想的自我;另一个是处于被观察地位的"我"(我现在是怎样一个人?)——现实的自我。正是这种分化过程,促进大学生思维和行为主体性的形成,从而为客观地评价自己或他人、合理地调节自身的言行奠定了基础。

另一方面,当他们在进行自我观察、自我分析、自我评价时,不情愿地看到理想自我与现实自我之间存在着较大差距,而这种差距又不是轻而易举就能消除的,因而产生了自我意识的矛盾。他们常常感到焦虑、苦恼、失望或无能为力。处于这种矛盾状况的大学生,总是通过各种方法,力求获得自我意识的重新统一。这样的过程不是一次完成的,而是循序渐进、经过多次反复才能使自我意识渐趋稳定,从而达到新的发展水平。

在自我意识发展过程中,出现分化、矛盾、整合、转化,这些是大学生自我意识发展的最重要的特征,影响和制约着大学生心理品质的形成与发展,是大学生形成良好人格特征的重要前提条件。

(一) 大学生自我意识的分化

大学生自我意识的分化主要表现在以下六个方面。

1. 主观我与客观我之间的矛盾

自我有主观我与客观我之分,主观自我与客观自我应该是统一的,这种统一是个人对客体的认识与个人愿望的统一,是个人与社会的统一,是"自我同一性"的形成,更是良好的自我意识的标志。但是,由于自我的结构是多种多样的,每个人所处的社会环境也存在着很大的差异,主观我与客观我并不总是统一的。

大学生的主观我与客观我的矛盾相对突出。一方面,作为同龄人中能够接受高等教育的人,大学生对自我有较高的积极评价,但由于他们远离社会,缺乏社会经验,在校园浓郁的学术与文化氛围中生存和成长,对社会的了解缺乏实际与客观的目光。另一方面,随着高等教育大众化进程的推进,适龄青年接受高等教育机会的增加,社会对大学生的评价更趋客观,大学生回归本位,身上光环的消失使他们产生失落感。

2. 理想我与现实我的冲突

青年时期的大学生,心中承载着无数的梦想,每个人都渴望一把登天的天梯,他们有抱负、有追求、有理想,成就动机强烈,特别是当市场经济将人们的成就意识凸显时,很多大学生心中涌动着比尔·盖茨般成功的梦想,他们为自己设定了一个美丽的"理想我",也对大学生活进行了理想化的设定,但当他们踏入大学时,特别是进入高职院校时,现实与心中的理想形成了巨大的反差,新生出现了"理想真空带"与"动力缓冲带",一时间找不到自己生活的方位。对理想自我的渴望与对现实自我的不满是这一时期高职学生自我意识发展的重要组成部分。

值得重视的两个方面,一是理想我与现实我有一定距离是正常的,它可以激励大学生奋发图强、积极向上,向着梦中的方向飞奔;二是当现实我距离理想我太遥远时,大学生会产生各种各样的心理不适甚至自暴自弃,从而变得平庸无为、无所事事、没有动力。当理想我与现实我发生冲突,积极的自我调适便非常必要。这时,大学生要重新调整和评估自己的理想,直到通过努力可以达到为止。

3. 独立与依附的冲突

一方面,大学生生理与心理的成熟使他们渴望独立,以独立的个体面对生活、学习与工作中遇到的问题,但由于长期的校园生活使他们应有的社会阅历与经验相对匮乏,当应激事件出现时,又盼望亲人、老师、同学能够替自己分忧。另一方面,大学生心理上的独立与经济上的不独立也形成了明显的反差。在他们迫切希望摆脱约束、追求自立的同时,又不可能真正摆脱家长、老师的支持和帮助。特别是对于某些独生子女来说,由于长期受到父母的宠爱,这种独立与依赖的矛盾就表现得非常突出。

应当指出的是,独立并不意味着独来独往,独立并非不需要任何人的帮助和指导,并非不需要依赖别人,而在于个人必须对自己的行为负有责任。"一个好汉三个帮",即使是一个独立性很强的人,也有依靠别人的需要。不同的是,独立的人更多的是依靠自己的力量和努力去克服或解决自我问题,而不是完全依靠他人的帮助或依赖于别人;独立的人能够权衡利弊、审时度势,能够勇敢地作出决定并勇于承担责任。

过分的依附使大学生缺乏对客观事情的判断能力与决断能力,使他们显得优柔寡断,缺乏主见;过分的独立又使部分大学生陷入"不需要社会支持"及"凡事都要靠自己",采取我行我素、孤傲自立的行为方式,但在遭遇挫折时又会出现不知如何寻求帮助的情况。事实上,任何心理成熟的独立的现代人,都需要他人的帮助,广泛的社会支持是个体心理健康不可或缺的要素。

4. 渴望交往与心灵闭锁的冲突

一方面,没有哪个时期比青少年时期更加渴望友情与爱情的滋养,更加渴望同辈群体的认同与归属感。在这个时期,每个人都渴望着爱与友谊,渴望着交往与分享,渴望着自我价值得到实现,渴望着探讨人生的真谛,寻找人生的知己,希望成为群体中受尊敬与欢迎的人;另一方面,大学生的自我表露又受心灵闭锁的影响,总是不经意地将自己的心灵深藏起来,与同学有意无意地保持一定的距离,存在着戒备心理,不能完全敞开心扉与同学交流和沟通思想。这也是大学生常常感到"交往不如中学那么自如真诚"的原因所在。

5. 自负与自卑的冲突

自信是一种健康的心理,是一种健全自我意识与成熟人格的标志。但是,由于大学生的自我意识尚在发展过程中,心理尚未完全成熟,不可能对自己有正确的认知,因而对自己的认知往往会出现自信的偏差:自卑或自负。自负是一种过度的自信,拥有这种心理的人,缺乏自知之明,往往以为自己对而别人错,把自己的意志强加在别人身上,不能与人和睦相处。自卑是一种自我否定,表现为对自己缺乏信心,对自己不满和否定,拥有这种心理的人总以为自己存在缺点、不足与失误,因而遇事总会胆怯、心虚、逃避、退缩,缺乏独立主见。

自负与自卑总是紧密相连的,自负表现强烈的人往往也是极度自卑的人。与其他群体相比,大学生体现出较高的自尊与自信,他们渴望成功,不甘落后,对成功的渴望与预期高,特别是当取得小小的成就时,很容易表现出骄傲自大、唯我独尊、自我中心,相当自负,好像世界尽在手中的控制感。当遭遇失败与挫折时,有时甚至是小小的失利,如考试失败、失恋等,他们便开始怀疑自己的能力,进而产生自我否定、自我怀疑甚至自暴自弃,陷入强烈的自卑中。这些都与大学生自我认知不良、自我定位不准确有关。

6. 理智与情感的冲突

大学生情绪的一个显著特点是容易两极分化,或高或低,波动性大,易冲动,不易控制。但随着身心的发展及认知水平的提高,大学生渐渐成熟,在遇到客观问题时,既想满足自己情绪与情感的要求,又想理性地服从于社会及他人的需求。特别是当遇到失恋等人生打击时,尽管理智上能够理解,但在情感上难以接受,从而出现理智与情感的冲突。

(二) 大学生自我意识的整合

自我意识的矛盾冲突,常常会给大学生带来不安或心理痛苦,他们总是力图通过自我探究来摆脱这种不安与痛苦。在自我意识的矛盾冲突中,大学生的自我意识也在不断调整、发展。在自我意识不断调整、发展的过程中,他们极易寻求新的支点,寻找自我意识的统一点,整合自我意识。由于自我意识具有复杂性与多维性,大学生逐渐在多向度中审视自我、调整自我,向理想自我靠近。这也是自我同一性的建立。由于大学生的成长背景、家庭教养方式、社会经济地位、个人人生志向、职业目标的不同,他们自我意识整合的结果与类型也不同。从自我意识的性质看,大学生自我意识的整合结果表现在以下三个方面。

1. 积极自我的建立——自我肯定

自我肯定,即对自我的认识比较理性、清晰、客观、全面、深刻。这种积极自我的特点是在经过痛苦的选择与调整之后,大学生逐渐成长,使自己的理想我与现实我趋于统一,主观我与他观我趋于一致。积极自我不仅了解自己的长处与优势,也了解自己的不足与劣势,能够分析哪些是通过努力可以达到的,哪些是无法企及的,从而进行积极的自我肯定,向着理想自我迈进。

2. 消极自我的建立——自我否定

消极的自我意识分为两个方面,自我贬损型与自我夸大型。自我贬损型的人由于总在积累失败与挫折的经历,对现实自我的评价较低,并时常伴有价值感低、自我排斥、自我否定。他们不但不接纳自己,甚至自我拒绝、自我放弃,表现为没有朝气、随波逐流、缺少激情,生活没有目标,其结果是更加自卑,从而失去进取的动力。自我夸大型的人正好相反,他们对自我的评价非常高,往往脱离客观实际,常常以理想自我代替现实自我,盲目自尊,虚荣心强,心理防御意识强。其行为结果要么表现为缺乏理智,情绪冲动,忘记现实自我而沉浸于虚无缥缈的理想自我中,要么自吹自擂、自我陶醉,却不去为实现自我作出努力。

自我贬损型与自我夸大型的共同特点是对自我评估不正确、理想自我不健全,缺乏实现理想自我的手段,形成的自我虚弱不完整,是不健康的自我整合。虽然大学生中这两种类型的人较少,但严重者可能会用违反社会规范或违法犯罪的手段来谋求自我意识的整合。

3. 自我意识的冲突

自我意识冲突是难以达到整合的自我意识,它表现为自我评价始终在真实自我上下徘徊,自我价值感或高或低,自我体验或好或坏,自我控制时强时弱,心理发展极不平衡,有时显得自信而成熟;有时又表现出自卑而不成熟,让人无法评估。

自我冲突的人表现为两种类型,自我矛盾型与自我萎缩型。自我矛盾型的大学生,内心冲突激烈,持续时间长,自我认识、自我体验、自我控制不稳定,新的自我无法整合。例如,有的大学生可能既是一个自信的人,也是一个自卑的人;既是一个诚实的人,也是一个虚伪的人;既是一个性格孤僻的人,也是一个善于交际的人。自我萎缩型的大学生缺乏理想自我,但又对现实自我深感不满,他们消极放任、自怨自艾,甚至麻木、自卑,以至于越来越消沉、对自己丧失信心,严重的还可能导致精神分裂症或绝望轻生。因此,自我冲突的大学生要逐渐调整自我认知,客观认识自己与他人,客观看待成功与挫折,这样才能使自我意识在良性轨道上循环。

第三节　塑造健全的自我意识

自我意识的完善是一个不断进行自我认知、自我评价、自我改造、自我完善的过程,正如雕琢一件工艺品一样,真正的匠人一定会持之以恒地追求心中的理想。健全自我意识的形成与发展,同样是当代大学生追求卓越人生、追求自我实现必须面对的终生课题。成功就是不断超越自己,就是"做最好的自己"。

一、健全自我意识的标准

自我意识对人的心理健康起着非常重要的作用,它制约着人格的形成与发展,在人格的优化中发挥着强大的动力功能。健全的自我意识是心理健康的重要标准,是人类自身内在的一种成功机制,在人才发展中发挥着重要作用。健全的自我意识有以下标准。

(1)自我意识健全的人,应该是一个有自知之明的人,既知道自己的优势,也知道自己的劣势,能正确评价自我和发展自我。

(2)自我意识健全的人,应该是自我认识、自我体验和自我控制协调一致的人。

(3)自我意识健全的人,应该是积极自我肯定的、独立的并与外界保持一致的人。

(4)自我意识健全的人,应该是理想自我与现实自我统一的人,有积极的目标意识和内省意识,积极进取、永无止境。

二、塑造健全自我意识的途径

(一)正确认识自我

"人贵有自知之明",全面而正确的自我认知是培养健全的自我意识的基础。自我认知是从多方面建立的,既有自己的认识与评价,也有他人的评价。大学生应该经常反思自己的言行,通过自我观察、自我分析、自我反省与自我评价认识自己,找到自己的长处和短处,找准自己的位置和方向。

(1)要学会自我观察。在与别人交往时,他人给予自己的任何回应,如同照镜子一样,能够使个体从中观察到自己在对方心目中的形象和地位,而逐渐形成对自我的认识。

当然别人的态度和评价有时难免也会有偏颇,这就需要多用几面镜子,了解他人眼中的"我",比如了解父母眼中的我、同学眼中的我、老师眼中的我、恋人眼中的我、兄弟姐妹眼中的我等,尽可能多地寻找各个维度,获得比较正确的自我,学会去观察和分析大多数人对自己的态度,从而客观地认识和评价自己,获得足够的经验,然后按照自己的需要去规划自己的前途。

(2)要学会正确比较。很多大学生都会有意或无意地通过社会比较寻找自己的社会角色和位置。社会比较是获得自我意识的一个重要来源。在与他人的比较过程中,人们才能认识到自己的优势、不足,以及目标是否恰当等。如果向上比较,与比自己优秀的人比,就会觉得人外有人,天外有天,从而找到差距激发自己的动力。有时候也可以向下比较或者将自己的优势与别人的劣势进行比较,意识到自身的优势,就会看到自己的长处,增强自信心。也要经常和自己比,不管我们在某个群体中的位置如何,只要相对于自己的过去是在进步,就会建立自信。

💻 知识拓展

自我探索——乔韩窗口模式

乔韩窗口理论为人们提供了一个认识自我的很好的工具。乔韩窗口理论认为,人的自我可以划分为四个领域:公开的自我、盲目的自我、隐秘的自我和未知的自我,如图 4-1 所示。每个人的自我都由这四部分构成,但每个人的四部分的比例是不同的,而且随着人的成长及生活经历,自我的四个部分也在发生变化。

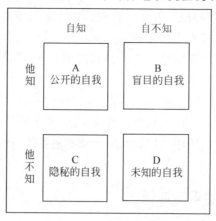

图 4-1　乔韩窗口

A. 公开的自我,是透明的自我,这部分自己了解,别人也知道;所谓"当事者清旁观者也清"。比如,我们的性别、外貌,某些可以公开的信息,包括婚否、职业、工作和生活所在地、能力、爱好、特长、成就等。这是了解自我、评价自我的基本依据。以"公开"窗口为主的人能主动向他人开放自己;能与他人发展良好的互信关系;能有效地与人沟通,能更好地与他人实现相互了解。

B. 盲目的自我，别人知道，自己却不了解，所谓"当事者迷旁观者清"。比如不经意的一些小动作或行为习惯，一个得意的或者不耐烦的神态和情绪流露，自己不觉察，别人却看在眼里。以"盲目"窗口为主的人非常自负，不愿意聆听他人说话，常要求他人作出自己喜欢的反应，因而令彼此内心不安，心怀怨恨，结果使自己变得极为自我保护。

C. 隐秘的自我，自己知道，但是别人不知道的部分。就是人们常说的隐私、个人秘密，留在心底，不愿意或不能让别人知道的事实或心理。没有任何隐私的人，就像住在透明房子里，没有安全感。但是一个人秘密太多，如同筑起一座封闭的心灵城堡，也是无法正常生活的。以"隐蔽"窗口为主的人不容易信任他人，缺乏安全感，自我形象欠佳，有失去与他人沟通渠道的危险，因而可能失去与他人之间的信任，并且造成内心的焦虑与不安。

D. 未知的自我，是别人和自己都不知道的潜在部分，但是通过一些信息可以激发出来。通常是指一些潜在能力或特性，比如一个人经过训练或学习后，可能获得的知识、技能和才干。以"未知"窗口为主的人无法与他人实现有效的沟通，缺乏弹性，对他人缺乏信任，只能与人进行单向的、纯粹事务性的沟通。

无论是对自己或他人隐藏什么，都是很费力的。因此，一个人的"乔韩窗口"的"盲目""隐藏"和"未知"的部分越大，他所消耗的精力越多，也就越难享受身心健康的高品质生活。所以，同学们在画出了自己的"乔韩窗口"后，最好能在以后的日子里尽量扩大"公开"窗口在自己心中所占的比例。

（二）充分悦纳自我

悦纳自我是个体对现实自我的接纳肯定和认同的态度，是形成健全的自我意识的核心和关键。一个人首先要自我接纳，才能为他人所接纳。每个人都有短处和缺陷，自卑者往往片面夸大自身的缺点，对自己持悲观态度，甚至否认自我存在的价值，从而极大地阻碍正确的自我意识的形成；自尊者则对自我充满信心，乐于接受对自我的教育和要求，从而有利于促进正确的自我意识的形成。

悦纳自我首先要接纳一个真实的自我，欣赏自己的独特性，想方设法去理解自己，积极评价自己，感受自己的美丽，体会自己的价值感、幸福感、愉快感与满足感。

其次是接纳自己的不完美，要正确而又理智地看待自己的短处和不足，冷静地对待自己的得与失，客观地分析自己的优、缺点，努力做到扬长避短，取长补短。接纳自己不能改变的，改变自己可以改变的。

最后要肯定自己的价值。不忘"尺有所短，寸有所长"。每个人都有他存在的价值，善于发现自己的优势，积极发展自己的优势，找到适合自己的位置，看到自己身上的闪光点，相信自己的潜力。

（三）有效调控自我

古希腊哲学家亚里士多德曾经说过："美好的人生建立在自我控制的基础上。"有效的自我调控和自我管理是健全自我意识、完善自我的根本途径。自我调控是主动、定向地改造自我的过程，也是个体对待自己的态度的具体化的过程，是通过内部语言进行的，是主动改变现实我以达到理想我的过程。自制力强的人能够理智地对待周围发生的事件，有意识地调控自己的思想和情绪，约束自己的行为，成为驾驭现实的主人。

第一，建立合乎自身实际的抱负水平。成功的生活是从选定方向、确定目标开始的。大学生要面向现实，确定自己具体的奋斗目标，把远大的理想分解成一个个远近高低不同的子目标，由近到远、由低到高，循序渐进，逐步加以实现。关键是每一个子目标都要制定得适当、合理，避免长期遭受失败感的折磨，损害自尊甚至身心健康。

第二，培养顽强的意志品质。有效调控自我还要注意发展坚持性和自制力，增强挫折承受力，使自己能自觉主动地认清目标，为实现目标而努力排除干扰、克服困难。只有意志品质健全的人才会做到对自我的有效控制，最终实现理想自我。因此，每个大学生都应从培养健全的意志品质做起，提高自控能力，使理想自我和现实自我相统一。

第三，理智对待挫折和失败。大学生应该理解，每个人在成长过程中难免会有挫折和失败，关键是要正确对待，同时要树立不达目的不罢休的决心，认真总结经验教训，坚持不懈地追求积极向上、切实可行的理想目标。

（四）积极完善自我

自我完善是个体在认识自我、悦纳自我的基础上，自觉规划行为目标，主动调节自身行为，积极改造自己的个性，使个性全面和谐发展以适应社会要求的过程。自我完善是大学生通过自我教育，不断进行自我塑造，合理确立理想自我、努力提高现实自我，是一个主动改变现实自我以达到理想自我，从而达到自我实现的过程。

1. 确立合适的理想自我

确立理想自我就是在对自己的能力、性格和优缺点作出恰当的、客观的评价基础上，按照社会的需要和个人的特点来确立自我发展的目标。树立合适的理想自我过程中重要的是，要熟悉和了解社会，认识社会发展的规律，为理想自我的确立寻找合适的社会坐标；积极探索人生，理解人生，树立正确的人生观，为理想自我的确立寻找合适的人生坐标。大学生要结合这两个坐标，面向现实确立理想自我，在个人与社会的联系中认识有限人生的积极价值和意义，并通过实现这一目标而努力地完善自我。

2. 努力提升现实自我

现实自我的发展和提升是一个长期而艰苦的自我修炼和磨砺的过程，需要完善自我控制机制，包括制订计划、实施监督、自我协调等环节的具体实行；需要不断地自我反思、自我监控，知道自己在哪些方面可以作出改变。要不断战胜旧的自我、重塑新的自我，既努力发展自我，又绝不固守自我，要积极主动地为社会服务，勇于承担历史重任；既注重自我价值的实现，又不仅仅追求个人价值，注重在为他人和社会服务、为国家和民族作贡献的过程中实现自我价值。

3. 积极追求自我实现

按照美国人本主义心理学家马斯洛的说法，一个人力求变成他能变成的样子，这就是自我实现。自我实现是现实自我和理想自我的和谐统一,要实现这个统一,有以下两点。一是提高自我效能感。自我效能感是个体在一定情境下对自我完成某项工作的期望与预期。当个体期望自己成功时,他就会尽自己最大的努力,即使面临挑战性任务,也会表现出更强的坚持力,从而增加了成功的可能性,提升自我效能感可以提高个体的成就动机,并最终使自我得到提升。二是要克服自我障碍。例如由于考试前身体不好,所以在考试中没有取得好成绩,便是典型的自我障碍。大学生必须放弃为失败而找的各种借口,学会用乐观的情绪和积极的心态对待问题,客观公正地看待事物,充分发挥自我教育、自我创造的能动性,不断完善自我。

知识拓展

自我实现预言

自我实现预言也叫自证预言(self-fulfilling prophecy),是指一个人对待他人的方式会影响到对方的行为,并最终影响对方对自己的评价。在这种情况下,人们对其他人产生的预期,会影响他们如何对待他人,而这种对待方式又会导致那个人的行为与人们最初的预期相一致,使得这一预期成为现实。皮格马利翁效应就是自我实现预言的一个典型例子。

罗伯特·默顿最早创造了"自我实现预言"这个词。他认为,个体变化、产品短缺、银行倒闭、股票行情下跌,甚至战争,都可能因为"它们即将发生"这一预期而发生。社会心理学家 W. I. 托马斯系统阐述了有关自我实现的基本观点。在他看来,"如果人们将情景看作是现实的,那么它们的结果也是现实的。"也就是说,一个人往往会重复另一个人的期待,不管这种期待是积极的还是消极的,由于托马斯在这方面开拓性的研究,人们才开始在许多领域对自我实现的预言现象进行研究。

自我实现的预言相当于期待效应。现实生活中常有这样的例子,临床医学中常有利用安慰剂治疗患者的事例,接受治疗者常能体验到如同接受实际治疗一样的治疗效果或副作用,这实际上是患者的期望产生的效应。

自我实现的预言还常常发生在教师与学生的相互作用中,教师对来自不同社会阶层、不同种族文化背景以及不同智力水平、不同性别的学生抱有不同的期待,这种期待往往影响了学生的学业成就。

心理测试

自我和谐量表(SCCS)

指导语:下面是一些个人对自己看法的陈述,请看清每句话的意思,选择相应的答案。具体说明如下:"1"代表该句话完全不符合你的情况,"2"代表比较不符合你的情况,"3"代表不确定,"4"代表比较符合你的情况,"5"代表完全符合你的情况。每个人对自己的看法都有其独特性,因此答案没有对错,只要如实回答即可。

1. 我周围的人往往觉得我对自己的看法有些矛盾。

2. 有时我会对自己在某些方面的表现不满意。

3. 每当遇到困难,我总是首先分析造成困难的原因。

4. 我很难恰当表达我对别人的情感反应。

5. 我对很多事情都有自己的观点,但我并不要求别人也与我一样。

6. 我一旦形成对事物的看法,就不会再改变。

7. 我经常对自己的行为不满意。

8. 尽管有时得做一些不愿意的事,但我基本上是按自己的意愿办事的。

9. 一件事好是好,不好是不好,没有什么可含糊的。

10. 如果我在某件事上不顺利,我往往会怀疑自己的能力。

11. 我有几个知心朋友。

12. 我觉得我所做的很多事情都是不应该做的。

13. 不管别人怎么说,我的观点绝不改变。

14. 别人常常会误解我对他们的好意。

15. 很多情况下我不得不对自己的表达能力表示怀疑。

16. 我朋友中有些是与我截然不同的人,这并不影响我们的关系。

17. 与朋友交往过多容易暴露自己的隐私。

18. 我很了解自己对周围人的情感。

19. 我觉得自己目前的处境与我的要求相距太远。

20. 我很少去想自己所做的事是否应该做。

21. 我遇到的很多问题都无法自己解决。

22. 我很清楚自己是什么样的人。

23. 我能很自如地表达我所要表达的意思。

24. 如果有足够的证据,我也可以改变自己的观点。

25. 我很少考虑自己是一个什么样的人。

26. 把心里话告诉别人不仅得不到帮助,还可能招致麻烦。

27. 在遇到问题时,我总觉得别人都离我很远。

28. 我觉得很难发挥自己应有的水平。

29. 我很担心自己的所作所为会引起别人的误解。

30. 如果我发现自己某些方面表现不佳,总希望尽快弥补。

31. 每个人都在忙自己的事,我很难与他们沟通。

32. 我认为能力再强的人也会遇上难题。

33. 我经常感到自己是孤立无援的。

34. 一旦遇到麻烦,无论怎样做都无济于事。

35. 我总能清楚地了解自己的感受。

评分说明：各分量表的得分为其包含的项目分直接相加,三个分量表包含的项目如下。

(1) 自我与经验的不和谐：1、4、7、10、12、14、15、17、19、21、23、27、28、29、31、33。

(2) 自我的灵活性：2、3、5、8、11、16、18、22、24、30、32、35。

（3）自我的刻板性：6、9、13、20、25、26、34。

将自我的灵活性反向计分，即选1计5分，选2计4分，选3计3分，选4计2分，选5计1分，再与其他两个分数相加。得分越高，说明自我和谐度越低。在大学生中，低于74分的为低分组，75～102分的为中间组，103分以上的为高分组。

统计以上各项得分：

（1）自我与经验的不和谐。

（2）自我的灵活性（反向计分）。

（3）自我的刻板性。

（4）总评。

心理训练

（一）心理练习：20个"我是谁"

活动目的：在自我认识过程中，客观地观察自己、分析自己、发现自己并接纳自己。

活动步骤：边思考边写出20句"我是一个____的人"。要求尽量选择一些能反映个人风格的语句，避免出现类似"我是一个男生"这样的句子。这些句子是为自己而不是为别人写的，按照思考时的顺序来写，不必考虑其中的重要性和逻辑关系。

（1）将上述描述自己的句子按以下内容进行归类。

① 身体状况（属于你的体貌特征，如年龄、身高、体型、健康状况等）。

② 情绪状况（你常持有的情绪及情感，如乐观开朗、振奋人心、烦恼沮丧等）。

③ 才智状况（表现你的智力、能力情况，如聪明、灵活、迟钝、能干、机灵等）。

④ 社会关系状况（与他人的关系，对他人常持有的态度和原则，如乐于助人、爱交朋友、坦诚、孤独、热情等）。

分类是为了了解自己对自己各方面的关注和了解程度，某一类项目多，说明你对这方面关注和了解多；某一类项目少或没有，说明你对这方面关注和了解少或根本就没关注、不了解。健全的自我意识应能较为全面地关注和了解自己。

（2）评估一下你对自己的陈述是积极肯定的还是消极否定的。在你列出的每句话的后面标上加号（"＋"表示肯定、满意）或减号（"－"表示不满意、否定）。看看你的加号与减号的数量各是多少，分别体现在哪些方面。如果加号多于减号，说明你的自我接纳状况良好。否则，你要反省一下是否过低评价了自己，是什么原因使你成为这样，有没有改善的可能？

（3）和大家分享，写完这些句子你有何感受？对自己有什么新的发现呢？

（二）谁塑造了我

活动目的：对过去的我、现在的我、未来的我作出评估和展望。

活动步骤：按照活动内容填写自制的表格，填写完后大家一起分享和交流。小组交流中，每个人都拿出自己填写的表格给其他人看，边展示边说明，注意自己与他人内心的反应。

（1）追寻自我意识的发展历程。自制第一个表格，如表4-2所示，请将父母对自己的看法写出来,然后将亲戚长辈、老师、同学、朋友等对自己的印象写出来,最后自己把"现实生活中的我"和"自己理想中的我"写出来。要尽量详细、深刻。

比较一下,周围人对你的认识一致吗?别人对你的认识和你自己的认识一致吗?你认为谁的认识更客观、更准确?你怎么综合大家的看法,结合自己的认识,对自己形成一个客观而完整的认识?

表 4-2　他人眼中的我

不同的"我"	对"我"的看法
① 父母眼中的我	
② 亲戚长辈眼中的我	
③ 老师眼中的我	
④ 同学朋友眼中的我	
⑤ 现实生活中的我	
⑥ 自己理想中的我	

(2) 我是一个独特的人,一个与众不同的人。自制第二个表格,如表 4-3 所示。

① 我的长处和来历。把自己的长处一一列出,并写明每一条长处是怎么来的,主要是受了谁的影响。

② 我的欠缺及不足,它是怎么来的。把自己的不足之处一一写出,并写明每一条不足是怎么来的,主要受了谁的影响。

表 4-3　我的长处和不足

内容 长处与不足	表　现	来　历	影　响
① 我的长处和来历			
② 我的欠缺及不足			

(3) 承认自我、接纳自我。在自制的表 4-3 后面写出以下内容。

① 说明自己的长处对自己今后发展的好处。

② 说明这些不足对今后自己的发展造成什么样的障碍和限制。

思考和体验:你喜欢自己身心的一面有哪些?你不喜欢自己身心的一面有哪些?你对表中哪一类(个)人的看法最重视,为什么?最难填写的是什么?为什么有时填不出来?你填的内容多是正面的还是负面的?你希望自己成为一个什么样的人?

（三）生涯拍卖

活动目的:促进对人生观、价值观的探索,澄清人生目标,了解人生际遇与选择对人生的影响,理解接纳不同的人生观、价值观。

活动步骤:

(1) 把每个人一生全部的时间、经历和财富折合成 1000 万美元,竞标以下标的物:可以无限透支的信用卡、英俊果敢的丈夫或温柔贤惠的妻子、诚实勇敢的品质、一座风景优美与世隔绝的小岛、三两个知心朋友、一张环游世界的机票、与情人浪迹天涯、世界级藏书丰富的图书馆、和家人共度周末、一项让人一生衣食无忧的技能、一座豪华别墅、智慧、直言不讳的勇敢和百折不挠的真诚、一辈子健康的身体。

（2）每组选择一名成员担任拍卖师，拍卖师不参与竞标，底价由拍卖师决定。

心理分析：本活动投射出学生的价值观、人生态度的不同，引导学生分析他投入了多少精力做某件事。

① 对于竞拍成功者，你拍的是哪一项标的物？用什么价格拍到的（达到成功的途径）？为什么要买它？除了这一项标的物外，你还看好哪一项标的物？不选择它的理由是什么？

分享与归纳：认准了目标，就需要付出你一生的时间和精力；有所放弃，才有所得。

② 对于竞拍不成功者，是不是所列的诸项标的物都不是你想要的（明白自己想要的是什么吗）？现在知道自己最想要的是什么了吗？如果有想要的，为什么没有买到，是否与你的个性有关？怎样才能得到自己最想要的东西呢？

分享与归纳：目标不够明确，有患得患失之感，最终的结果可能是在碌碌无为中抱怨命运对自己的不公；什么都想要，结果可能什么都得不到。

③ 为什么每个人最想买的标的物不同？

分享与归纳：每个人都有自己的人生观和价值观，都有追求自己人生目标的理由。在坚持自己的追求的同时，要包容不同的人有不同的人生目标，理解这种差异性。

 **推荐资源**

（一）书籍《认识自己，接纳自己》（作者：［美］马丁·塞利格曼）

本书（见图4-2）将颠覆你以往深以为是的观点。节食能达到减肥的效果吗？戒烟、戒酒能成功吗？你从这本书中可以清楚地知道自己哪些方面是可以改变的，哪些方面是无法改变的。马丁·塞利格曼从改变的可能性和生物局限性出发，帮助你把有限的时间和精力集中在那些能够改变的特性上，并在此基础上找到一条自我提升的最有效的途径。

每个人都是不完美的，但这并不影响人们与家人、朋友、同事的生活与沟通。人们很强大，可以扮演不同的角色，快乐的、悲伤的、愤怒的、贪婪的、自私的，所有的这些都是为了一点点的慰藉与满足。如果有人是完美的，那他就是幸福的。可是，大多数人都不知道自己，因为人们的言行都不属于自己。马丁·塞利格曼用他的幸福观让人们更真实地认识自己，从而更坦诚地接纳自己。

图4-2 书籍《认识自己，接纳自己》

（二）书籍《遇见未知的自己》（作者：张德芬）

我是谁？我不是我的工作，也不是我的地位，更不是我的外壳……用种种否定来寻找正确答案，是不是每个人都可以找到"我"？该书中有一句话说得好，"亲爱的，外面没有别人，只有自己"。小说《遇见未知的自己》（见图 4-3）主人公若菱拥有令人羡慕的工作，但心中却不时地自问："为什么我不能拥有想要的生活？我该如何成为自己生命的主人？"在一个下雨的冬夜，若菱巧遇一名智慧老者，在数度交谈的过程中，她渐渐填补了自己不快乐与挫败的心灵缺口，寻回了最真实、最勇敢的自我！

（三）电影《阿甘正传》[美]

美国近代史的缩影，无须多言的经典。

阿甘是一位诚实、守信、认真、勇敢而重视感情的"傻子"，对人只懂付出不求回报，也从不介意别人拒绝，他只是豁达、坦荡地面对生活。生命就像那空中白色的羽毛，或迎风搏击，或随风飘荡，或翱翔蓝天，或堕入深渊……每个看过《阿甘正传》（见图 4-4）的人都会从中得到些许感悟。

图 4-3　书籍《遇见未知的自己》

图 4-4　电影《阿甘正传》

以下是《阿甘正传》的经典台词。

- 无论去哪里，我都跑过去。忘记以往，勇往前进，这可能就是跑步的一切。
- 生命就像一盒各式各样的巧克力，你永远不知道你下一个会拿到什么。
- 雨停了，就可以看星星；天亮了，就可以看见希望。

乔韩窗口——做更好的自己

第五章　塑造人格魅力

心灵探索

一位老教授昔日培养的三个得意门生事业有成,一个在官场上春风得意,一个在商场上捷报频传,一个埋头做学问如今也苦尽甘来,成了学术明星。于是有人问老教授:"你认为三人中哪个会更有出息?"老教授说:"现在还看不出来。"人生的较量有三个层次,最低层次是技巧的较量,其次是智慧的较量,他们现在正处于这一层次,而最高层次的较量则是人格的较量。

这个故事生动地说明,在人的素质结构中,人格起着近乎决定性的作用。人格是个体素质的基础,决定了个体综合素质的发展。人格是伴随着人的一生不断成长的心理品质,是人的心理面貌的集中反映,人格的成熟意味着个体心理的成熟,人格的魅力展示着个体心灵的完善。大学生塑造健全人格,是心理发展的重要任务和素质教育的迫切要求,对于个体的健康成长、社会生活的健康发展具有重要意义。

第一节　心理的面具——人格

一、人格的含义

在阅读《红楼梦》《水浒传》《三国演义》和《西游记》四大古典名著的时候,人们总会被小说中各具风采、光彩照人的人物形象所吸引,宝玉的多情与反叛,黛玉的抑郁与聪慧,曹操的雄心与奸诈,关公的勇猛与忠诚,一个个栩栩如生的形象流传数百年。现实生活中,人们也是性格迥异的,有的人活泼开朗,有的人性情温柔,有的人冲动莽撞,有的人畏惧退缩,有的人公而忘私,有的人自私自利,有的人思维固着,有的人思维灵活。这些说的就是人格。

人格(personality)一词源于拉丁文 persona,原指演员在舞台上表演所佩戴的面具。舞台上人物角色不同,面具也是不一样的,通过这些不同的面具来表达人物的不同性格和行为特征。例如,在中国的传统戏剧中,通过脸谱来表现典型人物,比如红脸代表忠诚正义,黑脸代表刚正不阿,白脸代表阴险奸诈等,使观众能目视其表,窥其心胸。心理学沿用面具的含义,转意为人格。人格包含以下两层含义。

第一层含义是指在人生的舞台上,每个人都会根据社会角色的不同而变换面具,这些面具就是人格的外在表现。

第二层含义是指在这些面具的后面还有一个真实自我,是人格的内在特征。中国古语"蕴蓄于中,形诸于外",巧妙地概括了人格的内外统一性。

人格更接近日常生活中的个性一词,意思是指个体在遗传素质的基础上,通过与后天环境的相互作用而形成的相对稳定和具有独特倾向性的心理和行为模式。

二、人格的基本特征

一般人格具有独特性、稳定性、整体性和功能性四个基本特性。

(一)独特性

"人心不同,各如其面。"这句俗语诠释了人格的独特性。每个人的人格都有其独特的一面,就像世界上没有两片完全相同的树叶、没有两个长得完全相同的人一样。有研究表明,即便是同卵双生子,长大之后,个体的性格都会表现出明显的不同。"有 100 个读者就有 100 个哈姆雷特",这是由于人格是由先天遗传、后天生存环境、教育条件以及个体的主观能动性等许多因素的影响所形成的,这些因素对每个人的影响都是不同的,从而形成了各自独特的心理特点。

(二)稳定性

"江山易改,本性难移"说的是人格的稳定性。稳定性是指个体的人格特征具有跨时间和跨情境的一致性。所谓"三岁看大,七岁看老",是指人格具有跨时间的连续性,即个体的人格特征在不同年龄阶段趋于稳定。有研究显示,儿童在四岁左右便拥有了 50% 的智力。从艾瑞克森的心理社会发展理论来看,儿童在三岁左右便开始形成自己的行为习惯。人格的稳定性还包括它具有跨情境的一致性及在情境变化下,个体的行为模式保持不变。比如一个习惯表达攻击的孩子,在家里不仅经常会对父母表达攻击,在学校或其他场合,其攻击性的一面也会经常性的表现出来。当然人格的稳定性并不否认其可变性和可塑性,在极端事件的影响下,个体的部分人格特质甚至整个人格结构都有可能发生改变。

(三)整体性

人格的整体性是指人格的多种成分和特质组成了统一的有机整体,具有内在一致性,受自我意识的调控。比如一棵大树,由树根、树干、树枝、树叶等部分组成了一棵整体的树。人格的完整性是心理健康的重要指标。当一个人的人格结构在各方面彼此协调统一时,人们就会呈现出健康的人格特征,否则可能会产生心理冲突,出现各种适应困难,甚至会出现人格分裂。有些人在现实生活中,不能接受自己为了适应环境而做的一些违心的事,或说的一些违心的话,这其实是人格不够统一的表现,心理整合的能力需要加强。

(四)功能性

人格能够持久而稳定地引导人们的行为方式,"性格决定命运"正是从这个意义上说的。人格对人的态度和行为具有调节的功能,在很大程度上影响着人的行为结果,决定人的生活和行为方式,甚至有时会决定一个人的命运,因而是人生成败的根源之一。例如,心浮气躁的人和心如止水的人在遇到相同的麻烦时会有不同的表现；坚强的人和懦弱的人在遭遇同样的挫折时也会有不同的处理方式。人格在一个人的心理成分中具有强大的功能，这也就是为什么人们要将塑造良好的人格作为维护自己心理健康的法宝。

在个人的社会发展中，人格扮演着重要角色。健全的人格能够激励人们更好地生活。这种作用主要表现在三个方面：第一，促进个体主动地适应环境。面对新环境，人格中的某些结构就会发挥其独特的功能，促进个体适应环境。比如，人格中的外向性特质能够促进个体主动地适应新环境。第二，人格以习惯化的方式促使个体应对环境。第三，人格决定着个体的价值选择。

三、影响人格的因素

影响人格形成和发展的因素主要有两个方面：一是先天遗传；二是社会环境，这二者中包括生物遗传因素、社会文化因素、家庭环境因素、学校教育因素以及个体的社会实践活动和主观能动性等。人格是在遗传与环境的交互作用下逐步形成并发展的。遗传主要决定了人格的形成和发展的基础，环境因素则决定了人格的后天发展。

（一）先天遗传因素

通过对刚出生的婴儿的观察发现，有的婴儿哭声洪亮、好动，是兴奋型，有的婴儿哭声细微、安静，是抑制型，这样的神经类型的特点显然是遗传的。心理学中同卵、异卵双生子的实验研究结果表明，遗传是人格不可缺少的影响因素，但遗传因素对人格的作用程度因人格特征的不同而不同。通常在智力、气质这些与生物因素相关的特征上，遗传因素较为重要；而在价值观、信念、性格等与社会因素关系紧密的特征上，环境因素更重要。人格发展过程是遗传因素与环境因素交互作用的结果，遗传因素影响人格发展方向及形成的难易。

（二）社会环境因素

社会环境因素主要涉及个体成长和生活的环境，如民族、文化、家庭与父母的抚养方式、学校、同伴、社会变迁和生活事件等因素。

1. 社会文化因素

人不仅是一个生物个体，更多地体现为一个社会成员。人从诞生之日起，就在特定的社会文化关系中不断地成长成熟。人在成长过程中，受社会文化环境的熏陶与影响，主动或被动地实现个体的社会化，从而形成独特而稳定的人格。社会文化因素决定了人格的共同特征，它使同一社会的人在人格上具有一定程度的相似性。如不同文化的民族有其固有的民族性格，不同的地域有着不同的文化传统，不同的文化发展时期有着不同的文化认同，这些都说明了社会文化具有塑造人格的功能。

2. 家庭环境因素

家庭是儿童出生后最先接触并长期生活的场所，是儿童最早被社会化的地方，而父母是儿童社会化的最初媒介。对同卵双生子的研究表明，在不同环境中长大的同卵双生子，气质特征非常相似,但性格却明显不同。而且随着他们年龄的增长,分开生活的时间越长,性格的差别也越大。家庭对人格的影响包括家庭氛围、家庭结构、社会经济地位、父母的人格特征、父母的教养态度及教养方式等,其中家庭的教养态度和教养方式对儿童性格的形成与发展起着直接的影响。

调查研究发现,家庭教养根据父母的教养方式不同,可分为专制型、溺爱型、纵容型、民主型这四种类型。不同类型的父母教养方式对儿童性格的影响是不同的。

专制型教养方式下成长的孩子,一般比较容易形成幼稚、依赖、神经质的心理,独立性和自主性较差,自我依赖程度较低,创造力也较差,通常以自我为中心,没有主见、懦弱。气质弱的幼儿可能变得更加依赖、无主见,而气质强的幼儿可能变得更加反抗、暴烈。

溺爱型教养方式下成长的孩子,往往具有很多不良的人格品质,如任性、自私、孤傲、自我中心、缺乏独立精神、心理和社会承受能力差等。

纵容型教养方式下成长的孩子,多表现为任性、自私、幼稚、野蛮、无礼、独立性差、唯我独尊、蛮横无理、胡闹等,经不起风浪和挫折。

民主型教养方式有利于孩子独立性、自信心、自尊心和动手能力的养成。在民主型家庭教养方式下成长的孩子一般自尊心强,性格开朗随和,有较强的自觉性,聪明伶俐,活泼外向,有是非鉴别能力,具有创造精神。而且这些孩子的性格比较直爽、亲切,知道关心他人,会和他人合作,喜欢交朋友,谦虚、礼貌、待人诚恳并且懂得互相尊重。他们也多具有探索意识,独立性较强,善于自我控制和解决问题。

3. 学校教育影响

学校生活是大多数人成长过程中的一个重要历程。学校对学生人格的影响主要是校园文化的影响以及教师和同伴的影响。

校园文化是大学生人格健康发展的重要影响因素。校园文化构成了高校的育人环境,具有导向、调适、辐射和凝聚的作用,对大学生的人格发展起着潜移默化的影响。

教师可能对学生的一生都有重要的影响。教师的言行举止、情绪反应方式都可能成为学生模仿的对象,教师的思想、信念,对事对人的态度影响着学生人生观的形成,教师的教育方式也会影响学生待人处事的方式、学习的态度和对自己的看法等。通常有两种不同类型的老师,一种是权威型;另一种是专制型。权威型老师有能力、有威信,但他不滥用权力,他对学生进行指导,设立目标,注意学生的心理需要,鼓励他们的求知欲、创造性、自尊感和社会责任感。这样的老师主张学生遵守纪律、自制、主动、有进取心。专制型老师以自我为中心,批评指责较多,结果学生感到压抑、被动、缺乏自信、缺少责任感。

同伴对人格形成和发展有着多方面的影响,这种影响在大学生中更为显著。因为这个年龄阶段的大学生更倾向于赢得同龄人的赞许和认可,同辈群体之间的共同语言、共同情感体验、共同需要使他们相互认同、相互模仿、相互接纳,从而获得心理上的满足,也给大学生提供了一个适合他们心理适应和发展的小环境。

4. 生活事件影响

生活中的重大变故往往可以改变一个人的生活,甚至是他的人格。生活中的变故或生活事件包括很多方面,如亲人去世、父母婚变、家庭不和睦、好友关系破裂、学业失败等。

有研究表明,儿童长期缺乏母亲的照顾,可能对他的性格,甚至他的一生,有深远的不良影响。父母的离异、家庭矛盾等因素也会在儿童心灵上蒙上阴影,造成自卑、内向等性格特征。此外,生理的问题,如重大疾患或某些慢性疾病、生理残疾,同样会影响儿童人格的正常发展。

5. 大众传媒影响

大众传播迅速地向人们提供社会事件、社会变革的信息,提供各种不同的角色模式、角色评价、价值标准、行为规范等,可以对人们的思想、信念乃至行为产生极大影响。如英雄形象的宣传和对英雄的学习与模仿,可促使人格向有利社会、有利他人的方向发展。

但也有研究表明,反映暴力的影视内容可以引起人们暴力行为的增加或对暴力行为的认可。影片中的消极内容,也会对人们的行为产生消极影响,如追求生活的享受、意志的丧失、道德观念淡薄等。还有年轻一代对明星的崇拜、模仿,也影响他们人格的发展。

必须指出的是,对大多数身体健康、发育正常的人来说,先天的遗传因素会起一定的作用。行为遗传学的研究表明,遗传对人格(总体上)的影响占 50%。但是,人格发展也受个体的生活史以及社会历史条件的影响,因此个性不是一成不变的,而是可以改变的。

四、人格的测量

人格特征可以通过心理测量来了解和认识。人格测量的方法有很多,下面介绍几种比较常见的人格测量方法。

(一) 艾森克个性问卷(EPQ)

艾森克个性问卷是由英国伦敦大学的艾森克夫妇建立的自陈量表。这种测量方法通过对被试的自我陈述进行分析,对其人格特征进行评估和描述,具体由神经质(N)、内-外倾(E)、精神质(P)、维度及效度量表(L)四个分量表组成。与其他测量方法相比,这种测量方法更简单易行,其应用范围广泛,适用于各种职业、文化阶层及年龄段的正常人或各类精神病人。

(二) 卡特尔 16 种个性因素测验

卡特尔 16 种个性因素测验(16PF)由美国伊利诺州立大学人格及能力研究所的卡特尔(Catel)教授编制。卡特尔根据自己的人格特质理论,运用因素分析方法编制了这一测验。他首先从各种字典和有关心理学、精神病学的文献中找出约 4500 个用来描述人类行为的词汇,再从中选定 171 项特质名称,让大学生应用这些名称对他们的同学进行行为评定,经过因素分析后,最终得到 16 种人格特质。卡特尔认为这 16 种特质代表着人格组织的基本构成。该测验从乐群性、敏锐性、稳定性、影响性、活泼性、规范性、交际性、情感性、怀疑性、想象性、隐秘性、忧虑性、变革性、独立性、自律性、紧张性 16 个相对独立的人格(维度)对人进行描绘,并可以了解被试在环境适应、专业成就和心理健康等方面的表现。16PF 广泛应用于心理咨询、人员选拔和职业指导的各个环节,可为大学生择业提供参考依据。

（三）明尼苏达多项人格测验

明尼苏达多项人格测验（MMPI）属于问卷测验，主要由 550 个问题组成，包含 13 个分量表，其中 10 个临床量表，3 个效度量表。该测验可用于鉴别精神疾病。

（四）罗夏墨迹测验

罗夏墨迹测验由瑞士精神病学家罗夏创立，是一种投射测验。罗夏在大量筛选的基础上选定了 10 张墨迹图作为刺激材料，让被试对这些墨迹图进行自由联想，如让他们回答"从图上看到了什么""这使你想到了什么"等。此外，还要注意被试是否紧张，是否花较多的时间对图形进行研究等，最后分析出被试的人格特征。

（五）主题统觉测验

主题统觉测验（TAT）也是一种投射测验。主要通过呈现一系列情景的图片，让被试给每一幅图片编一个故事，故事的内容包括：图片中发生了什么？为什么会出现这种情景？画面上的人正在想什么？故事的结局是什么？被试所编的故事通常是其内心冲突和欲望的投射，可据此分析其人格特征。

第二节　气质和性格

人格的结构十分复杂，是一个多水平、多层次、多侧面的复杂的有机统一体。一般认为，人格结构包括个性倾向性和个性心理特征两个组成部分。

个性倾向性是一个人的态度和行为的动力系统，它决定着人们对现实的态度，决定着人们认识事物和从事活动的方向与动力。它是最积极、最活跃的个性因素，包括需要、动机、兴趣、理想、信念、世界观等。在个性倾向性的各个组成因素中，需要是基础，是个性倾向性乃至整个个性积极性的最初源泉。只有在需要的推动下，个性才能形成和发展，动机、兴趣、信念等都是需要的各种表现形式。世界观居于最高层次，处于主导地位，它制约着一个人的思想倾向和整体心理面貌，是人们言论和行动的总动力与动机系统的最高调节者。

个性心理特征是个性结构中最稳定的、经常表现出来的特征因素，是具有决定意义的成分，它表明一个人比较典型的心理活动和行为特征，是人与人之间人格差异最突出的体现，主要包括气质、性格和能力。个性心理特征是个体心理活动的特点以某种机能系统或结构的形式在个体身上巩固形成的，因此带有经常、稳定的性质，但在人与环境相互作用的过程中，个性心理特征又会缓慢地发生变化。

个性倾向性与个性心理特征之间不是彼此孤立的，而是错综复杂地交织在一起。它们相互渗透、相互影响，一方面，个性心理特征受个性倾向性的调节；另一方面，个性心理特征的变化也会在一定程度上影响个性倾向性的变化和发展。因此，个性是一个各因素有机联系的统一整体。

气质和性格是人格的重要组成部分，是人格的核心要素。

一、气质的秘密

(一)气质的含义

气质相当于日常生活中说的"脾气"和"秉性"。在现代心理学中,气质主要是指人生来就具有的心理活动的动力特征,表现在心理活动的强度、速度、稳定性、灵活性与指向性等方面的稳定特征。人们常说的"冲动"与"文静"、"敏感"与"迟钝"、"急性子"与"慢性子"等,都是用来描述气质的。

气质是人格结构中比较稳定的并与遗传素质联系密切的成分,由于它与生俱来,所以使个体所有的心理活动都染上了一层独特的色彩。比如有的新生儿哭声比较洪亮,有的新生儿哭声却比较微弱;有的人风风火火,雷厉风行,有的人则慢慢吞吞,不急不躁;有的人做一件事情三分钟热度,有的人做一件事情却十分投入;有的人八面玲珑,有的人行为刻板;有的人倾向于关注外部事物,有的人则倾向于关注内心世界。

(二)气质的类型

1. 希波克拉底的体液学说对气质的分类

气质是一个很古老的心理学问题,公元前五世纪古希腊著名医生希波克拉底提出人体内有四种性质不同的体液:血液、黏液、黄胆汁和黑胆汁。他认为,正是这四种体液形成了人的性质,机体的状态就决定于四种体液的混合比例。人体内某种液体过多或过少,或者比例不适当,人就会感到痛苦。四种体液调和,人就健康幸福;四种体液失调,人就会生病。他还指出,胆汁太多会使头脑过热,导致恐怖与恐惧情绪;黏液太多会使头脑过冷,导致忧虑与悲伤情绪。

约 500 年后,罗马医生盖伦从希波克拉底的体液说出发,将人体内的体液的混合"比例"用拉丁语命名为 temperamentum,这便是近代"气质"(temperament)概念的来源。根据四种体液哪种占优势,将人分为胆汁质、多血质、黏液质和抑郁质四种气质类型。每一种气质类型的特点都是某种体液占优势的结果,并有特定的心理表现和行为特征。

(1)胆汁质

有人用夏天的一团火来形容胆汁质。这类气质的人精力旺盛,不易疲倦,情绪易于冲动,情感发生快、强烈而持久,动作迅速而强烈,反应速度快但不灵活。胆汁质的优势是直率,热情,精力旺盛,反应敏捷;劣势是比较粗心,性急暴躁,缺少耐性,容易感情用事,刚愎自用。典型的人物形象是张飞。

(2)多血质

有人用温暖的春天来形容多血质。这类气质的人活泼好动,富有朝气,情绪发生快而多变,情绪丰富而外露,喜怒哀乐皆形于色,表情丰富,但情感体验不深。思维灵活,行动敏捷,语言表达能力强且富有感染力,具有外倾性,热情亲切,机智灵活。多血质的优势是适应能力强,善于交际,反应迅速而灵活;劣势是缺乏耐心和坚持性,情绪不够稳定,兴趣和注意力容易转移。典型的人物形象是王熙凤。

（3）黏液质

有人用冰冷的冬天来形容黏液质。这类气质的人性情沉静，情感发生缓慢而微弱，情绪稳定，心平气和，不易激动，不易外露，思维言语动作缓慢，处事冷静，很少发脾气，善于忍耐，沉默寡言，不计小事，能委曲求全，自制力强，无论环境如何变化，都能基本保持心理平衡，注意力稳定又难于转移。黏液质的优势是安静稳重，注意稳定，克制忍耐；劣势是往往过于拘谨，不善于随机应变，墨守成规，灵活性不足。典型的人物形象是薛宝钗。

（4）抑郁质

有人用萧瑟的秋天来形容抑郁质。这类气质的人性情脆弱，情感发生缓慢而持久，敏感多疑，不易动情。在行为方面表现为动作迟缓，胆怯，不活泼，喜欢独处，容易变得孤僻。言语动作细小、无力、缓慢，学习和工作易感到疲倦，且不易恢复。该类型的人易形成伤感、沮丧、犹豫、深沉、悲观等不良心理特征。抑郁质的优势是感情细腻，体验深刻，做事谨慎细致；劣势是性情怯弱自卑，优柔寡断，不太合群。典型的人物形象是林黛玉。

2. 高级神经活动类型学说对气质的分类

俄国生理学家巴甫洛夫用高级神经活动类型学说揭示了气质的生理根源。巴甫洛夫认为，高级神经活动的基本过程有两个，即兴奋和抑制，这两个基本过程又有三种基本特性，即强度、平衡性和灵活性。这三种基本特性的不同组合就构成了动物高级神经活动的不同类型，巴甫洛夫把高级神经活动划分为四种类型：兴奋型——强而不平衡型；活泼型——强而平衡、灵活型；安静型——强而平衡、不灵活型；抑制型——弱型。这些高级神经活动的类型，是人的气质形成的生理基础。上述四种高级神经活动类型分别与传统的四种不同气质类型中的胆汁质、多血质、黏液质和抑郁质相当（见表5-1）。

表5-1　高级神经活动类型与气质类型对照表

神经过程的基本特征			高级神经活动类型	气质类型
强度	平衡性	灵活性		
强	不平衡		兴奋型	胆汁质
强	平衡	灵活	活泼型	多血质
强	平衡	不灵活	安静型	黏液质
弱			抑制型	抑郁质

胆汁质容易兴奋却很难抑制，体现了强、不平衡的特点；多血质的兴奋过程和抑制过程都很强，且两者转换较快，体现了强、平衡而灵活的特点；黏液质的兴奋过程和抑制过程都很强，但二者转换慢，体现了强、平衡、不灵活的特点；抑郁质兴奋和抑制过程都很弱，所以也称抑制型。

（三）正确理解气质

上述四种气质类型的分类是相对的，人的气质特征千差万别。在实际生活中，典型的某种气质类型的人并不多，绝大多数的人都是不同气质类型的混合型，或近似于某种类型，或介于某些类型之间。气质展现了人与人不同的一面，那么如何客观地看待气质呢？

首先,气质作为先天的心理特征,没有好坏之分。因为气质主要是由遗传决定的,因而气质不是人品的标签,不带有道德价值和社会评价的内涵。不同的气质类型犹如一个硬币,既能表现为积极的心理特征,也能表现为消极的心理特征。所以如果一对好朋友或恋人吵架,一个埋怨对方性子太急,一个埋怨对方性子太慢,其核心就是在批评对方的气质,这是非常不理智的,因为气质很难改变,只有不同却没有对错,所以人们能做的是尽量看到对方气质积极的一面,并尽量去包容和适应对方气质的不足,而不是妄图去改变对方。

其次,气质类型并不决定人的社会价值和成就的高低。气质只是使人的心理活动染上某些独特的色彩,并不决定一个人能力的发展水平。同样气质的人可以是对社会贡献差别极大的人,而不同气质的人也可能在成就上相差无几。事实上,在社会活动家、科学家、作家等人群中,可以见到各种气质类型的典型代表。例如,俄国历史上四位著名的作家就是四种气质类型的典型代表:普希金具有明显的胆汁质特征;赫尔岑具有多血质特征;克雷洛夫具有明显的黏液质特征;果戈理具有抑郁质特征。可见,任何一种气质类型的人都有可能发挥自己的才能,为社会作出贡献。

最后,气质在实践活动中影响人活动的方式和效率。研究和实践表明,某些气质特征为一个人从事某种工作或者职业提供了可能性和有利的条件,例如黏液质、抑郁质的人容易适应持久细致的工作,而胆汁质、多血质的人则难以适应这一类的工作;多血质、胆汁质的人容易适应迅速灵活的工作,而黏液质和抑郁质的人就难以适应这一类的工作。如果个人气质类型与职业要求相匹配,就会激发人的工作热情和创新意识,有利于提高工作成效,工作就会事半功倍;否则,工作起来就会事倍功半。

(四)气质对大学生发展的影响

气质在人的生活实践中具有重要意义,与大学生的发展也密切相关。有的同学可能会为自己气质中的一些消极因素而烦恼,其实气质是人格中的自然性因素,并无好坏之分,要改变它也较困难和缓慢,没有必要为自己的气质而忧虑。"一把钥匙开一把锁",大学生可以通过适应环境、学校教育和自我教育等途径,自觉地发扬自己气质中的积极方面,努力克服气质中的消极方面,找到适合自己气质特点的最佳发展路径。气质对大学生发展的影响有以下几个方面。

(1)了解气质类型有助于大学生在学习、工作和生活中扬长避短,更好地实现自我价值。了解自己气质的特点,善于分析和认识自己的气质特征中的优势与劣势,经常有意识地控制自己气质中的消极品质,尽量减少它对生活和工作带来的负面影响,发扬积极品质,有利于形成良好的个性品质,有利于更好地自我定位,实现自身的价值。

(2)了解气质差异有助于人际关系的协调。气质不同的人,在与别人交往中对不同的人和事会作出不同的反应。如果了解双方的气质,并恰当应用,有助于同学之间加深理解、相处融洽。如向黏液质者提出要求,应让他有时间考虑;对抑郁质者应多给予关心和鼓励;与胆汁质者打交道应避免发生冲突等。在同学交往中,彼此摸透脾气,自然就增加了谅解,不再因为别人说话急躁、不爱与人打交道、表现不那么热情之类的小事而感到不快,减少了人际关系上的苦恼。

（3）了解自己的气质特点有助于将来的职业选择。每一项工作对人的心理活动的动力特征都有特定的要求。有的需要从业者有较强的耐受性，注意力持久，有的要求从业者反应敏捷，有较高的兴奋性。因此，气质可以作为大学生选择职业的参考指标，使自己的气质特征适应工作的客观要求。

（4）了解气质差异可有效地促进大学生的身心健康。各种气质类型中的消极因素会导致个体身心功能弱化，诱发各种生理或心理疾病。因此，在实践中注意培养和发展气质的积极方面，加强自我锻炼，克服消极方面的不良影响，有助于个体保持健康的身心状态。

那么，如何了解自己的气质类型呢？大学生可以通过气质类型问卷对自己的气质进行测量，只要真实作答并进行归类，就能得出自己的气质类型。了解自己的气质类型，对自己的个性形成、学业进步、人际交往、职业选择以及身心健康都有指导意义。大学生要客观地看待气质，了解并善用自身气质，让工作更有效率，让生活更加幸福。

二、性格的力量

（一）性格的含义

性格（character）这个词最早是由著名的古希腊学者提奥夫拉斯塔（Theophrastus）提出来的，其意思是人的特征、标志、属性、特性等。现代心理学家对性格的定义各不相同，其中比较一致的看法是，性格是一个人较稳定的对现实的态度以及与之相应的习惯化的行为方式。性格是人格的主要组成部分，例如有些人无私、勇敢、勤劳，有些人则自私、懦弱、懒惰。

可以从两个方面来理解性格。首先性格是一种与社会最密切相关的人格特征。性格是一个人在社会实践中逐渐形成的，表现了人们对现实和周围世界的态度，并体现在他的行为举止中。其次，性格作为一种稳定的心理特征，具有道德评价的意义。比如遭遇抢劫，果断勇敢的人会和歹徒做斗争，而武断胆怯的人可能会因为害怕而逃开。可见性格最能直接地反映一个人的道德风貌。

（二）性格的特征

性格主要由四个方面的结构特征组成，分别是性格的态度特征、理智特征、情绪特征和意志特征。

1. 性格的态度特征

性格的态度特征是指个体在对现实生活各个方面的态度中表现出来的特征，包括认知、情感和行为倾向三个成分。态度作为个体内在的心理状态，最终会通过个体的言行表现出来，态度是性格的核心特征。态度体现了人们对事物的评价好恶和趋避倾向，它始终引导着一个人如何行动。性格的态度特征主要体现在对人、对事和对己三个方面，对人的态度是指个人对他人和集体的态度；对事的态度是指对劳动、工作、学习的态度；对己的态度是指对自己的态度。当一个人对他人、对事物和对自己的态度是正向的，那么这个人就一定是个受欢迎的人；反之，这个人一定得不到他人的认同。

2. 性格的理智特征

性格的理智特征是指个体在感知、思维、记忆等认知过程中表现出来的心理特征。在感知方面,有的人观察细致敏锐,有的人观察粗略迟缓;在思维方面,有的人善于独立思考,有的人喜欢人云亦云,有的人善于分析抽象,有的人善于综合概括,有的人思维敏捷深刻,逻辑性强,有的人思维迟缓浅薄,没有逻辑性;在记忆方面,有的人记忆敏捷、过目成诵,有的人记忆较慢,需反复记忆方能记住,有的人记忆牢固且难以遗忘,有的人记忆不牢且遗忘迅速等。在观察事物时,有的人倾向于关注细节,有的人则倾向于关注整体;在解决问题时,有的人倾向于冒险,有的人倾向于保守。

3. 性格的情绪特征

性格的情绪特征是指个体在情绪活动中经常表现出来的强度、稳定性、持久性以及主导心境方面的特征。例如,有的人热情、鲜明、精力旺盛、易受感染,有的人安宁、冷漠、低落、不易受感染。在情绪的强度方面,有的人情绪强烈不易控制,有的人情绪微弱易于控制。在情绪的稳定性方面,有的人情绪波动性大容易起伏,有的人情绪稳定,心平气和。在主导心境方面,有的人终日精神饱满、乐观开朗,有的人却整日愁眉苦脸、郁郁寡欢等。

4. 性格的意志特征

性格的意志特征是指人自觉调节自己行为的方式和水平方面的性格特征。主要包括自觉性、坚定性、果断性和自制力。自觉性是指对行为目的明确程度的特征,如独立性或依赖性、目的性或盲目性、纪律性或散漫性;坚定性是指对自己作出决定并贯彻执行,如有恒心与毅力、坚忍不拔或见异思迁、半途而废;果断性是指在紧急危难时刻表现出来的特征,如勇敢或胆小、果断或优柔寡断、镇定或紧张;自制力是指自觉控制行为水平的特征,如主动或被动、自制或任性,善于约束自己或冲动等。比如一个人能够把明天甚至未来多少年想要做的事情都想好,且步骤都想得很具体,这是自觉性;而在行动过程中一定会遇到困难,克服困难走自己想要走的路叫坚定性。面对纷繁复杂的世界,能够明辨是非,快刀斩乱麻,是果断性;善于控制自己的行为和情绪,是自制力。

性格的这些特征中,态度特征和意志特征最为主要,它们直接表现了人对事物的倾向和影响方式。而这四方面特征是相互联系、彼此制约的,在它们共同作用下个体才形成了不同于他人的独特性格。此外,性格会随着个人的角色转变、环境和情境的变化以及自我要求的不同而呈现出不同的特征,从而使人的性格表现具有丰富性和复杂性。

(三)性格的类型

根据瑞士心理学者荣格的理论,性格可以分成两大类:外向型和内向型。所谓外向型和内向型的性格,是指个人的心理活动倾向于外部或是倾向于内部。

1. 外向型的人

心理活动倾向于外部世界,经常对客观事物表示关心和兴趣,性格开朗活泼,乐意参加群体活动,喜热闹环境,喜交往。不愿意冥思苦想,常需要别人的帮助来满足个人情绪需要。健谈,少怯场,不拘小节,容易出现轻率行为。一般而言,外向型的人易成为开拓性人才,如实业家、领导管理人才。

2. 内向型的人

心理活动倾向于内部世界,珍视自己内心情感的体验,对内部心理活动体验深刻且持久,不愿在大庭广众下抛头露脸,言语少,害羞,容易怯场。行为拘谨,容易给人留下犹豫、迟疑,甚至困惑的印象。一般而言,内向型的人适宜做学术性工作,以及从事精细要求的工作。

性格内向还是外向,并没有优劣之分。如在中国历史上,号称"诗仙"的李白是偏外向的人,而号称"诗圣"的杜甫则是偏内向的人。《沧浪诗话》中曾赞颂他们,"子美(指杜甫)不能为太白(指李白)之飘逸,太白不能为子美之沉郁",对他们人的成就都给予了高度的评价。可见,性格是内向还是外向并不妨碍他们成为我国历史上著名的大诗人。在现实中,人的性格都是复杂的,大部分人的性格或是偏外向型或是偏内向型,很难找到特别典型的外向或内向的性格。

(四)性格与气质的关系

性格与气质是容易混淆的两个概念,二者之间既有区别,又有联系。

1. 性格与气质的区别

(1)气质的先天性和性格的社会性

由于性格多为社会环境的产物,具有较明显的社会化特性。在不同的社会文化条件下,人们的性格有较大的差异。而气质是人们心理活动和行为稳定的动力特点,受遗传影响较大,人们从出生起就有不同的气质表现。

(2)气质变化慢、难,性格变化快、容易

气质与性格的生理基础有所区别。气质的生理基础是高级神经活动的类型特点,气质的特点也源于高级神经活动的类型特点,故而气质具有很大的稳定性,不易变化。性格是在一定的气质基础上,在人的活动与社会环境相互作用下形成的,比气质更容易变化。

(3)气质无好坏,性格有好坏

气质本身无优劣之分,任何一种气质都有其积极和消极的方面,气质也不能决定一个人活动的社会价值和成就的高低。性格具有社会评价的意义,反映了社会文化的内涵,有好坏之分。

2. 性格与气质的联系

首先,气质可以影响一个人对事物的态度及其行为方式,这使得性格在表现上不可避免地带有各种气质的色彩,也就是气质影响着性格的动力特征。例如,同样是勤劳的性格特征,多血质的人在工作中容易表现为情绪饱满、精力充沛,而黏液质的人则可能表现为踏实肯干、操作精细;同样是勇敢的性格特征,胆汁质的人可能表现为猛打猛冲、怒不可遏,而黏液质的人则可能表现为沉着应战、威武不屈。

其次,气质可以影响性格形成和发展的速度与稳定性。例如,在选购商品的活动中,同是认真、细致的性格,多血质的消费者挑选商品时动作迅速利索,情感溢于言表;而黏液质的消费者挑选商品时却沉默寡言,动作迟缓,情感不外露。又如,在自信心的建立方面,胆汁质、多血质的人往往不需要特殊的意志努力就能够做到,而对于抑郁质的人来说,却要努力克服心理上的自卑感,才能建立充分的自信。

再次,性格也会在一定程度上掩盖和改造气质,使气质的消极因素受到抑制,积极因素得到发展,更有利于个体适应周围的生活环境。例如,从体质上和操作速度上来说,胆汁质和多血质的人适合做外科医生,但前者易轻率,后者容易冲动、缺乏耐心。如果当外科医生,这两种不同气质特征的人都需经过意志努力克服自身的不足之处。

最后,一个人的气质通常在童年期表现得比较明显。随着年龄的增长,积累的生活经验日益丰富,人的某种气质特点也就更多地为后天获得的个性特征所掩盖。在一个成人身上,气质和性格往往是交织在一起的,表现为一个人特定的态度体系和行为模式。在日常生活中,人们往往很难把气质和性格严格区分开。

三、积极人格特质

积极心理学家彼得森和塞利格曼等提出了性格优势的行动价值分类体系(The Values in Action Classification of Strengths),用以描述优秀的和积极的个人品质。他们领导的课题组梳理了几乎所有人类重要的文化典籍,从《圣经》《古兰经》这样的宗教典籍,到《哈利·波特》这样的流行小说,再到孔子、苏格拉底、柏拉图、亚里士多德、奥古斯都、阿奎奈等各种不同文化代表人物的著作,从中整理出具有普适价值的、能被所有文化和时代承认的、又彼此独立的性格优势。最后,他们总结了 6 种核心美德和 24 种性格优势,分别是智慧、勇气、仁爱、公正、节制和精神卓越 6 种核心美德,对应 24 种性格优势(见表 5-2),而培养这 24 种性格优势就是获得这六大核心美德的途径,同时他们也指出了适合形成美德和个人品质的促成条件(环境条件)。

性格优势(character strength)是指个性中的积极特点,是通过个体的思想、感情和行为表现出来的一组积极特质,是积极的人格特质。美德(virtue)是由优势汇聚而成的人格特征,是给自我增添力量的东西。促成条件是指适合形成美德和个人品质的环境条件,这些条件让人们在特定的情境下能够展现出相应的个人品质,并有助于培养美德,包括有受教育和就业的机会、可以获得支持、有统一意见的家庭、使人有安全感的邻居和学校、稳定且具有民主精神的政策等。良好的人文环境对人类的成长和生活十分重要。

积极心理学更为关注优势与美德的发挥。积极心理学认为性格优势是可以测量和培养的,即使没有很好的基础也可以构建出来。要建构好的生活就要展现出自身的优势,并不断发展优势来抵抗自身的劣势。只有通过自身的努力及个人拥有的美德与优势才能获得真正的幸福,而这些根本就不需要外界的干预,关键就在于个人的选择与意志力。

知识拓展

表 5-2 为 6 种核心美德与 24 种性格优势分类体系。

表 5-2　6 种核心美德与 24 种性格优势分类体系

（一）智慧：认知层面的优势，知识的获得及其应用	（四）公正：作为公民的优势，扮演社会角色
1. 兴趣好奇心 2. 创造力 3. 好学 4. 思想开放 5. 洞察力	1. 正直 2. 领导力 3. 团队合作
（二）勇气：情感层面的优势，面对困境敢于坚守、进取	（五）节制：自持处世的优势，做事不过分，不骄奢，有度
1. 毅力 2. 勇敢 3. 正直 4. 热情	1. 宽容 2. 谦虚 3. 审慎 4. 自律
（三）仁爱：人际层面的优势，能够非常友好地与人交往	（六）精神卓越：自我实现的优势，个体与他人、自然、世界建立有意义的联系
1. 友善 2. 爱 3. 社会智慧	1. 审美 2. 感恩 3. 希望 4. 幽默 5. 信仰（灵性）

第三节　让自己的人格更有魅力

　　培养健全人格是教育的根本使命和终极目标。教育的目的就是培养社会所需要的人。面对"成为什么样的人"这一问题，首要的就是人格的健全。在一个人的整体素质结构中，人格起到了决定性的作用，塑造和培养健全的人格是大学生成长与发展的关键，让自己的人格更有魅力是大学生自我塑造的重要目标之一。

一、健全人格的内涵

　　健全人格是指人格的各方面正常、和谐、健康，是各种良好人格特征在个体身上的集中体现。健全人格不仅是心理健康的重要指标之一，也是心理健康的重要资源。对健全人格的理解因人生观、价值取向及方法论的不同而异，心理学家从各方面描述了健全人格的特征，提出了很多健全人格的模式。

（一）健全人格的理论模式

1. 马斯洛"自我实现者"模型

美国人本主义心理学家马斯洛认为人格健全的人是自我实现的人。他通过研究那些能够充分发挥自己的才能，全力以赴地工作，并把工作做得最出色的人，如贝多芬、斯宾诺莎、歌德、爱因斯坦、詹姆斯、弗洛伊德、杰弗逊、罗斯福和林肯等，并根据自己的长期观察，概括出自我实现者具有以下 15 个典型特征：①能准确地认识现实；②能认同和接纳自己、他人和周围世界；③在情绪与思想表达上较为自然；④以问题为中心的态度；⑤有独处和独立的需要；⑥对自然和社会环境具有相对自主性；⑦能欣赏生活，有持续的新鲜感；⑧经历过高峰体验并受到震撼，感受到这种体验对于自己人生具有重要意义；⑨关心社会、他人，有强烈的同情心；⑩能与他人建立亲密关系；⑪具有民主的性格特征；⑫强烈的道德感和独立的善恶判断能力；⑬善意的幽默感；⑭富有创造性；⑮不受现实文化规范的束缚。

2. 奥尔波特的"成熟者"模型

美国心理学家、人格特质论的倡导者奥尔波特认为，人格健全的人是"成熟者"，具有7 个主要特征：①有自我扩展的能力，能参与丰富多彩的活动，有许多朋友和爱好，不仅关心自己的福利，也关心他人的福利；②人际关系融洽，具有对别人表示同情、亲密或爱的能力；③安全感，包括对自我有信心，对事有把握，对人有信赖；④现实性知觉，能够准确、客观地知觉现实和接受现实；⑤能专注地投入工作，高水平地完成任务；⑥客观地看待自己。能洞察自己，具有积极的幽默感；⑦统一的人生观，具有远大的目标、坚定的价值观和成熟的道德心，并成为他们生活和工作的精神动力。

3. 罗杰斯的"功能充分发挥者"模型

美国人本主义心理学家、人本疗法的创始人罗杰斯认为，健全人格不应该理解为人的状态，而是过程或趋势。"在实现倾向的驱使下，一个人会变得更加独立自主、更加复杂和独特、更加富于社会责任心，成为机能健全的人。"在罗杰斯看来，人格健全的人就是机能健全的人，这样的人具有如下 5 个特征：①他们的社会经验都能进入意识领域，具有经验的开放性；②协调的自我；③以自己的内在评价机制来评价经验；④自我关注；⑤乐于给他人以无条件的关怀，能与其他人高度协调。

4. 皮尔斯的"立足现实者"模型

美国心理学家皮尔斯认为，人格健全者应该充分地理解并坚定地立足于自己的现实情境。他认为立足于现实的人具有下列 10 项人格特征：①牢牢地建立在当前存在的基础上；②对自己有充分的认识和认可；③对自己的生活负责并摆脱对任何人所负的责任；④完全处在与自我和世界的联系状态中；⑤能摆脱外部调节而进行自我调节；⑥能认清、承认并且表达自己的冲动和渴望；⑦能够坦率地表达自己的怨恨；⑧反映当前情境并被当前情境所指引；⑨开放的自我界限；⑩不追求幸福。

5. 中国古代健全人格的思想

中国古代健全人格的思想可以追溯到《周易》。有学者就《周易》描绘的君子、圣人理想人格概括出 18 项特征：①"天人合一"的主客观念；②奋发有为的积极态度；③自强不息的进取精神；④仁义礼智的完整道德；⑤谦虚逊让的美好德行；⑥诚信不欺的正直精神；⑦不怕困难的坚强意志；⑧自我节制的调控能力；⑨持之以恒的坚持精神；⑩与人和乐的积极情感；⑪与人和同的待人态度；⑫光明磊落的宽广胸怀；⑬认真负责的工作态度；⑭刚柔并济的处事方法；⑮对待成败的正确态度；⑯趋时守中的处世原则；⑰革新创造的变革精神；⑱独立独行的完美人格。这些特征也是现代人应追求的人格内涵。

此外，国内外学者还提出了健全人格的标准，如阿尔伯特提出健全人格的 6 条标准：①力争自我的成长；②能客观地看待自己；③人生观的统一；④有与别人建立和睦关系的能力；⑤人生所需的能力、知识和技能的获得；⑥具有同情心和爱心。中国台湾学者白博文提出健全人格的 5 个条件：①自知之明；②自我统整；③良好的人际关系；④乐观进取的工作态度；⑤明达的人生观。我国著名人格学家黄希庭认为："自立、自信、自尊、自强"这"四自"不仅颇具我国文化传统的人格特征，也是健全人格的基础。

（二）大学生健全人格的内涵

以上这些都是人格健全者的标志，生活中很多人达不到这些标准，但这些标准为健全人格的培养提供了一种范式。大学生是青年中的优秀群体，在不久的将来，他们将承担起中国发展与振兴的历史重任。大学生健全人格的内涵应包括以下几方面的内容。

（1）具备正确的自我意识。具有健全人格的大学生对自己应有恰如其分的评价，充满自信，扬长避短，在日常生活中能有效地调节自己的行为，具有自我发展、自我塑造与自我完善的能力。他们能够发挥自己的潜能，创造性地生活，发现生命的意义，并选择有意义的生活。

（2）良好的情绪调控能力。人格健全的大学生具备良好的调节和控制情绪的能力，经常保持愉快、开朗的心境，富有幽默感。当消极情绪出现时，能做到合情合理地宣泄、排解、转移和升华，使自己的情绪保持在较平衡的状态。

（3）良好的社会适应能力。人格健全的大学生能和社会保持良好的接触，以一种开放的态度主动关心社会、了解社会，观察所接触到的各种事物现象，能看到社会发展的积极面和主流，并具有社会责任感。在认识社会的同时，能与时俱进，使自己的思想、行为跟上时代的发展，与社会的要求相符合，能适应新的环境。

（4）积极和谐的人际关系。人格健全的大学生乐于与他人交往，能与别人建立良好的关系，与人相处时，尊敬、信任等正面态度多于嫉妒、怀疑等消极态度。他们心胸开阔，善解人意，尊重自己也尊重他人，常常以诚实、公平、信任、宽容的态度对待他人，同时也受到他人的喜爱和接纳。

（5）乐观向上的生活态度。常常能看到生活的光明面，对前途充满希望和信心，对自己所从事的学习或工作抱有浓厚的兴趣，并在学习和工作中发挥自身的智慧和能力，努力获得成功。具有良好的承受挫折能力，即使生活中遇到困难和挫折，也勇于面对，不畏艰险，勇于拼搏。

（6）高尚健康的审美情趣。健康的审美情趣对于大学生树立科学的审美观、世界观、人生观，塑造健康的人格结构具有重要作用。具有高尚、健康的审美情趣，能提高自身的修养,自觉抵制各种不健康思想的侵蚀,不违背社会道德规范满足自己的需要,追求更高的人生价值,实现人的自我完善。

二、大学生常见的人格缺陷及矫正

研究表明,新时代的大学生作为一个具有创造力的群体,形成了自尊、自强和自立,勇于创新和开拓,个性张扬和成就感突出,富有热情、自信心强等人格特征。大学生的人格总的来说是健康的、积极的、向上的,与社会的进步和发展同步。但在现实中,大学生人格发展也存在着一些问题,不良的人格品质会影响大学生的心理健康,妨碍正常的人际关系,严重的还会导致人格障碍。大学生中有相当一部分人存在着不同程度的人格发展缺陷,常见的主要有自卑、怯懦、懒散、鲁莽、悲观、孤僻、嫉妒、多疑、自恋、抑郁、冷漠、急躁、偏激、敌对、冲动、脆弱、自我中心等。这里简要介绍一下自卑、怯懦、懒散、偏激、自我中心这五种人格发展缺陷及其调整方法。

(一)自卑

自卑是指由于一些条件的限制和认识上的偏差,认为自己在某个方面或某几个方面不如别人,从而表现出轻视自己、失去自信、畏缩的人格特征。不少大学生不同程度地存在着自卑心理,他们往往轻视自己,过分看重自身的短处,否定自己的长处或对自己的长处没有足够的认识,过多的自我否定而产生了自惭形秽的体验,使他们的自我否定形成了一种难以摒弃的习惯。具体表现有:认为自己其貌不扬,担心被人品头论足,人缘差;认为自己天资愚钝,成绩和能力都不及身边的同学,悲观看待自己的学业和未来的就业、生活,整日愁眉苦脸、唉声叹气;认为自己出身贫寒,家庭背景卑微,担心被人看不起;害怕与身边的异性以及优秀的人交往;面对学习、任务往往因不够自信而退缩或放弃,等等。自卑心理极大阻碍了大学生身心的健康成长,很容易形成消极人格。

如何才能走出自卑的阴影?对于大学生来说,第一,要正确认识自己、悦纳自己,尺有所短,寸有所长,在肯定自己优点的同时,也要接纳自己暂时的不足,不要因为在某一件事上做得不足就对自己全盘否定,无视自己的优点。第二,要悦纳他人,要能欣赏他人的优点,他人优秀并不代表我们差,要感到"他行,我也行;他这方面行,我那方面行"。第三,要面对现实,对自己的期望值不应太高,知足常乐,在满足中积累成功的愉悦体验。第四,要纵向比较自己,不要与别人进行横向比较。每个人都有不同的生活和成长环境,与别人是没有可比性的,只要自己尽力了,比以前进步了,就是一种成功。

(二)怯懦

怯懦主要表现为缺乏勇气和信心,害怕失败,在挫折、困难面前常常退缩,甚至不战而败。有些大学生特别重视给别人留下一个聪明能干的印象,"只能成功,不能失败"的非理性观念是造成一些大学生怯懦的认知因素。有些大学生由于胆怯,不敢在大众场合发表意见,害怕与陌生人打交道,路上见到异性同学会手足无措,见到老师便难为情、说话感到紧张等;有些大学生由于软弱,不敢冒风险,不敢担重任,不敢与坏人、坏事做斗争,不敢坚持自己正确的观点。但越是这样回避矛盾、躲避失败,越容易体验到强烈的挫折感。怯懦会使人失去很多机会,它会阻碍人际交往,影响一个人正常的才能发挥,还会导致压抑、孤独、焦虑等不良心态。

克服怯懦的最好办法是要放下思想包袱,勇敢尝试,不怕失败,不怕丢面子,不要太在意别人的议论,只要自己认准的就大胆去做,要有意识地多锻炼自己。对个人来说,不留遗憾就是成功,尽力了就是成功,因怯懦而不敢尝试或浅尝辄止才是失败。大学生可时常用"我尽力了吗"来反思自己的成败得失。这样会发现自己不仅有能力把事情做好,而且有潜力把事情做得更好。

(三) 懒散

懒散是指一种慵懒、闲散、拖拉、松垮的生存状态,是意志活动无力的表现。在思想上表现为缺乏上进心、得过且过,对任何事都没有信心,没有欲望;在行动上表现为做事不主动、不勤奋,无法将精力集中在学业中,无法从事自己喜欢的事,遇事犹豫不决,百无聊赖,做事磨蹭。导致大学生懒散的重要原因是目标不明确,缺乏上进心,意志不坚定,有逃避困难的心理,常抱有应付和不负责任的态度,做事缺乏计划性,缺少"从现在做起"的精神。懒散影响大学生积极进取和能力的发挥。

要克服懒散,第一,要培养上进心,树立正确的人生观和世界观,对人生充满激情,要有明确的生活目标和高尚的精神追求;第二,要找到自己懒散的原因,下决心改变,培养坚强的意志力,加强自我监控;第三,要管理好时间,凡事按照轻重缓急,可以制订计划表,一件一件完成,还要讲究科学的学习和工作方法;第四,要从小事做起,培养习惯,努力做到不给自己找借口,养成今日事今日毕、不拖拉的好习惯。要善于把大目标分解为一些可操作的小目标。完成一个小目标会有一种欣喜感、满足感、成就感,有助于继续下一个目标。第五,每天保证有规律的作息、充足的睡眠,能坚持体育锻炼。

(四) 偏激

偏激的人格特征在大学生中非常普遍。具有偏激心理的人,容易按照个人的好恶和既往的处事"经验"来认知和评价当前的事物,缺乏理性的态度和客观标准,甚至因此出现偏激的情绪或过激行为。首先,在认识上的表现是看问题绝对化,片面性很大。大学生社会经验少、思想单纯,他们善于思考,具有强烈的参与意识,富有怀疑、批判精神,但在认识问题时容易以偏概全、固执己见,形成逆反心理,导致认识的偏见。其次,在情绪上的表现是根据个人的好恶去论人、论事,怨天尤人,缺乏理性的态度和客观的标准。有的大学生一次考试考好了,就以为自己什么都好,洋洋自得,产生骄傲情绪;而有时一次考试不理想,就消沉到底、一蹶不振,认为自己什么都不行,这就是偏激的表现。最后,在行为上的表现是莽撞从事,不顾后果。有些大学生由于偏激地认为友谊就是讲义气,当他们的朋友受了别人"欺侮"时,往往二话不说,马上就站出来帮朋友打架,将蛮干、鲁莽当英雄行为,导致过激的行为。偏激是大学生不成熟的表现。偏激的大学生在处理重大问题时往往武断、意气用事、我行我素,给学习和生活带来极大的困扰。

偏激心理的有效消除方法是,为自己找一面"镜子",请他人客观地评价自己,冷静时自己再对照分析;学会多角度思考问题,分别站在自己方、父母方、学校方、社会方等思考后再做决定；学会把握感性决定前的三分钟，在做感性决定前，深呼吸五次，心平气和之后再做决定。

（五）自我中心

现在的大学生，独生子女所占比重大，很多学生是在一片"呵护声"和"满足感"中长大的，缺少利益分享、相互关心、礼貌谦让、公平兼顾的家庭教育环境，在自我意识的形成中逐渐养成了"唯我独尊、妄自尊大"的心理和行为习惯，表现出自私自利、我行我素的特征和处世态度。具体表现为与人交往过程中过分关注自己，不顾及他人的利益和思想，不善于站在他人立场上考虑问题；对他人和事物的认识与评价往往带有主观片面性，总希望周围的人和事都符合自己的意愿；对别人缺少关心和谅解，对别人的要求过高，在关键问题上经常推卸责任，等等。以自我为中心的大学生在校园中难以被人接纳，容易被同学孤立。

克服自我中心需要使自己懂得同伴交往的现实性与平等性，正确认识自己，进行正确的自我评价，谦虚接受他人；多设身处地为他人着想，尝试着真诚地肯定对方的优点，尊重他人的兴趣爱好；学会控制自己的欲望和言行举止，把自己的利益建立在不损害他人利益的基础上；正视社会现实，努力团结集体，培养利他奉献的价值观。

三、如何使自己的人格更有魅力

健康的人格是大学生心理健康的基础。大学阶段是人格形成的最后阶段，在此阶段塑造出适应时代、适应社会的人格素质对大学生来说具有重要的人生意义，让自己拥有更具魅力的人格也将是大学生人生的重大收获。

大学生健康人格的塑造，需要家庭、学校、社会和大学生自身的共同努力，但最关键的还在于大学生自身。大学生应主动寻找塑造健康人格之路，不断提升自己的人格素质。人格是稳定的，但在后天的努力下既能培养良好的人格品质，也可以改变不良的人格品质，使自己的人格不断完善。对大学生来说，塑造健全人格需要注意以下几个方面。

1. 具有客观的自我认知，这是健全人格的前提

自我是人格的核心，健全人格也必须从完善自我开始。对自我有客观准确的认知是优化人格的前提。首先，大学生要清晰地认识自己的人格特征，能够进行择优汰劣。择优即选择自我心理发展中积极的人格品质作为自己努力的目标，如自尊、自信、乐观、开朗、热情、勇敢、勤奋、坚毅、诚恳、善良、诚信、正直等；汰劣即针对自己人格上的弱点予以纠正，如自卑、自我中心、冷漠、懒散、急躁、以自我为中心等。这样才能有的放矢地健全自己的人格特征，使自己的人格得以完善。其次，要乐于悦纳自己。健全人格也要求构成人格的各种心理品质处于和谐统一的状态。这就要求大学生对自己和自己生活的世界有积极的看法，把自己看作被喜欢、被需要、被热情接待而且是有能力的，生活在自己能应付的世界里的人，接受自己的不完美，包容自己的人格缺陷，促进自我和谐发展。

2. 确定适合自己的奋斗目标，这是健全人格的起点

大学生要立足于自己已有的人格基础，实事求是地确立合理的、切合实际的人格发展目标,努力进行人格优化,这样才能体会到生活的美好,人格才会健康地发展。身处和平时代,不曾经历过自然和人为的动乱,许多人缺乏对人生的理想和追求,每天刷微信、打游戏、网上购物、追剧、看娱乐新闻已经成为消磨时光的习惯。河流不会高于其源头,人的成就一般不会高于他所期待的程度,因此想让人格不断完善,就要有一颗永远追求更好的心。在不断挑战一个个新的高度的过程中,成就越来越大,人格也自然而然地越来越完善。

3. 坚持锻炼身体,重视身心健康,这是健全人格的基础

只有身心健康才能促进人格的健全。首先要坚持锻炼身体,健康的体质是人格健全发展的物质基础。一个体弱多病的人是难以发展健康人格的,拖拉、懒惰、急躁、怯懦等不良人格就与不坚持体育锻炼有关。经常坚持体育锻炼,不仅能强健体魄,还能锻炼意志。其次要重视自身的身心健康状态,让身心功能处于完满的状态。人只有处于这种状态,才能发展出健康的人格,确保心理机能持续地正常发挥。也只有在这样的前提下,人格才有可能健全。只有身心健康、人格健康的人才愿意并主动面对自身的缺陷,才会追求人格的完善,才能确保人格处于和谐状态,也才能达到反思人性的终极追求。

4. 重视汲取知识,充实心灵,这是健全人格的主要渠道

著名心理学家荣格曾说过:"文化的最后成果就是人格。"人的知识越广,人的本身也越完善。现实生活中,不少人的人格缺陷源于知识贫乏。无知容易使人粗俗、自卑、狭隘,丰富的知识则容易使人自信、坚强、理智、谦和、大度。可见知识的积累与人格的完善是同步的。大学生要重视汲取知识,充实心灵,注重人文修养的提高。大学生还应该重视学习过程,因为学习过程本身就包含了很多健全人格的要素,例如遇到学习困难,个人遭受学习挫折,学习自控能力下降等,这都是发现自身人格缺陷、健全自身人格的渠道。

5. 重视日常生活经历,这是健全人格的主要途径

人格的健全需要历练的机会,需要重视日常生活,从小事做起,注重细节,循序渐进,培养良好习惯,这是人格完善的主要途径。小事不仅有塑造人格的丰富意义,而且无数良好的小事可聚沙成塔,最终形成良好的人格。诸如一个人的坚韧、细致,乃至开朗、热情、乐观,都是长期锻炼的结果。例如很多大学生都认识到毅力的重要性,但忽视了在当下处理的事情中、在点滴的生活细节中培养自己的毅力,将毅力放在特定环境和领域中进行培养与塑造,结果培养了一段时间,自己的毅力还是有问题。其实,当下的事情、日常生活琐事才是历练和塑造人格的好机会。

6. 积极参加实践活动,融入集体,这是健全人格的重要环节

人格发展的过程,也是个体社会化的过程。社会实践是优化人格的熔炉,尤其是逆境,对完善人格具有非常大的促进作用。只有经受住其艰苦磨炼,才能形成坚忍不拔、坚强不屈、自立自强等的优秀品质。大学生积极参加公益劳动,能培养关心社会、有责任感、勤奋、耐心细致、乐于奉献等优良品质。较之学校,社会是一个更复杂、更现实的环境。学生利用假期做一些勤工助学,可以感受生活的不易,从而体谅父母的辛劳;可以接触真实的世界,有利于理想自我与现实自我的统一;能培养独立性强、富于创造性、善于交往、果断、讲效率、自立、自强、自信等良好个性。同时,集体也是人格塑造的土壤,通过社会实

践,与他人交往,自己的某些人格品质或受到赞扬、激励,或受到压制、排斥,这样有助于做好自我调整。

"性格决定命运",人的一生是自我塑造的一生。一个人只有内在的品质塑造好了,才有可能掌握好自己的人生。当代大学生应努力从塑造自己的健康人格做起,努力让自己成为对社会有用的人才,实现自身的价值。要培养学生健全的人格,家庭、学校、社会应承担一定的教育责任,但大学生个体的主观努力更为重要,外因要通过内因才能起作用。大学生自身更应树立培养健全人格的意识,积极主动地从各方面修炼自己的人格魅力,使自己的人格素质趋于完美,创造更加辉煌的人生。

 心理测试

四种气质类型测试

指导语:下面共有 60 道题,可以帮助你大致确定自己的气质类型(见表5-3)。每个问题没有对错之分,无须再三考虑,只需把脑海里想到的第一答案写下来,若不按真实情况作答,测试结果就会不准确,从而无法真实了解自己的气质类型。

请根据自己的情况在"很符合、比较符合、介于符合与不符合、比较不符合、完全不符合"五个答案中选择一个最适合自己的。

表5-3　四种气质类型测试

内　容	很符合	比较符合	介于符合与不符合	比较不符合	完全不符合
1. 做事力求稳妥,一般不做无把握的事	2	1	0	—1	—2
2. 遇到可气的事就怒不可遏,只有把心里话全说出来才痛快	2	1	0	—1	—2
3. 宁可一人做事,不愿很多人在一起	2	1	0	—1	—2
4. 很快就能适应一个新环境	2	1	0	—1	—2
5. 厌恶那些强烈的刺激,如尖叫、噪音、危险镜头等	2	1	0	—1	—2
6. 和人争吵时,总是先发制人,喜欢挑衅	2	1	0	—1	—2
7. 喜欢安静的环境	2	1	0	—1	—2
8. 善于和人交往	2	1	0	—1	—2
9. 羡慕那种善于克制自己感情的人	2	1	0	—1	—2
10. 生活有规律,很少违反作息制度	2	1	0	—1	—2
11. 在多数情况下,情绪是乐观的	2	1	0	—1	—2
12. 碰到陌生人会觉得很拘束	2	1	0	—1	—2
13. 遇到令人气愤的事,能很好地自我控制	2	1	0	—1	—2
14. 做事总是有旺盛的精力	2	1	0	—1	—2
15. 遇到问题时常常举棋不定,优柔寡断	2	1	0	—1	—2
16. 在人群中从不觉得过分拘束	2	1	0	—1	—2

续表

内　　容	很符合	比较符合	介于符合与不符合	比较不符合	完全不符合
17. 情绪高昂时觉得干什么都有趣,情绪低落时觉得干什么都没意思	2	1	0	−1	−2
18. 当注意力集中于某一事物时,别的事物很难让自己分心	2	1	0	−1	−2
19. 理解问题总比别人快	2	1	0	−1	−2
20. 碰到危险情况时,常有一种极度恐惧感	2	1	0	−1	−2
21. 对学习、工作、事业抱有极大的热情	2	1	0	−1	−2
22. 能够长时间做枯燥、单调的工作	2	1	0	−1	−2
23. 符合兴趣的事,干起来劲头十足,否则就不想干	2	1	0	−1	−2
24. 一点小事就会引起情绪波动	2	1	0	−1	−2
25. 讨厌做那种需要耐心、细心的工作	2	1	0	−1	−2
26. 与人交往不卑不亢	2	1	0	−1	−2
27. 喜欢参加热烈的活动	2	1	0	−1	−2
28. 爱看感情细腻、描写人物内心活动的文学作品	2	1	0	−1	−2
29. 工作学习时间长时,常感到厌倦	2	1	0	−1	−2
30. 不喜欢长时间讨论一个问题,愿意实际动手干	2	1	0	−1	−2
31. 宁愿侃侃而谈,不愿窃窃私语	2	1	0	−1	−2
32. 别人说我总是闷闷不乐	2	1	0	−1	−2
33. 理解问题常比别人慢一些	2	1	0	−1	−2
34. 疲倦时只要经过短暂的休息就能精神抖擞,重新投入工作	2	1	0	−1	−2
35. 心里有话时,宁愿自己想,不愿说出来	2	1	0	−1	−2
36. 认准一个目标就希望尽快实现,不达目的誓不罢休	2	1	0	−1	−2
37. 同样和别人学习、工作一段时间后,常比别人更疲倦	2	1	0	−1	−2
38. 做事有些莽撞,常常不考虑后果	2	1	0	−1	−2
39. 老师和师傅讲授新知识、新技术时,总希望他讲慢些,多重复几遍	2	1	0	−1	−2
40. 能够很快忘记不愉快的事情	2	1	0	−1	−2
41. 做作业或完成一件工作总比别人花的时间多	2	1	0	−1	−2
42. 喜欢运动量大的剧烈活动,或参加各种娱乐活动	2	1	0	−1	−2
43. 不能很快地把注意力从一件事上转移到另一件事上	2	1	0	−1	−2

续表

内　　容	很符合	比较符合	介于符合与不符合	比较不符合	完全不符合
44. 接受一个任务后,就希望迅速完成	2	1	0	−1	−2
45. 认为墨守成规比冒风险好一些	2	1	0	−1	−2
46. 能够同时注意几件事	2	1	0	−1	−2
47. 当我烦闷的时候,别人很难让我高兴	2	1	0	−1	−2
48. 爱看情节起伏跌宕、激动人心的小说	2	1	0	−1	−2
49. 对工作认真严谨,具有始终如一的态度	2	1	0	−1	−2
50. 和周围人的关系总是处不好	2	1	0	−1	−2
51. 喜欢复习学过的知识,重复检查已经完成的工作	2	1	0	−1	−2
52. 希望做变化大、花样多的工作	2	1	0	−1	−2
53. 小时候背过的诗歌,我似乎比别人记得清楚	2	1	0	−1	−2
54. 别人说我"出语伤人",可我并不觉得这样	2	1	0	−1	−2
55. 在体育活动中,常因反应慢而落后	2	1	0	−1	−2
56. 反应敏捷,头脑机智灵活	2	1	0	−1	−2
57. 喜欢有条理而不麻烦的工作	2	1	0	−1	−2
58. 兴奋的事常常使我失眠	2	1	0	−1	−2
59. 老师讲新的概念,常常听不懂,但是弄懂以后就很难忘记	2	1	0	−1	−2
60. 如果工作枯燥无味,马上情绪就会低落	2	1	0	−1	−2

评分标准：很符合 2 分,比较符合 1 分,介于符合与不符合之间 0 分,比较不符合 −1 分,完全不符合 −2 分。

评分与解释：

(1) 把每题得分按表 5-4 中题号相加,并计算各栏的总分。

表 5-4　四种气质类型测试评分表

气质类型	题　　号															得分
胆汁质	2	6	9	14	17	21	27	31	36	38	42	48	50	54	58	
多血质	4	8	11	16	19	23	25	29	34	40	44	46	52	56	60	
黏液质	1	7	10	13	18	22	26	30	33	39	43	45	49	55	57	
抑郁质	3	5	12	15	20	24	28	32	35	37	41	47	51	53	59	

(2) 确定气质类型的标准。

① 如果某类气质得分明显高出其他三种,均高出 4 分以上,则可定为该类气质。如果该类气质得分超过 20 分,则为典型;如果该类得分在 10～20 分,则为一般型。

② 两种气质类型得分接近,其差异低于 3 分,而且又明显高于其他两种,高出 4 分以上,则可定为这两种气质的混合型。

③ 三种气质得分均高于第四种,而且接近,则为三种气质的混合型,如多血—胆汁—黏液质混合型,或黏液—多血—抑郁质混合型。

心理训练

（一）发现自己的优势

活动目的：

（1）学习发现自己和别人的优点。

（2）从强调长处中促进个人自尊和追求个人成长的动机。

活动步骤：

（1）事先让每个人制作好"我的优势卡片",如表5-5所示。

（2）让每一位成员讲述自己身上的优点。说自己的优点时,不得使用"假如"或"但是"字眼。

（3）让每一位成员讲述别人身上的优点。听别人说自己的优点时,只允许静听,不必表示感激,亦不可泼冷水。

（4）每个人完成自己的"优势卡片"。

表 5-5　我的优势卡片

我认为我最大的优势	我们认为你还有的优势
1.	1.
2.	2.
3.	3.

活动分享：

（1）通过活动,你发现自己有哪些优势?有没有发现你的突出优势是什么?

（2）当同伴抨击你的优点时,你有什么感受?

人的优势与天赋区别在于,优势可以培养,天赋无法培养。在看到自己的优势和力量之后,在日常生活中,尽量发挥自己的优势。一个人在使用自己的优势时,是非常投入的,也容易获得心流。

（二）改变性格的六种行动

要养成自信的态度,并不像说得那么容易。这需要毫不松懈地进行自我训练。也许你会认为自己性格很懦弱,怎么也难以成为有自信的人。不必担心,只要稍作一下努力,你就可以改变这种性格。

如果你真有那样的打算,那么本周就能成为你前所未有的、极美好的、有益的一周。不过,你要将下列方法用于改变和强化自己的性格。

（1）本星期不管怎么样,你先要背诵30行诗句。

因为诗句容易记住,在背诵诗句时,可以强化你的记忆力。

（2）每天一个主题，将注意力集中在主题上，时间持续 5 分钟。

开始时你的注意力也许会分散，但你要忍耐着将注意力集中在一点上，考虑同一个主题的各个不同方面。起初很难把思想集中在一个主题上，但如果每天坚持下去，一个星期内你的注意力就会得到明显改善。

（3）请试着一整天不主动和人讲话，只回答别人的提问。

如果有人和你说话，请心情愉快地回答他，然后闭上自己的嘴。因为沉默能培养你的涵养，培养你的自制能力。

（4）设计你一天的活动。

在前一天晚上，按 30 分钟为一阶段写出第二天的日程表，第二天需按日程表行动。

（5）去一天博物馆或图书馆。

尽可能地去以前从未去过的地方，在那里度过一个半小时。

（6）静下心来，回忆你真正觉得愉快的事情。

先把快乐的事情逐一写下来，然后尽可能多地陶醉在那些往事的回忆中，真正地体会那些往事的美好。这样做，开始时你也许会觉得像个孩子似的，但如果坚持下去，不久就会出现一个新的你——对你来说，对别人来说，你会成为一个更加意志坚定、胸襟宽广、充满人情味的人。

（三）积极人格训练

人格的塑造在于日常积累。表 5-6 是一个积极人格训练表，每天对照检查自己，做到的打"√"，没做到打"×"，并写出改进的方法。坚持一段时间，看看自己发生了哪些变化。

表 5-6　积极人格训练表

人格＼日期	周一	周二	周三	周四	周五	周六	周日	改进措施
勤奋								
进取								
积极								
认真								
好学								
坚持								
及时								
诚信								
负责								
宽容								
热忱								
谦虚								
适度								
整洁								

推荐资源

（一）书籍《现在，发现你的优势》（作者：［美］马库斯·白金汉）

本书（见图 5-1）讲解的是一套识别个人优势并将其发挥为才干的方案，最终目的是将才干变为优秀的工作表现。这套方案的核心是网上进行的优势识别器（strengths finder）测试，里面有 34 个主导"主题"及成千上万的组合。读者通过这些测试和这本书的讲解，可以了解如何最有效地将自己的优势和才干转化为个人和事业的成功。

（二）书籍《内向性格的竞争力》（作者：［美］苏珊·凯恩）

读完本书（见图 5-2）后，最大的收获就是做自己，接受自己内向的性格，寻找到适合自己的工作、特长，尽最大努力发挥自己的价值。不要逼自己去做一个自己不喜欢的外向者，这不仅会消耗自己的大量能量，同时也会消极地影响自己的价值观。更需要做的是调动自己的积极性，做一个适度的外向者，带着良好的表达和沟通。本书作者苏珊·凯恩通过一个个有趣的个案，从心理学的角度去研究分析内向性格。从内向者为什么会感觉"不合群"，到内向性格背后的生理学因素，再到内向者该如何释放自身的竞争力，整本书一气呵成。内向不是缺陷，忠于自己的本性，才能改变自己的命运！

图 5-1　书籍《现在，发现你的优势》　　　图 5-2　书籍《内向性格的竞争力》

（三）书籍《习惯的力量》（作者：［美］查尔斯·杜希格）

很多人会认为，我们每天做的大部分选择都是深思熟虑后的结果，其实并非如此。人每天的活动中，有超过 40％是习惯的产物，而不是自己主动的决定。在过去的 20 年里，神经学家、心理学家、社会学家以及市场营销人员通过研究不仅发现了习惯的运作机理，更重要的是，他们发现了改变习惯的方法。

《习惯的力量》（见图 5-3）这本书告诉我们，习惯是我们刻意或深思后作出的选择，是即使过了一段时间不再思考，也仍然经常甚至每天都在做的行为。这是人的神经系统的自然反应。习惯形成后，我们的大脑进入省力模式，不再全心全意地参与决策过程，所以除非刻意对抗某个习惯，或者意识到其他新习惯的存在，否则该行为模式就会自然而然地启动。虽然每个习惯的影响相对来说并不大，但是随着时间的推移，这些习惯综合起来就会对我们的健康、效率、个人经济状况以及幸福产生巨大的影响。

习惯强而有力，却也能刻意培养；习惯不能被消除，却能被代替。作者杜希格认为，只要掌握"习惯回路"，学习观察生活中的暗示与奖赏，找到能获得成就感的正确的惯常行为，无论个人、企业，还是社会群体，都能改变根深蒂固的习惯。学会利用"习惯的力量"，就能让人生与事业焕然一新。

（四）电影《天使艾米丽》［法］

艾米丽（电影《天使艾米丽》，见图 5-4）只是一个平凡的咖啡馆服务生，从小孤独自闭地长大，母亲意外死亡，父亲碌碌无为。偶然中她发现一个藏在墙壁中的盒子，里面是一个五十年前的孩子的全部"宝贝"——明星照片、卡通玩具、玻璃弹球……又在偶然中她萌发了找到这个五十年前的孩子——如今已是一位老人——并把"宝贝"还给他的想法。结果是完美的，老人找到了回忆，艾米丽找到了幸福。艾米丽从此帮助周围每一个需要帮助的人，她精心准备每一个帮助计划，始终不让别人发现是谁在帮助他们，艾米丽成了他们身边真正的"天使"。

幸福是一种给予的快乐。像艾米丽一样，帮助身边每一个需要帮助的人。在看到别人扬起的笑脸时，自己也会从内心深处感到幸福快乐。

图 5-3　书籍《习惯的力量》

图 5-4　电影《天使艾米丽》

发现你的优势

第六章　建设积极情绪

"紫罗兰皇后"的故事

心理学家埃里克森到美国中南部的一个小城讲学,一位同僚要求他顺道看看他独身的姑母。同僚说:"我的姑母独自居住在一间老屋,无亲无故,她患有极度的抑郁症,人又死板,不肯改变生活方式,你看有没有办法令她改变?"埃里克森到同僚的姑母家去探访,发觉这位女士比形容中更为孤单,一个人关在暗沉沉的百年老屋内,周围找不到一丝生气。埃里克森很有礼貌地对老人提出要参观一下她的房子。老人带着埃里克森一间又一间房间看去,终于在一间房间的窗台上,埃里克森找到了几盆小小的非洲紫罗兰,那是屋内唯一看起来有生命力的植物。老人告诉埃里克森她无事可做,除了打理这几盆花。埃里克森说:"好极了! 你的花这般美丽,一定会给很多人带来快乐。你能否打听一下,城内什么人家有喜庆的事,结婚、生子或生日什么的,给他们送一盆花去,他们一定会高兴得不得了。"

老人真的依埃里克森所言,大量种植非洲紫罗兰,城内几乎每个人都曾经受惠。老人的生活也因此大有改变,本来阴沉腐朽的老屋被阳光照耀,美丽的小紫花开遍房间的每个角落。一度孤僻的老人,变成市里最受欢迎的人。在她逝世时,当地报纸头条报道称:全市痛失我们的"非洲紫罗兰皇后"。几乎全城人都去为她送行,报答她生前的慷慨。

如果一个人愿意改变,要有积极的想法,才有积极的情绪和行为,从而带来积极的改变。就像故事中的"紫罗兰皇后",起初的那些紫罗兰只是老人无意间的摆弄,可是在埃里克森的鼓舞下,紫罗兰却成为老人生命的转机,为小城的人传递着美和爱的品质。

情绪是一种常见的心理现象,它无时无刻不在影响着人们的生活。在现实生活中,人们有时兴高采烈,有时焦虑不安,有时消沉恐惧,有时满腔怒火,有时悲痛欲绝,有时舒服愉快,形成一个纷繁复杂的心理世界。情绪,在每个人的生活和学习中随处可见,可以说人们所有的心理活动,都伴随着一定的情绪状态。情绪与人们的生活、学习、人际交往、个人发展密切相关。有效的情绪管理是个人健康的"保护神",是良好人际关系的"润滑剂",是良好性格的"塑造者",因此大学生有必要认识情绪,学会管理和调节情绪,培养积极健康的情绪。

第一节 认识情绪

一、情绪的概念

情绪是人的心理活动的重要表现,它产生于人的内心需要是否得到满足。人的情绪在某种程度上,还反映了人对外界事物的态度。从这个意义上讲,情绪是人的内心世界的"窗口"。

我国古代汉语最初只用一个"情"字,到了南北朝以后才出现"情绪"两字的连用。荀子曾说"性之好、恶、喜、怒、哀、乐谓之情",而"绪"则是丝的头的意思,"情绪"的连用便表示了感情复杂之多如丝如绪。李煜的名句"剪不断,理还乱"就形象地表现了情绪的复杂性及其难以辨清和加以控制的特点。而在西方历史上,早在公元前4世纪,亚里士多德就已经开始研究情绪。到了17世纪,著名学者笛卡尔认为情绪是控制人类行动的活力因素。

心理学家们曾给情绪下过许多定义,如美国心理学家阿诺德将情绪定义为:"情绪是对趋向知觉为有益的,离开知觉为有害的东西的一种体验倾向。这种体验倾向为一种相应的接近或退避的生理变化模式所伴随。这种模式在不同的情绪中是不同的。"另一位心理学家多兰(R.J.Dolan)提出:"当我们意识到痛苦或快乐的体验,以及产生与之相伴的自主性唤醒,并对情境作出评价时,这就是情绪。"

一般认为,情绪是人对客观事物是否满足自己的需要而产生的一种主观体验及相应的行为反应。情绪是一种心理感受,它伴随着不同的生理反应,直接表现在外在的行为表情当中。情绪也是一个非常复杂的多维的心理现象,它包含以下三个要素。

1. 情绪是一种内心的主观感受

情绪是一种主观感受,如人在受到伤害时,会感到痛苦;在朋友欢聚时,会感到由衷的快乐;当面临极度危险境地,会产生毛骨悚然的恐惧感。情绪过程伴有主体对客观事物的认识和评价,对同一事物,人们会因对其认识和评价不同,而产生不同的内心感受和体验。情绪的性质是由客观事物是否符合和满足主体的需要决定的。当自己的某些需要得到充分的满足时,会感到幸福愉快;在遇到被欺辱时,会感到愤怒;在失去亲人时,会感到悲伤。

2. 情绪是一种对情境的生理唤醒

情绪产生有其生理基础,有与情绪相伴出现的躯体反应。在不同的情绪状态下,人的生理上的心律、血压、呼吸乃至人的内分泌、消化系统等,都会发生相应的变化。例如,人在焦虑状态下,会感到呼吸急促、心跳加快;人在恐惧状态下,则会出现身体僵硬、瞳孔放大等特征;而在愤怒状态下,则会出现汗腺的分泌增加、面红耳赤等生理特征。这些变化都是人的自主神经系统活动的结果,是不由人的意识控制的。

3. 情绪具有外在的表现形式

情绪不仅体现在生理反应和内心体验上,而且具有外在的表现形式。情绪的外在表现即表情,具体是指面部表情、体态表情和言语表情等。面部表情最直接地反映人的情绪状态,人们可通过一个人的面部表情的变化,了解一个人的情绪状态。比如高兴时眉开眼笑,当遇到困难时愁容满面。体态表情同样反映一个人的情绪状态。比如高兴时手舞足蹈,悔恨时捶胸顿足,失望时垂头丧气等。言语表情则是指人们在与人交流时的声调、音色和声音节奏的快慢等方面的变化。例如,一个人悲伤时,语调低沉、语速缓慢、语言断断续续;而当人兴奋时,则会语调高昂、语速加快,声音抑扬顿挫、清晰有力。表情与情绪的关系如表 6-1 所示。

表 6-1　表情与情绪的关系

表　情	可能的情绪	表　情	可能的情绪
身体接触	有爱感	毛发直立	痛苦
脸发红	羞怯、羞愧	尖叫、出汗	害怕、气愤
哭泣	悲伤	发抖	害怕、担心
拳头紧握	气愤	耸肩	顺从
皱眉头	生气、受挫	嘘声	藐视
笑	高兴		

　　要理解情绪的不同要素,不妨想象一下,心仪已久的男神或是女神对自己嫣然一笑,便会非常开心,感到愉悦,这是一种主观感受。同时,也会产生生理反应,如脸红、心跳加速、呼吸急促等。此刻,还会自动对这个情境作出评价,比如说他/她为什么会对自己笑?他/她是不是也喜欢自己?评价的结论不一样,自己的反应也会不一样。如果他/她的笑是因自己而起,可能会开心一整天,外显行为表现为面部表情柔和、微笑增多,走路也更加轻快;如果发现他/她的笑不是因自己而起,而是因为其他的人、事引起的,可能会感到失落,甚至可能是嫉妒。

二、情绪的分类

　　人的情绪复杂多样,我国古代将情绪分为"七情",即喜、怒、哀、惧、爱、恶、欲。现代心理学研究认为情绪可分为基本情绪和复合情绪,复合情绪是由基本情绪的不同组合衍生出来的。根据情绪的性质可将情绪分为快乐、愤怒、悲哀和恐惧四种基本情绪,这些情绪是人类的本能情绪,甚至不需要学习。

1. 快乐

快乐是一个人在期望和追求的目的达到后产生的情绪体验。由于需要得到满足,愿望得以实现,心理的急迫感和紧张感解除,快乐就随之而生。如因为饥饿而得到食物,或者经过努力学习取得好成绩、评上三好学生、拿到奖学金等,都会让人产生快乐的情绪体验。快乐的程度取决于愿望的满足程度。根据快乐的程度,快乐可细分为满意、愉快、欢乐、狂喜等。

2. 愤怒

愤怒是指客观事物不能满足个人的需要,或者个体的目的不能实现,甚至一再受到阻碍而产生的情绪体验。愤怒时紧张感增加,有时不能自我控制,甚至出现攻击行为。控制愤怒的情绪对每个人都很重要。引起愤怒的原因很多,恶意的伤害、不公平的对待等都能引起愤怒的情绪。根据程度不同,愤怒可细分为不满、生气、愠怒、愤怒、暴怒等。

3. 悲哀

悲哀是指心爱的事物失去时或自己所追求的愿望破灭时所产生的情绪体验。引起悲哀的原因比较多,亲人去世、升学考试失意、自己所珍爱的物品丢失等,都会引起悲哀的情绪体验。悲哀的程度取决于失去的事物对自己的重要性和价值大小。失去的价值越大,悲哀就越强烈。根据悲哀的程度,悲哀可细分为遗憾、失望、难过、悲伤、哀痛、悲痛、绝望等。

4. 恐惧

恐惧是企图摆脱、逃避某种有害或危险情境,而又无力应付时产生的情绪体验。当人们对一件事感到奇怪、陌生、反常时都可能产生恐惧感,引起恐惧的原因很多,如黑暗、巨响、意外事故、突然的变化、陌生而又可怕的事物突然出现等。恐惧的程度取决于个体排除危险的能力和应对危险的手段。根据恐惧的程度,恐惧可细分为不安、担心、害怕、恐慌、极度恐惧等。

在快乐、愤怒、悲哀、恐惧这四种基本情绪中,快乐属于肯定的、积极的情绪体验,它对有机体具有积极的作用;而悲哀、愤怒、恐惧通常情况下属于消极的情绪体验,对人的学习、工作、健康具有消极的作用,因而应当把它们控制在适当的水平上。但在一定条件下,悲哀、愤怒、恐惧也可以起到积极的作用,如战士的愤怒有利于他们在战场上勇敢战斗,对可怕后果的恐惧有利于提高个体的责任感与警惕性,悲哀可使人"化悲痛为力量",从而摆脱困境。

在这四种最基本情绪的基础上派生出许多不同的情绪,形成复合情绪和高级情感,如自信骄傲、怨恨羡慕等。情绪表达了人与客观事物之间极其复杂的相互关系,不同性质、不同程度的情绪组合在一起就构成了人们多姿多彩的生活。

三、情绪的状态

情绪状态是指在一定的生活事件影响下,一段时间内各种情绪体验的一般特征表现。根据情绪发生的强度、速度、持续性和紧张度等指标,可分为心境、激情和应激三种状态。

(一)心境

心境是指人比较微弱、平静而持久的情绪状态。心境具有渲染性,当个体处于某种心境中时,他的言行举止、心理活动都会蒙上一层相应的情绪色彩;心境也具有弥漫性,它不是关于某一事物的特定体验,而是以同样的态度体验对待一切事物,常常会影响人的整个言行。心境和缓而微弱,持续时间很长,少则几日,长则数月甚至更长的时间。心境也就是人们平时常说的心情。

心境对人的生活、工作、学习和健康有很大的影响。积极的心境使生活、学习、工作等活动效率提高,有益于身心健康;消极的心境使人悲观消沉,活动效率降低,无益于身心健康。无论是在大学，还是今后的学习中，人们最常经历的情绪状态是心境状态。因此，要善于调节和控制自己的心境，保持积极、良好的心境。

（二）激情

激情是一种强烈而短暂的、爆发式的情绪状态。比如盛怒、取得重大成功后狂喜等。激情状态具有激动性和冲动性。由于激情多是由重大事件的强烈刺激所引起的，往往伴随着生理变化和明显的外部行为表现。例如，盛怒时"咬牙切齿"，狂喜时"眉开眼笑"，极度恐惧、悲痛和愤怒可能导致精神衰竭、晕倒、发呆，有时表现为过度兴奋、言语紊乱、动作失调，甚至出现休克。激情持续的时间往往很短暂，一时冲动之后，激情会弱化或消失。激情通常由特定的对象引起，具有明确的指向性，如亲人的突然病故引起悲痛。激情也就是人们平时常说的激动。

激情可以激发人的内在的心理能量，成为行为的巨大动力。处于激情状态下，人的认识活动范围缩小，对自己行为的后果不能作出适当的评价，控制力减弱，有时又会失控，造成不可挽回的损失。因此要善于控制自己的激情，做自己情绪的主人，培养坚强的意识品质，提高自我控制的能力。激情也有其积极的一面，如见义勇为需要激情，艺术家创作需要激情，即兴演说需要激情等。

（三）应激

应激是指人在出乎意料的情境下或危急情况下作出的适应性情绪的反应状态。例如，人们遇到某种突如其来的意外危险或面临某种突然事件时，必须迅速作出选择，采取有效行动，此时人的身心处于高度紧张状态，即为应激状态。应激状态的产生与人们面临的情境及人对自己能力的估计有关。当情境对一个人提出了要求，而他意识到自己无力应付当前情境的过高要求时，就会体验到紧张而处于应激状态，如火灾、地震、车祸、突发战争等出现时的反应。

人在应激状态下，会引起机体的一系列生物性反应，如心率、血压、呼吸以及肌肉紧张度都会出现明显的变化。这些变化有助于适应急剧变化的环境刺激，增加身体的应变能力。应激状态下会产生积极的反应与消极的反应。积极反应表现为急中生智，力量倍增，使体力和智力充分调动起来，全力以赴地排除危难，能够完成平时难以做到的事。而消极反应则表现为惊慌失措，眼界狭窄，思维阻塞，动作刻板或反复出错，正常处理事件的能力大大削弱。适度的应激有助于提高活动效率，有益于个体的身心健康和能力提升。过于强烈和持久的应激，会导致适应性疾病，更会导致心理创伤。长期或频繁地处于应激状态则会损耗身体能量，影响身心的正常机能，对健康极为不利。

四、情绪的功能

情绪对人们的生活、学习和工作的影响，涉及情绪的功能问题。一般来说，情绪的功能包括了适应功能、动机功能、组织功能和信号功能四个方面。

（一）适应功能

情绪是有机体适应生存和发展的一种重要方式。情绪能够使个体针对不同的刺激事件产生灵活自如的适应性反应，并调节或保持个体与环境间的关系。婴儿出生时还不具备独立的生存能力，只能依靠啼哭等情绪来传递信息，与成人进行交流并得到抚养。在成人的生活中，人们可以察言观色，了解对方的情绪状况，以便采取适当的、相应的措施或对策，以使得个体得到更好的生存和发展。学生刚刚步入大学生活时，可能会因为生活环境的变化、学习要求的变化、社会活动的变化等而感到闷闷不乐、烦躁不安，当体会到这些消极的情绪时，就可以去调整心态、重新树立目标来适应新环境，这是情绪的适应作用。

（二）动机功能

情绪是一个基本的动机系统，它具有动力的作用，能激发动机来解决复杂的智力活动。研究表明，适度的情绪兴奋能够激励人的活动，提高人的活动效率，放大生理内驱力信号，可以使个人能力强化、身心处于活动的最佳状态，推动人们有效地完成工作任务。如面临考试时，适当的焦虑有助于提高复习效率，也有利于考试的发挥。一般而言，积极的情绪可以提高人们的行为效率，对动机起到正向推动作用；消极的情绪则会干扰、阻碍人的行动，降低活动效率，对动机产生负面影响。当人心情愉快时，就会思路敏捷，事半功倍；当人心情沮丧时，就会思路迟缓，浑浑噩噩。每种情绪都有它的意义和价值，能够给人相应的力量和指引。如在成功者面前的自卑，也可以促使人们发奋图强，取得成功。

（三）组织功能

情绪是心理活动的组织者，它可以影响人们对事物的知觉选择，维持稳定的注意或重新分配注意资源到更重要的刺激上，更有利于抓住问题的关键而解决问题，对人的记忆和思维活动也会产生明显的影响。情绪还可以影响人们的认知行为，影响作用的大小取决于情绪的性质和强度。积极情绪具有协调作用，消极情绪具有破坏瓦解作用，中等强度的愉快情绪具有提高认知活动的效果。当人们处在积极、乐观的情绪状态时，则倾向于注意事物美好的一面，其行为友好，乐于接纳和帮助别人。而当人们处在消极的情绪状态时，则倾向于关注事物丑恶的一面，失望、悲观，自暴自弃，甚者自我伤害或攻击他人。

（四）信号功能

情绪在人际间具有传递信息、沟通思想的功能，这种功能是通过情绪的外部表现即表情来实现的。情绪表情既可以向他人传递自己的思想和感受，又可以从中判断他人的态度和倾向，如通常微笑表示赞赏，点头表示默认，摇头表示反对等。表情也是言语交流的重要补充，如人的面部表情、姿势、手势、语音、语调等能使语言信息表达得更加明确，从而使自己对于事物的认识和态度具有鲜明的外显特色，更易为他人所感知和接受。有时情绪信号的作用甚至比语言更为直接、强大和有效。总之，情绪在个体认识环境、识别他人态度和意见时发挥着重要的信号作用，在人们的人际交往中起着沟通作用。

📖 **知识拓展**

情 绪 智 力

情绪智力又称为情商(EQ),是近年来心理学家相对应智商所提出的概念。这一概念最早由美国心理学家萨洛维(Salovey)和梅耶(Mayer)在1990年提出,它是指个人把握和控制自己的情绪、揣摩和驾驭他人情绪以及对人生的乐观程度和面临挫折的承受能力。它是人的另一种形式的智慧,表示了一个人认识、控制、调节自身和他人情绪情感的能力。情商的高低反映着一个人及时有效地处理情绪情感水平的高低。

1995年,美国哈佛大学的丹尼尔·戈尔曼教授(D. Goleman)在《情绪智力》一书中丰富了情绪智力的概念,认为情绪智力主要包括以下五种能力。

(一)情绪的自我察觉能力

情绪的自我察觉能力是指能够及时地识别自己的情绪,知道自己情绪产生的原因,能够观察和审视自己的内心体验,监视情绪变化,能意识到自己的行为、心情及情绪对别人产生的影响。它不仅包括对情绪的了解、体察,更包括对情绪意义的评价。它是情商的核心和基础。对自身情绪认识能力强的人对生活更加有掌控感,更能适应所处的环境。

(二)情绪的自我管理能力

情绪的自我管理能力是指人们在准确识别自我情绪的基础上,能够通过一些认知和行为策略来有效地调控自己的情绪,使之适时、适地、适度、适对象地表现出来。这种自我管理可以摆脱过度焦虑、抑郁或易怒的情绪感受。情绪调节能力差的人经常会受到某种情绪困扰,而情绪调节能力强的人能够更好地适应生活,从负面情绪中走出来。

(三)情绪的自我激励能力

情绪的自我激励能力是指能够根据所处的情境及时调整自己的情绪,调动、指挥情绪的能力。它是一种较高层次的能力,常常与目标的实现联系在一起,能够随时地自我鼓励、自我鞭策,始终保持高度热情,在逆境中不断激励自我克服困难,战胜挫折。具有自我激励能力的人,无论从事什么工作都更有效率,更富有成效。

(四)识别他人情绪的能力

识别他人情绪的能力是对他人的各种感受能够设身处地地、迅速地作出判断和适度的反应。这就是共情能力,是在自我认知的基础上发展起来的最基本的人际技巧。具有共情能力的人能通过细微的社会信号,敏锐地感受他人的需求与欲望,对他人的处境感同身受,又能客观地理解和分析他人的情绪,这是与他人正常交往,实现顺利沟通的基础。

（五）人际关系的管理能力

人际关系的处理能力是通过一些认知活动或行为策略有效地调控自己与他人关系时的情绪反应的能力。人际关系能力可强化一个人受社会欢迎程度、领导权威、人际互动的效能等。处理人际关系能力强的个体，能够与不同背景和性格的人融洽相处，建立和谐的人际关系，在任何需要良好人际互动的领域都会有出色的表现。

现在人们普遍认为，人与人之间的情绪智力在先天并没有明显的差异，更多的是与后天的培养有关。在提升情绪智力的训练中，主要从上述五个方面进行干预和训练。

在现实生活中，智商很重要，情商更重要。正如专家认为，在一个人的成功过程中，智商决定他能否被录用，而情商决定他能否升职。可见，情商对一个人一生的影响在大多数时间内都要比智商更为重要。无论是在校园生活中，还是在未来职场中，只有将情商与专业知识、职业技能相结合，才能获得学业上的成功、事业上的发展和生活上的幸福。

第二节　大学生的情绪特点

一、大学生的情绪具有鲜明特征

大学时期是青年人心理成熟的重要时期，也是情绪丰富多变、相对不稳定的时期。大学生作为一个特殊群体，正处于人生中第二个"心理断乳期"，是一个非常关注自我、注重个性表达、情绪体验丰富、情绪波动起伏的时期。受知识素养的提高以及所处特定年龄阶段的影响，大学生的情绪带有鲜明的特征。

（一）丰富性和复杂性

随着年龄的增长，大学生正处于生理发育已基本成熟，心理发展由不成熟向成熟转变的过渡时期，他们既有未成年人的天真多梦，又有成年人的成熟缜密，学习和掌握的知识增多，生活范围扩大，自我意识基本完善，有了一定的社会阅历和生活经验，在他们身上可以体现出人类所具有的几乎全部情绪。他们更加关注自我价值、自我形象，自我尊重的需求更加强烈，情绪表现更加敏感、细腻和深刻，易产生自卑、自负等情绪体验。人际交往的范围日益扩大，与老师、同学、朋友的交往趋于多层次化和复杂化，其中恋爱情感体验的介入、社会实践过程中所扮演的角色变化都为大学生的情绪体验注入了新的内容。他们开始思考自己的身份、角色、价值、恋爱、婚姻等深入的问题，情绪情感变得更加丰富复杂。

（二）波动性和两极性

随着生活经验的积累，认知水平的提高，大学生的自我控制能力逐步增强，情绪日趋稳定。但由于大学时期是人生面临多种选择的时期，学习、交友、恋爱等人生大事基本在这一阶段完成，同一般成年人相比，大学生的情绪仍有不成熟的地方，易受到外界事物的影响,情绪起伏较大,时而平静时而激动,时而积极上进时而消极懈怠,带有明显的两极化特征,容易从一个极端转向另一个极端。这种情绪特征不仅周围的人不能理解和接纳,甚至连情绪变化的本人也不能接受。大学生情绪的两极性特征正说明了其内心存在的矛盾,比如现实自我与理想自我的矛盾,自我需要和社会需求之间的矛盾等,都会导致大学生情绪体验的两极性。特别是在价值多元化的社会,种种复杂的社会现象更容易使大学生产生困惑和迷茫,产生情绪的困扰与波动。

（三）冲动性和爆发性

心理学家霍尔认为青年期处于"蒙昧时代"向"文明时代"演化的过渡期,他把这一时期称为"狂风暴雨"时期。由于年轻气盛和从众心理,青年人对外界事物较为敏感,在许多情况下,其情绪易被激发,且带有很大的冲动性。他们往往对符合自己信念、观点和理想的事件或行为迅速产生热烈的情绪;对不符合自己信念、观点和理想的事件或行为,则迅速产生否定情绪。他们会因一时、一事的成功而兴高采烈,忘乎所以,也会因一时、一事的挫折而垂头丧气。大学生情绪的冲动性常常与爆发性连在一起。大学生自制力较弱,一旦出现某种强烈的外部刺激,情绪便会突然爆发,很容易与他人发生冲突,表现为感情用事,情绪失控,易冲动,语言极富攻击性,甚至出现过激行为,失去理智的控制,极易产生破坏性的行为和后果。

（四）外显性和内隐性

一方面,大学生对外界刺激的反应迅速而敏感,喜怒哀乐常形之于色,这是大学生情绪外显性的特征。另一方面,大学生的情绪外在表现和内心体验并不总是一致的,比如在某些场合和特定问题上,对自己的情绪常会作掩饰和伪装,隐藏或抑制自己的真实情绪,表现出内隐、含蓄的特点。比如对自己爱慕的人,内心明明很想接近,但行为上却表现得很冷淡,装着不屑一顾的样子;考试考了第一名,会面带笑容,但不会喜形于色、手舞足蹈。这是大学生情绪成熟的表现,既能通过外显的行为、表情等表达自己的情绪,同时又能根据适当的情境抑制自己的情绪,在适当的时候、适当的情境中表达出来。不像少儿时期那么坦率直露,说还是不说,说多少,说真话还是说假话,都要依时间、对象、场合而定,尤其在一些特殊的场合和情况下,内心感受和外在表现甚至会大相径庭。

（五）阶段性和层次性

不同年级的大学生面临的问题不同,发展目标、培养重点与学习任务不同,其情绪发展也呈现出阶段性变化的特点。如新生所面临的是环境适应、角色转换、确立目标等问题,自豪感、迷茫感、遗憾感混杂,放松感和压力感并存,新鲜感和恋旧感交替,情绪波动大。高年级的学生情绪趋于稳定,但自我期望高,常常会面临恋爱、人际交往等心理困扰。而临近毕业的学生,面临就业的压力和对未来生活的思考,往往情绪波动较大,焦虑情绪增多。此外,由于社会、家庭及自身要求、期望不同,能力、心理素质存在差别,不同发展类型的大学生、不同的学生群体会表现出不同层次的情绪特点,如优秀生的自尊心和自信心较强,求知欲强,对班集体的责任感和荣誉感较强,但会表现出过分追求完美、要求过分苛刻,最终因难以承受挫折和失利而产生情绪困扰;后进生自卑感强,同时也有一定自尊,内心充满矛盾和自责,最怕被人瞧不起,想努力学习,奋发进取,又缺乏毅力和恒心,常常半途而废,徘徊不前。

二、情绪对大学生的重要影响

情绪对大学生具有重大的影响,积极稳定的情绪不仅有益于大学生身心健康,还能使大学生对生活充满希望和信心,能够促使他们富有求知欲、思维敏捷、富于创造力,对于大学生的学习、工作、生活以及人格发展都有重要影响。

(一)情绪对大学生身心健康的影响

人们常说:"笑一笑十年少,愁一愁白了头。"据我国史书记载,伍子胥在过昭关时陷入进退两难的处境,结果因极度焦虑而一夜间须发全白,可见情绪对人的影响有多大。我国古代医书《黄帝内经》中就有记载:"喜伤心,怒伤肝,思伤脾,忧伤肺,恐伤肾。"巴甫洛夫曾说过:"忧愁、顾虑和悲观可以使人得病;积极、愉快、坚强的意志和乐观的情绪可以战胜疾病,使人更强壮和长寿。"

现代生理学、心理学和医学的研究成果表明,情绪对人的身心健康具有直接的影响。积极稳定的情绪是保持身心健康的良药,如果能够经常处于愉快、满意、幸福、欣喜等积极情绪下,则人体免疫功能活跃旺盛,可以减少患病的概率,有益于身心健康。如果长期处于悲伤、压抑、紧张、愤怒、恐惧等消极情绪中,人的免疫能力下降,容易罹患各种传染性疾病,神经系统和内脏功能也会受到伤害,引起身体不适和肠胃机能失调;消极情绪也会使人意识范围狭窄,判断力减弱,失去理智和自制力。调查发现,大学生中常见的亚健康状态、消化性溃疡、紧张性头痛和偏头痛、心律失常、月经失调、神经性皮炎等,都与消极情绪有关。

(二)情绪对大学生学习活动的影响

情绪还会对大学生学习和工作产生影响。积极的情绪情感使人精力充沛,乐于行动,更有兴趣参与学习、工作和活动。积极的情绪还能拓宽注意范围和思维,提高思维的灵活性,有助于开阔思路,使大学生注意力集中,富有创造性,心理潜能得到充分发挥,有利于提高学习效率和学习成绩,从而提高创造力。反之,持续时间较长的情绪低落会抑制心理活动水平,消耗人的心理资源,对外部刺激反应迟钝,思维动作迟缓,使得在学习生活中的投入程度、专注程度大打折扣,影响学习效率和生活质量。

研究发现精神愉快、心情放松、适度紧张是思考和学习的最佳状态,适度的焦虑可以提高学习效率,焦虑程度过高和过低都会使学习效率降低,难以达到理想状态。生活中常常出现这种现象,有的学生在考试时过于紧张,结果出现"晕场"现象,有的学生采取不以为然的态度,结果考试成绩也不高。

(三)情绪对大学生人际关系的影响

情绪在人际关系中起着信号、表达和感染作用,是人际交往的重要手段。在人际关系的建立中,乐观、热情、真诚、自尊这些良好情绪特征是人际间产生相互吸引的重要条件。情绪具有感染性和传染性,不良情绪会影响周围人的情绪体验,人们在趋利避害的心理作用下,往往会对具有不良情绪的人避而远之,而更喜欢接近具有良好情绪的人,以获得愉快的情绪感受。积极情绪有助于人际交往,良好的情绪能够拉近彼此的心理距离,更容易被他人接受,使交往更加融洽;而自卑、情绪压抑、易怒的人,往往不能与他人正常相处,难沟通,易疏远。

大学生在人际交往中要学会适度控制与调适自己的情绪,做情绪的主人,学会觉察自己和他人的情绪,并带着这份觉察去沟通,就更容易做到理解别人、关怀别人,交往中就更容易产生共鸣,使人际关系更加协调。

(四)情绪对大学生人格品质的影响

健康的情绪是健全人格的必要条件之一。心理学家埃普斯顿在《人类情绪的生态学研究》这篇文章中,介绍了他对大学生的自我观念、情绪与行为变化之间关系的研究成果。结果表明,当体验到的是积极的情绪时,如感到高兴、亲切、安全、平静时,大学生的行为目标也往往是积极、主动的,对于新的经验和事物能够更容易接受,对于周围人的尊重和理解能够明显加深,对价值和人生目标等理想信念能够有更深的认识。当体验到的是痛苦、愤怒、紧张或受威胁等消极情绪时,一部分大学生的社会兴趣下降,反社会行为增加,对事物持怀疑、审慎甚至抗拒的态度;而另一部分大学生的行为则将消极情绪转化为积极的动力。积极的情绪体验与积极的行为变化总是有一致的关系。积极情绪有助于积极品质的塑造。有效调控情绪,积极引导消极情绪,能使大学生保持良好、积极、稳定的情绪,有助于培养其乐观向上、积极进取、百折不挠的优秀品质,培养真诚友好、善解人意的良好性格,否则会导致人格出现缺陷和障碍。

(五)情绪对大学生成功发展的影响

积极情绪有助于大学生的事业发展和成功。美国的狄纳博士的研究发现,大学新生的积极情绪程度,可以预测他们19年以后的成功状况。测量那些在19年前刚刚进入大学的新生的积极情绪程度,会发现19年之后,当初那些积极情绪更高的大学生,收入更高,对工作更满意,而且更少被解雇,也就是说他们更加成功,赚钱也更多。研究也表明,在商务谈判中,积极情绪高的人更容易达成更好的合同,这是因为一个人积极情绪比较高的时候,他表现得比较友好、善良,更多地为别人的利益着想,更容易达成一个好的协议、拿到一个更好的合同。积极情绪高的人更可能去帮助别人,他们具有更强的社会适应能力。

总之,积极情绪让人们的身体更健康,有更好的人际关系,更宽阔的认知范围,能够更高效地解决问题,心理上更有韧性,更有安全感,更具有开放性,所以快乐的人更容易成功。

三、大学生情绪健康的标准

情绪是心理健康的窗口,它在很大程度上反映了心理健康的状况。健康情绪是指个体情绪的发展、反应水平和自我调控能力与其年龄和社会对此的要求相适应,并为社会所接受。不同的专家学者对情绪健康提出了不同的标准。这里列出两种比较具有代表性的情绪健康标准,并在此基础上对情绪健康标准加以归纳。

(一)赫洛克的情绪成熟标准

赫洛克提出个体情绪成熟具有下列四条标准。

(1)能够保持健康,自己能控制因身体疲劳、睡眠不足、头痛、消化不良、疾病等引起的情绪不稳定。

(2)能够控制环境,不是想做就做,而是先预料后果,再采取行动。

(3)使情绪的紧张消解到无害方面,不是压抑情绪,而是将情绪转变,升华到社会性高度。

(4)能够洞察、理解社会。

(二)关中文的情绪成熟标志

关中文是日本青年心理学家,他提出了如下两个情绪成熟的标志。

(1)在客观评价自己的基础上能控制一时的情绪和欲求,忍耐不满情绪。

(2)能够设计现实生活。

他还提出了达到情绪成熟的办法是,现实生活中注意自己的情绪,深入了解自我、调整情绪、珍惜现实,重视自己内心深处的东西,面对现实生活而不逃避等。

综合上述心理学家情绪成熟的标准,可归纳大学生情绪健康的总的标准是,情绪的目的性恰当、反应适度、正性作用强,不带有幼稚的、冲动的特征,符合社会规范的要求。具体标准如下。

(1)情绪稳定适当。情绪的基调是积极情绪多于消极情绪,积极、乐观、愉快、稳定。

(2)情绪有适当的原因。对于情绪健康的人,情绪反应无论是积极的还是消极的,都是由一定的原因引起的。

(3)情绪反应适度。情绪反应与引起该情绪的情境相符合,情绪反应的时间与反应的强度相适应。

(4)情绪表达方式恰当。情绪的表达既符合社会的要求又符合自身的需要,在不同的时间和场合有恰如其分的情绪表达。

第三节　情绪的积极管理

 **心理悦读**

踢 猫 效 应

一位父亲在公司无缘无故受到了老板的批评,回到家便跟妻子吵了一架,愤怒的妻子又把沙发上跳来跳去的孩子臭骂了一顿。孩子心里窝火,便一脚将身边的猫踢出窗外。正好一辆卡车开过来,司机赶紧避让,却不慎把路过的老板给撞了。人的糟糕心情和不满情绪一般会随着生活关系的链条依次传递,那些无处发泄的弱小群体便成了最终的牺牲品。这种坏情绪传染的连锁反应就叫作踢猫效应。

当我们把情绪毫无保留地发泄在周围人的身上时,那种和谐关系无形中就被破坏了,就好像是被打破的杯子一般,即使接合后还是会有裂缝。倘若我们常在他人面前任由负面情绪"决堤",乱发脾气,情绪的失控还会造成不可挽回的后果。

有这样一个故事,一位家庭主妇在门口挂了一块木牌,上面写着:进门前,请脱去烦恼;回家时,带快乐回来。她说,"不知道从什么时候开始,孩子对我变得沉默,丈夫对我变得冷淡。一次我在镜子里看到自己疲惫的脸、紧锁的眉头、忧愁的眼睛……自己都吓了一跳。我就反思,孩子和丈夫看到这副愁眉苦脸的样子时,会有什么感觉? 为了改变这种家庭关系,我就想找个东西来提醒我,不要再那么消极,就写了这块木牌挂上了。结果,被提醒的不只是我,一家人的关系都变得和谐而幸福……"

在生活中,许多人会认为情绪是一种无关紧要的、暂时的状态,任其自然发展,认为情绪差一点,过一会儿就会好一些,很少能够主动、有意识地控制与调节自己的情绪。但是现实生活中,如果不能调控好自己的情绪,对情绪进行及时疏导、调节与控制,往往会产生难以预料或不可挽回的结果。大学生要学会对情绪进行积极地管理,控制、调节和疏导消极情绪,培育积极情绪。情绪管理的终极目标就是要使积极情绪与消极情绪达到相对的平衡。

一、敏锐觉察情绪

觉察情绪就是察言观色,察觉、感知和认识自己和他人的情绪,并辨识其性质。这是管理情绪的第一步。

(一)敏锐觉知自己的情绪

人们日常的喜怒哀乐,就像月亮的阴晴圆缺一样,是生命的组成部分。生活在这个世界,要时刻觉知自己的状态,了解自己的情绪状态,觉察到自己的情绪变化,并辨识自己情绪的性质,随时进行调整,才可以做到真正关爱自己。

觉察自己的情绪,首先,要了解自己的个性特征。一个人的情绪特点往往与他的气质和性格密切相关。胆汁质的人脾气比较暴躁易怒,黏液质的人比较沉着冷静,抑郁质的人容易郁闷,多血质的人开朗大度,等等。具有外倾性人格倾向的人善于倾诉和排解情绪困扰;具有内倾性人格倾向的人遇事喜欢埋藏心底,独自承受情绪的压力。全面了解自己的个性特征,了解自己的脾气秉性,对认识和把握自己的情绪特征有着重要意义,能更好地掌控自己的情绪。

其次,要懂得人的情绪也有周期性。情绪周期是人生情感的晴雨表,人若处于情绪周期的高潮,就会表现出强烈的生命活力,对人和蔼可亲,感情丰富,做事认真,易接受别人的规劝,具有心旷神怡之感;若处于情绪周期的低潮,则容易急躁和发脾气,易产生反抗情绪,喜怒无常,常感到孤独与寂寞。可以在情绪高涨时做一些难度大且烦琐的任务,而在情绪低落时多出去走走,参加体育活动,放宽心情,向他人倾诉,寻求心理上的支持,安全地度过情绪危险期。遇到情绪低潮时,运用意识加强自我控制,或者把自己的情绪周期告诉自己最亲密的人,一方面也让他们能提醒自己,帮助自己克服不良情绪;另一方面可以避免不良情绪给对方带来的误会。

最后,要进行情绪的自我觉察和调整。在日常生活中要能够了解自己的情绪状态,觉察到自己的情绪变化,实际上就是我们内心的感受的变化。要理解自己的情绪所传达的内在信息,识别自己的情绪的性质。当遇上顺心的事,或者取得成功,就会产生高兴这样的积极情绪;当遇到不顺心的事,就会出现遗憾和沮丧这样消极的情绪。如果学习中遇到困难,如遇到期末考试,那些学业困难的同学可能就会觉得压力倍增,感到了考试前的焦虑。如果好朋友和自己发生了冲突与争执,可能就会觉得十分愤怒。这些其实都是生活中常见的情绪反应和情绪变化。可以通过写情绪日记等方法,记录自己的情绪,并察觉自己的情绪状态以及情绪的作用。在自我觉察的基础上及时进行自我调整,明白自己在什么样的情绪状态下作出什么样的决定和选择才是正确的。

(二)敏锐觉察他人的情绪

心理学研究结果发现,除了语言信息外,在人际沟通中人的非语言传递的信息达70%以上,其中坐姿、手势、握手的方式、面部表情、语音及语调等都包含着丰富的信息,需要人们在沟通时具备相应的敏锐性,能够觉察和识别他人的情绪,这样才能保持良好的沟通,才能更好地与他人相处。

首先,可以参考多数人在相同情景下的反应来观察他人的情绪反应。心理学认为,人在相同情境下的反应具有一定的共同性和规律性,如果一个人的反应与多数人在此时的反应一样,说明其反应很可能是真实的。相反,则很可能是不真实的,或者是有隐情的。比如所爱的人去世了,多数人的反应都会伤心、悲痛,如果一个人的反应不同于常人,一定另有隐情。如果对去世的亲人有怨恨,那么其心情可能就有点复杂,悲痛、解脱、自责等成分都可能有。

其次,可以从面部表情觉察一个人的情绪。人的面部表情最为丰富,它通过眼部肌肉、面部肌肉和口部肌肉来表现人的各种情绪状态。在面部表情中,面部不同部位的动作表达出不同的情绪,悲哀情绪显现在眼睛,快乐与厌恶表现在嘴部,惊愕的表情由前额显示,而愤怒的情绪则表现在整个面部。在面部表情中,眼神是一种十分重要的非言语交往手段。人的眼睛是最善于传情的,不同的眼神可以表达人不同的情绪和情感,例如高兴和兴奋时"眉开眼笑",气愤时"怒目而视",恐惧时"目瞪口呆",悲伤时"两眼无光",惊奇时"双目凝视"等。通过观察人的眼神还可以了解他的内心思想和愿望,推知他们的态度是赞成还是反对、是接受还是拒绝、是喜欢还是不喜欢、是真诚还是虚假等。口部肌肉的变化也是表现情绪的重要线索,例如憎恨时"咬牙切齿",紧张时"张口结舌"等,都是通过口部肌肉展现人物的内心世界。

再次,可以观察个体身体动作的变化,了解其象征意义。肢体语言通常是一个人下意识的举动,所以它很少具有欺骗性。个体对姿势语言表达的情绪往往自己都不容易察觉,不为当事人的意识所控制。手势站姿和身体姿势都能说明一些问题,因为这些都是身体表达某些情绪的信号。如果双手交叉在胸前抱臂,一般是在缓解紧张与矛盾心理,下意识地起到防御、镇定的作用;如果双手叉腰,表示拒绝,也可视作非常自信;搓手,如果不是天冷,则表示焦虑、无奈或者信心不足;一个坐着的人,听到对方的话后向前靠,可能表示有兴趣,但如果身体和脚尖都不自觉地向前倾,可能是一个人想起身走开的预备动作,意味着他内心紧张,想逃离这个地方。有时候,一个身体动作的变化有多种可能性解释,需要根据当时的情景来区别。

最后,注意言语沟通中的语气、语调、用词等所包含的意义。同一句话用不同的语气可以表达不同的情绪,比如"你真坏"根据具体场合和对象,可以表达亲密,也可以表达厌恶。通常来说,对方声调明快而爽朗,说明谈论愉快;声调低沉而缓慢,说明心情沉重;激动时可能语速加快,声调提高几倍,等等。

另外,还可以从一个人的语言、行为、穿着打扮、作品中的象征意义,去推测他内心的情绪变化,比如口误、不经意的转身、迟到、自画像的变化、反常的失误等都能反映一个人的内心变化轨迹。

当然,自己也可以是重要的观察他人的资源。古人说"己所不欲,勿施于人",说的是自己不想要的东西,不要把它强加给别人,因为自己不喜欢的东西,别人很可能也不喜欢。这里有一个由己及人的过程,也就是说通过自己来间接地了解别人。如果不能理解对方的某个动作和行为,可以试一试在相同的情境下,模仿他的动作和行为,体会对方当时的感受,也许能帮助自己理解他。

这些方法及其推测是否准确,还需要接受当事人的检验,或者综合其他信息作进一步的判断,千万不可主观臆断或随意给他人下结论。

二、平和接纳情绪

一般而言,情绪可以简单地分为正向情绪和负向情绪,即喜悦、高兴的反面是难过、沮丧。然而,有很多人认为一个成熟的人不应该有负面情绪,不应该像孩子一样,所以不肯承认自己有负面情绪,有些人过度夸大负面情绪的影响,有些人力求避免负面情绪的产生。其实每个人都是会有情绪的,当他们面对压力的时候都可能会产生各种不同程度的情绪反应,产生负面情绪是正常的也是可以被理解的。

情绪是人类进化的心理结果,是人与环境之间的一种适应方式,情绪本身没有好坏之分。但是,它对人有好的影响,也有坏的影响,比如,人心情愉悦时,做事的效率就高,在愤怒的情绪下,人容易出现破坏性的行为。因为情绪对人有好的影响,也有坏的影响,人们就可能会认为有好的情绪和不好的情绪,这种认知是不正确的。实际上,负面情绪也是情绪体验的重要组成部分,任何情绪都有其积极意义。

不能孤立地理解为正面情绪就是好的,负面情绪就是不好的,也不能脱离具体的情境来判断情绪的好坏。过马路适当的紧张,让人们提高警惕,集中注意力,遵守交通规则,顺利通过。反之,如果毫无畏惧、横冲直撞,则比较危险。对未来就业的焦虑,会让大学生在学校时努力学习。缺失了消极情绪体验,人们会变得轻狂、不踏实;缺失了积极情绪体验,人们则会陷入痛苦的泥潭中难以自拔。

学会接纳自己的情绪,与情绪同行,就是要学着体验、接受、感觉、表达和完善自己的情绪。情绪有一个特点,越压抑它,它越强烈;越接纳理解它,它消退得越快。理解和接纳自己负面情绪的过程就是深深地爱自己的过程。

那么,如何平和地接纳自己的情绪,使其成为成长的动力而非阻力呢?

首先,对情绪要有正确的认识,明确情绪没有好坏之分。每一种情绪都是一种语言,它来自人们的内心，是传达人们内在需要和愿望的信使，借助情绪，人们可以更好地了解自己内心期待和渴望，越大的情绪，包含的内容越重要、越有价值。如果理解并应对好这个信使，情绪就会走；如果不接受、不解读，它就会反复出现并不断提醒。大多数情绪困扰是因为人们不接受自己的负面情绪造成的。

其次，要辩证地把握情绪价值，看到负面情绪的积极意义。每一种情绪都有它的价值和功能，负面情绪在一定程度上也有它的正向价值，可以成为行为的动力，对人们的人生也有重大的意义。比如，愤怒可以让人看到自身的力量和自尊；无聊可以帮助人寻求生活的意义；嫉妒可以让人看到内心的"饥饿"；焦虑可以帮助人提高行为效率和工作效率；恐惧可以帮助人规避危险；罪疚感可以促进人自省，不做不可为的事情，等等。

最后，要平和地接纳自己的情绪。接纳自己的情绪就是当个体意识到自己有负面情绪体验的时候，能够接纳自己的消极情绪，认识到这些情绪需要一定的时间才会慢慢消解，不必刻意压抑或否定这些负面情绪，一味地抗拒情绪只会使自己更加沉浸在负面思维和情绪中。可以承认它、理解它，允许它的存在，然后去面对它、陪伴它，认真处理它。当觉察自己的情绪过度时，学着去调节而非控制，去引导而非压抑。

没有不好的情绪，只有不被尊重的情绪，没有可怕的情绪，只有缺乏了解的情绪。既要接纳自己积极和正面的情绪，也要接纳自己消极和负面的情绪，学会与所有的情绪共处、同行，学会与负面情绪达成和解。若能更好地跟自己的情绪相处，也就能更好地跟这个世界相处。

三、适当表达情绪

当人们遇到消极事件的时候，往往不能很好地调控自己的情绪、不能正确地表达自己的情绪。情绪表达是指个体用来表现情绪的各种方式，情绪表达是人际沟通的第一步，学会正确地表达情绪，才能更好地进行人际沟通。

与他人交往时，不管是否面对面，人与人之间都在不断地表达情绪，同时也注意并理解对方的情绪，如果情绪表达的方式不合时宜，很可能会造成不必要的误会或者给对方带来伤害。情绪表达要以不伤害他人、不伤害自己为前提，要以符合社会规范的方式表现出来。否则即使疏解了原来的负面情绪，也会因为不符合社会规范遭受惩罚，从而产生更多的负面情绪。人的情绪具有感染性，一个人的情绪状态很容易影响周围的人。要使情绪安全地表达出来，应该学会在适当的时机、适当的场合、用合理的方式适度表达自己的情绪。

（一）适时表达情绪

适时表达情绪是指表达情绪的时机要适当。一般来说，当人有了某种强烈的情绪后，都有即时表达的欲望。但是，此时个体正处在某种特定的情绪状态下，不加控制地立即表达，容易出现言行过激甚至情绪失控的现象。因此，了解自己的情绪感受，把握情绪表达的时机，在适当的时候准确地表达出来很重要。

1. 及早处理自己的情绪

如果自己的情绪不是爆发式的，而是刚刚萌生出不满、生气等负面情绪，应当尽早说出来,可以用比较安全的方法,释放自己的负面情绪。情绪不能及时处理会产生问题,一方面个体无法对周围的人传递内心的感受;另一方面当个人想要达成某些愿望时,如爱慕、注意、尊敬、独处或短暂的休息,没有表达出来,且别人不能了解,结果自己会感到不满,从而引起内心紧张,如果经常因不满导致恼怒等负面情绪的郁积,当超过心理承受能力时,情绪就会因不断的积累而爆发。因此,感受到某种情绪时就要适当地表达出来,让对方明白,也能让自己宣泄紧张感,更积极地处理问题。

2. 把握情绪表达的时机

情绪一旦产生,如果能马上处理最好,但是有时候情境或者时机不对,必须暂时按捺住情绪,再尽快找到适当的机会加以处理。表达情绪时一定要让对方也有反应的时间,切勿只顾着自己宣泄情绪,而让对方既没有时间了解,也没有时间表达他的情绪反应,沟通可能会因此受阻,自己的情绪也可能得不到真正的关注或理解。可见,时机是否恰当对情绪表达的效果有很大的影响。

3. 不要在情绪的最高点上表达

在人们愤怒、恐惧等负面情绪强烈到有破坏性冲动的时候表达,势必会带有更多的感情色彩,甚至口不择言,行为失控,激化矛盾。这时候暂缓五分钟行动,冷却情绪是最好的办法,比如降低说话的音量,放慢说话的语速,深呼吸,在心中默数 50 个数,有意使自己平静下来。要想办法拖延时间,向他人倾诉,听听他们的看法或者反思一下,想想事情的后果,想想自己爱的人。等情绪从最高点上慢慢降下来、自己理性恢复的时候再去表达,可能效果要好很多。

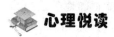 **心理悦读**

愤怒时先数到 10

有位修行者,脾气很暴躁,但他却很用心,想改掉坏脾气。于是他花了许多钱,盖了一间庙宇,特地找人在大门口的横匾上刻了"百忍寺"三个大字。这位修行者为了表明自己的诚心,特地一一向前来的进香者说明自己的意念,大家也都十分敬佩他。此时,有位过客向修行者问庙宇横匾上的字。修行者说:"百忍寺。"过客再问一次。修行者口气略有不耐地说:"百忍寺。"过客故意又问了一次:"请再说一遍。"修行者已经按捺不住,暴躁地回道:"百忍寺,你听不懂啊!"过客笑道:"你才说了三遍就受不了了,还建什么百忍寺呢?"

处于情绪低潮中的人,容易迁怒周遭所有的人、事、物,他的情绪控制有待提升。很简单的三个字——不迁怒,能做到的,又有几人呢?

法国名将拿破仑,曾统兵数百万,所到之处战无不胜,攻无不克,但是他说:"我就是胜不过我的脾气!"

能够做到"忍"是很难的。忍不住时,就试试美国前总统杰弗逊的方法:"生气的时候,开口前先数到 10,如果非常愤怒,就数到 100。"

（二）适地表达情绪

适当的地点对表达情绪很重要。有时在娱乐、休闲、工作等公共场所,在马路上、公交车内等,会看到一些人由于与他人发生矛盾或情绪突然失控而不顾形象地大吵大闹,大打出手,甚至酿成恶果。2016年8月4日,东莞"路怒男"赵某因涉嫌寻衅滋事罪被中山警方刑拘。随后赵某在接受媒体采访时表示,当时自己的情绪已经不受控制了,才会出现连续撞车的事情。像赵某这样的"路怒症患者",无论是对自己还是对社会都有不小的危害。可见,在表达自己的情绪时,最好能考虑场合和他人的感受,否则有可能引起不尊重他人甚至伤害他人的不良后果。

（三）适对象表达情绪

表达情绪可以选择不同的对象。有了情绪,可以视情绪的不同性质和不同的情境,向自己表达、向他人表达或者是升华表达。个人的情绪表达应该顾及群体或他人的感受。

1. 向自己表达

有些同学喜欢写日记或其他内心对话的方式,记录自己情绪的变化及其原因,从而进行积极的情绪管理;也有些同学喜欢自我暗示和自我激励,如早晨起床的时候对自己说:"我每天在各个方面都会越变越好";对待考试紧张的同学在考试前可以暗示自己,拿到试卷先平静心情,甚至可以考试前在头脑中把考试的过程预演一遍,这样能有效地减轻紧张和慌乱。

2. 向他人表达

将自己的情绪向周围的人或者相关的人表达出来,让别人了解自己正处在某种情绪中,期待得到别人的理解和支持。比如失恋了,一般会找好朋友倾诉;亲人去世了,人们会追思哀悼;孩子考上大学,家里有喜事了,人们会请客,和人分享快乐。这些都是很智慧的做法。

3. 向客观环境表达

不想对别人说的话,还可以到大自然中,对着山川河流进行倾诉。心情不好的时候去旅行,是一个很好的调节情绪的方法,登高望远或者站在大海边,看潮起潮落,人们的心情甚至看待问题的态度都会发生改变。

4. 升华表达

升华表达即超越所有表达对象,将情绪的能量指向其他的、更高层次的需要,从而为那些高层次需要的满足提供能量,这是情绪表达的最佳方式。当遇到挫折和痛苦,与其自怨自艾、怨天尤人,还不如把自己的情绪和情感升华为一种具有建设性意义的动力,从事有利于自己和社会的活动。比如,失恋的歌德在悲痛中创作了《少年维特的烦恼》,司马迁受宫刑后,忍辱负重创作出《史记》。

（四）适度表达情绪

适度表达,即表达情绪要把握好火候和分寸,特别是要考虑到对方是什么感受,能不能接受,会不会给对方造成困扰,否则会造成人际对立和冲突。生活中,有些人会因心情不好"闹情绪"。如愤怒时,会大喊大叫地发脾气;难过时,会痛哭流涕,或暗自垂泪。适度表达自己的情绪,能使人们的情感处于更加平衡的状态,但不能为了平衡自己的情感,不顾及他人的感受而随心所欲地发泄,从而影响了正常的生活、工作和交往。情绪的表达要适度,过犹不及,大怒伤肝,大喜伤心。范进中举喜极而疯、周瑜气绝身亡都是情绪表达过度的结果。适度的情绪宣泄是运用理性表达,把不良情绪释放出来,使心情趋于平静。

四、有效调控情绪

情绪调节是个体管理和改变自己或他人情绪的过程。情绪调节在于学会保持愉悦的情绪,维持良好的心境,学会克制不良情绪的表达。拿破仑曾经说过,"能控制自己情绪的人,比能拿下一座城池的将军更伟大。"大学生在了解自己情绪状态的基础上,提高自己管理和调节情绪的能力,学做情绪的主人,对保持身心健康具有重要意义。

(一)放松训练法

当大学生由于各种原因陷入焦虑、紧张的情绪状态时,放松是最基本的调整情绪的方法,它借助身体上的放松来减弱消极情绪。放松训练是指身体和精神由紧张状态向松弛状态转变的过程,一般是在安静环境中按要求完成特定的动作程序,通过反复练习,使个体学会有意识地调控呼吸,放松肌肉,有效地缓解紧张、抑郁、焦虑等不良情绪。常见的放松技术包括音乐放松法、想象放松法、肌体放松法、腹式呼吸放松法、渐近性肌肉放松法等。

1. 音乐放松法

通过音乐对人的大脑皮层进行刺激,影响情绪,从而起到放松的作用。音乐可以使人血压正常、肌肉松弛、脉搏放慢,从而感到轻松愉快、精力充沛,消除紧张、压抑和烦恼的情绪。曲调和节奏不同的音乐可以使人产生不同的情绪体验。如忧郁烦恼时可以听《蓝色多瑙河》等意境广阔、充满活力、轻松愉快的音乐;失眠时可以听莫扎特的《摇篮曲》等优雅、安静的乐曲;情绪浮躁时可以听《小夜曲》等宁静、清爽的乐曲。每个人都可以根据自己的情绪状况,选择适合自己的音乐来调节自己的情绪。

2. 想象放松法

冥想可以有效缓解人的焦虑情绪,使紧绷的身体得到放松。冥想可以帮助训练注意力、控制思维过程、提高处理情绪的能力。只要坚持练习,运用得当,冥想是应对压力、抑郁、烦恼以及其他不良情绪问题的最有效的方法之一。冥想要选择一个幽雅宁静的环境,闭上眼睛,想象一些美好的事物,如广阔的大草原、慢慢涨落的海水、平静的湖面等,也可以回忆一些美好的经历,在想象的同时注意调整呼吸的节奏,之后慢慢张开眼睛。

3. 肌体放松法

通过肌体放松来缓解焦虑情绪,增强情绪控制能力,结合想象和音乐,可以达到全身松弛、轻松舒适、心情平静的效果。对于焦虑、恐惧、烦躁等不良情绪有很好的效果。

（二）合理宣泄法

情绪宣泄是直接处理情绪的方法。过分压抑只会使情绪困扰加重，而适度宣泄则可以把不良情绪释放出来，从而使紧张的情绪得以缓解。因此，遇有不良情绪时，最简单的办法就是"宣泄"，给情绪一个出口，发泄的方法一般以不影响别人的生活为宜。常见的情绪宣泄方法包括在空旷的地方独自哭泣、喊叫，向他人倾诉，进行剧烈运动，在 KTV 唱歌等。

1. 哭泣

从科学的观点看，哭泣是自我心理保护的一种措施，它可以释放不良情绪产生的能量，调节机体的平衡，促进新陈代谢，有助于排出人体的某些有毒物质。在感到悲伤或委屈时，可以选择一个相对安全的地方，尽情地哭泣，可以有效地缓解情绪。人在悲伤时，过分克制不哭反而会影响身体健康。

2. 倾诉

当遇到不愉快的事情时，不要自己生闷气、把不良的情绪压抑在内心，而应当学会倾诉。最好的方法是能够找到信任的亲人和好友将心中的苦闷向他们倾诉，可以当面，也可以用日记、写信、打电话、网络聊天等方式与朋友、家人、老师、同学进行交流，把内心的不良情绪释放出来，以获得鼓励和支持，安慰和帮助。也可以用你身边熟悉的事物，如玩偶、大树、宠物等来充当倾诉对象，或者来到大自然中，对着空旷的田野、大山等，大声地喊出内心压抑的事情。

3. 运动

运动不仅可以起到锻炼身体的效果，还能降低焦虑水平，改善情绪状态。医学研究表明，运动可以促进大脑分泌激素多巴胺，使人的情绪得到振奋，有助于释放不良情绪，缓解心理压力。在受到不良情绪困扰时可以尝试慢跑、快走、打球、游泳、爬山、骑车、跳舞等方式。通过一定的运动放松肌肉，进而放松神经和心情，起到调节情绪的作用。

4. 寻找替代品

把不良情绪发泄到没有生命的物体上，如击打沙袋、捏皮球、摔枕头、到发泄吧摔砸东西等。还可以通过创作作品，比如将自己的情绪写成抒情文章，或将自己的情绪通过绘画作品、手工作品等方法表达，达到情绪宣泄的目的。

情绪宣泄是必需的，但要避免破坏性的宣泄，比如谩骂、砸东西、醉酒失控等，也有些人会选择不说而憋在心里，这样虽然也可以获得暂时的平复，但情绪会依然在那里，时间长了它会自己寻找别的出口，比如，会迁怒于其他人和事，莫名的伤感、发脾气、身体不舒服等。

（三）注意转移法

注意转移就是把注意力从引起不良情绪反应的刺激情境转移到其他事物或活动中，改变关注的对象。

1. 转移注意力

当产生不良情绪时,可以将注意力转移到自己感兴趣的事物上,多关注那些能让自己开心的事情,如运动、唱歌、逛街、看电影等,均有助于缓解情绪,增加积极的情绪体验。想想平时自己爱干什么,去做做喜欢的事情。如果感受到的压力过大,无法安心学习,不妨整理一下自己的桌面或者床铺,甚至是好好地睡一觉,会发现这也是一个不错的缓解压力的办法。

2. 转变环境

当产生愤怒等不良情绪时,可以暂时离开让自己产生情绪困扰的环境,最好是到让自己感到宁静、舒适的环境中,如图书馆、操场、公园、景区或对自己情感上有特殊意义的安全空间,避开矛盾的锋芒,平静心情。

3. 关注当下

将注意力从不良的情绪反应中转移到当下,关注此时此刻。活在当下,关注此时此刻自己的情绪、认识以及需要做的事情。如果活在当下,重要的事情就是现在做的事情,重要的人就是现在和自己一起做事情的人,重要的时间就是现在;如果活在当下,就会有什么问题,解决什么问题,暂时搁置不良的情绪反应。

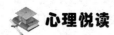 **心理悦读**

如果你不活在当下,就会失去当下

有一个乡下姑娘挤了一罐牛奶,把它顶在头上,然后就开始胡思乱想:"这罐牛奶可以卖几元钱?这几元钱可以买几只小鸡?小鸡长大了可以下很多的鸡蛋,鸡蛋又可以孵出很多小鸡,小鸡长大了又可以下很多鸡蛋,这些鸡蛋卖的钱就够我买一件漂亮的裙子了,我穿上它到王宫跳舞,我的舞姿吸引了王子,王子邀请我跳舞,我就会成为……"想到这里,她一歪脑袋,牛奶罐掉到地上摔碎了。

(四)认知调整法

情绪是人对外界情境刺激作出的反应,情绪的性质和水平最终是由人的认知来决定的。如果认知过程发生错误,就可能导致观念错误,继而产生不当的情绪和行为。因此,引起某种情绪体验的并不是事件本身,而是人们对这个事件的认识和看法。可以通过调整人的认知来调节情绪,换一种方式看世界,用理性的、积极乐观的想法,代替非理性的、消极悲观的看法,从而改善情绪状态,塑造积极心态。认知调整可以通过以下方法进行。

1. 改变态度

任何情绪都离不开一定的诱因或情境。如果时刻都在关注着情绪的诱发情境,就容易被引发的情绪所控制,难以平抑内心的情绪。但是人们可以选择环境(或者面对,或者回避),也可以选择改变态度。改变自己能改变的,接受自己不能改变的。事情本身不重要,重要的是对这件事情的态度,态度变了,事情就变了。

心理悦读

我改变不了现实,但我可以改变态度。
我改变不了过去,但我可以改变现状。
我不能控制他人,但我可以掌握自己。
我不能预知明天,但我可以把握今天。
我不可能样样顺利,但我可以事事顺心。
我不能延伸生命的长度,但我可以决定生命的宽度。
我不能左右天气,但我可以改变心情。
我不能选择容貌,但我可以展现笑容。

2. 认知重评

改变对情绪事件的评价及其对个人意义的认识,用积极的思维重新评价负面事件的意义和价值。看到事件的正面意义,就有可能改变自己对事件的态度和反应。比如,对于失恋了,如果认为自己绝对不可能再拥有如此美好的爱情,就会非常伤心;如果想到"失恋总比结婚后再离婚要好得多",与其凑合,不如及早分手,"塞翁失马,焉知非福",心里会宽慰很多。很多时候人们无法控制和改变事情的发生,换个角度看问题,学习乐观地诠释事情,就可以让心情豁然开朗。

3. 学会感恩

感恩就是在社会人际交往中受惠者对施惠者给予的回报。这种回报既有情感上的感激,也有行动上的亲社会行为。感恩带来的是一种积极的情绪体验,能够获得社会支持,获得持久的积极情感。要善于发现生活中的美,发现生活中的正面力量,怀抱感恩之心去对待身边的人或事,能够善待他人、体谅他人、关心他人,就容易感受生活中温暖的力量。

积极心理学研究表明,经常用心修习感激的人更快乐、更宽容、更和蔼、更成功。通过每天花15分钟来重现积极的经历,记下自己所感激的事情,持续一段时间后,会越来越多地看到世界的积极方面,快乐程度会明显提高。每天去做,养成习惯,才能改变消极的思维方式。

4. 自我平衡

自我平衡就是通过合理化自己的状况,缓解自己心中的不平衡,以减轻或消除心理困扰的一种方法。这种方法对于帮助人们在一些较大的挫折面前接受现实、保护自己、避免精神崩溃很有益处。它的表现形式可概括为酸葡萄式、甜柠檬式。

酸葡萄式是指人们对于自己想要的,但又得不到的东西,就故意说它不好,从而弱化其意义和价值,以起到平衡心态的作用,比如为失败找一个冠冕堂皇的理由,用以安慰自己。

甜柠檬式与酸葡萄式正好相反,是指人们对于自己的某种行为明知不妥,但又不愿意承认,只好找出各种理由来增加自己行为的合理性,由此来获得自我安慰,减轻心理压力。人们面对生活中的一些不如意的事,会寻找理由强调事情好的一面,以此冲淡内心的不安与痛苦。

5. 自我暗示

自我暗示是个体通过语言、形象、想象等方式对自身施加影响的心理过程。当一件事情发生之后,人们对自己进行什么样的暗示,决定了会有什么样的情绪体验。积极的自我暗示,能够让自己树立自信,保持乐观、愉悦的情绪,从而调动内在因素,发挥主观能动性。可以利用语言的指导和暗示作用,来调适和放松心理的紧张状态,使不良情绪得到缓解。例如,在冲动易怒时,心里默念或用笔在纸上写出"冷静""制怒"等词语;在考试时,告诫自己"放松,放松";还有些学生喜欢将自己喜爱的格言写在明显的地方,时刻激励自己;还可以对着镜子反复做微笑的表情,帮助自己恢复好心情。

 知识拓展

情绪 ABC 理论:情绪调控的金钥匙

两个秀才结伴赴京赶考,路遇出殡的队伍。看到棺材,一个秀才想:"赶考遇棺材不吉利啊!"他的心情一落千丈,硬着头皮走进考场,结果文思枯竭,名落孙山。另一个秀才则想:"棺材不是有'官'又有'财'吗? 看来我今年鸿运当头!"他心里十分高兴,情绪高涨地走进考场,文思泉涌,一举高中。

对于同一口棺材,不同的人为什么会产生不同的看法,导致不同的结果?

美国心理学家艾利斯强调,人们的不合理信念是导致情绪障碍和神经症的主要原因。其主要观点认为:个体的情绪和行为并非是由外部事件本身引起的,而是由个体对事件的评价和解释造成的。他的理论简称为 ABC 理论。

在 ABC 理论中,A 代表诱发事件(activating events);B 代表信念(beliefs),即个体对这一事件的看法、解释及评价;C 代表继这一事件后,个体的情绪反应和行为结果(consequences)。一般情况下,人们都认为是外部诱发事件 A 直接引起了情绪和行为反应的结果 C,即 A→C。但 ABC 理论认为 A 并非引起 C 的直接原因,最多只是间接原因,而人们对诱发性事件所持的信念、看法和解释才是引起情绪的直接原因,即 A→B→C。

从两个秀才的案例中可以看出,两种不同的想法导致两种不同的情绪和行为反应。第一个秀才对棺材有消极的看法,导致消极的情绪,结果影响考试,名落孙山。第二个秀才对棺材有积极的看法,导致情绪高涨,结果超常发挥,一举高中。从这个简单的例子可以看出,人的情绪及行为反应与人们对事物的看法有直接关系。在这些想法和看法的背后是人们对一类事物的公共看法,这就是信念。

合理的信念会引起人们对事物适当、适度的情绪和行为反应,而不合理的信念往往会导致不适当的情绪和行为反应。人们坚持某些不合理的信念,长期处于不良的情绪状态中,将会导致情绪障碍。

不合理信念有以下三个主要特征。

(1)绝对化要求。绝对化要求是指人们以自己的意愿为出发点,对某一事物怀有认为其必定会发生或不会发生的信念,它通常与"必须""应该""一定"等字眼连在一起,如"别人都应该对我好""我必须非常能干、完美,而且在各方面都有成就,这样才有价值"等。对于怀有这样信念的人,当某些事物的发生与其对事物的绝对化要求相悖时,他们就会受不了,感到难以接受、难以适应并陷入情绪困扰。

（2）过分概括化。过分概括化是一种以偏概全的不合理思维方式的表现,如"如果没赢得我必须赢得的赞赏,那我就是毫无价值的人"。当个体面对失败时,往往会认为自己"一无是处""一钱不值""是废物"等。以自己做的某一件事或某几件事的结果来评价自己整个人、评价自己作为人的价值,其结果常常会导致自责自罪、自卑自弃的心理。

（3）糟糕至极。这是一种对事物的后果有非常可怕、非常糟糕甚至是灾难性的预期的非理性观念,如"如果事情不是我想象、喜欢和期待的样子,那实在是太可怕了""如果这种事情（退学、失恋、受处分等）发生在我身上,那我一切都完了"。糟糕至极的想法将导致个体陷入极端不良的情绪体验如耻辱、焦虑、悲观中难以自拔。当一个人称什么事情都"糟透了"的时候,对他来说往往意味着碰到的是灭顶之灾。

一旦发现不合理信念,就要进行处理,防止它破坏自己的情绪。处理的方法首先是对这些不合理信念进行驳斥,然后用合理信念代替。

举例：请对以下不合理信念进行处理。

"我必须非常能干、完美,而且在各方面都有成就,这样才有价值。"

（1）驳斥。

① "必须这样才有价值",这是不合理的要求,难道有价值的人都是这样的吗？

② 一个人要很有能力、各方面都有成就,才有价值吗？

③ 如果我不是很有能力、不是在每个方面都很有成就,结果就很糟、很可怕吗？

……

（2）用合理信念代替不合理信念。

① 虽然我想能力十足、各方面都有成就,但不是一定非得如此,如果不能这样,我还是可以忍受的。

② 一个人不可能在每个方面都很有成就,那是不切实际的期望。

③ 事实上我在许多方面表现不错,应该自我肯定。

……

情绪 ABC 理论是情绪调控的"金钥匙",它不仅仅是一种情绪管理的方法,更是一种思维的智慧、生活的智慧。改变自己的不合理认知,改变自己的情绪和行为,进而改变自己的人生,使自己走向更加积极的方面。

五、创造积极情绪

积极情绪对人们有很多好的作用,它能够提升人们的身体素质,拓展人们的认知,构建人们的心理资源,发展人们的创造力,等等。

但在实际生活中,很多人并不是想象中那样拥有积极情绪、那样容易快乐,甚至有人觉得自己很难快乐。一个善于管理自己情绪的人不是不允许有消极情绪,而是要学会积累积极情绪,让积极情绪成为情绪的主基调,那么怎样才能获得更多的积极情绪呢？

（一）用言语表达快乐

下面来做一个练习，首先请做一个深呼吸，让自己安静下来，然后大声朗读下面的句子，尽量发自肺腑，有感情地朗读，就像正在和一个朋友讲话一样，尽量控制语速，慢慢读，在每一个句子读完后，停一小会儿再继续读后面的句子。

今天我感觉特别好，我觉得我能成功，别人都对我很友好，为此我感到高兴，我现在激情四射，我现在力量充沛，感觉压力简直不值得一提。今天我的效率特别高，我现在很乐观，我觉得自己能和所有的人相处愉快，感觉很好，周围的一切也很美好。

现在感觉怎么样？通过快乐地和内心对话，使自己变得更快乐。同样，唱一首欢乐的歌，也能使自己变得快乐起来。

（二）用身体激活快乐

人还可以通过自己的身体语言来产生积极的情绪。可以做一个小练习，请你用牙齿咬住笔杆，保持 10 秒钟，现在感觉如何？

再换一个动作，这一次，请你用嘴巴叼住笔杆，同样保持 10 秒钟，现在感觉如何？两种动作哪种情绪状态让你觉得更好呢？

你可能会发现两种动作有所不同，也可能觉得没有什么太大差异，但是心理学的研究显示，用牙齿咬住笔杆的情绪更加积极，为什么呢？因为这个动作与微笑的表情非常接近，而当我们用嘴巴叼住笔杆的时候，就会不由自主地皱眉。显然，把皱眉改成微笑，更容易强化积极情绪。

类似的情况还有很多，比如直立、抬头挺胸的人总比那些驼背的人感到更多的自信；大踏步走的人就比较快乐，而驼着背、拖着脚走路的人容易情绪低落。身体上小小的改变，会让身体充满积极的能量。快乐是有技巧的，是可以被自己创造的。可以通过生理体验，来激活积极的情绪状态。可以在快乐时，通过动作让身体记住快乐，以后通过同样的动作，就能体验到相同的快乐。

心理学家、面部表情专家保罗·艾克曼博士，吃惊地发现当自己模仿微笑的表情时（抬起脸，张开的嘴唇，放声大笑）就会感到了幸福。人们可以利用一些动作创造积极的情绪，例如微笑就可以带来快乐。

特别强调，人如果运动，大脑会分泌出各种积极化学激素，人就容易开心。要获得积极的情绪，加强身体锻炼很重要，因为在身体锻炼之后，身体传来的负面信息会更少，而传达更多的积极信号，让人们有更多的积极情绪。

（三）用你的慧眼发现快乐

在如今这样竞争激烈的社会，人们似乎总是匆匆忙忙，着急赶路，而忽略了四周的美景。"一花一世界，一树一菩提"，生活的美好随时可见，只是人们缺乏发现美的眼睛。海伦·凯勒在《假如给我三天光明》的书中，既描述了自己特别重要的心灵体验，也是对所有人的真诚劝告。她说："我想知道为什么有些人在森林里面走了一个小时却什么也没有看到。我一个看不见任何东西的盲人却看见了无数的事情。我看到了一片叶子上对称的美感,我看到了银杏树表面那种光滑的触感,我看到了树枝上那种粗糙的凹凸不平。我作为一个看不见的盲人,想要给那些能够看见的人一个忠告:善用你的眼睛,就像你明天将会失明一样;去聆听美妙的天籁(如悦耳的鸟鸣、奔腾的交响曲),就像你明天将会失聪一样;去用心抚摸每一个物件,就像你明天将会失去触觉一样;去闻花香,去品尝每一口饭菜,就像明天你将永远无法闻到香味和品尝味道一样。"

我们还要关注和发展自己的品格优势和美德,比如自己有什么好的地方,能为社会作什么贡献,有什么使别人和自己的生活变得更美好的特质,这样能使自己获得积极体验。

我们也要善于欣赏别人的优点和特长,当我们能够欣赏别人优点的时候,这个优点就开始慢慢变成自己的优点了。

在生活中我们还要主动帮助别人,学会感恩。如果我们常常拥有一颗感恩之心,能够用美好的心态去看待别人,看待世界,看待社会,就能更多地发现和感受到生活的美好,带来内心的快乐和愉悦,带来积极的情绪体验。

(四) 让别人感受你的快乐

有一种微笑叫作迪香式微笑,它是法国医生迪香发现的。当一个人的脸部三块肌肉同时活动(第一个是嘴角肌上扬,第二个是颧骨肌上提,第三个是眼角肌收缩)的时候就会产生一种特别有感染力的微笑。当人产生这种微笑时自己会很开心,当看见别人发出这种微笑时也很开心,这是人类追求幸福和快乐的特别重要的方法之一。而装笑没有感染力,装笑也是别人看得出来的。心理学家卡特勒教授和他的学生曾经做过一项研究,对美国加州大学伯克利分校附近的一所女子学校 1960 年毕业班学生的毕业照片进行分析,30 年之后再对这些学生进行回访,结果发现那些当年以迪香式微笑上镜的人,结婚率高,离婚率低,自我评估幸福的比例高,事业也更成功。

要让别人感受到正面积极的情绪,微笑最具有感染力,微笑有一种神奇的力量,真正的微笑可以产生积极愉悦的情绪,既可以缓解自己的负面情绪,也可以给别人带来一种享受。微笑能将快乐的情绪八倍甚至十倍地放大,传递温暖,提升自信,将所有好的事情、好的人、好的情境带入生命中,让生命充满幸福。

(五) 用心品味生活的快乐

积极的情绪也需要慢慢地品味。我们要敞开心扉,品味感悟生活的快乐和意义。在我们成长的过程中,常常注重培养做事情的能力,而没有培养感受的能力。其实,我们已经从一个追求物质享受的时代进入了一个追求美好感受的时代,这个时代需要有慧眼禅心去感受有意义、有价值的东西。

这需要专注于当下的积极情绪体验。能感觉到积极情绪的时候,要好好地享受它,专注于快乐体验,积极地感受自己。为此,我们就要去创造更多的好事,这就是在生活中主动地给自己增加积极情绪。我们要全心全意地关注当下的积极情绪,而不再去想其他的事情。

我们平时和自己的家人打电话时,常常会一心二用,可能同时上网、打游戏、看电视,这样实际上就不能品味到跟家人联系时产生的积极情绪。如果跟家人打电话,最好找一个安静的地方,安静地坐下来,全心全意地和家人沟通,便会发现自己的积极情绪提升了很多。

品味积极情绪的第二个方法是留下纪念品,积累快乐。例如出去玩的时候、生日聚会、一些重要的活动等,或经历了积极情绪的时候留下的照片、视频,那么将来在看它们的时候,当初的积极情绪就会油然而生。

品味积极情绪的第三个方法是自我肯定。这与归因有关,有时候好事发生,我们会把它归因为是暂时的、特定的或者是非自我的,这样归因就没有办法好好地享受积极情绪。如果换成"为什么我这次考试考得这么好,因为我很努力",这样归因就能够更好地享受它。"为什么那个姑娘喜欢我,因为我很有魅力",这样就有更多的积极情绪。如果说"那个姑娘喜欢我,一定是她看走了眼",就不能够体会到积极情绪。所以在积极情绪来临的时候,应该大胆、自豪地肯定自己,即"真的是我的努力和我的一些特质赢得了这些好事",这样积极情绪就会更多。

第四个品味积极情绪的方法是找他人分享自己的体验。有句话说:"如果你有一个苹果,我有一个苹果,我们两个换一下,还是一个人一个苹果,但是如果你有一个故事,我有一个故事,我们两个换一下,我们一人就有两个故事。"拥有好事并跟朋友分享,也是一样的道理,当自己有了好事的时候,不要忘了跟别人分享,跟别人一起说的时候就会感觉更加好,能够更好地享受积极情绪。

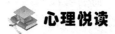 **心理悦读**

一个耐人深思的故事

因演奏奥斯卡得奖名作《红色小提琴》(*The Red Violin*)幕后音乐而声名大噪,勇夺"最佳器乐独奏专辑"格莱美奖的音乐演奏者在华盛顿地铁站"L'Enfant Plaza"的入口站了许久……

那是今年一月份的事,那天气温很低。他连续演奏了45分钟。先拉巴哈的,然后拉舒伯特的《圣母颂》,再拉庞塞的,接着拉马斯奈的,最后又拉回巴哈的。

那是大概早上8点,此时此刻,成千上万的工薪阶层通过这个地下通道前往任务地点。

3分钟后,一个中年男子发现小提琴家在演奏,他放缓脚步,停留了几秒钟,然后又加快了脚步往前走。

1分钟后,小提琴家得到了他的第一张钞票——一个女人扔下的1美元,但她没有停下来。

再过了几分钟,一个过路人靠在对面墙上听他演奏,但看了看表就走了——显然他要迟到了。

对音乐家最感兴趣的是一个3岁的小孩,他的妈妈又拉又扯的,但那个小孩就是要停下来看音乐家,最后他的妈妈用力拖他才使他继续走,但小孩还一边走一边回头看音乐家。

在音乐家45分钟的演奏过程中:

- 只有 7 个人真正停下来听他演奏；
- 他一共赚了 32 美元；
- 当他演奏完毕没有一个人理他；
- 没有一个人给他鼓掌；
- 没有一个人发现这个音乐家原来就是 Joshua Bell——当今世界上最有名的小提琴手之一。

他在这个地铁站里演奏了世界上最难演奏的曲目，而他所用的小提琴是意大利斯特拉迪瓦里家族在 1713 年制作的名琴，价值 350 万美元！

就在他在地铁站演奏的前两天，他在波士顿的歌剧院里表演虽然门票上百美元，却座无虚席！

这是一个真实的故事。

在地铁里演奏一事，其实是《华盛顿邮报》一手策划的，目的是为了测试人们的知觉、品味和行为倾向。

这个活动策划并无恶意，只是想要解答的问题是：

- 在一个公共场合里人们是否会停下来欣赏音乐呢？
- 人们是否能在一个不适宜的环境下发现人才呢？

如果人们确实是没有时间停下来，听一听世界上最优秀的演奏家演奏世界上最优美的旋律，不知道还有多少美好的东西从身边溜走……

 心理测试

情绪稳定性测试

请认真阅读题目，并根据你的真实想法选择一个答案。

1. 看到自己最近一次拍摄的照片，你有何想法？（　　）
    A. 觉得不称心　　　　B. 觉得很好　　　　C. 觉得可以
2. 你是否想到若干年后会有什么使自己极为不安的事？（　　）
    A. 经常想到　　　　B. 从来没想过　　　　C. 偶尔想过
3. 你是否被朋友、同事或同学起过绰号、挖苦过？（　　）
    A. 常有的事　　　　B. 从来没有　　　　C. 偶尔有过
4. 你上床以后，是否经常再起来一次，看看门窗是否关好等？（　　）
    A. 经常如此　　　　B. 从不如此　　　　C. 偶尔如此
5. 你对与你关系最密切的人是否满意？（　　）
    A. 不满意　　　　B. 非常满意　　　　C. 基本满意
6. 半夜的时候，你是否经常觉得有什么值得害怕的事？（　　）
    A. 经常　　　　B. 从来没有　　　　C. 极少有这种情况
7. 你是否经常因梦见什么可怕的事而惊醒？（　　）
    A. 经常　　　　B. 没有　　　　C. 极少
8. 你是否曾经有多次做同一个梦的情况？（　　）

A. 经常　　　　　　　B. 没有　　　　　　　C. 记不清

9. 有没有一种食物使你吃后就会呕吐?(　　　)

　　A. 有　　　　　　　B. 没有　　　　　　　C. 记不清

10. 除去看见的世界外,你心里有没有另外一个世界?(　　　)

　　A. 有　　　　　　　B. 没有　　　　　　　C. 记不清

11. 你心里是否时常觉得你不是现在的父母所生?(　　　)

　　A. 时常　　　　　　B. 没有　　　　　　　C. 偶尔有

12. 你是否曾经觉得有一个人爱你或尊重你?(　　　)

　　A. 有　　　　　　　B. 没有　　　　　　　C. 记不清

13. 你是否常常感觉你的家人对你不好,但是你又知道他们的确对你很好?(　　　)

　　A. 是　　　　　　　B. 否　　　　　　　　C. 偶尔

14. 你是否觉得没有人十分了解你?(　　　)

　　A. 是　　　　　　　B. 否　　　　　　　　C. 说不清楚

15. 你在早晨起来的时候最经常有的感觉是什么?(　　　)

　　A. 忧郁　　　　　　B. 快乐　　　　　　　C. 说不清楚

16. 每到秋天,你经常有的感觉是什么?(　　　)

　　A. 秋雨霏霏或枯叶遍地　　　　　　　B. 秋高气爽或艳阳天

　　C. 不清楚

17. 你在高处的时候,是否觉得站不稳?(　　　)

　　A. 是　　　　　　　B. 否　　　　　　　　C. 不清楚

18. 你平时是否觉得自己很强健?(　　　)

　　A. 是　　　　　　　B. 否　　　　　　　　C. 不清楚

19. 你是否一回家就立刻把房门关上?(　　　)

　　A. 是　　　　　　　B. 否　　　　　　　　C. 不清楚

20. 你坐在小房间里把门关上后,是否觉得心里不安?(　　　)

　　A. 是　　　　　　　B. 否　　　　　　　　C. 偶尔

21. 当一件事需要你作出决定时,你是否觉得很难?(　　　)

　　A. 是　　　　　　　B. 否　　　　　　　　C. 偶尔

22. 你是否常常用抛硬币、翻纸牌、抽签之类的游戏来测凶吉?(　　　)

　　A. 是　　　　　　　B. 否　　　　　　　　C. 偶尔

23. 你是否常常因为碰到东西而跌倒?(　　　)

　　A. 是　　　　　　　B. 否　　　　　　　　C. 偶尔

24. 你是否需要一个多小时才能入睡,或醒得比你希望的早一小时?(　　　)

　　A. 经常这样　　　　B. 从不这样　　　　　C. 偶尔这样

25. 你是否曾看到、听到或感觉到别人觉察不到的东西?(　　　)

　　A. 经常这样　　　　B. 从不这样　　　　　C. 偶尔这样

26. 你是否觉得自己有超乎常人的能力?(　　　)

　　A. 是　　　　　　　B. 否　　　　　　　　C. 不清楚

27. 你是否曾经觉得因有人跟着你走而心里不安？（　　）

　　　A. 是　　　　　　　　B. 否　　　　　　　　C. 不清楚

28. 你是否觉得有人在注意你的言行？（　　）

　　　A. 是　　　　　　　　B. 否　　　　　　　　C. 不清楚

29. 当你一人走夜路时，是否觉得前面暗藏着危险？（　　）

　　　A. 是　　　　　　　　B. 否　　　　　　　　C. 偶尔

30. 你对别人自杀有什么看法？（　　）

　　　A. 可以理解　　　　　B. 不可思议　　　　　C. 不清楚

计分和评定：以上各题的答案，选 A 得 2 分，选 B 得 0 分，选 C 得 1 分。请将你的得分统计一下，算出总分。得分越少，说明你的情绪越佳，反之越差。

总分 0～20 分：表明你的情绪稳定，自信心强，能理解他人的心情，有一定的社会活动能力。你一定是个性情爽朗、受欢迎的人。

总分 21～40 分：表明你的情绪基本稳定，但较为深沉，对事情的考虑过于冷静，不善于发挥自己的个性。你的自信心受到压抑，办事热情忽高忽低，易瞻前顾后，踌躇不前。

总分 41～50 分：表明你的情绪很不稳定，日常烦恼太多，自己的心情经常处于紧张和矛盾之中。

如果你的得分在 50 分以上，则是一种情绪极不稳定的危险信号，你应该找心理咨询师进行心理咨询，尽快改变这种不良情绪状态。

 **心理训练**

（一）正念疗法

系统的正念疗法产生于 1979 年，由美国麻省理工学院分子生物学博士、马萨诸塞州医学院的荣誉医学博士卡巴金创立。

"正念"最初来自佛教的八正道，是佛教的一种修行方式，它强调有意识、不带评判地觉察当下，是佛教禅修的主要方法之一。西方的心理学家和医学家将正念的概念和方法从佛教中提炼出来，剥离其宗教成分，发展出了多种以正念为基础的心理疗法。最好的了解正念的方式，是通过正念练习主观体验，但对于还没有接触过正念的人，以下一些描述也许会帮助了解什么是正念。

正念就是观察事物的本身——我们的念头、情绪、身体感受以及周边发生的一切。正念告诉我们，世界是一面反射的镜子，清晰、公正、无分别。修习正念时，我们能觉察、意识到生活中正在发生的一幕一幕，而不会迷迷糊糊地陷入其中，全然无知。

正念是一项 ABC 技能：A（aware）觉知；B（being with）全然接受当下经历的，而不是意气用事；C（choice）更好地选择适应环境的方式。

正念意味着全然感受生命（即使有时很痛苦），对每一种体验都充满好奇心和勇气。正念也意味着任何时候都要保持淡定，只有接受了，我们才能作出冷静明智的决断，而不是批评、分辩和意气用事。

正念训练的具体方法如下。

　　首先被试需要为自己选择一个可以注意的对象,可以是一个声音,或者自己的呼吸、身体感觉都可以;在选择完注意的对象之后,需要做的是舒服地坐着,闭上眼睛,进行一个简单的腹部呼吸放松练习(不超过1分钟);然后,调整呼吸,将注意力集中在所选择的注意对象上。当被试者在训练的过程中,头脑中出现了其他的一些想法、感受或者感情,从而使注意力出现转移的情况,只需要随时回到原来的注意力上就可以。这样训练10～15分钟之后,静静地休息1～2分钟,然后再从事其他正常的工作或活动。

　　当然,除了在正规的诊所中进行标准的正念训练之外,在日常生活和工作中也可以有不同形式的正念练习。例如,身体扫描,练习者闭上眼睛,按照一定的顺序(从头到脚或从脚到头)逐个扫描并觉知不同身体部位的感受;再如行禅,行禅是在行走中进行的正念训练,练习时,将注意力集中在脚部,注意脚底与地面接触的感觉,注意行走中脚的抬起、移动、放下,注意脚部、小腿等部位的各种感觉,整个过程自然地呼吸,不加控制。

　　如果每天都坚持一段时间的正念训练,无论是什么形式的正念训练,只要持续一段时间之后,某些心理疾病如紧张、压力等病症就会减轻或消除。这就是正念疗法的基本方法。

　　(二)空椅子练习

　　请准备一把椅子,放在你的面前,假设你要倾诉的对象就坐在这张椅子上。

　　请你将过去一周发生的最为生气(或伤心)的事情向对方表达出来,对着椅子把自己想要对他说却没来得及说的话表达出来,并说说自己的感受。

　　(三)写情绪日记

　　请你记录自己的情绪,并觉察自己的情绪状态以及情绪的作用。

　　(1)今天起床到现在,你都产生过哪些情绪?请写下来。

　　(2)今天的情绪是正向情绪多还是负向情绪多?

　　(3)选择其中最强烈的一个,想一想它是怎样产生的。

　　(4)再想一想,产生这个情绪后,你做了什么,说了什么,你的行为产生了什么后果?

　　(5)再想一想,这个后果是建设性的(有益健康、学习、工作、人际关系),还是破坏性的(有害健康、学习、工作、人际关系)?

　　(四)用动作创造情绪

　　活动步骤:

　　(1)请大家全体起立,然后坐下;再次请大家起立,不过这次的速度要比刚才快10倍,然后再坐下;第三次起立要求比第二次再快10倍。

　　请问大家是否感觉到一种振奋的情绪?

　　(2)请大家坐下,抬头看天花板,张开嘴巴大笑三声(最爽朗的笑声);保持现在的样子,张开嘴巴,看着天花板,然后要求每个人想一件人生中最悲伤的事情;持续1分钟,请大家回到自然状态。

　　请问你有没有被目前的身体状态所干扰,无法想到人生中最悲伤的事情呢?想一想,为什么呢？

推荐资源

（一）书籍《积极情绪的力量》（作者：芭芭拉·弗雷德里克森）

美国北卡罗来纳大学教授，杰出的积极情绪研究者。2000 年，因她在积极心理学领域的杰出贡献，美国心理协会授予她坦普尔顿奖，积极心理学之父马丁·塞利格曼称她是积极心理学领域的天才。

要想获得完满的人生，必须借助积极情绪的力量。积极情绪会扩展我们的思维和视野，建构帮助我们成功的各项资源。积极情绪为我们带来健康，让我们更加坚韧，并抑制无端的消极情绪。最重要的是，我们都可以通过努力来提高自身的积极情绪。

是欣欣向荣，还是衰败凋零？这完全取决于内心由衷的积极情绪。积极情绪不是越多越好，消极情绪也不是越少越好。要想实现美好的人生，最佳的积极情绪与消极情绪的配比为 3∶1。《积极情绪的力量》（见图 6-1）告诉我们，我们可以通过 7 种方法降低消极情绪、10 种方法提升积极情绪。

图 6-1　书籍《积极情绪的力量》

（二）书籍《活出最乐观的自己》（作者：［美］马丁·塞利格曼）

《活出最乐观的自己》（见图 6-2）是积极心理学之父、以高票数当选美国心理协会主席的马丁·塞利格曼的作品，畅销全球 20 年。看过《活出最乐观的自己》的人，不管是门外汉还是专业人士都会受惠，本书不仅包含了具体的自我评估工具，而且语言生动风趣，道出了"活出真我"的真正含义，帮助人们彻底改变悲观困扰的人生。作为积极心理学的经典作品，本书对我们的生活以及对抗抑郁将很有帮助。按书中的方法坚持练习，会帮助我们成为乐观的人。

（三）电影《头脑特工队》［美］

可爱的小女孩莱莉出生在明尼苏达州一个平凡的家庭，从小在父母的呵护下长大，脑海中保存着无数美好甜蜜的回忆（见图 6-3）。这些记忆还与几个莱莉未曾谋面的伙伴息息相关，他们就是人类的五种主要情绪：乐乐、忧忧、怕怕、厌厌和怒怒。乐乐作为团队的领导，她协同其他伙伴致力于为小主人营

图 6-2　书籍《活出最乐观的自己》

造更多美好的珍贵回忆。某天,莱莉随同父母搬到了旧金山,逼仄的公寓、陌生的校园环境、逐渐失落的友情都让莱莉无所适从,她的负面情绪逐渐累积,内心美好的世界逐渐崩塌。

图 6-3　电影《头脑特工队》

为了保护这一切,乐乐只有行动起来……

情绪 ABC 理论

第七章　构建和谐关系

 心灵探索

情境一

小明与小宇是同班同学,他们住在同一间宿舍。小宇和小明都睡上铺,而且是邻铺。小宇是"夜猫子",每晚都要到凌晨一点才睡觉,要么看课外书,要么听音乐,要么玩手机,要么小声给女友打电话。小明是"百灵鸟",习惯于早起早睡,这可害苦了他,他也给小宇提过意见。小宇也说过尽量减少动静,同时建议小明早起时动作幅度不要太大,但他仍然是半夜才休息。时间长了,小明感觉受不了,晚上老是失眠,白天上课昏昏沉沉,很难集中精神,他很担心这样下去身体和学业都会受到影响。有时候小明一大早起床后,故意弄出响声,这下小宇不干了,冲他喊:"神经病,这么早起来!"他们的矛盾越来越深,关系越来越紧张,一遇小事就大动干戈。

情境二

我叫小静,来自北方的一座小城,是家中的独生女,从小学到高中学习成绩一直比较好。可是,由于在高考时发挥失常,没有考上理想的大学,很不情愿地来到一所高职学院,住进了六个人一间的寝室。入学前,父母就再三嘱咐我要和同学搞好关系,在学校里同学之间要相互照应,我也很想跟寝室的同学好好相处,可是我不知道从何做起。

一开始,她们也喊我一块去上课、吃饭,但我觉得大家等来等去,很浪费时间,后来就变得越来越独来独往,一个人去吃饭,一个人去上课,一个人去自习。我也很想跟她们多交流,可是觉得找不到合适的话题,她们喜欢谈论的那些东西我一点都不感兴趣,怕插话了让人家笑话。我感到融不进去,仿佛热闹是别人的,感到很孤单寂寞。久而久之,我跟大家的距离就越来越远。我很羡慕那些在人际交往中应付自如的人,我应该怎样做才能有个好人缘呢?

可能有很多同学有着与小明和小静相似的困惑,离开家庭来到学校,过上集体生活,可能无法很快适应。如何处理人际关系是无法回避的人生课题,正如著名的非洲谚语所说:"如果你想走得快就独自行动,如果你想走得远那就结伴而行。"

第一节　人际交往概述

大学校园是一个小社会,同学们每天都要在不同的场景中和不同的人打交道,可能是在校园的林荫小路上,也可能就在天天生活的寝室里;可能是已经认识多年的好友,也可能只是擦肩而过的陌生人。人的一生就是在不同的交往中度过的,每个人的成长和发展都离不开一定的人际关系,人际关系的好坏往往是一个人心理健康水平、社会适应能力的综合体现,对于正处于学习、成长中的大学生来说,人际交往是不可缺少的必修课,也常常使大学生感到头疼和苦恼。和谐地与人相处不仅仅是一种能力,更体现出一个人良好的人文修养,彰显一个人卓越的人格魅力。因此,培养良好的人际交往能力,构建和谐人际关系,不仅是大学生活的需要,更是一生发展的重要课题。

一、人际交往的含义

人际交往是指人们运用语言或非语言的符号系统沟通信息、交流思想、表达感情和协调行为的互动过程。在人际交往过程中建立和发展起来的人与人之间的心理关系就是人际关系,它反映了在交往基础上所形成的人们之间心理距离的亲疏远近。

人际交往与人际关系是一对相互关联的概念。人际交往与人际关系指的都是人与人之间的相互联系,只是人际交往强调的是人与人之间在心理上和行为上发生相互影响的过程,而人际关系则强调的是这种相互影响的过程在人的心理上和行为上产生的结果。人际交往是一个动态的过程,而人际关系则具有相对的稳定性。

二、人际交往的重要性

人际交往是人的基本需要,正常的人际交往和良好的人际关系是人们心理发展、个性健康、生活幸福的重要前提,也是人适应环境和社会生活、担当社会角色的基本途径。

大学是人生发展的特殊阶段。一方面,大学生离开熟悉的家人和朋友,到异地求学,第一次独立面对全新的生活和环境;另一方面,大学生正处于特殊的生理和心理发展阶段,自我意识迅速发展但尚不健全,往往更加渴求和谐的人际关系。可见,人际交往对大学生的成长与发展具有极其重要的意义,主要体现在以下几个方面。

1. 人际交往是大学生心理保健的需要

交往是人维持心理健康的基本需要,是人的一种本能,就像吃饭睡觉一样,人们需要人际交往,实现个体情感上的交流,宣泄感情,减轻自己的心理压力,有助于身体健康。几乎所有的人都希望与他人交往,即使是性格非常内向的人,其内心也存在与人交流、被人理解的强烈愿望。一个人如果长期缺乏与他人的交流和沟通,就会感到压抑和苦闷,对身心健康造成极大的损害。

美国心理学家哈洛等人曾做过这样的实验:将一只猴子置于不锈钢的房子里,温度、空气流通、清扫和喂养等一切工作都是自动化的,即隔绝了猴子的一切交往活动。经过一段时间的"社会剥夺"研究发现,被隔绝交往的猴子远比正常交往情况下的猴子恐惧反应强烈,它们在情绪交往行为上受到损害,精神是不健全的。

在对人的研究中同样发现了这个结果。有人研究生活在孤儿院的儿童,他们平静而孤单地生活,得不到正常儿童应得到的爱抚,更缺乏良好的社会交往,所以不仅在智力(尤其是语言)的发展上低于同龄正常儿童,而且社会适应能力更差。他们或是对人冷淡,缺乏交往愿望和能力,或是另一种极端反应,即表现为情感饥饿,狂热地需要得到他人的爱。

大学生情感丰富,情绪尚不稳定,特别需要他人的关心和理解。通过交往活动,学生们彼此诉说心中的喜怒哀乐,表达自己的思想感情和生活态度,可以共享快乐与欢愉,宣泄愤懑与抑郁,分担痛苦与忧愁,使个体心理得到必要的调节,从而维护心理健康。而一个自我封闭、不善交际的人总是更多地体验着情绪低落、孤独空虚,甚至自卑、抑郁、恐惧等不良心理。

英国哲学家培根说:"当你遭遇挫折而感到愤懑抑郁时,向知心挚友的一席倾诉可以使你得到疏导,否则这种积郁会使人生病。"良好的人际关系是重要的心理资源,压在心头的沉重负担可以通过友谊的肩膀而被分担。可见,人际交往是维护心理健康的有效方式。

2. 人际交往有助于大学生正确认识自我

人对自我的认识并非是一个自然成熟的过程,而是通过交往,在与别人的相互作用中发生和发展起来的。人们需要在与他人的交往中,通过他人对自己和评价和态度,以及自己与他人的关系,了解自己在他人心中的形象和在社会中的地位,获得不同的态度体验,认识到自己的优势和不足,参照别人的评价,更客观、全面地认识自己、评价自己。别人对自己的评价态度以及对待自己的行为方式就像一面镜子,让人们从中了解自己,界定自己,并形成相应的自我概念。离开了交往对象或相比较的对象,就失去了衡量自己的尺子和明鉴自己的镜子。

可以说决定自己是一个什么样的人,不是靠个体内在的自我,而是依赖于他人的评价。每个人都渴望在关系中被看见、被肯定、被认可,同时在人的一生中,总是会选择一些自己在心理上愿意接受的群体,比如父母、老师、偶像、同伴等,与其进行比较,并接受这些群体对自己的影响,把自己的态度、价值观和行为与之相对照,从而形成自己的价值观和行为。人不仅需要了解自己,而且需要通过了解别人来了解自己,需要在爱与被爱、归属与依赖的互动关系中确认自己的存在,需要在帮助别人和得到别人帮助的过程中感受自己的价值。大学是个体形成自我认同的重要时期,人际交往是大学生认识自我、肯定自我的重要条件。

3. 人际交往促进大学生的个性发展

大量研究证明,健康的个性总是与健康的交往相伴随的。心理健康的水平越高,与别人的交往越积极,越符合社会的期望,与别人的关系也越深刻。心理学家奥尔波特发现个性成熟的人都同别人有良好的交往与融洽的关系,他们可以很好地理解别人,容忍别人的不足和缺陷,能够对别人表示同情,具有给人以温暖、关怀、亲密和爱的能力。所以,大学生良好个性的形成离不开人际交往。正是在交往中,大学生懂得生活、丰富知识、学会处事、锻炼能力,从而发展个性。相反,独来独往、孤僻冷漠、离群索居的人,不能客观、全面地认识自我;自我感觉良好、孤芳自赏,或者自我感觉极差、封闭自我,都不能很好地发展和完善个性。

心理学家发现,个性的缺陷虽然有其先天的基础,但更大程度上是后天形成的。如果一个人长期缺乏与别人的积极交往,缺乏稳定良好的人际关系,那么这个人往往有明显的个性缺陷。良好的人际关系,有助于改善这些缺陷。由于人际交往是一种双向互动的活动,他人往往会成为人们作出改变的动力。例如,有的大学生在上大学之前性格有些孤僻，不愿意与人交流，当他来到大学，生活在一个具有友好、合作、融洽的氛围的宿舍中，他就开始了与人交往的尝试，而在与人的交往过程中，他开始认识别人，得到反馈，也逐渐表现出愉快、乐于交往和乐于助人，改善了原本孤僻的个性。"没有人是一座孤岛，可以自全"，人的个性形成和发展直接受人际交往状况的影响。

4. 人际交往影响大学生的幸福感受

日常生活中，金钱、地位、名誉、成功等似乎与个人的生活质量关系较大。因此，许多人认为幸福是建立在这些要素的基础上的，但实际上，西方心理学家通过广泛的调查和研究表明，当人们被问到"什么使你的生活富有意义"的时候，几乎所有的人都回答，亲密的人际关系是首要的，其重要性远远超过了金钱、名誉和地位，甚至超过了西方人最为尊重的宗教信仰。

心理学家埃德·迪纳和马丁·塞利格曼对大学生的幸福感进行了调查。结果发现，主观幸福感高的学生具有一个共同点，就是他们有非常好的人际关系。幸福的学生很少独处，他们和朋友、家人或恋人之间的关系非常稳固，并且花费很多时间和家人、朋友或恋人共处。他们比主观幸福感一般或较低的学生更为开朗和友善，也较少感觉到压力，他们对自己的生活更加满意，在生活中体验到更多的积极情绪。基于这项研究，塞利格曼认为影响个体主观幸福感最重要的因素是"我们内心最深处的归属感及与他人交流的需要"。而心理上的这种归属感和安全感正是良好的人际关系带来的结果。

很多有关中国人幸福感的研究显示，人际关系影响着中国人的幸福感受，中国人的幸福更多地受到人际关系质量及环境的影响，中国人的幸福观是一种建立在人际关系和谐基础上的集体主义取向的幸福观。如讨论幸福是什么时，不少大学生提到幸福包含了与家人和睦相处、与爱人在一起、收获友情等，这些都反映出和谐的人际关系是人们幸福感的重要源泉。

5. 人际交往是大学生成长成才的必备条件

人际交往是个人社会化的必经之路。个人社会化，即个人学习社会知识、技能和文化，从而取得社会生活的资格。无论社会如何发达，各种学习工具如何先进，与人交往仍然是人们获得知识和提高能力的主要途径。一个人的成长过程实际上就是一个不断开放自己，与更多的人交往的过程。马克思指出，一个人的发展取决于和他直接或间接进行交往的其他人的发展。很多调查研究发现，人际关系和谐的人容易获得帮助和支持，能获得更多的资源和机会，也容易获得成功。

戴尔·卡耐基曾说："一个人事业的成功，只有50%是由于他的专业技术，另外50%要靠人际关系和处世的技巧。"一个没有交际能力的人，就像失去动力的船，永远无法在壮丽的人生大海里劈波斩浪。任何人要完成一项事业，都不可能离开社会、离开群体、离开他人。一项针对美国2000多位雇主的问卷调查，要求雇主查阅公司最近解雇的3名员工的资料，然后回答解雇他们的理由是什么，结果2000多位雇主中2/3的答复都是他们是因为不会与别人相处而被解雇的。所以无论从事什么职业，学会更好地进行人际交往，就在成功的路上走了85%的路程，在个人幸福的路上走了99%的路程。可见，人际交往是大学生成长成才、事业成功的必要条件。

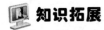

知识拓展

美国心理学家沙赫特曾做过一个孤独对人的影响的实验。他以每小时15美元的报酬请人单独到一个小房间去居住。小房间与外界完全隔绝,没有报纸,没有电话,不能写信,也不准他人进入。有5个人参与了实验,结果是有1个人在里面待了2小时就出来了,有3个人在里面待了2天,有1个人待了8天。待的时间最长的这个人出来后说了一句话:"如果我在里面再多待1分钟,我就要疯了。"

三、大学生人际交往的特点

大学生每天穿梭于教室、宿舍、食堂、图书馆之间,其中既有学习的紧张、压力,也有生活的自由、浪漫和丰富多彩。在这种特殊的生活环境中,大学生自身的条件和独特的社会角色决定了他们在人际交往中表现出不同于其他群体的发展状况和交往特点。

(一)交往主体的局限性和交往范围的狭窄性

大学生是大学校园的主体人群,进入大学学习的大学生,虽然来自不同的地域、不同的家庭,拥有不同的社会背景,但他们的年龄相近,文化素质水平相近。大学生的人际交往多是与同学在学习和生活中发生的交往,其范围主要集中在校园,虽然有大学生参加社会实践或在择业时接触就业单位人员,但只是少数大学生在短时间内的对外交往。所以大学生的人际交往范围具有狭窄性的特点。

(二)交往要求的迫切性和交往行为的被动性

大学生年轻活泼、思想活跃、精力充沛、兴趣广泛,进入大学后,脱离了熟悉的家庭生活圈子,需要建立新的交往群体来弥补情感需求,所以具有迫切的人际交往的愿望。同时对于新环境的新鲜感和好奇心,也促使大学生想结交更多的新朋友。

实际交往中有很多大学生由于缺乏人际交往的经验,不知道如何与他人进行交往;也有些大学生从小到大被家长溺爱呵护,心高气傲,不懂得隐忍退让,不易与人交往;还有些大学生来自偏远落后的乡村或山区,有自卑感,不敢与人交往等。这些都造成了很多大学生在人际交往过程中处于被动的地位。

(三)交往愿望的单纯性和交往动机的复杂化

学习知识是大学生的主要目标,功名利禄对他们来说还比较遥远。因此,大学生交往中直接功利性动机明显少于社会其他群体。大学生在人际交往中多是单纯地以增进感情和友谊为交往目的,注重情趣相投,满足交往双方的精神需要,这使得他们在交往中投入了较多的情感。此特点在低年级的大学生中尤为突出。但是,大学生最终将融入社会,在逐步融入社会的过程中,其价值观也随之发生变化,大学生的交往动机从较单纯的情感需要扩展到生活、发展、就业等多种需要并重,逐渐趋向复杂化。

（四）与异性交往愿望的强烈性和交往的拘谨性

大学生正处于青年期，情感极其丰富。随着生理的成熟，心理上产生了比高中阶段更为强烈的与异性交往的渴望和兴趣，产生了追求爱情的强烈愿望。但是，由于大学生人际交往能力有限，异性间交往经验不足，对"爱情"的认识尚不够深刻，在与异性交往过程中，往往顾虑较多，怕别人说闲话，怕被对方拒绝等，不敢表达自己的真实想法；或是词不达意，难以准确、恰当地表达自己的情感，从而影响了与异性间的顺利交往。

第二节　人际交往的影响因素

人们需要建立各种各样的社会关系。人们在社会交往中相互认识，形成一定的情感联系，这种情感联系集中表现在人际吸引上。人际吸引是人与人之间的相互接纳和喜欢。吸引的一般形式是喜欢或友谊，吸引的强烈形式是恋情或爱情。人为什么喜欢别人或被别人喜欢呢？我们必须了解人际交往有哪些影响因素。

一、影响人际交往的一般因素

影响人际交往的因素很多，宏观上的文化背景、宗教信仰，微观上的人们的交往态度、交往方式等，皆会产生影响。心理学家经过广泛的研究认为，影响人际吸引的因素主要有接近性、相似性、互补性、互惠式好感和个人特征等。

（一）接近性

心理学家研究发现，在其他条件相似的情况下，人们倾向于喜欢和自己邻近的人。人与人之间在空间位置上的距离越小，双方越接近，相互接触的机会越频繁，越容易熟悉对方，就越容易形成人际亲密关系。尤其在交往的早期，人们经常接触、并与之交往的人往往成为朋友，甚至恋人，如邻居、室友、同班同学等。大学校园里还有一种独特的"老乡"交往圈，就是由于地域关系，在陌生的环境里会产生心理上的亲近感。

接近性意味着人们在选择了一个地点的同时也选择了将会遇到的人。一旦人们选择了一个将要居住、工作或学习的地点，也就意味着朝向那些对自己有意义的人迈出了一大步。

📖 知识拓展

美国心理学家纽科姆（Newcomb）曾在密执安大学做过一项实验，实验对象是17名大学生。实验者为被试免费提供住宿四个月，交换条件是他们要定期接受谈话和测验。在被试进入宿舍前先测定他们关于政治、经济、审美、社会福利等方面的态度和价值观以及他们的人格特征。然后将态度、价值观和人格特征相似与不相似的被试混合安排在几个房间里一起生活。实验者在被试一起生活的四个月中定期测定他们对上述问题的看法和态度，让他们相互评定同一房间内的人，喜欢谁和不喜欢谁。实验结果表明，在相处的初期，空间距离的邻近性决定人与人之间的吸引。

（二）相似性

社会心理学的有关研究表明,如果双方有很多相同或相近的地方,更容易产生相互吸引,促进人际关系的发展,正所谓"物以类聚,人以群分",人们一般会喜欢那些在态度、价值观、兴趣、背景、个性等方面与自己相似的人。交往双方的相似性在人际交往中有着重要意义,如果交往的双方有共同的语言、理想、信念和价值观以及人格,就容易产生共鸣、同情、理解、支持、信任、合作,同时也容易预测对方的感情与反应倾向,在交往中彼此容易适应,从而形成密切的关系。如兴趣爱好相似,球迷之间因为对一场球赛的品评,遂成知音;喜欢打扮的人,周围的朋友也多热衷于追求时尚;有着同甘共苦经历的人更容易结成生死之交;人们更喜欢与自己观点一致的人。经调查研究,在挑选婚姻伴侣时,如果男女双方在年龄、家庭背景、受教育程度、智力水平、外貌、价值观等方面相似或相当,也就是俗话说的"门当户对",则更容易互相吸引,结成的婚姻关系更加稳定、和谐、长久。

除了心理的接近性因素,纽科姆实验还得到了另一项研究结果。到了实验后期,相互吸引的影响因素发生了变化,彼此间的态度和价值观越相似的人,相互间的吸引力越强。进一步探索还发现,只要对方和自己的态度相似,哪怕在其他方面有缺陷,还是会对自己产生很大吸引力。

（三）互补性

人们在寻找人际交往对象时,往往倾向寻找能够弥补自己不足的朋友。这是因为每个人都有从对方获得自己所缺乏的东西的需要,这就是交往的互补性。具体来说,互补性就是指在需求、兴趣、气质、性格等方面存在差异的人,可以在交往中相互吸引,当交往双方能够满足彼此的需要和期望时,彼此的喜欢程度也会增加。如依赖性强的人愿意与独立性强的人交朋友;急性子的人往往愿意与个性较稳重、有较强容忍力的人做朋友;遇事犹豫不决的人希望能有一个处事果断的朋友替他出谋划策;一个支配型的妻子后边往往会有一个顺从型的丈夫。大学生选择与性格互补的人交往,可以使交往的层次更丰富,对于认识世界、开阔处理问题的思路更有益处。

研究表明,互补因素增进人际吸引,往往发生在感情深厚的朋友之间,特别是在异性朋友或夫妻间。柯克霍夫(Kerckhoff)等人研究了已建立恋爱关系的大学生,对初期恋人来说,推动吸引力的主要因素是相似性,如相似的价值观念;而对长期恋人来说,发展更密切关系的动力主要是需要的互补。

（四）互惠式好感

人们都喜欢被别人喜欢,如果知道某个人喜欢自己,就足以提升自己对那个人的喜欢程度。一般来说,如果对方对自己热情、友善,则自己也愿意接纳对方。因此,对方是否欣赏自己,也是决定人们是否欣赏对方的一个重要因素。

科学研究表明,人们在人际交往中往往喜欢那些对自己有好感、作出积极评价的人,而厌烦对自己作出消极评价的人。相比与认为对方不喜欢自己的人在一起来说,人们与那些相信对方喜欢自己的个体和伙伴们在一起的时候会表现得更招人喜欢。他们会进行更多的自我展露,对讨论的问题不会做更多的异议,总体上表现出热情、更令人愉悦的交际方式。而自卑的人,可能觉得自己并不能招人喜欢,会认为他人对自己的友好行为只是表面现象、虚假行为,内心并不会真正投入和接纳,相应也不会作出良好反应。

在日常工作与生活的交往中,应该尽力避免由于自己的表现不当造成他人对自己形成不良印象。

(五)个人特征

1. 外表

在交往的过程中,特别是初次接触时,人们往往更容易注意到的是他人的外表。一个人的相貌、着装、风度等外在因素在人际交往中起着重要作用。在其他条件相同的情况下,那些相貌漂亮、风度翩翩的人容易引起别人的注意,被人接纳,使人产生与之交往的愿望和行为。尽管人们知道以貌取人是一种偏见,也都知道人不可貌相,但实际上,人们经常会下意识地把一些正面的品质加到外表漂亮的人身上,如聪明、善良、诚实、机智等,不知不觉地受外表的影响。

可见,对自我形象的适当修饰是一个值得学习和掌握的生活技能。在人们第一次见面的时候外表能给对方留下深刻印象。随着交往时间的延长和交往的深入,外表吸引力的作用会有所减弱,人的内在品质的作用会越来越大。

📖 知识拓展

> 美国心理学家奥斯特夫和赛格尔做过一个有趣的实验。他们模拟犯罪卷宗让一些人来阅读,这些卷宗的封面上贴有罪犯的照片,其中有相貌漂亮的,也有丑陋的。当人们阅读了卷宗后,根据要求对案犯进行判决,结果长得丑陋的罪犯大多数被判得较重,而长得漂亮的罪犯则被判得较轻。

2. 能力

能力可以增加一个人的吸引力,但人们对有能力者的态度往往出人意料。在其他条件相同的情况下,一个人能力越强,就越容易被人喜欢。一定范围内,才能与被人喜欢的程度成正比,如学习成绩好的人容易成为大家的交往对象。尽管才能与被人喜欢的程度在一定范围内成正比,但近乎完美的人往往让人产生距离感,使人倍感压力。实际上,在一个群体中最有能力、最能出好主意的人可能不是最受喜爱的人。因此,一个才能出众但偶尔有点小错误的人在一定程度上比在公众面前表现完美的人让人觉得更真实,更受欢迎。

3. 个性特征

个性特征是影响人际吸引力的最稳定因素,也是个体吸引力最重要的因素之一,具有持久吸引力的人是那些具有优秀个性品质的人。人的个性影响着交往的态度、频率和方式,从而影响着人际关系。以气质而论,四种气质类型是心理学中的重要部分,具有多血质和黏液质的人,其人际关系一般来说要好于胆汁质与抑郁质的人。以能力而论,能力强的人往往会人产生钦佩感与信任感,具有吸引力。以性格而论,诚实、正直、开朗、自信、勤奋、幽默、热情的人比虚伪、孤僻、懒惰、固执、狂妄的人具有人际吸引力,那些具有令人愉悦的个性品质,如真诚、通情达理、善良等的人尤其受人欢迎。可见,在人际交往中,一个人的人格因素具有非常重要的作用,一个人的优秀品质越多,其受人欢迎的程度越高。

二、影响人际交往的心理效应

对人际交往的影响,除了个人品质等一般因素外,一个重要的但往往被人们所忽视的因素就是人们在人际交往中的认知偏差。这种认知偏差是对交往对象真实情况的曲解和错觉,反映了人在人际认知中的非理性和主观性。在人际知觉上,人们的眼睛和心,都会"无中生有",有些事实,自己并没看到;而看到的,不一定就是事实,或者只是部分事实。人际交往中的心理效应就是这种认知偏差的反映。科学地利用或者避免人际交往中的心理效应,对大学生进行有效的交往具有重要的指导意义。

(一)首因效应

首因效应也称"第一印象"。它是指素不相识的人在第一次交往中形成的印象会对以后的交往关系产生深刻的影响。第一印象一旦建立,会在相当长的时间里直接影响人们对交往对象的评价和看法。人们往往对第一次见面时的印象,如对方的容貌、表情、身材、衣着、举止、风度等因素记忆深刻,而对后来接触到的因素不太注意,甚至忽略。如果第一印象良好,在以后的交往中总倾向于从积极的方向去理解对方;反之,容易形成偏见,从消极的方向去看待对方。如一位大学生刚入大学时出色的自我介绍给同学们留下强有力的第一印象,即使日后他的表现不如以前,大家也会认为不是他的能力有问题,可能是不够尽力;相反,有的大学生在寻求职业时给别人留下很不称职的第一印象,那么要转变这种印象则需要很长时间。这种先入为主、缺乏深入了解和认识的行为,常常会造成人际认知偏差,使人陷入人际交往的误区。首因效应往往在人际交往的初期起重要作用。

(二)近因效应

近因效应是指在人际交往中最近接触留下的印象对人的认知具有较大的影响。人际交往中人们往往对最近获得的印象清晰深刻,会冲淡和破坏过去一直存在的印象。如有的学生一贯表现很好,一旦做了一件错事或犯了一点错误,就容易给别的同学留下很深的负面印象。首因效应与近因效应不是对立的,而是一个问题的两个方面。在大学生的人际交往中,第一印象固然重要,但最后的印象也是不可忽视的。一般来说,在对陌生人的认知中,首因效应比较明显;而对熟识的人的认知中,近因效应起着更显著的作用。近因效应往往具有很大的片面性,在人际交往中应注意克服近因效应带来的认知偏差,要学会运用动态的、全面的、历史的、发展的眼光看待他人。

(三)晕轮效应

晕轮效应也称光环效应,是指在人际交往中,人们常常把对方所具有的某个特征泛化到其他一系列尚不知道的特征上,从局部信息推论形成一个完整印象,得出全面结论的心理现象。人们常说的"情人眼里出西施""爱屋及乌"等,就是晕轮效应。晕轮效应往往会影响到人们的相互交往。当认为对方某个方面优秀时,就觉得他各方面都优秀,甚至他的缺点和错误也会觉得可爱;当认为某人有缺陷时,对其优点与成绩也视而不见。晕轮效应容易产生以偏概全的结果,以个别特征代替全部特征,主观地歪曲了交往对象的形象,对人作出不公正评价,这在人际交往中是比较常见的。大学生在人际交往中要特别注意,尽量避免晕轮效应带来的负面影响。

(四)刻板效应

刻板效应是指人们对于某一类人或事物形成的一种比较固定、概括而笼统的看法,并认为所有的这类人或事物都具有这些特性。例如,用区域评价一个人,认为北方人一定身材魁梧、正直豪爽,南方人一定小巧玲珑、精明能干;按性别判断一个人,认为男生一定阳刚,女生一定阴柔等。这种刻板印象所产生的积极的一面,即借助社会经验沉淀而形成的某一类人的共性,使认识他人的过程简单化,有利于人们对某一个人、某一群体作出概括性的反应。但是这种反应并不一定合乎实际,因为在同一类人中,除了共性之外,还存在个性,而且个性的存在是普遍的,如有的大学生认为南方人小气、自私;家庭条件好的同学娇气、不好相处等,实际并非全部如此。一旦形成了刻板印象就会忽视个体的真实表现,容易造成交往中的偏见和误解,影响正常的人际交往。

(五)投射效应

投射效应是指在人际交往中,形成对别人的印象时总是假设他人与自己有相同的倾向、态度和体验等,把自己的某些心理特征归属到他人身上。"以小人之心,度君子之腹"就是这种投射效应的写照。投射是自己心中有什么就能看到什么,心中没有什么,或者不允许有什么就看不到什么。比如当一个男生喜欢某个女生时,觉得对方的一颦一笑都是在对自己发出爱的信号;在寝室交往中,有的同学对别人有偏见,总感觉到对方对他也有敌意。这种以己度人、主观想象容易造成人际交往中的误会和矛盾。

三、影响人际交往的消极心理

在现实生活中,大学生虽然有强烈的交往动机,也认识到交往在社会生活中的重要作用,可实际上不少人因个性特征、对他人认知等方面存在问题,以及缺乏人际交往技巧而使人际关系处于紧张状态,引发各种心理问题。因此,探讨大学生常见的人际交往中的心理问题,进行针对性较强的心理调适,有助于改善大学生的人际关系。常见的影响人际交往的消极心理有以下几种。

(一)自卑心理

自卑心理是指由于对自己的能力和品格作出过低的评价,认为自己在某些方面不如他人,从而产生的一种轻视自己的不良心理。在人际交往中的表现是畏首畏尾、孤僻退缩、自惭形秽、自我封闭,不敢与人交往。自卑是因为自我评价过低而产生的消极情绪体验,其浅层次感受是别人看不起自己,而深层次的体验是自己看不起自己。自卑感重的人,觉得自己处处不如人,过于看重别人对自己的评价,总觉得别人瞧不起自己。他们感情脆弱,体验深刻,多愁善感,事事回避,处处退缩,害怕当众出丑。

大学生要克服人际交往自卑感,首先,要学会正确地评价自己、了解自己,要善于寻找自己的长处,肯定自己,改善自我形象,积极参与社交,逐渐积累交往经验。其次,要正视自己,了解自己的缺陷和不足,提高自己的承受能力,扬长避短,体验成功的喜悦,找到克服自卑的动力。尤其是要有意识地加强与性格开朗、乐观、豁达、尊重人、关心人的人交往,这对于克服自卑心理更有益处。最后,要进行积极的自我暗示、自我鼓励。尤其处于不利的地位时,要暗中鼓励自己"一定行",按照自己的需求去交往和生活。

(二)羞怯心理

羞怯心理是指一个人过多地约束自己的言行,以至无法充分表达思想感情的一种心理状态。羞怯是绝大多数人都会产生的一种普遍的情绪体验,但如果一个人在任何场合与人交往都害羞,甚至不敢或不愿与人交往,就会严重妨碍正常的人际交往。有的人同亲人、熟人可以侃侃而谈、滔滔不绝,但遇到陌生人,到大庭广众之下,就手足无措,语无伦次,这就是羞怯心理在作祟。羞怯在人际交往中常常表现出腼腆、动作忸怩、不自然、脸色绯红、说话音量低而小,严重者怯于交往,采取回避的态度,过多约束自己的言行,无法充分表达自己的愿望和情感,也无法与他人沟通,造成交往双方的不理解或误解,妨碍了良好人际关系的形成。

很多人认为羞怯是很难改变的人格特点,事实上,大学生可以通过改变认知和提高交往的技能,战胜羞怯。首先,要端正对交往的认识。在思想上抛弃一切顾虑,不怕做错事、说错话。虽然做错了、说错了收不回来,但是可以去改正。只要吸取了教训,错误经验就能起到"前车之鉴"的作用,避免今后再犯同样的错误。其次,要树立交往自信,肯定自己,发现自己的优势,这样,交往的时候就会更加自信。如果有了第一次、第二次的成功,羞怯心理就会逐渐消除。最后,要积极参加社交活动,从人际交往中学习一些克服羞怯的方法。多去交往一些成功者,观察他们如何处理复杂的人际交往,学习他们克服羞怯的经验。

(三)猜疑心理

猜疑心理是一种由主观推测产生的不信任的复杂情感体验。猜疑心重的人往往把一些无意义的话、一些无意的动作,给予一些倾向性的解释,无中生有,疑心重重,认为别人都不可信、不可交。交往的前提是相互信任,而猜疑心过重的大学生总是从负面看待人和事,在人际交往中总是怀疑别人在议论自己,说自己的坏话,遇到不顺心的事,不从自己身上找原因,而是怀疑他人在背后捣鬼。这样的大学生往往生性孤偏、敏感多疑、小心谨慎、戒备心强、对人冷淡,习惯自我封闭。正如培根所说:"心思中的猜疑有如鸟中的蝙蝠,它们永远是在黄昏里飞的。猜疑确实是应当制止,或者至少也应当节制的,因为这种心理使人精神迷惘,疏远朋友,而且扰乱事务,使之不能顺利有恒。猜疑使为君者易行虐政,为夫者易生妒心,有智谋者寡断而抑郁。"

猜疑束缚了人的交往欲念,还会挫伤别人的感情。大学生要克服猜疑心理,首先,要学会正确的人际认知方法。对他人和客观事物的认识要力求客观、全面、公正,切忌只凭主观臆想轻率地作结论,要善于对信息和信息源进行认真的鉴别,冷静筛选、去伪存真,不可偏信,也不能只凭一两次交往、共事,就断定交往对象是什么样的人。其次,要用理智的力量去克制冲动的情绪。在出现怀疑迹象时,先控制自己的"胡思乱想",不妨在心中默念"停",提醒自己不要想得太多,不要把别人往坏处想,先顺其自然地发展,不要马上指责他人或急着取证,因为这样反而会强化自己的恐惧心理。最后,要树立自信心,不必太在意自己的行为是否合别人的意,相信自己一定能赢得属于自己的友谊。

(四)嫉妒心理

嫉妒心理是人际交往中因与他人比较,发现自己在才能、名誉、地位或境遇等方面不如人而产生的一种由羞愧、愤怒、怨恨等组成的复杂情感体验。嫉妒并非只是羡慕别人的处境,而是憎恨他人,并带有自怨自艾的消极情感体验。嫉妒把别人的进步当作对自己的威胁,把别人的成功当作自己的痛苦。就大学生而言,当身边的同学在学习成绩、活动能力、生活条件、外貌形象等方面优于自己时,就可能产生嫉妒感。心怀嫉妒的人对他人的长处、成绩不满,报以嫉恨,总希望别人落后于自己,更有甚者,把自己的成功、别人的失败看作交际中的莫大快慰。嫉妒是把双刃剑,既伤害别人,也折磨自己。法国大文豪巴尔扎克形象地说:"嫉妒者比任何不幸的人更为痛苦,因为别人的幸福和他自己的不幸,都将使他痛苦万分。"

嫉妒是大学生常见的交往不良心理,它严重阻碍了大学生的心理健康和交际能力,给大学生成长成才带来了莫大的困难。大学生要学会克服嫉妒心理,首先,要纠正自己的认知偏差,增加社会比较的方式,增强自尊和自信。鼓励向下的横向对比和自我的纵向比较,看到自己的优势,摆正自己与别人的位置。其次,要努力提升自我。嫉妒者在别人比自己强时,应当把不服气的心理引导到积极的一面,化嫉妒为求上进的力量,提升自己的能力,鞭策自己努力进取。最后,要保持良好的心态,接纳被嫉妒者,当别人取得成功时送去由衷的赞美,必要时也可以获得对方的帮助。

(五)恐惧心理

交往中的恐惧心理是在社交时出现的一种带有恐惧色彩的情感反应。社交恐惧心理有的属于气质性恐惧,即抑郁质气质类型的人,生性孤僻,害怕与人交往,常常怀有一种胆怯的心理;有的则属于挫折性恐惧,由于交往过程中的挫折或失败的经验而产生恐惧心理,随之形成条件反射,从而形成了一遇交往就恐惧的不正常心理状态;也有的是害怕别人发现自己的弱点,于是形成了一种心理上的自我保护,这种自我保护就是不愿和比自己优秀的人交往。在大学生中还有一种属于异性恐惧,就是在与异性交往中感到不自在,置身于异性面前便心情紧张,手足无措,以至不敢与异性接触,逃避与异性的正常交往。

存在社交恐惧的大学生会使自己的朋友圈越来越小,更有甚者会慢慢地封闭自己,形成抑郁或孤僻的性格,要注意调节交往中的恐惧心理。首先,对自己有正确认识,树立自信心,消除自卑感。应当认识到,人无完人,错误与失败是经常发生的,自己出错也是正常的,不必将一次失败看得太重。其次,要注意多参加集体活动,有意识地锻炼自己。当发现自己有恐惧感时,可暗示自己:"我只是集体中的一员,没人会专门注意我,没人盯着我。"最后,在交往的具体方法上,可先与亲朋好友或熟悉的人交往,这种交往的成功体验可以树立自信心,然后再逐渐与陌生人交往,一步一步地消除社交恐惧。

第三节 构建和谐的人际关系

一、建立健康的人际交往模式

美国著名心理学家爱利克·伯奈依据个体对自己和他人所采取的基本生活态度,提出了四种人际交往心理模式,如表 7-1 所示。

表 7-1 四种人际交往心理模式

心理模式 ＼ 特点	自我意识	情绪	心理状态	人 生 态 度	人 际 关 系
我不好——你好 我不行——你行	自卑	悲伤困顿	退缩、封闭	拖延、逃避、冷眼旁观、得过且过	很少与人交往
我不好——你也不好 我不行——你也不行	自暴自弃	悲愤	冷漠、绝望	麻木、破坏、自残、攻击他人	有"要与别人一起毁灭"的冲动
我好——你不好 我行——你不行	自傲	愤怒暴躁	防御性、攻击性、焦虑、烦躁	喜欢领导、操控他人	支配他人、统领他人
我好——你也好 我行——你也行	自信	喜悦	开朗、从容	尊重自己,也尊重他人	适时帮助别人,也能虚心接受别人的建议与帮助

1. 我不好——你好,我不行——你行

著名心理学家阿德勒指出,人在生命的初始是依赖周围的人生存的,与周围的成人相比,儿童常常感到自己的无能,因而从小就有自卑感,婴儿在潜意识中形成了"我不行——你行"的人际交往心理模式。人的成长过程就是逐渐克服这种心态的过程。有的大学生由于在个体社会化的过程中,尚未完全摆脱儿时形成的这种人际交往心理模式,因而在人际交往中常常表现出不同程度的自卑和恐慌,最为极端的表现是社交恐惧。

2. 我不好——你也不好,我不行——你也不行

不喜欢自己也不喜欢别人,既看不起自己也看不起别人,既不会去爱人也不能体验和接受他人的爱。这样的人在人际交往中常常表现为既自卑又自傲,愤世嫉俗而又自卑自怜。

3. 我好——你不好,我行——你不行

常常表现为充满优越感,骄傲自大,自以为是。总以为自己是对的,别人是错的,自己对别人好,而别人对自己不好,并为此感到愤愤不平,把人际交往失败的原因都归咎于他人。

4. 我好——你也好,我行——你也行

成熟的、健康的人际交往心理模式应该是"我好——你也好,我行——你也行"(理解、理性、宽容、接纳)。具有这种心态的人能充分体会到向上的动力,相信自己也相信他人、爱自己也爱他人。这种人不是十全十美的人,却能客观地悦纳自己和他人,正视现实,并努力去改变能改变的事物,善于发现自己、别人和外部世界的光明面,从而使自己保存一种积极、乐观、进取的精神状态。

二、把握人际交往的基本原则

马克思曾经说过,真正的友谊需要用忠诚去播种,用热情去灌溉,用原则去培养,用谅解去护理。人与人的交往是一个互动、互利、互助、互惠的过程,大学生建立良好的人际关系,在交往中需要遵循以下基本原则。

1. 平等原则

平等是建立良好人际关系的前提,也是人际交往中最基本的原则。大学生在人际交往过程中,如果没有平等待人的观念,就不可能建立真诚、密切的人际关系。每个人都希望交往双方能够在心理上互相平等,任何好的人际关系都让人有自由、无拘无束的感觉。如果一方受到另一方的限制,或者一方需要看另一方的脸色行事,就无法建立起高质量的心理关系。事实证明,那些优越感强、喜欢表现自己、炫耀家庭背景、在人群中爱出风头、自认为高人一等的人在交往中是最不受欢迎的,他们会被集体孤立和排斥。

大学生要自觉做到平等待人,不要因为家庭、经历、特长、经济等方面的不同而对人"另眼相看",也不要因为学习成绩、社交能力、长相等方面存在差异而区别对待。只有平等相处,将心比心,不戴有色眼镜去对待他人,才能获得他人的尊重和理解,人际交往才能协调和融洽。

2. 尊重原则

美国心理学家罗杰斯说:"人类最深切的需要就是得到尊重与关注,尊重是人性的普遍需要。尊重是一个人对别人的态度,也是心理沟通的前提。"渴望受到尊重是每个人的基本心理需求。尊重包括自我尊重和尊重他人两个方面。自我尊重就是尊重自己的感受和价值观,维护自己的人格;尊重他人就是不管其地位如何,都应该给予应有的尊重,不仅要尊重他人的人格、情感、习惯、隐私和价值观等,承认他人的社会价值,还要尊重彼此存在的外显或内在的心理距离,不要轻易地去突破它、破坏它,否则就会造成对方的戒备、反感和疏远。在现实生活中,人们交往的对象各种各样,有的比自己优秀,有的不如自己;有的是自己喜欢的类型,有的则不然。但不管怎样,人们都必须在平等原则的基础上尊重对方,尊重对方的人格、权利和劳动成果,只有这样,才能得到他人的尊重。"敬人者,人恒敬之"就是这个道理。

尊重别人,一是要给别人留足面子,特别是在公共场合,一定不要做有损对方颜面的事。二是要善于从对方的立场看问题,这样才能真正了解对方,找到和他沟通的方法。三是在不损害自己尊严的前提下,尽量考虑对方的兴趣和想法。四是要肯定别人的成绩,并真诚地为他的成绩高兴,满足他的成就感,使他感觉受到重视,这样他才会真正喜欢这个朋友。当一个人得到了别人的尊重,他就会对尊重自己的人产生一种强烈的亲近感和认同感,愿意接近对方并与之交往。

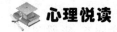 **心理悦读**

商人和乞丐的故事

在美国,一个颇有名望的富商,遇到一个衣衫褴褛的摆地摊卖旧书的年轻人在寒风中啃着发霉的面包。有着同样苦难经历的富商顿生一股怜悯之情,便不假思索地将8美元塞到年轻人的手中,然后头也不回地走开了。

没走多远,富商忽然觉得这样做不妥,于是连忙返回来,从地摊上捡了两本旧书,并抱歉地解释说自己忘了取书,希望年轻人不要介意。最后,富商郑重其事地告诉年轻人说:"其实,您和我一样也是商人。"

两年之后,富商应邀参加一个名流云集的慈善募捐会议时,一位西装革履的年轻书商迎了上来,紧握着他的手不无感激地说:"先生,您可能早忘记我了,但我永远也不会忘记您。我一直认为我这一生只有摆摊乞讨的命运,直到您亲口对我说,我和您一样都是商人,这才使我树立了自尊和自信,从而创造了今天的业绩……"

假如这位富商当初给年轻人很多钱,而没有那一句尊重鼓励的话,年轻人也断不会出现人生的剧变。

3. 真诚原则

真诚是人与人之间建立信任关系的基础,真诚待人是人际交往中最有价值、最重要的原则。美国心理学家安德森(Anderson)对人们喜爱的个性品质进行研究后发现,在最受人们欢迎的个性品质中,排在最前面的、最受喜爱的六种品质分别是真诚、诚实、理解、忠诚、真实、可信。可以看出后面的五种品质都与"真诚"有关。而排在最后、最受排斥的品质包括说谎、虚伪、不诚实、不真实等,这几种品质又都不同程度地与"不真诚"有关。可见,"真诚"是最受人欢迎的个性品质,而"不真诚"则是人们最为厌恶的个性特征。一个人想要吸引别人,与别人建立良好的关系,真诚是必须具备的品质。

真诚是打开别人心灵的钥匙,因为真诚的人使人产生安全感,减少自我防卫。越是好的人际关系越需要关系的双方暴露一部分自我,也就是把自己真实想法与人交流。当然,这样做也会冒一定的风险,但是完全把自我包装起来是无法获得别人的信任的。古人说:"以诚感人者,人亦诚而应。"以诚待人是人际交往得以延续和深化的保证,在人际交往中,只有彼此都抱着心诚意善的动机和态度,相互理解、接纳、信任,感情上引起共鸣,赢得对方的信任,彼此才能建立起深厚的友情。一个人如果当着朋友的面是一套,背后又是一套,或者朋友之间不信任而心存戒备,那么,朋友之间的交往将不再是愉快的体验,反而成了一种负担,这种交往很难深入下去,友谊也就名存实亡了。

4. 宽容原则

"严于律己,宽以待人"是维持良好人际关系的一件法宝。宽容表现在对非原则性问题不斤斤计较,能够大度容人,宽以待人,求同存异,以德报怨。宽容有助于扩大交往空间,消除人际间的紧张和矛盾。在人际交往中,由于个体差异或误会、不理解而产生矛盾不可避免。人与人要和谐相处,就要有求同存异、相互谅解、不求全责备的宽广胸怀,"海纳百川,有容乃大",要做到得让人时且让人,能容人处且容人,古语又说,"水至清则无鱼,人至察则无徒。"在工作和生活中,人们总是喜欢和那些宽容厚道的人交朋友,正所谓"宽则得众"。

大学生基本上过的是一种集体生活,同学之间朝夕相处,彼此的个性、习惯、爱好和生活方式等都或多或少存在差异。如果没有大度的胸怀,容忍差异和他人的小毛病、缺陷,那就无法与他人交往。现在有不少大学生感到人际关系紧张,特别是同一宿舍的同学,似乎更难相处,原因就在于彼此不能宽容,多以自我为中心。别人稍有对自己不利的言行,就如临大敌,想办法报复,以致最后害人害己。宽容是一种美德,也是一种幸福,是一种心灵的升华和脱俗。宽容首先解放的是自己,真正获得主动的也是自己。真正的人际交往高手面对别人的讽刺、伤害,往往不会针尖对麦芒,而是运用机智幽默来化解,一方面表现自己的宽容,另一方面也给对方一个台阶。

5. 诚信原则

诚信是指在人际交往中诚实、不欺骗、讲究信用、遵守诺言。诚信是交往的潜在力量,显示了个体的自重和内心的安全感与尊严,是人与人之间相互信赖的前提和基础。诚信有助于构建和谐轻松的人际关系。大学生都愿意与诚实守信的人交往,不用担心被欺骗和出卖。一个不讲信用的人很难获得别人的信任和接纳,很难得到真正的友谊,也很难建立良好的人际关系。每个人在人际交往中都会有一种寻求安全的心理状态,都不希望自己上当受骗。大学生在人际交往中只有真诚守信,才能与别人建立和保持良好的关系。

孔子说:"人而无信,不知其可。"诚信是无形的"名片",关乎一个人的形象和品质。大学生在交往中要遵从诚信原则,要遵守诺言,实践诺言,不要欺骗隐瞒,失信他人;要诚实对人,自己能办到的事一定要积极去办,办不到的事要讲清楚,以获得对方的理解;要信任别人,不必处处设防,总是用一种怀疑的眼光看人;要有自信,相信自己能行,给人以信赖感和安全感。

6. 互利原则

互利原则是指双方在交往过程中都能从对方那里得到一定的好处和利益,满足各自的需要。人际交往是一种双向行为,人与人之间的交往本质上是一种社会交换,这里的交换不只是简单的物质交换,还包括诸如赞许、荣誉或声望等精神、情感方面的交换。只有双方在交往过程中能够满足各自的需求,才能保持良好的互动,单方面的付出、索取,或是想少付出多回报,都不会得到良好、稳定的人际关系。在人际交往中互利性越高,双方的关系越稳定和密切。如逢年过节人们会带上礼物走亲访友,一直保持这种往来,那么这样的人际关系就比较稳定和密切,反之就算是亲朋好友,长时间不联系,双方的关系也会越来越疏远。

寻求帮助是人际交往的一种普遍心理需要。要得到别人的友谊,就应该对别人表现自己诚挚的关心和帮助。大学生在人际交往时,一是要相互给予、共同成长,在别人需要朋友的时候使别人心有所依,自己的自尊也会得到满足,使自己能在良好的环境中不断成熟。二是要做到优势互补,团结合作,"两个人拥有一个苹果,互相交换还是一个苹果;两个人拥有一种思想,互相交换就变成两种思想。"通过广泛的人际交往,从中寻求优势互补、信息共享、团结合作,开拓自己的发展空间。三是可以分享快乐、收获幸福。在帮助别人时,内心常会有自我满足的成就感,这是人生快乐的源泉。四是要明白"投桃报李"的含义,对别人给予自己的帮助应懂得回报,不能过分看重自己的利益,能克服人性中自私的弱点,尽量把更多的利让给别人,这样在关键的时候总会有人来帮助自己。

 **心理悦读**

天堂与地狱

一个人问上帝:"为什么天堂里的人快乐,而地狱里的人一点也不快乐呢?"上帝说:"你想知道吗? 那好,我带你去看一下。"

他们先来到地狱,走进一个房间,这时正是午饭时间,许多人围坐在一口大锅前,锅里煮着美味的食物。可每个人都又饿又失望:原来是他们手里的勺子太长了,无法把食物送到自己的嘴里,虽然食物很可口,可是他们吃不到,所以一直很痛苦。

上帝说:"我们再去天堂看看吧。"于是他们来到天堂,也是到了一个房间,他们看见的景象是这样的:虽然人们手里的勺子也很长,可是,这里的人都显出快乐又满足的样子。这个人很奇怪,因为这里和地狱没什么两样。

"感到奇怪吗?"上帝笑着说,"你看下去就知道了。"

晚饭时间到了,只见这里的人围坐在锅边,用勺子把食物送到了别人的嘴里。原来,天堂和地狱的分别,只是人们用勺子的方法不同。

7. 适度原则

中国文化特别讲究"度",即适可而止,过犹不及。在人际交往中的一切行为都应该适度、得体,合乎自己的身份、地位,即要恰到好处,这是人际交往的一个重要原则。人际交往中的"度"主要是指在交往中注意语言表达、行为举止、态度、表情等方面得体、合乎分寸、恰到好处,包括自尊适度、忍让适度、热情适度、幽默适度、距离适度等。在沟通中直接表达的话应该选择适当的时间、恰当的气氛,在合适的对象面前进行,要根据不同对象把握言谈的深浅度,根据不同的场合把握言谈的得体度,根据自己的身份把握言谈的分寸,做到热情而不轻浮,豪爽而不粗俗,谨慎而不拘束,忍让而不怯懦。

 知识拓展

刺 猬 法 则

所谓"刺猬法则",是说为了研究刺猬在寒冷冬天的生活习性,生物学家做了一个实验:把十几只刺猬放到户外的空地上,这些刺猬被冻得浑身发抖,为了取暖,它们只好紧紧地靠在一起,而相互靠拢后,又因为忍受不了彼此身上的长刺,很快就各自分开。

可天气实在太冷了,它们又靠在一起取暖。然而,靠在一起时的刺使它们不得不再度分开。挨得太近,身上会被刺痛;离得太远,又冻得难受。就这样反反复复地分了又聚,聚了又分,不断地在受冻与受刺之间挣扎。最后,刺猬们终于找到了一个适中的距离,既可以相互取暖,又不至于被彼此刺伤。刺猬法则强调的就是人际交往中的心理距离。这个法则提醒人们,社会生活中的每个人都需要有个人空间,交往过程中,要保持适当的人际距离。

8. 边界原则

人际边界是人们与他人的心理边界,指人与人之间基于人性与规则形成的界限。人际边界看不见摸不着,却能在心中被感知到,它是每个人心里的一条底线,当事情未触及这条线时,大家会觉得无所谓,但是当别人想要试着跨越这条界限时,自己就会感觉非常不舒服,觉得个人空间受到了侵犯,因此边界原则是指在人际交往中个体要有很清晰的界限感,清楚地知道自己和他人的责任和权利范围,既保护自己的个人空间不受侵犯,也不侵犯他人的个人空间。

在生活中,总会有一些情况使人感到不舒服。比如懒惰不想上课的同学让自己帮忙签到;吃饭不想下楼的同学请自己帮忙带饭,答应一两次后,他们便会一直要求帮忙,给自己带来很多麻烦,又浪费时间,想拒绝对方,心里又感到愧疚。另外,有些人会把自己的事交给朋友和亲人,认为这是理所当然的,必须给办好了,办不好就会郁闷,甚至责备对方;也有些人会想当然的把别人的事当作自己的事,费力不讨好的时候,就会心生怨恨,埋怨对方;有些人依赖心非常重,希望他人在本该自己作决定的方面,代替自己作出决定。这些都是人际界限不清的做法。

人的边界意识来自于人的自我保护意识,是对私人空间的尊重,能让人们的沟通和相处感到最舒适。把握好人际边界是个人交往能力的基本素养,它会让人与人的交往变得简单,感受边界带来的舒服,远离关系带来的束缚。"交浅别言深"就是边界感最好的一个诠释。边界意识好的人,知道什么可以做,什么不能做,也清楚自己能够或不能够接受哪些对待,既尊重别人,也保护自己。拥有边界感,守住自己的底线和原则,才能为自己带来尊重,才能拥有舒适的人际关系。

大学生在人际交往中树立边界意识,建立合理清晰的自我界限,对建立健康的人际关系非常重要。一是学会为自己负责,不轻易承担不属于自己的责任。二是不过分干涉,不把别人的事当自己的事。三是不否定别人,不把自己的意志强加给别人,要求别人按照自己的方式解决问题。四是不讨好别人,把价值感寄托在别人身上。要学会拒绝,清楚哪些是自己无法接受的行为,对于别人提出的不合理的要求或者不愿意去做的事情,可以表明自己的立场和理由,坚定地拒绝,大声地说"不"。同样道理,在运用人际关系为自己办事时,不能强迫,不能频繁,不能把朋友当工具。

三、优化人际交往的技巧

人际交往是一种能力,也是一门艺术,大学生要在加强自身修养、塑造美好的内外气质、培养良好个性品质、具备充分自信的基础上，恰当地运用一定的交往技巧，通过实践提高人际交往的能力，建立良好的人际关系。

（一）发挥语言艺术的魅力

"良言一句三冬暖，恶语伤人六月寒。"交往语言是一种双向表达，这并不只是把自己的想法表达清楚，还需要考虑怎样让对方对自己产生兴趣，容易理解自己的意思，再根据对方的反馈来调整自己的讲话内容和方式。

1. 称呼得体

称呼反映出人们之间心理关系的密切程度。恰当得体的称呼，使人能获得一种心理满足，使对方感到亲切，缩短交往双方的心理距离，使交往有良好的心理气氛；称呼不得体，往往会引起对方的不快甚至愤怒，使交往受阻或中断。所以，在交往过程中，要根据对方的年龄、身份、职业等具体情况及交往的场合、双方关系的亲疏远近来决定对对方的称呼。对长辈的称呼要尊敬，对同辈的称呼要亲切、友好，对关系密切的人可直呼其名，或者用昵称，对不熟悉的人要用全称。此外，谈话中应尽量以"我们"代替"我"，把主语从"你"变成"我"，这样能促进彼此的情感交流；记住别人的名字，并把它叫出来，也是一种有效的交往技巧。

2. 表达清楚

要注意正确地运用语言，学会用清楚、准确、简练、生动的语言表达自己的情感与思想；语言要有感染力、逻辑性强、少用土语和方言。要用别人能够理解的语言表达，使自己所要阐述的信息清晰明了，必要时进行一定的解释。注意在不同场合讲话的分寸，语音、语调、语速要恰当。语言艺术运用得好，就能吸引对方，从内容到形式满足对方的心理需要，使交往关系密切起来。

3. 学会交谈

交谈是一门艺术，其中有许多技巧。

（1）善于寻找话题。好话题的标准是，至少有一方熟悉，或者大家都感兴趣。不能对他人的提问和话题漫不经心，不着边际，在交谈过程中，当双方的兴趣和关注的焦点汇聚在一起时，彼此才能顺利沟通，增进友情。

（2）合理转换话题。一是自己对谈论的话题失去兴趣，而对方却谈兴正浓，彼此很难谈到一起；二是观察对方的反应，知趣地感受到对方不愿再谈下去的暗示。这两种情况都可以想办法转换话题。

（3）控制谈话内容。不要在很短的时间里给对方太多信息；不要随便打断别人的谈话，扰乱他人思路；不要在交谈中对不明确的信息妄下结论，不懂装懂；让别人先说，自己可以观察、了解对方，也给自己留有思考的余地。

（4）控制谈话时间。时间非常宝贵，花时间听人讲了一通冗长乏味的话，定是一件痛苦的事。因此，在谈话中，应该尽量遵循"省力法则"，用简明扼要、风趣幽默的语言，让人在最短的时间里，欢快地与自己交谈。

4. 学会提问

交谈能否顺利进行,提问是重要环节,善于提问可以融洽谈话双方的关系,可以深化主题,还可以使谈话内容起到"起承转合"的作用。好的提问要礼貌当先,当问则问,不当问则避而不问;要选准时机,最好水到渠成;要成为内行,问话不当可能会闹笑话。

5. 适当幽默

幽默是人类智慧的光芒,是一种高超的语言艺术,是交往中的润滑剂。幽默能调节气氛,消除疲劳,化解矛盾,使交往充满轻松和快乐。在适当的场合,幽默的谈吐可以增强交际的生动性,增加亲切感,能增加人际吸引,克服尴尬场面。

6. 网络语言

现代社会的交流形式还有网络语言,这也是大学生需要了解的。如果大学生在交往的初期,对于网络语言、数字语言一无所知,被对方接纳的速度和程度很容易打折扣。

(二)恰当运用非语言技巧

在人际交往中,稍加注意就会发现,一个眼神、一种面部表情、一个手势等都会发挥奇妙的作用,有时甚至达到了语言交际所达不到的效果,这就是非语言交际的效用。美国心理学家梅拉比安提出一个理论,信息的全部表达是依赖 7% 的语调＋38% 的声音＋55% 的表情。在人际交往中,根据谈话的内容和场合恰当运用面部表情、语音语调、肢体语言等非语言技巧,巧妙地表达自己的思想感情,有时能起到"此时无声胜有声"的作用。

1. 注意目光接触

目光接触是最为重要的身体语言沟通方式。保持目光接触可集中注意力,减少精神分散,更重要的是可以向对方传达重视与尊重,而这正是取得对方信任、使沟通顺利进行的先决条件。一般来说,不时保持目光接触,可以表示对对方的尊重和兴趣,但要避免以好奇的眼光上下打量或长时间直接凝视对方。

2. 给人以微笑

微笑是一种最简单、最直接表示对他人友好的方式。微笑本身就是人际交往成功的一大秘诀。对于大学生来说,面对他人,只要轻轻一展笑颜,就胜过千言万语。例如请人帮忙时带着微笑,别人不易拒绝你的请求;感谢别人时带着微笑,别人会加倍领受感激之情;紧张焦虑时,微笑可以缓解烦恼;开心快乐时,微笑会使人更加愉快。大学生要养成微笑的习惯,以微笑来传达自己的真诚,有利于与他人沟通情感,保持良好的人际关系。

3. 注重体态表情

人的一举手一投足都会透露出一定的信息,交往中还可借助手势、站姿和身体姿势等身体动作来表情达意。比如在交谈中,如果听的一方东张西望,并不停地看手机,那他释放出的信号是想尽快结束这次交谈;如果听的一方身体微微前倾,与对方保持目光接触,并停下手中在做的事情,根据交谈内容适时地点头、微笑等,那他释放出的信号是积极的。又比如点头表示认可,双手叉腰表示拒绝或者比较自信;双手抱胸,往往表示抗拒和冷淡;

微微欠身,表示谦恭有礼;身体后仰,显得若无其事和轻慢;侧转身子表示嫌恶和轻蔑;背对对方,表示不屑理睬;拂袖离去,则是拒绝交往的表示。

4. 选择适当距离

人际关系通常可用心理距离来描述,心理距离又可用人与人之间的空间距离来衡量,把握适当的距离是人际交往中最实用的秘诀。美国人类学家霍尔(E.T.Hall)等通过观察和实验发现,人都有一个心理空间,一旦这个空间被人触犯,就会感到不舒服或不安全甚至恼怒。个体空间实际上是使人在心理上产生安全感的缓冲地带。在人际交往中,随意闯入对方的个体空间是犯忌的,也是失礼的。在异性交往中,这种空间距离的分寸感尤为重要。

霍尔在《无声的语言》一书中,将日常生活中人与人之间的空间距离分为四类,即亲密距离(父母、孩子、情侣)、个人距离(朋友之间)、社交距离(正式社交场合)和公共距离(不用于人际沟通,只适合演讲)。一般来说,人际距离越近,人际关系越亲近;相反,人际距离越远,人际关系越疏远。大学生应根据自己与他人的关系来有意识地选择与人交往的最佳距离,更好地进行人际交往。

 知识拓展

人类学家霍尔划分的四种交往距离

(1)亲密距离。这是人际交往中的最小间隔或几无间隔,即俗语所说的"亲密无间"。其近端在6英寸(约15厘米)之内,彼此可能肌肤相触、耳鬓厮磨,以致相互能感受到对方的体温、气味和气息;其远端是6～18英寸(15～44厘米),身体上的接触可能表现为挽臂执手,或促膝谈心,体现出亲密友好的人际关系。亲密距离最具排他性,在同性之间,往往限于贴心朋友,即彼此十分熟识且随和,可以不拘小节,无话不谈;在异性之间,一般只限于夫妻和情人之间,越于这种感情关系外的第三者插足这个空间,就会引起十分敏感的反应和冲突。正因为这样,在人际交往中,一个不属于别人亲密距离圈子内的人,不能随意闯入别人的这个空间。

(2)个人距离。这是一个稍有分寸感且较少直接身体接触的交往距离。其近端在1.5～2.5英尺(46～76厘米),正好能相互亲切握手,友好交谈;远端在2.5～4.0英尺(76～122厘米),已有一臂之隔,恰在身体接触之外。一般的个人交往都在这个空间之内,它有较大的开放性,任何朋友和熟人都可以自由地进入这个空间,但陌生人要慎重。比如当一个人在独自思考或做什么事时,一个陌生人冒失闯入这一空间,会引起其焦虑和不安。

(3)社交距离。这一距离已超出了亲密或熟悉的人际关系,而是体现出一种社交性或礼节性的正式关系。其近端在4～7英尺(1.2～2.1米),远端在7～12英尺(2.1～3.7米),一般出现在工作环境和社交聚会上。社交距离中彼此说话响亮而自然,因而交谈的内容也较为正式和公开。当然,一些只宜在私下交谈的话题就不宜在社交距离中谈论。

（4）公众距离。在这个空间中，人际间直接交往大大减少。其近端在 12～25 英尺（3.7～7.6 米），远端则在 25 英尺（7.6 米）之外。这是一个几乎能容纳一切人的空间，人们彼此间可以视而不见，不予交往。

了解上述交往距离是非常必要的，它可以使人们有意识地选择与人交往的最佳距离，既可避免因误入别人的个体空间而惹人生厌和自讨没趣，又可避免因离对方太远而有拒人千里和装腔作势之嫌，从而有助于增进人际关系。

（三）学会有效倾听的技巧

"上帝给人们两只耳朵，一张嘴，其实就是要我们多听少说。"倾听是维持人际关系最有效的法宝。善于倾听一方面给对方创造了表达的机会，让自己在别人心里留下好的印象，另一方面也使自己能更好地了解对方，为今后的交往打基础。只要认真地倾听别人的讲话，就一定会得到他们的喜欢，收获好的人缘。因此，大学生要学会有效地倾听。

倾听，不是单纯地听，不光要用耳，而且要用脑，做到耐心、虚心、会心。要注意对方表达的情绪，同样的一句话会因为使用的语气、语调、肢体语言等不同而表达出不同的情绪。非语言信息比语言更能反映出一个人内心的真实情感和意图，要学会用心去倾听。下面行为与有效的倾听有关。

（1）保持目光接触。对方讲话时要精神集中、表情专注，要保持与对方的目光接触，因为对方会通过观察倾听者的眼睛来判断其是否在倾听。

（2）复述或者适当发问。有意识地重复一些自己认为有意思的或重要的内容，既可以使自己的注意力集中在交流的内容上，也可以检查自己对所听到内容的理解。在对方说话时，可以不时地回应"哦""是这样吗""太棒了"等，表达对对方的尊重。

（3）赞许性地点头和恰当的面部表情。倾听者会对听到的信息感兴趣，可以用点头、微笑等动作表示赞同或感兴趣。

（4）避免分心的举动或手势。倾听时，应该尽量避免看表、东张西望、心不在焉地翻看手机、乱写乱画等动作，这样会使说话者认为对方对他讲的话题不感兴趣，也会使自己的注意力不集中。

（5）避免随意打断说话者。在别人说话时尽量耐心听，等别人说完了自己再说。如果不赞成对方的某些观点，不要轻易打断别人的话题，更不要轻易地与对方争论或妄加评论。实在需要讲时，可委婉地用商量的语气问一声"请允许我打断一下"或"请等等，让我插一句"等，这样对方会感到对他的尊重和理解，有助于与对方信任的建立和情感的融合。

 **心理悦读**

最好的谈话专家

美国最有影响的人生导师卡耐基，有一次到一位著名植物学家家里做客，整个晚上植物学家都津津有味地给卡耐基讲各种千奇百怪的植物。而卡耐基听得津津有味，目不转睛,像个特别喜欢听故事的孩子,中间只是偶尔忍不住问一两句。没想到,半夜离开时,植物学家紧握着卡耐基的手,兴奋地对卡耐基说:"你是我遇到的最好的谈话专家。"

卡耐基一个晚上根本就没有说什么话,只是听,却获得了"最好的谈话专家"的美誉。

(四) 掌握影响他人的方法

1. 重视第一印象

心理学研究发现,与一个人初次会面,45秒内就能产生第一印象,并且最先的印象在对方的头脑中占据着主导地位,这是首因效应在人际交往中产生的心理定式,这种先入为主会直接影响以后的一系列行为。在与陌生人交往中,大学生要学会利用好第一印象的作用,注重自己的衣着打扮,做到言谈举止得体、待人诚恳热情,注意给他人留下美好的第一印象,这种印象往往会持续很长时间,会为以后的交往打下良好的基础。但另一方面,交往中也不能只看到表面现象,被第一印象所蒙蔽。

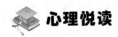 **心理悦读**

SOLER 模式

社会心理学家艾根1997年根据研究得出结论,同陌生人相遇时,如果按照SOLER模式表现自己,可以明显地增加别人对自己的接纳性,建立良好的第一印象。具体方法是:S(sit)代表"坐或站的时候要面对别人";O(open)表示"姿势要自然开放";L(lean)的意思为"身体微微前倾";E(eyes)代表"目光接触";R(relax)表示"放松"。

2. 主动与人交往

主动是交友的重要姿态。在人际交往中,那些主动参与交往、主动去接纳别人的大学生,总是显得"如鱼得水",比较自信;而另一些大学生在交往时总是畏首畏尾,不愿主动示好,总是采取消极被动的退缩方式,造成交往困难。主动与人交往是获得人际交往成功的重要技巧。大学生应如何积极主动地与人交往呢?

主动问候对方。遇到熟人时,要主动打招呼,在适当的情形下,遇到陌生人也可以说一些简单的问候语。打了招呼以后,可以选择一些简单轻松的问题,或轻松评论双方身边发生的事情,引起对方的注意。交往只有变单向注意为双向注意,才能继续下去。

主动自我介绍。自我介绍是进行社交的一把钥匙。适当向对方开放自己,主动告诉对方一些有关自己的兴趣、爱好、长处、短处等。主动恰当、别具一格的自我介绍,往往能给对留下良好、深刻的印象。著名戏曲作家魏明伦个子不高,人称"袖珍汉子",但他对人从不回避,反而常在公开场合以调侃的方式介绍自己:"我比拿破仑个子矮,同鲁迅、曹禺相当。反复衡量,没力气玩枪,有条件摸笔,于是就操起了文字。"

主动赞美对方。每个人都有被人欣赏和赞扬的基本心理需要。为了引起对方的注意,主动赞美是非常有益的。当然赞美要真诚、及时、具体、恰当。

主动帮助对方。助人者人恒助之。乐于助人不仅容易确立良好的第一印象,而且可以迅速缩短交往双方彼此之间的心理距离,建立良好的人际关系。

3. 善于表达感激

感恩可以协调人际关系,感恩的人也容易得到快乐。表达感恩有很多方法,其中如何用语言表达很重要。很多人不是不想表达感激,只是不知如何表达。如果有人帮助了自己,人们一般会说:"谢谢你!"真诚的、简单的感谢,也会让人心里温暖。但是有时候这样还不够,如果在表达感激时能够让对方知道他的帮助给了受助者什么感受,满足了哪些需求,现在的心情如何,这样表达就使感激更加具体、清晰且有效。

4. 适度赞美对方

美国心理学家威廉·詹姆士指出:"渴望被人赏识是人最基本的天性。"人际关系大师卡耐基说:"避免嫌弃人的方法,那就是发现对方的长处。"赞美是欣赏的直接表达,一句真诚的赞美往往可以给别人也给自己带来好心情,学会发现别人的长处并由衷地赞美,是促进人际关系和谐的润滑剂。

中国人的性格比较内向,不大喜欢当面夸人,但大学生应该培养发现别人优点、赞美他人的习惯。赞美不是阿谀奉承,赞美他人,首先要真心实意,让别人觉得赞美是真诚的,是发自内心的。其次赞美要有针对性。要以事实为根据,切莫虚夸,赞美的内容要具体,可以赞美对方最出众的地方,如"你笑起来真美!"也可以赞美对方最看重的地方,如"你的女儿真优秀!"或赞美自己希望对方做的,如"你做的风筝太漂亮了!"或赞美对方最得意的事,如"你获了奖,真了不起!"最后,赞美还要讲究方法,恰如其分、措辞得当、适时适度、热情具体。不得体的赞美让人感到虚浮,使人产生不信任的感觉。赞美也要讲究技巧,别出心裁,才能打动对方的心。

5. 委婉表达拒绝

在人际沟通中适当的拒绝也很重要,毕竟每个人的能力有限,爱好也各不相同,如果一味地迎合对方,就会使交往变成一种负担。有些大学生在和朋友交往中,碍于情面,对朋友提出的要求不好意思拒绝,而自己又做不到或不愿做,给自己造成了不必要的压力。其实,直接清楚地说出自己的难处,求得对方的理解就是很好的办法,但语言要委婉巧妙,不伤害对方尊严,这样不仅不会失去朋友,反而让人觉得自己诚实可靠。

6. 妥善运用批评

大学生喜欢争论,有的同学心直口快,认为真诚坦率地直接指出对方不足是在帮助人。但直接批评、责怪和抱怨会使他人的自尊心和自我价值感受损,尤其是面子上感到难堪。有时候稍稍改变一下方法,变直接批评、责怪和抱怨为间接的暗示和提醒,效果会好得多,这就是所谓的"坏话好说"的艺术。

大学生要恰当运用批评,批评要真心诚意、实事求是,要注意方式方法,对事不对人,针对当下,选择合适的时机,注意场合,不当众批评,可以从赞扬和诚挚感谢入手,委婉含蓄地表达批评。

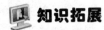

知识拓展

"三明治"式批评法

"三明治"式批评法是指对某个人先表扬,再批评,接着再表扬的一种批评方式。例如电视剧《西游记》中,在孙悟空保护唐僧取经的过程中,佛祖曾说过三句话:"你这泼猴,一路以来不辞艰辛,保护师傅西天取经。""这次何故弃师独回花果山,不信不义。""去吧,我相信你定能发扬光大,保护师傅取得真经。"这三句话褒中有贬,既肯定了孙悟空前面保护唐僧的所作所为,又批评了他这次的不信不义,最后提出目标和期望,恰到好处地激励了孙悟空的斗志。

7. 建立人际信任

作家毕淑敏曾说,"友情,这棵树上只结一个果子,叫作信任。"信任是构建积极人际关系的基石。人际信任度高的个体在与他人交往时更易表现出信任行为,易于与人合作,从而形成良好的人际关系,保持更健康的心态;反之,一个人如果缺乏起码的信任感,对一切事物都有所怀疑,做事难免就会谨慎过度,这样久而久之就很容易使自己陷入焦虑不安中,影响心理健康。大学生出现的人际矛盾和冲突,很多时候都是来自于人际的不信任。

大学生从家庭到大学独立生活,刚刚接触复杂的社会,各种信息难辨真假,有的学生天生就胆小怕事、谨小慎微,有的不太善于与他人交往,有的受过去的交往经验或者家庭教育的影响,等等,形成了对他人缺乏信任、多疑的性格,他们与人交往时,经常疑虑重重,人际信任程度较低,影响了正常的人际交往。在平时的学习、生活、工作中,人们对一些居心不良的人固然是要防备的,但这毕竟是少数。过分的怀疑、猜忌、不信任,会使人难于交友,无法形成相应的人际关系,在这种氛围中工作、学习,个人心理压力会很大。改善大学生的人际信任水平,首先要多理解别人,为人处世时也尽量从他人的角度设身处地地为其考虑和着想。同时还要多与人沟通、交流,不要仅凭个人的主观或者以往的交往经验来断定人和事。

8. 加强同理心

同理心也称共情,就是站在对方的角度和位置上,客观地理解对方的内心感受和内心世界,并把这种理解传达给对方。虽然这并不意味着倾听者一定要赞同对方的观点与行为。但要做到设身处地、将心比心。

孔子说过:"己所不欲,勿施于人。"这就是同理心,要做到"推己及人"。一方面,自己不喜欢或不愿意接受的东西千万不要强加给别人;另一方面,应该根据自己的喜好推及他人的喜好,并尽量与他人分享。你们愿意人怎样对你们,你们也要怎样待人,其实也是同理心的体现。现实生活中人们常说:"人同此心,心同此理。"强调的也是同理心。无论在日常工作还是生活中,凡是有同理心的人,都是善于感受他人情感、乐于理解他人观点的人。这样的人最容易受到大家的欢迎、获得大家的信任。

同理心在人际交往中具有非常重要的作用。同理心会使别人感受到被理解、被接纳,从而产生信任,有助于良好人际关系的建立。在现实生活中,人们总是习惯从自己的主观判断出发来为人处世,因而常导致一些误解的发生。要达到彼此的认同和理解、避免误会和偏见,就要学会"换位思考"。换位思考是同理心的第一步,在体会对方的感受后,同理心还强调向对方传递自己的理解,通过表达,让对方感到被理解,充满同理心的回应会使得对方感到被理解和接纳。人际交往中加强同理心要做到以下几点。

（1）全身心地倾听他人

用全身心倾听他人并不容易。法国作家西蒙娜·薇依写道:"倾听一个处于痛苦中的人,不仅十分罕见,而且非常困难。"实际上大部分人还不具备倾听他人这种能力。遭遇他人的痛苦,人们常常急于提意见、安慰或表达态度和感受。可是,倾听他人意味着,人们需要先放下已有的想法和判断,一心一意地体会他人,只是倾听。假设一个人想要别人了解他的处境,听到的却是安慰(没关系,事情已经过去了,你尽全力了)、建议(我想你应该……)和说教(如果你这么做……你将会得到很大的好处)等,可能不太舒服。比如,一个同学失恋了,很痛苦,不要对他说:"失恋怕什么,再找一个比他好的!"因为这是自己的主观认识,而应该先感受他、倾听他内心的想法。

（2）感受对方的情绪

通常人们在与别人沟通时,习惯于先看对方有什么想法,然后与其沟通。同理心虽然要感受别人的认识,但重点在于先感受别人的情绪,即别人此时此刻处于一种怎样的情绪状态。

情绪是最原初的心理活动,它最能反映人内心的真实,而认识则是人的高级心理活动和理性思维,是经过人的大脑加工而产生的。人们有时为了适应别人的需要和外在的环境而掩饰自我,因此认识有时是不真实的。当人们去感受别人的情绪时,就进入了别人的内心最真实的部分,容易与其建立心理上的联系。比如,对上述那个失恋的同学,可以对他说:"我知道你现在很痛苦,你们交往那么久了!"

（3）通过语言回应对方的感觉

在对对方的情绪、感受了解之后,还要通过语言表达出来,这就会使对方产生一种被理解的感觉,使其感到交往者能够理解他所经历的快乐与痛苦。例如,一个同学学习很努力,但考试却没有及格,可以对他说:"你一直很努力,但却没有及格,你很失望,也觉得挺不公平的!"他会觉得被理解、被体谅,他会继续交流,双方的沟通就有可能更深入。

同理心是人类特有的天赋能力,让人能理解他人的独特经验,并有意义地跟他人连接,它是建立爱的关系的核心,是沟通人们心灵的桥梁,交往中只要少一点自以为是,多一点同理心,就会少一些误解和摩擦,多一些理解与和谐。

如何建立和谐的人际关系是一门学问,更是一种艺术。提高人际交往的能力,不是一朝一夕的。但是,掌握这门艺术的关键是大学生对人性的了解和掌握,了解自己的长处和短处,并不断地完善自己,这样就能减少防卫,更坦然地走向他人,更自信地与他人交往。

心理测试

大学生人际关系诊断量表

指导语：这是一份人际关系行为困扰的诊断量表,共 28 个问题,请认真回答每一道题,认为"是"打"√",认为"否"打"×",然后对照后面的计分办法和结果解释,检查自己的人际关系是否和谐。

1. 关于自己的烦恼有口难言。（　　　）
2. 和生人见面感觉不自然。（　　　）
3. 过分地羡慕和妒忌别人。（　　　）
4. 与异性交往太少。（　　　）
5. 对连续不断的会谈感到困难。（　　　）
6. 在社交场合感到紧张。（　　　）
7. 时常伤害别人。（　　　）
8. 与异性来往感觉不自然。（　　　）
9. 与一大群朋友在一起时,常感到孤寂或失落。（　　　）
10. 极易受窘。（　　　）
11. 与别人不能和睦相处。（　　　）
12. 不知道与异性相处如何适可而止。（　　　）
13. 当不熟悉的人对自己倾诉他的生平遭遇以求同情时,自己常感到不自在。（　　　）
14. 担心别人对自己有什么坏印象。（　　　）
15. 总是尽力使别人赏识自己。（　　　）
16. 暗自思慕异性。（　　　）
17. 时常避免表达自己的感受。（　　　）
18. 对自己的仪表(容貌)缺乏信心。（　　　）
19. 讨厌某人或被某人所讨厌。（　　　）
20. 瞧不起异性。（　　　）
21. 不能专注地倾听。（　　　）
22. 自己的烦恼无人可倾诉。（　　　）
23. 受到他人排斥与冷漠。（　　　）
24. 被异性瞧不起。（　　　）
25. 不能广泛地听取各种意见、看法。（　　　）
26. 自己常因受伤害而暗自伤心。（　　　）
27. 常被别人谈论、愚弄。（　　　）
28. 与异性不知如何更好地相处。（　　　）

计分方法：打"√"的计 1 分,打"×"的计 0 分。

结果解释：如果你得到的总分是在 0～8 分,说明你在与朋友相处上的困扰较少。你善于交谈,性格比较开朗,主动关心别人。你对周围的朋友都比较好,愿意和他们在一起,他们也都喜欢你,你们相处得不错。而且,你能够从朋友相处中得到许多乐趣。你的生活是比较充实而且丰富多彩的,你与异性朋友也相处得很好。总之,你不存在或较少存在交友方面的困扰,你善于与朋友相处,人缘很好,能够获得许多的好感与赞同。

如果你得到的总分在 9~14 分,说明你与朋友相处存在一定程度上的困扰。你的人缘很一般,换句话说,你和朋友的关系并不牢固,时好时坏,经常处在起伏波动的状态中。

如果你得到的总分在 15~19 分,说明你在与朋友相处上的行为困扰较严重。

如果你得到的总分超过 20 分,则表明你的人际关系行为困扰程度很严重,而且心理上出现较为明显的障碍。你可能不善于交谈,也可能是一个性格孤僻的人,不开朗或有明显的自高自大、讨人嫌行为。

 心理训练

（一）心有千千结

活动过程：

（1）十人左右一组,手拉手围成一个大圆圈,面向圆心,拉着手转圈,在转圈的过程中熟悉旁边的人,所有人记清楚自己旁边的人是谁。

（2）大家松开手,在原先圆圈的范围内随意走动,当主持人喊停时,大家原地不动。

（3）站在原地伸出双手,拉住最初旁边人的手,左手和右手千万不要拉错了。现在手与手之间、人与人之间,形成了一个错综复杂的“千千结”。

（4）要求大家在不说话、不松手的情况下,用各种方法,如跨、钻、套、转等(但手不能放开),将交错的“千千结”还原成一个大圆圈。

交流分享：

（1）一开始面对这个复杂的“结”的时候,感觉是怎样的? 在解开了一点以后,你的想法是否发生了变化?

（2）在现实生活中,你是否也与周围的朋友结下了这样的“结”? 你是以何种心态来面对人际交往中的这些“结”的?

（3）通过解开这个“结”,你觉得成员间的关系发生了什么变化? 朋友之间发生矛盾冲突是否只有消极的影响?

（4）当努力了很久“结”都没有被解开时,你的感觉是怎样的? 想到放弃了吗? 在现实生活中,当你与某个同学产生了激烈的冲突,或者冷战了很久都没有和好的迹象,容易产生什么念头?

（5）运用了哪些方法来解开这个“结”? 联系现实生活,这对你解决人际矛盾有何启示?

（二）爱在指间

活动过程：将团体成员分成相等的两组,一组成员围成一个内圈,再让另一组成员站内圈同学的身后,围成一个外圈。内圈成员背向圆心,外圈同学面向圆心,即内外圈的成员两两相视而站。成员在领导者口令的指挥下作出相应的动作。

（1）当领导者发出"手势"的口令时,每个成员向对方伸出1~4根手指。

① 伸出1根手指表示"我现在还不想认识你"。

② 伸出2根手指表示"我愿意初步认识你,并和你做个点头之交的朋友"。

③ 伸出3根手指表示"我很高兴认识你,并想对你有进一步的了解,和你做个普通朋友"。

④ 伸出4根手指表示"我很喜欢你,很想和你做好朋友,与你一起分享快乐和痛苦"。

（2）当领导者发出"动作"的口令时,成员就按下列规则作出相应的动作。

① 如果两人伸出的手指不一样,则站着不动,什么动作都不需要做。

② 如果两个人都是伸出1根手指,那么各自把脸转向自己的右边,并重重地跺一下脚。

③ 如果两个人都是伸出2根手指,那么微笑着向对方点点头。

④ 如果两个人都是伸出3根手指,那么主动热情地握住对方的双手。

⑤ 如果两个人都是伸出4根手指,则热情地拥抱对方。

每做完一组"动作—手势",外圈的成员就分别向右跨一步,和下一个成员相视而站,跟随领导者的口令作出相应的手势和动作。以此类推,直到外圈的同学和内圈的每位同学都完成了一组"动作—手势"为止。

经验分享：

（1）刚才自己做了几个动作？握手和拥抱的亲密动作各完成了几个？为什么能完成这么多（或为什么只完成了这么少）的亲密动作？

（2）当你看到别人伸出的手指比你多时,你心中的感觉是怎样的？当你伸出的手指比别人多时,心里的感觉又是怎样的？

（3）从这个活动中你得到了什么启示？

（三）感恩拜访

你有没有这样的朋友,他多年前的言行曾让你的人生变得更美好,但你从来没有充分地感谢过他。感恩可以让我们的人生更幸福、更满足,在感恩的时候,我们对人生中的美好回忆能让我们身心获益,同时表达感激之情也能加深我们和别人之间的关系。不过,有时我们会说"谢谢",说得很随意,使得感谢不够深刻而无意义。

感恩拜访操作方法：写一封信给他,并且当着他的面告诉他你的感恩,内容要求越具体、越真诚越好,注意以下三点。

（1）一种周到、明确的方式,表达你的感激之情。

（2）信中你要明确而具体地回顾他为你做过的事,以及这件事如何影响到你的人生。

（3）让他知道你的现状,并提到你是如何经常想到他的言行的。

推荐资源

（一）书籍《魅力何来：人际吸引的秘密》（作者：［美］戴维·迈尔斯）

本书（见图 7-1）摘编自美国著名心理学家戴维·迈尔斯的超级畅销书《社会心理学》。《社会心理学》一书在国外心理学专业的大学生中几乎人手一本，同时也是国内大学心理学系采用率最高的书，书中集合了当今与我们的生活最为贴近的社会心理学中最优秀的成果。《魅力何来：人际吸引的秘密》节选了其中关于吸引力和亲密关系的一部分，配以大量插图，并且修改了原书中过于学术性的语句，以通俗易懂的语言揭示了吸引力产生的四个要素，即现实空间中的接近性、外表、相似性和被喜欢的感觉，介绍了我们应当如何发展、维持和促进与朋友、亲人和爱人的亲密关系。《魅力何来：人际吸引的秘密》不仅具有坚实的理论背景，而且由于其贴近生活，还有很强的实践价值。每一个希望提升自己的吸引力、渴望建立和维持长久的友情和爱情的人都能从中获益。

图 7-1　书籍《魅力何来：人际吸引的秘密》

图 7-2　书籍《非暴力沟通》

（二）书籍《非暴力沟通》（作者：［美］马歇尔·卢森堡）

《非暴力沟通》（见图 7-2）的作者马歇尔·卢森堡博士发现了一种沟通方式，即神奇而平和的非暴力沟通方式依照它来谈话和聆听，能使人们情意相通，和谐相处，这就是"非暴力沟通"。非暴力沟通是 nonviolent communication（NVC）一词的中文翻译，又称爱的语言、长颈鹿语言等。"当我们褪去隐蔽的精神暴力，爱将自然流露。"通过非暴力沟通，世界各地无数的人们获得了爱、和谐和幸福。NVC 相信，人的天性是友善的，暴力的方式是后天习得的。NVC 还认为，我们所有人有共同的、基本的需要，人的行为是满足一种或多种需要的策略。NVC 的目的是通过建立联系使我们能够理解并看重彼此的需要，然后一起寻求方法满足双方的需要。换言之，NVC 提供具体的技巧帮助我们建立联系，使友爱互助成为现实。

(三) 电影《触不可及》

在电影《触不可及》(见图 7-3)中,一个是行动不便、需要坐轮椅的大富豪菲利普,另外一个则是刑满释放人员德瑞斯——一个相当懂得察言观色的黑人小伙子,如今他是菲利普的"保姆",负责照顾他的一切饮食起居。从表面上看,菲利普和德瑞斯之间可以说没有一点相似之处,不论是他们的生活背景还是身份地位,基本上是两个极端。可即使如此,这两个人还是建立了一种不太稳定但持续上升的朋友关系,而且全部是以真诚、坦白和幽默作为根基的。在这个过程中,他们都将经受一次前所未有的情感洗礼,同时也使他们重新审视生命与爱的意义。

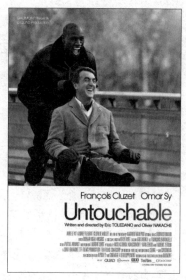

图 7-3 电影《触不可及》

人际冲突的有效应对

第八章　解读爱情密码

心灵探索

晓雯在大学迎新活动中认识了小强。小强特别热心地帮助晓雯完成了报到,还不辞辛苦地帮她忙这忙那,介绍学校的情况。交谈中他们发现是老乡,晓雯一下子感觉双方关系亲近起来,相互加了微信。开学后,两人经常互通信息,约着见面。随着接触的增多,再加上同学的议论,两个人互有好感的事情被公布于众。于是,两个人就这样开始了恋爱。渐渐的,宿舍楼下、食堂、教室、图书馆以及校园的其他地方,多了他们的身影,一切看起来是那么的美好。然而小强因为课程紧张,常常没有时间陪晓雯,而且晓雯几次看到小强与他班上的女生在一起,觉得小强是在欺骗自己,当她质问小强时,小强解释那是在讨论班上的工作。两人见面时,晓雯总是抱怨小强,两人的争执接踵而来。两个人的矛盾越来越多,争吵的程度也越来越激烈,于是,他们分手了……

分手后的晓雯陷入了失恋的痛苦中。她变得越来越沉默,不愿与同学说话,不参加集体活动,学习成绩也一落千丈。

爱情是人类生活中永恒的主题,是大学校园里的热门话题,随着性生理的成熟和性心理的发展,渴望爱情,大胆追求“我的爱情”已成为大学生中较为普遍的心理状态。正值青春妙龄的大学生,对爱情有着美好的向往和热烈的追求,但是,由于主客观因素,在享受美好的爱情的同时,大学生也承受着各种问题的困扰。因此,了解爱情的心理实质与发展过程,树立健康的恋爱观,妥善地处理恋爱问题,培养爱的能力,对大学生具有重要意义。

第一节　探寻爱情真谛

一、爱情的心理实质

“问世间,情为何物,直教人生死相许?”爱情将人的喜怒哀乐放大升华,令世间恋爱的男女为之痴迷沉醉。爱情可以让人为之生,为之死,它的魔力可能使人完全失去自我。那么,爱情究竟是什么?

古往今来,在哲学、伦理学、心理学、美学、文学等各个领域中,人们都在对爱情进行这样或那样的阐述,如弗洛伊德认为:“爱情是性本能的表达与升华。”休谟认为:“爱情是人的自然本性,是美貌、肉欲、好感三种情感的结合。”黑格尔认为:“爱情是男女双方心灵和精神的统一。”弗罗姆认为:“爱情是一种个人体验,每个人只能通过自己并为自己得到这种体验。”罗杰斯认为:“爱是深深的理解和接受。”马克思主义的爱情观认为:“爱情是人的自然属性和社会属性的统一。"

爱情是男女双方基于一定的客观物质基础和共同的生活理想,以互爱为前提,以互相倾慕为基础,渴望对方成为自己终身伴侣的强烈的、稳定的、持久的、专一的感情。爱情是两颗心灵相互向往、吸引、达到精神升华的产物,是一种高尚的精神生活。

1. 爱情的自然属性

爱情的自然属性是指人类源于生理需求的性爱,它是属于感官层面的。当一个人进入青春发育期,随着性意识的成熟而萌发的对异性的欲望、向往和追求,是人的生理本能,人类正是依靠这种本能繁衍后代、延续种族。性爱是爱情产生的自然前提和生理基础,是爱情的原动力。

2. 爱情的心理动因

爱情的产生不仅有其生理基础,更有心理的内在动因,它是男女之间相貌的相互吸引,性格气质的相容,理想信念的一致所萌发的情感共鸣,产生兴奋、愉悦、和谐、眷恋和炽烈的内心体验以至达到精神上的情感交融、心灵相连,渴望相互结合的强烈感情。这种任何他人都无法代替的情感,是爱情产生和发展的内在心理动因。

3. 爱情的社会属性

现实生活中,爱情无论是萌发于性爱的需要,还是表现为强烈的情感,都存在于一定的社会关系中,是以一定的社会物质条件和社会文化习俗为背景,以一定的社会道德为基础,这些构成了爱情存在的社会基础。爱情心理是生理性、情感性与社会性的内在统一,但是,社会性才是爱情的本质属性。

爱情是一种复杂的、丰富的、多元的社会现象,是生理因素、心理因素、社会因素构成的综合体。其中生理因素是爱情的自然基础,心理因素是爱情的内在动因,社会因素是爱情的本质属性,三者缺一不可,相互联系、相互制约、相互作用,共同构成爱情的本质。

二、爱情的基本特征

要想真正理解爱情,必须把握爱情的基本特征。

1. 爱情具有自主性和互爱性

真正的爱情是不可强求的,是双方的自主自愿,不是其他外在因素的干涉。由"父母之命,媒妁之言"、暴力的驱使、金钱的诱惑而获得的爱情都不是真正的爱情。自主是双方发自内心的爱,不是"强扭的瓜",不是撮合的情缘,不能违背对方的意愿。真正的爱情也不是单恋,而是双方心灵撞击出的火花,是在共同生活目标下的共鸣、精神上的相互倾慕,只能以当事人的互爱为前提。爱情是一种"你爱我,我爱你"的情感,不是"落花有意,流水无情"。

2. 爱情具有专一性和排他性

爱情是两颗心相撞发出的共鸣,所谓"情到深处人孤独""为伊消得人憔悴",热恋中的情人眼中只有对方,所思所想全是对方,同时也要求对方处处围绕自己,要求相互忠贞,并且排斥任何第三者亲近双方中的一方。专一性是对爱情的坚守。教育家陶行知先生曾经很形象地说:"爱之酒,甜而苦。两人喝是甘露,三人喝是酸醋,随便喝,要中毒。"

3. 爱情具有持久性和阶段性

爱情是男女双方对天长地久,长相厮守的内心渴望,爱情所包含的感情因素和义务因素,不仅存在于婚前的整个恋爱过程中,而且延续到婚后的夫妻生活和家庭生活。爱情的持久性表现在爱情的不断深化、充实和提高上,真正的爱情持久而稳定,能够经得起风雨和考验,但人生的不同年龄阶段,爱情的表现会有所不同,又具有阶段性。

4. 爱情具有平等性和无私性

爱情是完全平等的,真正的爱情双方不存在依附或占有的关系,双方在人格上是平等的。在爱情发展中,男女双方处于平等互爱的地位,才能奏出和谐的旋律。真诚的爱是建立在双方平等与理解的基础上的尊重。爱情是一种责任,爱意味着给予和奉献;意味着把自己的精神力量献给爱侣,与之缔结幸福,意味着对伴侣的命运、前途承担责任。

 **心理悦读**

真爱是什么

爱情使者丘比特问爱神阿弗洛狄忒:"LOVE 的含义是什么?"

爱神回答:

"L"代表 listen(倾听),爱就是要无条件无偏见地倾听对方的需求,并且予以协助。

"O"代表 obligate(感恩),爱需要不断地感恩与慰问,付出更多的爱,浇灌爱苗。

"V"代表 valued(尊重),爱就是展现尊重,表达体贴,传达真诚的鼓励、悦耳的赞美。

"E"代表 excuse(宽恕),爱就是仁慈地对待,宽恕对方的缺点与错误,维持对方的优点与长处。

三、爱情三角形理论

美国心理学家罗伯特·斯滕伯格提出的爱情三角形理论是最具影响力的爱情理论之一。他认为爱情由三个基本成分组成:激情、亲密和承诺。激情是爱情中的性欲成分,是一种情绪上的着迷,个人外表的和内在的魅力是影响激情的重要因素。亲密是两个人心理上互相喜欢的感觉,在爱情关系中能够引起的温暖体验,包括对爱人的赞赏、照顾爱人的愿望、自我的展露和内心的沟通。承诺主要是指个人内心或口头表达的对爱的预期,是爱情中最理性的成分。激情是"热烈"的,亲密是"温暖"的,而承诺是"冷静"的。这三者在爱情生活中各司其职,相互作用,共同维持一段美好关系的发展,如图 8-1 所示。

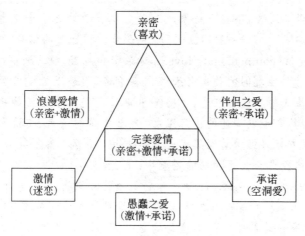

图 8-1 爱情三角形理论

知识拓展

斯滕伯格的七种爱情类型

依据激情、亲密和承诺 3 种成分的不同组合,斯滕伯格认为爱情可以分为以下七种不同的类型。

(1) 喜欢式爱情(liking):只有亲密。相处的双方在交往中会感到亲切、轻松,有很强的信赖感,但是缺少激情,也不一定愿意厮守终生。这种爱情没有激情和承诺,就像友谊一样。显然,友谊并不是爱情,喜欢也并不等于爱。喜欢和爱被现代男女严格区分,所以他们常常固执地要求得到一个明确的答复,"你究竟是喜欢我还是爱我",当其中任何一方的情感因素发生微妙的变化时,友谊有可能发展成爱情,但也有恋爱不成反而失去友谊的可能。

(2) 迷恋式爱情(infatuated love):只有激情。双方都有强烈的性的吸引,但缺乏彼此的了解和信任,更没有考虑过将来。这种爱情只有激情,没有亲密和承诺,如初恋。处于迷恋中的个体相信"爱不需要理由",也常常无奈地吟唱"为何偏偏爱上你"。迷恋开始于生活中的一见钟情,这种刹那间如夏花般灿烂的情绪是否具有生命力,是否能发展成为稳定的情感,取决于双方是否会有亲密和承诺。

(3) 空洞式爱情(empty love):只有承诺。缺乏亲密和激情,如纯粹的为了结婚的"爱情",此类"爱情"缺少爱情必要的内容,就是空爱。当两性之间的关系只有承诺而没有亲密和激情时,表明两者只有责任和义务。

(4) 浪漫式爱情(romantic love):有亲密和激情,没有承诺。当程度高的亲密和激情一起发生时,人们体验的就是浪漫的爱。当两性之间的关系具有亲密和激情两个因素,双方的关系不需要承诺来维系时,被认为是一种最轻松、最享受、最唯美的浪漫之爱。这种爱情崇尚过程,不在乎结果。浪漫之爱若是缺乏承诺的意愿或能力,则与婚姻无缘。对浪漫式爱情的一种看法,就是它是喜爱和迷恋的结合。

(5)伴侣式爱情(companionate love):有亲密和承诺,缺乏激情,如缺乏感觉的四平八稳的婚姻。当两性之间的关系有亲密也有承诺,而缺乏性爱的吸引时,彼此的关系已经升华为亲情式的信赖和依恋,仿佛携手走过漫漫人生之路的银发夫妇,虽没有青春时的激情,却具有难以描述的情感深度,有着更多的亲近、交流和分享,伴随着情感的倾心投入,双方努力维护着深厚而长期的友谊,成为不离不弃的心灵伴侣。这种类型的爱情集中体现在长久而幸福的婚姻中。

(6)愚蠢式爱情(fatuous love):缺失亲密的激情和承诺,这会产生愚蠢的体验和行动,顶多是生理上的冲动或是空头支票。亲密是维系持久爱情的基石,当爱情没有亲密因素时,仿佛大厦没有坚实的地基,是虚幻的空中楼阁,随时都可能倒塌,也叫虚幻的爱。这种爱会发生在旋风般的求爱中,在势不可当的激情中两个人闪电般结合,但对彼此并不是非常了解或喜爱,在某种意义上这样的爱是风险很大却可能没有结果的爱情。

(7)完美式爱情(consummate love):同时具备激情、承诺和亲密三要素,这是理想的爱情模式。当亲密、激情和承诺都以相当的程度同时存在时,人们体验的是完全的爱,或称作圆满的爱,这种爱体现出热烈、温暖和责任。真正完美的爱情应该是以亲近和信任为基石,以性的吸引和欣赏为催化剂,以承诺和担当为约束,既具有相对的稳定性,又充满热情和活力,但这种形式的爱很难坚持长久,大多数人的爱情最终都会转化成伴侣之爱。

　　爱情的真谛到底是什么? 如果说友情是没有承诺的相互联系,亲情是毫无前提的相互关爱,那么爱情则是亲密关系中伴随着激情的承诺。同时具备激情、亲密和承诺三个基本元素才构成完满的爱情,缺少其中任何一个要素都不能称为真正的爱情。

　　爱情三角不是一个静态平衡,不同爱情的类型,或者同一个爱情的不同时期都会不同。如图8-2所示,爱情关系中的亲密、激情和承诺随着时间的变化,所占的比例也会不断变化。在爱情初期激情具有重大作用,但随着时间推移,亲密必须不断加强,并加入承诺的约束,才能促使关系稳定。

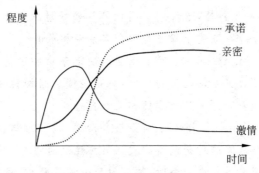

图8-2　爱情的发展

斯滕伯格的爱情三角形理论的启示是,告诉人们什么是理想的爱情。然而,仅仅具备激情、亲密和承诺这三个要素并不意味着爱情就能成为现实,如何调节好这三者的关系是爱情中的必修课。建立一段稳定、持续的爱情需要恋爱双方花费毕生的精力去培育、呵护,那是一项贯穿人生的浩大工程。爱情不是一件容易的事情,需要具有爱的能力,才能使爱情三角形长期稳定下去。

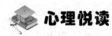 **心理悦读**

爱情和浪漫能持续多久

相识、相知、相爱,让浪漫的爱坚贞不渝、天荒地老,这是每个人都有的梦想。但现实生活中能做到吗? 常识告诉我们很难。社会心理学的研究也证实了激情和浪漫会随着时间而冷却,而共同的理想、共同的兴趣、共同的价值观以及宽容和习惯等因素在维持感情中的重要性与日俱增。

印度学者古普塔(U.Gupta)等的一项研究很有说服力,如图 8-3 所示,他们访问了印度西北部城市斋浦尔的 50 对夫妻,发现由爱情结合的夫妻婚后 5 年,彼此爱的情感会不断减少;与此形成鲜明对照的是,由父母之命而结合的夫妻,开始的爱情水平并不高,但他们的感情会慢慢地增加,5 年后大大地超过了因爱而结合的夫妻们。

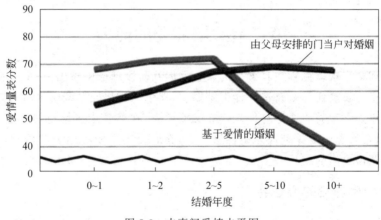

图 8-3　夫妻间爱情水平图

四、恋爱发展的心理过程

很多人总是羡慕别人幸福美满的婚姻、从一而终的爱情,总是抱怨自己遇不到一个对的人,却忽略了别人一路走过的艰辛。

恋爱是男女双方培育爱情的过程,也是爱情双方情感的不断深化和相互交融的心理过程。在心理学家看来,一个成熟、美满的恋情必须经历以下四个阶段。

第一阶段:共存(甜蜜期)。这个阶段是恋情最开始的阶段,属于热恋时期。彼此之间充满了吸引力,总是希望每时每刻待在一起,总有说不完的话,甚至可能为此而寝食难安,心甘情愿地消耗大把时间,为心上人魂牵梦绕,几乎到了着迷的境界。在这个阶段,很少出现争吵,度过的都是甜蜜的时光。这个阶段要适当克制自己,不至于过分狂热。

第二阶段:反依赖(矛盾潜伏期)。在此阶段,激情慢慢退去,情感趋于稳定,不再会时时刻刻想着对方了,至少会有一方想要有多一点自己的时间,做自己想做的事,所以常常让另一方感觉到被冷落,容易出现裂痕。处于这个阶段的恋人需要冷静处理两个人的关系,千万不可一时冲动作出一些错误的决定,断送了自己的爱情。

第三阶段:独立和怀疑(矛盾突发期)。这是第二阶段的延续,也是恋爱的关键时期。想要独立的一方会觉得需要更多自主的时间、更多独立的空间,做自己想做的事情,感觉被冷落的那方,就觉得恋人不爱自己了,不再重视自己,于是怀疑和猜忌就随之而来。这个阶段需要双方都去认真对待,可以寻找两个人的共同点,适时策划一些双方都喜欢的活动来维持恋情。如果爱好没有共同点,不妨试着迎合一下对方的喜好。

第四阶段:共生(稳定期)。如果恋爱关系已经发展到这个阶段,那么爱情最终会有美满的结果。双方关系走向基本稳定,彼此之间建立了信任。随着时间的推移,两个人会更加了解对方,理解对方,对方会成为生命中最亲最重要的人,彼此相互扶持,在一起不会互相牵绊,而是共同成长。这个阶段的主要任务是巩固恋情。

然而现实生活中,好多恋人通不过第二或第三阶段,就选择了分手。知道自己的爱情在哪个阶段,才能更了解自己的感情状态,双方带着信任、理解和宽容,学习如何处理冲突,不断地经营爱情,共同努力,将爱情之舟驶向幸福的彼岸。

第二节　培养爱的能力

美国心理学家埃里克森在其著名的人生发展八阶段理论中指出,一个人在 18～35 岁这一阶段的主要发展任务就是选择伴侣结婚,与伴侣和睦相处过亲密生活,因此正处于这一阶段的青年大学生需要通过与他人建立恋爱关系,在恋爱中去增进对自己的认识和对他人的了解,在恋爱中更深刻地体验喜怒哀乐,在恋爱中更积极地去领悟承诺和责任,进而在恋爱中获得更多的成长和发展。

一、大学生恋爱的心理特点

大学生恋爱已经成为大学校园中一个很普遍的现象。大学生们年龄很相仿,大多住校,彼此了解,产生感情也是特别自然的一件事。但是,校园恋情失败多、成功少,相对于其他人群,大学生恋爱心理表现出以下几个特点。

(一)恋爱选择的自主性

大学生具有文化层次高、思想开放、易接受新观念、独立意识强等特点。他们脱离了家庭的束缚,在恋爱问题上,自主自立意识明显增强,何时谈恋爱、和谁恋爱、怎样恋爱等一般都不征求父母的意见,大多是自己做主,自由选择,不受传统习俗的局限,父母长辈的意见也是仅供参考,显示出较强的独立性。

（二）表达方式公开化

越来越多恋爱中的大学生一改过去的隐蔽形式,转为公开和大胆。他们不再躲躲闪闪、遮遮掩掩,不在乎别人的注目和议论,在校园里携手相依、形影不离,甚至有一些大学生在公开场合、大庭广众之下旁若无人,作出过分亲密的动作。在恋爱表白方式上,大学生也更注重形式,校园里常常出现另类的表白形式,好像只有与众不同才能表达自己的情感。

（三）注重情感体验和交流

大学生谈恋爱重精神胜过物质,追求爱情的唯美,注重爱情的美好体验。恋爱中的两个人注重情感体验和交流,不落入世俗,注重追求爱的真谛,追求共同的价值理念,讲究有共同语言,没有共同语言也会成为分手的理由。

（四）情感的不成熟性

大学生在注重情感的同时,又体现了恋爱情感不成熟的一面。由于社会阅历浅,思想单纯,很多大学生对于自己的人生目标和需要还没有一个很清楚的概念,造成在对待恋爱问题上简单、幼稚和不成熟。在选择恋爱对象标准上,重外表、轻内在。在恋爱方式上,重形式、轻内容。在恋爱行为中,重过程、轻结果,重享乐、轻责任。

（五）关系的不稳定性

大学生的恋爱大多具有冲动性,往往是一见钟情或经过短暂的交往就确定恋爱关系,进入恋爱状态较快,但是恋爱过程中感情和思想易变,加之大学生经济上尚未独立,没有物质基础,又缺乏妥善处理恋爱中情感纠葛的能力,极易造成恋爱的中断或对恋爱对象的选择漂泊不定。所以大学生的恋爱关系是不稳定的,尤其是毕业后因为工作的关系各奔东西,毕业季也就成了分手季。

（六）自我控制与抗挫折力弱

一方面,大学生在恋爱中,缺乏理智的驾驭能力,不善于控制自己的情感,有些学生一旦沉迷恋爱之中,往往任感情随意放纵,荒废了学业,耽误了前程。另一方面,大学生恋爱中普遍缺乏对挫折的耐受力,一部分学生一旦恋爱受挫,容易失去信心,放弃对爱情的追求;或者情绪化,如借酒消愁、大哭大闹、打击报复甚至会出现轻生的念头,给学习和生活造成严重影响。

（七）与自我概念紧密相关

处于青春期的大学生对自我比较敏感,这个阶段的恋爱往往强调自我概念,他们十分在意别人对自己的评价和态度。所以恋爱似乎成为证明自我的一个试金石。在恋爱中的言行举止,出发点往往都是自己,一味地强调恋爱中自我体验,有时一言不合即导致分手。

二、大学生恋爱的情感误区

大学生在恋爱中容易陷入一些感情误区，分清这些情感误区有利于大学生建立真正的恋爱关系。

（一）寂寞与爱情

一些大学生由于对大学生活不适应，陷入孤独寂寞，希望寻求异性知己，填补空虚，寻求寄托，即所谓"寂寞期的恋爱"。但是这只是填补心中的空缺与找到被承认的感觉，而非真正从心里爱对方的情感。弗罗姆说过："人的孤独和性欲使人很容易沉溺于爱情，这丝毫没有什么神秘之处，相反它倒是极易获得也极易失去的东西。"

（二）虚荣与爱情

虚荣是一些人以追求外表、名誉、荣耀等表面的光彩，来满足自尊需要的心理，恋爱则是两颗心的相互吸引。一些大学生试图通过谈恋爱来获得异性的认可和重视，证明自己有魅力，有的只是为了炫耀、显示自己某方面的优势，还有的发现周围恋爱的同学多了，为了不显得落伍，觉得自己也要谈恋爱。在这种虚荣心理支配下的恋爱是不明智的行为。

（三）嫉妒与爱情

恋爱中的男女不希望他人介入他们的亲密关系中，一般都会本能地拒绝同性接近自己的恋爱对象。当对方出现猜疑、嫉妒等心理，会以为是在乎自己，爱自己。但是过度的猜疑会给对方造成很大的心理压力，使对方产生痛苦、无奈之感，导致的结果是两人间的隔阂、误会越来越多。爱情建立在尊重、理解和信任的基础上，把嫉妒当成爱情，是对爱情的一种误解。

（四）好感与爱情

将男女之间对异性的吸引、好感等同于爱情。异性之间的好感是广泛的、无排他性的，爱情则是专一的、排他性的。好感常表现为人们一时出现的情绪感受，而爱情则是由长时间的相互了解形成的。

（五）喜欢与爱情

爱情表现为依恋、利他和亲密关系，而喜欢的双方不会有同样的表现。喜欢通常表现为对同伴持有好评、好感和高度尊重，设想对方与自己相似。好感和喜欢多停留在友谊的阶段，志趣相投的接近能让人相互喜欢。喜欢可以转换成爱情，但如果仅仅停留在喜欢的层面，那绝不是爱情。

（六）友情与爱情

男女生之间正常交往、接触会自然而然产生友谊，会相互关心和帮助。有些大学生分不清友情与爱情，对男女关系过于敏感，把男女之间正常的交往贴上"恋爱"的标签，只要对方对自己表示一点关心,就会认为对方是喜欢自己的。

爱情和友情的本质区别是,爱情是包含了情爱和性爱成分的,友情仅仅是友爱之情;爱情是具有排他性的,友情不排他;爱情具有强烈的冲动性,友情相见时冲动分开后平缓。泰戈尔曾经说过:"友谊意味着两个人的世界,而爱情意味着两个人就是世界。"

知识拓展

友谊和爱情的异同

日本心理学家曾对异性间的友谊和爱情的异同作过区分,他认为在以下五个方面有不同。

(1)支柱不同,友谊的支柱是理解,爱情的支柱是感情。

(2)地位不同,友谊的地位是平等,爱情的地位是一体化的。

(3)体系不同,友谊的系统是开放的,爱情的系统是关闭的。

(4)基础不同,友谊的基础是信赖,爱情则纠缠着不安和期待。

(5)心境不同,友谊充满"充足感",爱情则充满"欠缺感"。

三、大学生恋爱中的心理挫折与应对

(一)单恋

单恋也叫单相思,是指异性关系中的一方倾心于另一方,却得不到对方回报的单方面的"爱情",是恋爱心理中一种认知和情感的错觉。

单恋通常表现为三类,一是已经表白,被对方拒绝,但是仍然不放弃,继续爱慕对方;二是误会,一些人缺乏同异性交往的经验,因而在与异性接触时,对对方的言行、情感过于敏感,误把对方的友情当作爱情;三是深爱对方,却不知道对方的感情,又怯于表达,在心里默默喜欢。

单恋是大多数人都经历过的一种心理状态。大学生心智尚未完全成熟,易出现单恋现象,且较多地发生在内向、敏感、富于幻想、自卑感强的人身上。单相思算不得病,可是盲目的、非理性的单相思如果得不到及时的疏导,就可能导致心理失调,成为相思病。单相思者喜欢沉迷于幻想之中,他们在恋爱中较少采取切实有效的行动,把自己淹没在苦海里不能自拔,不仅影响学业,而且影响身心健康。可以尝试以下几种应对方法,尽快地从单相思中解脱出来。

1. 直接表白

如果是自己有意而对方并不知情,并且觉得对方有很大的可能也爱自己,可以寻找合适的机会向暗恋的人表白自己的感情,如果对方有意可以继续相处,如果对方明确拒绝了,就要趁早收回自己的感情,尊重对方的选择,不可感情用事,以免对自己造成更大的伤害。如果觉得对方根本没有可能爱自己,就没有必要表白自己的感情,勇敢地抛弃幻想,用理智驾驭感情进行转移,因为这种表白既可能给对方造成心理压力,也会影响两个人的

关系,有些时候,适度压抑一下自己的感情是必要的。

2. 积极的自我暗示

单恋是一种非常痛苦的感受,应该使自己尽早从这种痛苦中解脱出来。如果被拒绝了,要进行积极的自我暗示,如"我虽然遭到了拒绝,并不证明我不行,是他没有眼光,没有发现我的优点"。

3. 进行适当倾诉

如果一时对自己的爱情难辨真伪,可以将自己的心事告诉密友,让其帮助自己进行客观地分析判断,拨开自己心中的迷雾。如果把单相思的痛苦、忧伤都埋藏在心里,时间长了势必会影响情绪和身心健康。但是,要切记不能逢人便讲,被别人当作笑话散播出去就不好了。

4. 学会情感转移

明确了自己产生了爱情错觉,就要有意识地转移自己的感情。可以通过扩大生活和人际交往的圈子,多与同学相处,转移自己的注意力,建立起真正的友谊。一是可以换个环境,尽可能离痴心所爱的人远一点,空间距离变大,感情就可能逐渐淡漠;二是转移感情,可以去寻找自己爱的也爱自己的人,或者把注意力转移到运动、阅读、旅游等兴趣上。

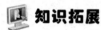 **知识拓展**

单相思只能持续36天

英国心理学家佛曼斯特是研究"单相思"问题的专家。2006年他在《人格与社会心理》杂志上发表了自己的研究心得。佛曼斯特指出,单相思比恋爱更常见,在英国,每年有100余万人不幸陷进"单相思"泥潭,尤以男性居多。

单相思的模式大多是:起初双方仅是精神交流,接着其中一方萌生爱意,并陷进自己编织的情网中难以自拔,不时用隐晦的语言和行动暗示对方。

单相思可能发生于任何年龄段,但在14~18岁时更常见,因为少男少女此时正处于爱幻想的青春期,不善于自我控制。而在适婚男女中,60%的人"单相思"过,20%的"多情种子"还可能每年单恋他人2~3次。另外,60岁以上老人也不时出现单恋。

佛曼斯特认为,单相思的普遍化,与电影文化的影响息息相关,因为影片中锲而不舍的单恋比比皆是,终于感动对方的成功案例更让人心动,于是很多人误以为,感情就是由单恋发展起来的,所以很容易陷入"单相思"中难以自拔。

单恋他人的人显得可怜兮兮,但研究显示,被恋的人到最后往往也会忧心忡忡。70%被他人"单恋"的男女在接受调查时说,起初他(她)会为自己的魅力洋洋得意,但后来渐渐因难以开口正面拒绝、不胜其扰而感到烦恼,甚至生自己的气。值得庆幸的是,"单相思"大多"寿命"不长,平均每次持续时间仅为36天,绝大多数人能很快走出烦恼。

(二)三角恋

三角恋是指一个人同时与两个或两个以上的人建立恋爱关系。三角恋中由于有一个人游走在两人之间,选择不明确,使恋爱关系变得复杂而微妙,是一种不正常的情感关系。三角恋现象在大学校园里也不少见,容易发生在外表形象好、才华出众、家庭条件优越的大学生身上。

由于爱情具有排他性、冲动性,三角恋潜伏着极大的危险,既令当事人烦恼不堪,也会给以后的恋爱生活留下阴影。一旦其中的个体理智失控,就会给对方甚至社会带来极大危害。三角恋违背恋爱道德,大学生要端正自己的恋爱观,正确面对,妥善处理。

1. 严肃对待恋爱

恋爱是一件非常严肃的事,但有些人对恋爱持一种轻率、随便的态度,认为爱情应该是多方位的。生活之中爱情不是游戏,三角恋必将给当事者带来痛苦和伤害,给生活带来隐患。

2. 学会拒绝

作为被追求者来讲,要学会拒绝。在恋爱过程中,如果自己有了恋爱对象,在被别人追求时,一定要明确拒绝。

3. 勇于作出决断

如果发现与恋人的关系卷入三角恋的旋涡之中,不可能发展下去,就应该有自己的坚持,明确什么是自己想要的,学会放弃,"急流勇退"是摆脱三角恋感情纠葛的最明智的选择。

（三）失恋

失恋是恋爱过程终断,在客观上表现为相爱的双方分离,在主观上表现为失恋者体验到悲伤、忧郁、失望等消极情绪及心理痛苦和压力。恋爱的过程是两个人相互了解和选择的过程,当一方提出中止恋爱关系时,另一方就会失恋。失恋是一种痛苦的情感体验,会引起失恋者一系列的心理反应,造成巨大的心理创伤。

恋爱是甜蜜的,失恋却是人生的苦果。面对失恋,有的大学生能够自己调控情感和行为,正确地对待和处理这种恋爱的受挫现象,愉快地走向新生活,然而也有一些大学生不能及时排解这种强烈的情绪,在痛苦的深渊里越陷越深,日渐消沉,导致心理失衡。摆脱失恋的痛苦,需要外界的帮助,但更重要的是提高自己的心理承受力,增强心理适应性,学会自我心理调节,从而达到新的心理平衡。常用的调适方法有以下几种。

1. 合理宣泄

失恋后,不要过分掩藏和压抑内心的痛苦,最好找亲朋好友诉说自己的悲伤和烦恼,获得疏导、帮助、支持。有的大学生性格内向,不善言谈,可以让情感诉诸笔端,也可以关门痛哭一场,或者到空旷的地方大喊几声。这些方法或许能消除心理压力,带来心理安慰和寄托。如果感到积郁很深,实在难以排解,甚至自觉已有某些神经症性的症状,就有必要寻求专门的心理咨询机构的帮助。

2. 接受现实

作为一名有理智的大学生,应勇敢平静地面对失恋的残酷现实,爱情不是同情、怜悯,更不是强求。爱情也没有对错,只有合适与不合适。认识到"有失必有得",爱情既有成功、甜蜜的,也有失败、苦涩的。只有懂得接受不能改变的事实,学会顺其自然地面对生活。

3. 逆向思考

冷静分析自己失恋的原因,如性格不合、兴趣不同、价值观不一致等。因为种种原因,恋爱结束,不必过于痛苦,不妨学着逆向思考,如果勉强凑合下去,造成以后的感情不和两人也很难获得幸福。失恋固然不是幸事,然而没有志同道合、个性契合的恋人,及早分手也并非坏事,"塞翁失马,焉知非福"。

4. 自我安慰

失恋后,有时也可以适当运用合理的策略,找理由为自己开脱,使自己心理上得到安慰。一种是"酸葡萄"心理,比如多想想昔日恋人的缺点,多罗列自己的优点,觉得对方没有什么可留恋的,以调整不平衡的心理。另一种是"甜柠檬"心理,比如可以说失恋更有利于集中精力学习。这两种方法可以暂时延缓对不愉快的事情的悲伤,直至能够正视现实为止。当然,自我安慰只是一种消极的方法,如果失恋后听任这两种心理支配,不能接受现实,就没有从根本上解决问题。

5. 理性认知

根据理性情绪疗法的观点,一个人失恋之后,顿感昔日恋人一切都好,认定自己绝对不可能再找到比他更好的恋人、更美好的爱情,把失恋看得糟糕透顶、可怕至极等,都是源于非理性的信念。因此,针对失恋,可以通过自己跟自己辩论的方式,对失恋这件事建立理性认知,如"天涯何处无芳草"等。通过列"感情清单"来反省爱情,为下次开始感情之旅提供经验教训。

6. 情感转移

如果失恋,要及时地把情感转移到失恋对象以外的人、事或物上。可以参加一些自己感兴趣的活动,如打球、下棋、跳舞、郊游、弹琴等,冲淡心中的郁闷和烦恼。还可以去旅游,投入大自然的怀抱。恩格斯曾有过一次失恋,当他心灰意冷时,便去阿尔卑斯山旅行,峻伟的山川、广阔的原野,使恩格斯大为感慨,体验到世界如此宏大,自己的痛苦如此渺小,失恋的郁闷在大自然怀抱中得到消除和抚慰。

7. 积极升华

失恋者积极的态度会使"自我"得到更新和升华,全身心地投入工作中。许多人因失恋而创造出辉煌的成就,如歌德、贝多芬、罗曼·罗兰、诺贝尔、居里夫人、牛顿等名人都曾经受失恋的痛苦。他们用奋斗的办法更新"自我",是积极升华失恋痛苦的楷模。一扇幸福之门关闭的同时,另一扇幸福之门却在面前敞开。

面对失恋的打击,如何升华痛苦的情感,反映了一个人的心理成熟水平。对于失恋的不幸,作为大学生应做到以下几点。

(1) 失恋不失智。失恋不能失去理智,失恋后要做到不打击报复、不伤害对方、不破坏对方的名誉和人格、不破坏对方的新生活,这是一个大学生应有的态度和人格,也是恋爱的重要原则。为了爱情毁掉自己和他人的人,是最愚蠢的。人生除了爱情,还有很多美好的东西值得努力奋斗,在奋斗的过程中就会逐渐抚平由失恋带来的创伤,就会重新获得幸福的爱情。

(2)失恋不失志。鲁迅曾经说过:"不能只为了爱——盲目的爱,而将别的人生意义全盘忽略了。"失恋不等于失去人生的价值和意义,不能因此而意志消沉,要自我调节,化痛苦为动力。

(3)失恋不失态。聚为伴侣、相敬如宾;散为朋友,不伤和气。

(4)失恋不失情。失恋不是永远失去爱情,一叶没有了,见到的将是整个森林。

(5)失恋不轻生。爱情不是人生的全部,失恋不等于失去一切,为失恋轻生,没有价值,是对家庭、父母、亲友和社会不负责任的愚蠢行为。

失恋的痛苦也是一种人生体验,正是这些体验构成了丰富的人生,处理失恋的积极方式应该是面对痛苦、分析原因、吸取教训,以更加饱满的精神面貌投入生活与学习中。一个人如果能够理智地从失恋的痛苦中解脱出来,往往变得更成熟。作为当代的大学生,不能因为感情问题而毁了自己的前途,理智对待恋爱才能成就美好人生。

四、大学生恋爱能力的培养

马卡连柯说:"恋爱是人生中的一次重要的成长机会。"在正确的恋爱观、合适的恋爱对象、理智的恋爱方式以及自身良好的人格基础的引导下,人格可以发展得更加成熟;甚至获得再造。恋爱检验了人格,也促进了人格的发展。一方面,恋爱关系的协调、各种矛盾的解决,都会丰富大学生的生活经验,使双方在心理上更加成熟;另一方面,恋爱中的大学生为了获得异性的爱、提高自己在对方心目中的形象,会不断完善自己、丰富自己,这时爱就成了人格发展完善的强大的内在动力。

(一)树立正确的恋爱观

追求什么样的爱情,取决于有什么样的恋爱观。恋爱观是人们对于恋爱行为和爱情体验的标准和看法,影响着人们对恋爱对象的选择,也会影响恋爱动机和恋爱结果。

1.正确理解和对待爱情

第一,爱情是奉献和责任。心理学家弗罗姆指出,爱是给而不是得,"给予"才是爱的本质。"给"并不是放弃和牺牲,有创造性的人认为"给"是力量的最高表现,恰恰是通过"给"才能体现自我的力量,体验到生命力的升华,使自我充满欢乐。不成熟的爱是"因为我需要你,所以我爱你",成熟的爱是"因为我爱你,所以我需要你"。真正的爱情是一种奉献,不是索取,是主动的情感,不是被动地接受。爱是责任,是对对方精神需求的关心。这种责任不是外界强加的,而是内心的自觉。

第二,爱情是尊重和理解。真诚的爱是建立在双方平等与理解基础上的尊重。尊重是在认识对方、了解对方的前提和基础上承认对方的独立性和个性,让他按照他自己的愿望去自我发展,是对对方最深刻的理解和宽容,尊重就是努力使对方成长,自己也获得发展,而非剥夺;尊重是让所爱的人以他自己的方式和为了他自己而成长,而不是服务于对方。如果爱他,就应该接受他本来的面目,而不是要求他成为自己希望的那样,也只有当自己独立时,才能做到尊重。

爱情包含着奉献、责任、尊重和理解四个要素。真正成熟的爱情是这四个要素的有机结合,缺一不可。在恋爱过程中,恋爱双方要学习掌握以这四个要素为核心的"爱"的能力。

2. 摆正爱情的位置

第一,摆正爱情在人生中的位置。爱情在人生中占有重要地位,没有爱情的人生是不完整的,但爱情不是人生的全部,只为爱情而活着是苍白的。当爱情被视为生命的唯一时,爱情就如一株温室中的花朵,娇弱美丽却经不起任何打击。爱情不仅是情人节的玫瑰,也不只是每日的相守,更是守望的美丽与对彼此生命负责的人生态度。

第二,摆正爱情在大学生活中的位置,大学生要把学业放在首位,争取学业与爱情的双赢。今天的学习与将来承担的社会重任息息相关,也是个人爱情美满、家庭幸福的关键,不能把宝贵的时间都用于谈情说爱而放松了学习,因为学业是价值感的主要支柱。那种抛开学业谈恋爱的做法是愚蠢的,也是可悲的,难以获得幸福的爱情。

3. 提倡志同道合的爱情

志同道合就是双方在思想品德、事业理想和生活情趣等方面大体一致,有心灵上的默契和共鸣,双方有共同的理想、共同的追求。对各自的发展道路能相互理解,对各自的工作相互支持,在生活中相互体贴、相互帮助。在选择恋人时,应该明确一些重要的因素。一定要了解对方是否与自己有共同的或比较接近的理想和目标,对人生的态度是否一致,是否和自己期盼的"那个人"相吻合。爱情应该是理想、道德、义务、事业和性爱的有机结合,偏重某一方面而忽略了其他方面,就容易导致爱情的失败和痛苦。大学生要保持恋爱动机的纯洁性,恋爱应该注重人的内在品质、情操、性格、个性特征和兴趣爱好,将"志同道合"和"情投意合"有机结合起来,从追求真爱出发,找到拥有共同理想和志趣的人。

(二) 发展健康的恋爱行为

大学生在恋爱中,要相互尊重、彼此坦诚,要做到行为端正文明、有分寸,不可随心所欲,无视社会公德。发展健康的恋爱行为应注意以下几点内容。

1. 恋爱言谈要文雅

恋爱言谈要文雅,讲究语言美。交谈中应诚恳、坦率、自然,不要装腔作势、矫揉造作;不能出言不逊、污言秽语、举止粗鲁;不要无休止地盘问对方,使对方自尊心受损。

2. 恋爱行为要文明

一般来说,男女双方在恋爱开始时常感到羞涩与紧张,随着交往的深入会逐渐变得自然与大方。在与恋人或者异性交往中要做到举止得体端庄,在公众场合不暴露,行为举止不轻浮。恋人间的亲昵行为一定要掌握分寸,持之有度。亲昵动作应高雅,避免粗俗化。高雅的亲昵动作有助于使恋爱双方体会爱情的愉悦感,而粗俗的亲昵动作则有损于爱情的纯洁与尊严,有损于大学生的形象,同时对旁人也是一种不良的心理刺激。大学校园的很多地方,如教室、图书馆、自习室、操场等,不适合作出亲昵行为,应当尽力克制。

3. 恋爱方式要理智

在恋爱过程中双方应平等相待,自尊自重,相互尊重。不要拿自身的优点与对方的不足进行比较,以此炫耀、抬高自己,戏弄贬低对方,也不宜想方设法考验对方或摆架子,这些做法可能挫伤对方的自尊心,影响双方的感情。在热恋时,要善于控制爱情的温度,"真爱要等待",一方面应注意克制和调节性的冲动,另一方面应注意转移和升华,如参加各种文体活动,与恋人多谈论学习和工作,把恋爱行为限制在社会规范允许的范围,不致越轨,使爱情沿着健康的道路发展。

(三)培养爱的能力与责任

心理学家认为恋爱不仅仅是一种情感,它更是一种艺术、一种能力。谈恋爱,首先应了解爱、懂得爱、具备爱的能力,恋爱的过程也是培养爱的能力的过程。爱的能力是指和他人建立亲密关系的能力,具备了爱的能力会引导一个人去真正地爱他人,也真正地爱自己,能真正体验到爱给人带来的快乐和幸福。

莫里哀说过:"恋爱是一所学校,教我们重新做人。"和他人建立亲密关系的能力是对爱的感知、接受的能力,是一种奉献和给予,是给予对方最深刻的理解和宽容。恋爱在很大程度上改变着一个人的思想、心理和行为。恋爱心理越健康,积极的改变就越多,反之,可能消极的改变就多。爱的能力主要包括以下内容。

1. 判断爱的能力

当自己对别人萌生爱意或者面对别人的爱时,要及时对这种爱的信息作出理智分析和准确判断,这是进一步选择的基础。判断爱的能力,就是能较好地分清这种感情到底是好感、友情还是爱情。识别爱的能力强的人,既充满自信,同时又懂得尊重别人,会非常自然地与别人交往,主动扩展交往的范围,并懂得珍惜友谊,懂得换位思考,能尽量多地体验他人的感受。

2. 接受爱的能力

在对爱的信息作出明确判断后,作出是接受、谢绝或是再观察的选择,这是一种爱的能力。大学生要具有接受爱的能力,就要懂得什么是真正的爱,有健康的恋爱观,知道自己喜欢什么、需要什么、适合什么,对自己、他人和万物保持敏感和热情,主动去关心他人、热爱他人。当期望的爱来到身边时能够坦然接受,如果拒绝了对方的爱,也能够平静面对。

3. 表达爱的能力

一个人心中有了爱,在理智分析之后,敢于表达,善于表达,是一种爱的能力。表达爱需要勇气和自信,要把握好时机。表达爱意应该建立在双方有一定感情基础之上,最好在双方都有意的情况下进行。爱的表达没有固定的模式,应根据情景和实际情况来表达,如浪漫柔顺的女生喜欢接受热烈的追求,意志坚定的女生较易接受含蓄的求爱方式。掌握适当的表白时机,选用恰当的方式和语言,可以用语言告白,"爱就大声说出来",可以用含情脉脉的凝视让对方感受到爱,可以用深情的文字写出爱,用关爱的行动让对方知道自己的爱。不要求对方立刻给出答复,给对方考虑的时间。并不是所有表达的爱都能得到回报,能让对方知道自己被人爱着,也是一种幸福。

4. 拒绝爱的能力

对自己不愿或不值得接受的爱应有勇气加以拒绝。拒绝爱要注意几个方面。

一是要尊重对方。被人喜欢是一件很难得的事情。拒绝时应表示感激,说明不是对方的问题,只是自己不能接受,请对方理解自己拒绝的苦衷和歉意。珍重每一份真挚的感情是对他人的尊重,也是一种自珍,同时是对一个人道德情操的检验。

二是要态度明确,表达清楚。对不可能接受的爱情,要果断、勇敢地说"不"。拒绝的措辞语气既要诚恳委婉,又要肯定明确,不能用模棱两可的态度,让对方觉得存有某种希望。也不要拖延时间,应尽早给对方答复。

三是要使用恰当的拒绝方式。要选择适当的时间,用适当的方式提出,可以在适当的场合与对方开诚布公地谈一谈,耐心地倾听对方的感受,也可以用书信的方法陈述不能相处的原因,心平气和地说明情况等。那种简单轻率甚至当面羞辱的处理方法,会使对方的感情和自尊心受到伤害,是极为不妥的。

四是行动与语言要一致。如果不接受对方的求爱,就不要有任何暧昧的表示,尽量减少单独与对方相处的机会。对方的电话、约会和来信,可以寻找借口推脱,态度逐渐冷淡,对方自然会明白其中的意思。

另外,有的人已经确定了恋爱关系,随着交往的深入,觉得对方不合适,不是自己喜欢的或是心中的爱人时,要及时地提出分手,长痛不如短痛。分手对双方都是一件痛苦的事,尤其是恋爱时间比较长、感情比较深的恋人。因此,提出分手的一方一定要注意以下几点:一是要选择恰当的时机,主动提出分手的一方,要尽量给对方一些准备的信号;二是要注意方式方法;三是讲清楚原因;四是不逃避责任;五是不拖泥带水。被拒绝的一方也要保持冷静,注意控制自己的情绪,不做过激的行为,既不要自暴自弃,也不要死缠烂打,或是寻机报复,否则会让对方更加轻视。

5. 解决爱的冲突的能力

爱的冲突一方面来自日常生活中的不一致或不协调,另一方面可能来自于性格的差异。恋爱不是寻求两人的一致,而是看如何协调、合作。爱需要包容、理解、体谅,会用建设性的方式去解决冲突。沟通是非常有效的方式,恋人间需要有效的沟通,表达清楚自己的思想、感受,伤害性的争吵或者冷战都不利于解决问题。

6. 保持爱情长久的能力

爱情需要两个人真正地关心对方,走进对方的内心世界,以对方的快乐为自己的快乐。要保持爱情的常新,需要智慧、耐力、持之以恒及付出心血,同时又有自己的个性,有自己的追求与发展。善于交流,欣赏对方,是爱的重要源泉。

要保持爱情长久,在恋爱中需要完成以下两项重要的心理任务。

一是要学会爱自己,接纳自己,连自己都不爱的人,对别人的爱也不是真正的爱。自我建设是爱情的根基,培养爱自己的能力是为了更好地爱别人。通过正确的自我认知,珍惜自己的感情,对自己负责,从而获得自我成长的能力。那种仅仅为摆脱孤独和空虚的爱是短暂的,成熟的爱情以自爱为基础,知道自己需要怎样的爱,并且具有给予爱的能力和拒绝爱的能力。

二是要学会爱他人。大学生从小习惯于被人爱，恋爱了转变为去爱人，在追求恋人的过程中让自己学会关心、理解、感恩、包容、谦卑、满足。要培养爱人的能力，就要尊重自己所爱的人，帮助对方积极发展自我，共同创造美好未来，这样才能保持爱情持久而健康。

📺 知识拓展

爱的五种语言

盖瑞·查普曼的著作《爱的五种语言》中总结了爱的五种语言，即肯定的言辞、精心的时刻、接受礼物、服务的行动、身体的接触。

肯定的言辞：鼓励和感谢对方，比如关注对方的爱好，帮助对方成长。

精心的时刻：共同做一件事，为对方倾注全部的注意力。

接受礼物：礼物是爱的视觉象征，是表达爱意的直接方式。

服务的行动：满足对方需求，哪怕只是生活中的日常小事，也能让彼此感受到爱。

身体的接触：用肢体接触进行爱的沟通。

（四）提高恋爱挫折承受能力

大学生的恋爱受多种因素的制约，因而在追求爱情的过程中遇到各种波折是在所难免的，如单恋、失恋等恋爱挫折就是对大学生的心理承受能力的一种考验。如果承受能力较强，就能较好地应对挫折，否则就有可能造成不良后果。因此，提高恋爱挫折承受能力对大学生的心理健康非常重要。

当爱情受挫后，要用理智来驾驭感情，通过增强理智、分析原因、总结经验教训，寻找解决问题的方法和途径，在新的追求中确认和实现自己的价值，从而提高自己的心理承受能力和思想水平。

美国著名诗人惠特曼说："爱，不是一种单纯的行为，是我们生活中的一种气候，一种需要我们终身学习、发现和不断前进的活动。"恋爱是难以驾驭的人生艺术，在爱情之路上，一定会遇到挫折和磨难，爱情需要经营、维护甚至修复，积极面对，顺利度过，吸取教训，都是爱的能力。爱的能力并非天生就有，需要不断的锻炼和实践才能培养出来。

 心理悦读

苏格拉底和失恋者的对话

苏（苏格拉底）：孩子，为什么悲伤？

失（失恋者）：我失恋了。

苏：哦，这很正常。如果失恋了没有悲伤，恋爱大概也就没有什么味道。可是，年轻人，我怎么发现你对失恋的投入甚至比对恋爱的投入还要倾心呢？

失：到手的葡萄给丢了，这份遗憾，这份失落，您非个中人，怎知其中的酸楚啊。

苏：丢了就是丢了，何不继续向前走去，鲜美的葡萄还有很多。

失：我要等到海枯石烂，直到她回心转意向我走来。

苏：但这一天也许永远不会到来，你最后会眼睁睁地看着她和另一个人走的。

失：那我就用自杀来表示我的诚心。

苏：但如果这样，你不但失去了你的恋人，同时还失去了你自己，你会蒙受双倍的损失。

失：踩上她一脚如何？我得不到的别人也别想得到。

苏：可这只能使你离她更远，而你本来是想与她更接近的。

失：您说我该怎么办？我真的很爱她。

苏：真的很爱？

失：是的。

苏：那你当然希望你所爱的人幸福？

失：那是自然。

苏：如果她认为离开你是一种幸福呢？

失：不会的！她曾经跟我说，只有跟我在一起的时候她才感到幸福！

苏：那是曾经，是过去，可她现在并不这么认为。

失：这就是说，她一直在骗我？

苏：不，她一直对你很忠诚。当她爱你的时候，她和你在一起；现在她不爱你了，她就离去了，世界上再没有比这更大的忠诚。如果她不再爱你，却还装得对你很有情谊，甚至跟你结婚生子，那才是真正的欺骗呢！

失：可我为她所投入的感情不是白白浪费了吗？谁来补偿我？

苏：不，你的感情从来没有浪费，因为在你付出感情的同时，她也对你付出了感情，在你给她快乐的时候，她也给了你快乐。

失：可是，她现在不爱我了，我却还苦苦地爱着她，这多不公平啊！

苏：的确不公平，我是说你对所爱的那个人不公平。本来，爱她是你的权利，但爱不爱你则是她的权利，而你却想在自己行使权利的时候剥夺别人行使权利的自由。这是何等的不公平！

失：可是您看得明明白白，现在痛苦的人是我而不是她，是我在为她痛苦！

苏：为她而痛苦？她的日子可能过得很好，不如说是你为自己而痛苦吧！明明是为自己，却还打着别人的旗号。

失：依您的说法，这一切倒成了我的错？

苏：是的，从一开始你就犯了错。如果你能给她带来幸福，她是不会从你的生活中离开的，要知道，没有人会逃避幸福。

失：可她连机会都不给我，您说可恶不可恶？

苏：当然可恶。好在你现在已经摆脱了这个可恶的人，你应该感到高兴，孩子！

失：高兴？怎么可能呢，不管怎么说，我是被人给抛弃了。

苏：被抛弃的并不是就是不好的。

失：此话怎讲？

苏：有一次，我在商店看中一套高贵的衣服，可谓爱不释手，店主问我要不要，你猜我怎么说，我说质地太差，不要！其实我是口袋里没有钱。年轻人，也许你就是这件被遗弃的衣服。

失：您真会安慰人，可惜您还是不能把我从失恋的痛苦中引出来。

苏：是的，我很遗憾自己没有这个能力。但我可以向你推荐一位有能力的朋友。

失：谁？

苏：时间，时间是人最伟大的导师，我见过无数被失恋折磨得死去活来的人，是时间帮助他们抚平了心灵的创伤，并重新为他们选择了梦中情人，最后他们都享受到了本该属于自己的那份人间之乐。

失：但愿我也有这一天，可我的第一步该从哪里做起呢？

苏：去感谢那个抛弃你的人，为她祝福。

失：为什么？

苏：因为她给了你忠诚，给了你寻找幸福的新机会！

说完，苏格拉底走了。剩下的路便由这位失恋者自己走了。

第三节　走出性的困惑

爱情和性是密不可分的。"性"是每一个健康人自然的、本能的欲望和需求。性是人们生理成熟以后的一种正常需要，只有树立正确的性观念，掌握科学的性知识，理智对待性行为，才能真正体验到性爱的美好。大学生正值性成熟和性欲望的高峰期，渴望了解科学的性知识，希望从日常的性困惑中解脱出来。因此，对大学生进行系统的性心理健康教育是十分必要的。

一、性心理概述

（一）性心理的含义

所谓性心理，是指在性生理的基础上，与性特征、性欲望、性行为有关的心理状态与心理过程，包括异性交往、恋爱、婚姻等与异性有关的心理状态。简言之，就是与性生理、性行为有关的心理现象。性心理是人类心理的一个重要组成部分，其发展一方面受性生理发育的制约，另一方面又受性文化的影响。

（二）性心理的发展

奥地利精神分析学家弗洛伊德认为，人的性能力是与生俱来的。在人的成长过程中，性本能对心理发展产生了重要影响。他将个体性心理的发展划分为五个阶段，分别是口腔期、肛门期、性器期、潜伏期以及生殖器期，每个阶段都有其特点和特定的问题。按照弗洛伊德的理论，大学生的性心理处于生殖器期。经历了青春期，大学生的性冲动被唤醒，性的需求转向相似年龄的异性，开始有了两性生活的理想，有了婚姻家庭的意识，至此，性心理的发展已臻成熟。如果前面的几个心理性欲阶段发展顺利，这时就可以建立持久的性爱关系。

美国心理学家赫洛克认为，从性意识的萌芽到爱情的产生和发展，大致可分为四个阶段,即疏远异性的性否定期、向往年长异性的牛犊恋期、积极接近异性的狂热期、浪漫的恋爱期。

我国心理学者一般将青春期性心理的发展分为以下三个阶段。

第一阶段,异性疏远期。在青春期开始时,少年男女对性的差别特别敏感。第二性征的出现,在他们内心深处产生了春情初动的朦胧感觉,把异性的秘密和男女之间的关系也看得很神秘。这就使得他们在与异性的接触或交往中,往往会产生一种羞涩、忸怩或不自然的感觉,并在传统思想的影响下,深虑与异性的接触会引起别人的耻笑或议论,因而出现了"心有相互吸引之力,而行又相互疏远"的现象,如走路不同行,学习不同桌,开会各一边,活动各结伴等。

第二阶段,异性接近期。在完全进入青年期之后,随着生理机能的进一步发展以及生活阅历的日趋增加,青年对异性之间的关系有了进一步的理解和认识,对性意识的情感体验也有了新的变化。异性间的羞涩心理较前期大大减少,不满足对异性朦胧的、隐蔽的、泛泛的好感和爱慕,而是通过与异性交往,有选择地寻找自己倾心的"白马王子"或"白雪公主"。在这种心态作用下,青年男女结束了异性疏远期,代之而来的是异性间的相互吸引力显著增强,愿意与异性为伍参加活动,喜欢与异性相处,力求成为对异性最有吸引力的人。

第三阶段,异性爱恋期。这一时期的青年男女由于知识的积累和思想的日趋成熟,已初步形成了自己的性道德观和恋爱观,开始各自扮演社会赋予每个性别的特定角色,在异性面前尽情表现自己的长处。男青年往往喜欢显露自己的才华来博得所追求女性的欢心。女青年则在外表上学会打扮自己,吸引异性注意,并在性格上变得腼腆、矜持,学会深藏自己的感情。一旦一对青年男女建立了恋爱关系,爱情的力量会对他们各自的性格、兴趣爱好等个性心理特征产生巨大影响,并成为激励他们前进的巨大力量。

可见,性意识的萌芽、发展是有阶段的,并且每个阶段有其不同的特征。个体进入各阶段的具体年龄以及发展程度,既因个体的性生理发育状况和性文化接受程度而异,同时也受制于个体整个心理发展的水平。就我国大学生性心理发展而言,在经历了异性疏远期、异性接近期之后,正处于异性爱恋期这个阶段。对于生物性成熟基本完成、社会性成熟仍在进程中的大学生,其性心理发展矛盾性往往会更加彰显。

二、大学生性心理发展的特点

随着大学生性生理的逐渐成熟,性心理活动开始产生和发展,大学生对性的敏感性增加,对性知识与话题具有浓厚兴趣,对异性的爱慕与追求行为增加,出现一系列的性心理行为,如性欲望、性幻想、性冲动以及自慰行为等,皆为性冲动与性欲求的表达。这些都是正常现象。研究表明,大学生群体在性心理方面主要有以下几个共同特征。

1. 性心理的本能性与认识上的朦胧性

大学生性心理尤其是低年级大学生的性心理,不具有深刻的社会内容,基本上是一种由生理上的急剧变化带来的本能作用。大学生对性的探索与探讨,更多时候还会受到好奇心与神秘感所推动,具有很强的朦胧意识与不确定性。由于我国性教育的滞后与缺失,很多大学生可能还处于羞于谈性的阶段,对性知识也知之甚少,当性欲望或者性冲动出现的时候,有的会不知所措,有的还会产生羞耻和内疚的心理误区。他们对异性产生浓厚的兴趣、好感和爱慕,当心理需求得不到满足时,便借助影视、图书等力图对性知识有一个明确、系统的了解。随着网络时代知识与信息获取的便利化,当代大学生获得性知识的方便程度大大提高,大学生接受的信息与性刺激也越来越多,导致大学生对性的羞涩感和朦胧感降低。当代大学生大多数能够以接纳与开放的态度面对遇到的性话题。

2. 性意识的强烈性与表现上的文饰性

大学生对性的关心程度明显强于中学生,他们十分重视自己在异性心中的形象,十分看重来自异性的评价,并常按照异性的要求和希望来进行自我评价,塑造自己的形象。尽管大学生心理上对性问题和性知识都很关注和敏感,但表面上却表现得无动于衷、不屑一顾,或者作出故意回避的样子。一些大学生心里很想和某个异性建立恋爱关系,但在行为上却表现出拘谨、羞涩和冷漠,表面上他们好像很讨厌看到身边恋人作出那种亲昵的动作,但实际上心里却很渴望亲身去体验一下这种感觉。这种内隐性意识的强烈性与外显行为的文饰性的矛盾表现,容易导致大学生产生种种苦恼和心理冲突。如果长期达不到协调一致,有可能造成心理障碍或心理疾病。

3. 性心理的动荡性和压抑性

青年期是人一生中性欲最旺盛的时期,但不少大学生性心理还不够成熟,尚未形成稳定的、正确的性道德感和恋爱观,自控能力比较弱,因而,他们此时的性心理发展极易受到外界各种不良因素的影响而动荡不安,表现出明显的动荡性。现实生活中五花八门的性信息传播,尤其是一些"黄色文化",易使大学生的性意识受到不良的诱导和强化,以致精神空虚,贪图享乐,或沉迷于谈情说爱之中,无法安心读书,少数大学生甚至走向性过失、性犯罪的迷途。

大学生生理状况已经趋于成熟,具有性的冲动和需求是一件非常正常的事情,但由于受到性道德、社会规范以及生存环境的约束,一些人的性能量得不到合理的疏导和升华,从而导致过分的性焦虑和性压抑,还可能以扭曲的、不良的方式表现出来。由于大学生距离结婚、稳定的性生活还有较长的时间,因此如何正确地释放性压力,建立正确的性态度和性观念就显得尤为重要了。

4. 性心理的性别差异性

大学生的性心理存在着明显的性别差异性。在情感流露上,男生表现得较为主动、外显和热烈,女生往往采取暗示的方式,表现得较含蓄和深沉;在情感体验上,男生更多的是新奇、喜悦和神秘,而女生则常常是羞涩、敏感和慌乱;在来源上,男生的性冲动容易被性视觉刺激所唤起,而女生则易在听觉、触觉刺激下引起性兴奋;在性驱动力方面,一般男生的性驱动力增长非常迅速,且难以压抑,需要找到一个符合自身和社会规范的途径,予以释放,女生的性驱动力则较散漫和朦胧,容易控制,或转移成其他形式表现出来,如读书、运动、听音乐等。

5. 性观念的日渐开放性和性行为的自由化

由于传统文化的深远影响,大部分大学生的性开放程度深受传统性道德观的制约,对于性的态度总体上是保守的,近年来大学生对待性的态度有所发展,性观念逐渐呈现开放态势,性行为较为自由,在校园公共场合搂搂抱抱、过分亲昵的行为已经司空见惯。

三、大学生常见的性心理问题

目前,大学生对于性的态度出现两个极端,一种是谈性色变,羞于启齿,另一种对性持过于开放自由的态度,而这两种态度对性的认知都存在一定的偏差。大学生中主要存在以下一些性心理问题。

1. 对性体像的过分焦虑

男女大学生在进入青年期后,体像一般都会发生比较大的变化。一些大学生觉得自己的体像不如人意,且又无法改变,这时就会产生焦虑、烦恼、失望。男生希望自己魁梧高大,女生希望自己苗条漂亮。如果男生觉得自己矮小、瘦弱,就可能感到自卑,而女生若觉得自己长相平平,就可能出现苦恼。对于大学生来说,重要的是树立健康的审美观,努力修炼内功,从个人知识、能力、气质、风度和才华等方面,提升自己的内在美。

2. 与异性交往的困惑

大学生的生理和心理特点决定了大学生两性交往的迫切愿望。异性交往本来是很正常的社交活动,却往往成为一个令大学生棘手的社交障碍。有些大学生在不良心理因素的作用下,与异性交往时,感到比与同性交往困难得多,以至于不敢、不愿甚至不能和异性交往,形成对异性的疏远,即使鼓足勇气与异性交往,通常也显得局促不安,言行举止很不自然。大学生要把与异性交往看作是日常生活中很普通的事情,不要把这种交往太多地特殊化,同时注意区别友谊和爱情的界限,在交往过程中双方采取正确的态度,建立起真诚的友谊,促进自身全面的发展。

3. 性别认同的困惑

性别认同就是对自身性别的识别和确认,即个体把自己看成男性或女性,不只是生理层面的男性或女性,而是心理层面的男性或女性。性别认同对个体的心理发展具有重要意义。绝大多数人的性别认同,与生物学意义上的性别是吻合的,因而他们能够接纳自己的性别角色,适应社会生活。但也有极少数人心理上不能认同自己的生理性别,他们生理上是男性或女性,却有着不同的性取向、行为模式、穿衣风格以及说话方式,等等。

出现性别认同困难的人,无法适应自己所属性别的性别角色,会产生一种不安的性别焦虑。他们从心理上否定自己的性别,对自己的生理性别不认同,因而打扮成异性的装束,有改变性别的要求,或坚持认为自己是另一性别的人。

4. 性幻想和性梦的困扰

性幻想和性梦是青年大学生性心理较为普遍的现象,是一种正常的、普遍的性心理反应,是由大学生性生理的成熟所诱发的。然而,由于大学生过于用道德性来评价自己的这种性幻想行为,进而产生困扰,最终产生沉重的心理负担。耽于性幻想的大学生往往在学习时注意力分散,思想无法集中,对学习的影响很大。所以性幻想要适度,尽量减少诱发性幻想的因素。性梦是指个体在睡梦中出现的带有性内容色彩的情景。性梦是与人体内性激素水平密切相关的,性梦本身是控制不了的生理活动,它的出现与个人道德品质没有任何关系,不存在道德性评价问题。

性梦的产生是无意识的,性幻想的产生则不是无意识的。对青年期的大学生而言,性幻想和性梦都是一种调整性的精神自慰现象,是一种自然的宣泄,有类似安全阀的作用,既有利于缓解压力,又有利于性器官功能的完善和成熟,是性生理、性心理发育正常的标志。

5. 性自慰的困扰

性自慰是指个体在性心理和性生理冲突的情况下,利用手或其他工具来刺激自己的生殖器而获得性快感,以获得性满足、释放性欲的行为。自慰虽不是最完美的性满足方式,却无害于他人,是自我限定的性行为,也是解决性冲动的合理行为,在一定程度上能够宣泄性能量,缓解性紧张,保持身心平衡,避免性犯罪和不轨行为,适度的、有节制的性自慰对身心健康是无害的,但过度的性自慰则不利于身心健康。

6. 性冲动和性压抑的困扰

性冲动是指在性激素作用下和外界刺激下产生的能够引起性的需要与满足的一种生理和心理反应。受传统观念的影响,不少人一有性冲动就会产生羞愧感、自责感甚至厌恶感。其实,性冲动是一种生理和心理的正常反应,是在体内性激素分泌以及外界刺激产生的结果,处于青年期的男女大学生,只要精神健康状况正常,就时常会有性的冲动。所以,要正确对待性冲动,接受性冲动的自然性和合理性。性冲动本身并不是一件不正常、下流、无耻的事情,没有必要为自己偶尔出现的性冲动而自责、不安甚至烦恼。

7. 边缘性行为的失当

在大学校园,经常会看到一对对大学生情侣在或明或暗的地方,拥抱、热吻或嬉戏,这种相依相偎、卿卿我我的行为就是边缘性行为。应当承认,边缘性行为可以给大学生带来愉悦感,有助于促进恋情,并能够缓解性压抑,但边缘行为同样要具有一定的私密性。

8. 婚前性行为的困扰

大学生婚前性行为比较普遍已经成为一个不争的事实。不少大学生对婚前性行为持宽容或默认的态度,这说明他们对其后果与危害性认识不够。从医学角度来看,和谐的性行为需要安全、私密、舒适的环境,而大学生婚前性行为多数在隐蔽状态下进行,常常伴着内心恐惧、紧张、害怕、担心怀孕、染上性病等,产生不道德感、羞愧感和罪错感,容易导致性反应抑制和性焦虑。

大学生对待婚前性行为应该坚持的原则有以下几点。

(1)自愿的原则。在恋爱中,双方应该懂得尊重对方的意愿,不把自己的意愿强加给对方,在被拒绝后也能接受,不会因此怀疑对方不爱自己。懂得按照自己的意愿拒绝对方的性要求,不担心受到情感的胁迫。

(2)相爱的原则。文明社会中,人的性欲的满足要以配偶的互爱为前提,以对社会、他人具有高度责任感和义务为前提。发生性关系是因为爱对方,唯有爱才能够使感情和性长存。

(3)忠贞的原则。恋爱的双方要坚持唯一的爱情,尽力去保持婚前的性纯洁。

(4)责任的原则。发生性关系的双方都要有准备承担性行为可能造成的后果,婚前性行为在发生的时候,就要想到与对方会不会走向婚姻。婚姻是情爱向性爱升华的法律承诺,是对爱人赋予性权利的宣言。

(5)私密性的原则。不分对象、时间和地点的性行为,性意识成熟的成分少,也极易给别人造成心理紧张。

(6)安全性的原则。如果确定自己现在还没有准备好承担性行为的后果,或者在恋爱中不想受到性的伤害,那么就需要学会做自己性爱的主人。

爱是需要等待的,因此恋爱中面对性的需求或要求时,应当作出负责任的性选择。恋爱过程中要相互尊重和理解,不要轻易跨越那个禁区,最好不要发生婚前性行为,即使发生了也一定要做好保护措施,这对双方都是一种负责任的态度。

四、大学生性心理健康的特征

性心理健康是人类健康不容忽视的重要组成部分。世界卫生组织对性心理健康所下的定义是,通过丰富和完善的人格,人际交往和爱情方式达到性行为在肉体、感情、理智和社会诸方面的圆满和协调。根据性心理健康的内涵,大学生性心理健康应符合以下特征。

1. 认同和悦纳自己的生理性别

性心理健康的人,应该认同自己生来具有的性别,并乐于接纳自己的性别角色,同时能成功地扮演好自己的性别角色(如女生的阴柔之美,男生的阳刚之气),对自己的性别角色有相应的自尊感和自豪感,不会为自己的性别感到困惑或怨恨。

2. 与同龄人的性心理发展水平相当

个体性心理特点和性行为符合相应的性心理发展年龄的特征。在不同年龄阶段,人的心理发展表现出不同的特征,性心理的发展也同样呈现出阶段性特点。如果大学生的性心理与大多数同龄人不相同,其性心理就可能存在问题。

3. 具有正常的性欲望

性欲是一个人能够获得性爱和性生活的基础和前提,一个心理健康的人必须具有性欲望,这说明其具有健康的性生理基础,正常的性欲望对象应指向成熟的异性而不是同性或其他替代物。

4. 具有良好的性适应能力

良好的性适应能力表现为个体自我同一性的建立,能够正确对待性生理成熟所带来的一系列身心变化,在出现性冲动后,能够正确地释放、控制、调节性冲动,使自己的性行为与性活动符合社会的规范和要求。

5. 能对自己的性行为承担相应的社会责任

成熟的成年人应该认识并能承担自己的性行为所带来的相关后果,尤其是男性,应该有责任保护女性的正当权益。例如婚前性行为,男女双方都要认识到可能会产生的后果,比如怀孕、流产、道德、名誉甚至法律的问题,并愿意为自己的行为承担责任,否则就要慎重。

6. 性动机应当合情、合理、合法

健康的性心理需求和健康的性生理需求是一致的、同步发生的。合理的性动机应该是性对象合法,性需求适度,性欲合情。性行为应建立在爱情的基础上,是相互愉悦的,是符合社会道德、不伤害别人的,而且性行为不涉及任何利益交换。

7. 性行为符合自愿、平等、科学和卫生的原则

成熟性行为发生在婚姻的前提下,且双方自愿。男女双方对性的享受是平等的,强调双方的愉悦体验。性行为的发生频率、强度等都不能有损健康。健康积极的性行为还应注意卫生、无传染病,尤其应预防性传播疾病。

8. 性心理和性行为具有排他性

性心理的排他性是指无论在精神上还是行为上,性都具有专一性和排他性,不仅在性意识上不能脚踏两只船,在性行为上也不应有多个性伴侣和不洁的性行为。另外,在性行为发生的环境上也有排他性,需要保证隐秘性,确保不会被他人打搅和偷窥。

五、培养健康的性心理的途径

1. 学习科学的性知识

中国人受传统观念的影响,对于性可以说是讳莫如深。由于缺乏性教育的正规渠道,大学生获取性知识的渠道五花八门,诸如色情影片等也成为大学生获取性知识重要的来源,结果受到非常大的误导。

性知识的学习应是系统性的,不仅要包括性生理、性心理的学习,还要包括性道德、性保健、性能力、性审美、性社会学、安全性行为、性文化差异和个体差异等众多知识的学习。只有通过科学、全面的性知识的学习,才能帮助人们认识到性的自然、正常和合理。掌握科学的性知识也有利于人们消除对性的神秘感、恐惧感,坦然面对自身的性冲动与性压抑,同时也有利于性心理异常的预防。大学生可以通过选修相关的课程,聆听相关的讲座、网络公开课,阅读相关研究文献等多种正规渠道,主动地获取科学的性知识,避免性无知和性愚昧。

2. 注重培养健全的人格

个体对待性的态度反映了一个人的人格是否成熟。所以,要想培养积极健康的性心理,需要培养健全的人格。

第一,培养健康的性角色行为。大学生应正确认同自己的性角色,有正确的性角色行为,发展出适应时代要求的优秀个性特征。

第二,建立起负责任的性态度。性的问题不仅包括生物性,还包括社会性和伦理性,涉及很多的社会责任。大学生在性问题上要对性行为负责,严肃对待自己的性行为,要尊重他人、尊重自我。

第三,培养良好的性意志品质。大学生自我控制性冲动能力的大小,在一定意义上是由个人意志力决定的。为了自己将来的幸福和人生,大学生应树立科学与健康的性意识,努力培养自己良好的意志品质,合理、适度地控制性冲动,提高感官刺激阈限,通过理智的方式延缓性满足。

3. 培养正常的异性交往关系

大学生文明适度地进行异性交往,与异性保持和谐的人际关系,可以满足青年期的性

心理需求,缓解性压力和性冲动。异性交往还有益于扩大信息、完善自我,对个人的恋爱、婚姻及个人的成才、发展具有重要作用。在与自己喜欢的异性交往时,首先,一定要尊重对方的人格与性别,尊重对方的感情,不能把自己的感情强加给对方。其次,还要维护自身的良好形象,男同学要举止文明,女同学要稳重大方,千万不要轻浮和矫揉造作。最后,与异性交往的方式要适度和恰到好处,能够让大家接受和认可。

4. 保护性隐私,提倡性文明

第一,要注意性保护。大学生在与异性的交往中要学会保护自己不受异性的性骚扰和性侵犯。特别是女大学生,要有强烈的自我保护意识,在与男性交往中要注意保持一定的距离,不能有过分的身体接近,衣着不能过分地暴露,尽量避免在隐秘场所与男性单独相处,不要随便接受陌生男性的帮助和食物,不要深夜外出。在关键时候要自尊、自爱,一旦遇到比较麻烦或者棘手的问题,要学会及时求助。

第二,要保护性隐私。性行为本身是属于两个人的私密行为,需要得到保护。而如果不注意保护隐私,很可能会带来不可想象的严重后果。

第三,拒绝黄色诱惑。网络上的色情的书刊、影视、图画等,对青年性冲动是一种极为强烈的不良刺激,不仅影响正常的学习和生活,而且容易诱使青年走上性犯罪的歧途。大学生一定要善于鉴别,严格要求自己,自觉抵制黄色信息的侵蚀,保持健康的性心理。避免观看影视、网络上过强性刺激的东西,平时注意不说污言秽语,不与他人开低级趣味的性玩笑。正在成长发展中的大学生应该加强道德自律,洁身自爱,保持身心健康,为将来幸福生活奠定美好的基础。

第四,倡导安全性行为。在传统文化背景的影响下,无论社会还是学校,对大学生性行为都会以反对声音居多。但事实是,大学生的性行为并不会因此而减少,学校周边的"小时房"火爆,还有一些大学生在外租了房子,过起了"小日子"。面对这样的情况,对大学生适时引导安全性行为尤显必要。

5. 积极进行自我调节

要认识到性行为并不是解决性冲动的唯一办法,它是可以受自己控制的。适度的性控制是心理健康的表现,学会将生理的性冲动进行转移,这也是一个人成熟和负责任的表现。大学生要积极进行自我调整,学会合理控制和宣泄性能量,要正确处理恋爱与学习的关系、恋爱与性的关系,恰当合理地安排作息,培养良好的卫生和生活习惯,保持对性的适当关注,并使性能量得到合理的宣泄。

6. 及时寻求性心理咨询

由于性问题仍属于比较隐秘的个人问题,很多人在遇到相关困惑时,不能像遭遇其他事件一样,找可信赖的人倾诉和宣泄,所以专业的心理帮助就显得更加必要。当大学生面对一些严重的性困扰,尤其是存在较严重的性心理失调时,应当主动寻求专业的心理辅导。心理咨询师会运用专业的性心理知识和指导技术,给当事人启发、帮助和指导,使当事人从性困扰和不当的性心理和行为中走出来,提高性适应能力,更好地维护自己的身心健康。

📺 知识拓展

怎样拒绝男友提出的性要求

（1）别的恋人之间都是这样做的,我们那么相爱,就试试吧。

——别人是别人,但是我还没有想好,我相信很多人都不会这样做的,包括我在内。

（2）如果你真的爱我,就应该理解我的感情,我真的非常想。

——我不同意不等于我不爱你,如果你爱我,就不要逼我做我不想做的事。

（3）我们大家都彼此那么爱着对方,还有什么不可以做呢?

——但是,我们还没有足够的准备,我还要好好地想一想。

（4）行啦,我们都是大人了,都已经成熟了,还等什么?

——成熟的人做什么事都会想得清清楚楚,并会考虑后果。不如我们先讨论一下事后会有什么样的后果和责任,你说好不好?

（5）我们上次不是都已经试过吗,感觉也不错,这次你怎么又不愿意了?

——上次归上次,现在我要再想想清楚,我想你是不会逼我的,是不是?

（6）有性要求是正常的,而且性行为会带来快感,你不想试试吗?

——你付出那么多就是为了试试看?

（7）总之我太爱你了,实在控制不住。

——你太冲动啦! 如果你爱我,就应该顾及我的感受。

（8）我知道你其实和我一样很想试试的,为什么不试试呢?

——其实你不知道我想要什么,证明你根本不了解我。我要的是真正关心我、尊重我的人。

（9）拥抱使我很兴奋,如果你真的爱我,就证明给我看。

——对不起,我想爱不是这样证明的。不如我们冷静一下,好不好?

（10）如果你不肯,就说明你不是真爱我,那我就找别人了。

——我觉得你不尊重我,你是真的爱我吗? 如果你真是这样想的,我倒要好好想想你是否真正值得我爱。

心理测试

大学生的恋爱观测试

根据实际情况选择一个最符合自己心理状态的答案。不要在一道题上花费太多时间,写下第一反应的答案最佳。

1. 我对爱情的幻想是（　　）。

　A. 满足自己人生神秘的欲望和需求

　B. 令人心花怒放,充满无限欢乐和诗意

　C. 实现自己远大理想的阶梯,使人振奋向上

D. 没有想过

2. 我希望我开始谈恋爱是（　　　）。

A. 一次偶然的相遇结下了一段微妙的姻缘

B. 两人青梅竹马,情深意长,最终成为爱情

C. 在工作和学习中产生爱情

D. 无法回答

3. 我认为爱情是（　　　）。

A. 男女间的性爱

B. 男女间的一种最纯洁的感情

C. 异性间的相互爱慕,渴望对方成为自己伴侣的感情

D. 不清楚

4. 我希望我的恋人（　　　）。

A. 待人和蔼可亲,相貌较漂亮,有权有势

B. 有漂亮的容貌,健美的身体,待人接物周到,举止优雅

C. 长相一般,用心体贴自己,为人忠厚老实

D. 无法回答

5. 我希望我的爱人在三美之中是（　　　）。

A. 外貌美　　　　　　　　　　　B. 姿势、仪表、发式美

C. 心灵美　　　　　　　　　　　D. 拒绝回答

6. 我想象中的家庭的业余时间是这样度过的:（　　　）。

A. 各人干各人的事,互不干涉

B. 有共同事业,互相探讨,共同进步

C. 虽然自己对某事没兴趣,但还是愿意陪对方消磨时间

D. 不想回答

7. 我对爱情的字面解释是（　　　）。

A. 爱情、性爱是男女之间友谊的高级形式

B. 有爱并不一定有情,而有情必定有爱

C. 爱情两字是不能拆开的,它是男女之间的感情

D. 没想过

8. 我喜欢的爱情格言是（　　　）。

A. 爱情,这疯狂的字眼,为了你还有什么不能做的呢

B. 生命诚可贵,爱情价更高。若为自由故,两者皆可抛

C. 痛苦中最高尚、最纯洁的和最无私的乃是爱情的痛苦

D. 都有点喜欢

9. 恋爱后自己有一位异性朋友时（　　　）。

A. 没有必要告诉对方,这是自己的权利

B. 让对方知道,但不允许对方干涉自己

C. 让对方知道,并且在对方同意的条件下才与之交往

D. 不能回答

10. 我认为幸福的爱情是( )。

A. 一切故事和传说中,美好的婚姻都是幸福的

B. 以共同的情操、思想和社会活动作为基础

C. 互相尊重对方,包括尊重对方的感情

D. 无法回答

11. 我认为追求高傲的异性的办法是( )。

A. 若无其事,作出一些与自己意志相反的动作

B. 大献殷勤,做对方要求做的一些事情

C. 自己也变得很高傲

D. 不愿意回答

12. 我认为( )。

A. 人是因为美丽才可爱

B. 美丽与可爱同时产生

C. 人不是因为美丽才可爱,而是因为可爱才美丽

D. 没想过

13. 一旦发现我的恋人变心,我会( )。

A. 把爱转变成恨

B. 无所谓,只当自己看错了人

C. 认为是幸运的,从中可以吸取教训

D. 不知如何是好

14. 下面的选项中,我最喜欢的是( )。

A. 郎才女貌,爱如鱼水　　　　B. 形影不离,心心相印

C. 志同道合,忠贞不渝　　　　D. 不知道

15. 我对离婚的看法是( )。

A. 认为很平常,一旦发现更值得爱的人就抛弃原来的

B. 感到很惊讶,坚信自己的婚姻不会这样

C. 认为离婚很正常,不过离婚者的爱情是不幸的

D. 不知如何回答

计分规则:选 A 得 1 分,选 B 得 2 分,选 C 得 3 分,选 D 得 0 分。然后累计,得出总分。

结果分析:总分在 35 分以上者,说明恋爱观非常正确,值得坚持;在 25～35 分说明恋爱观基本正确,有需调整之处;在 25 分以下者,说明恋爱观存在问题,应树立健康正确的恋爱观,如果所选答案为 D 的个数在 6 个以上,说明恋爱观尚未确立,正处于游移不定之中,需要尽快确立自己的恋爱观。

心理训练

（一）我心目中的白马王子/白雪公主

活动目的：通过自我探索了解爱情的真正意义和自己的爱情价值观，认识自己选择爱人的标准，使爱更理性化。

活动内容：爱是我们生命中的重要课题。无论你已经拥有了爱情，或是即将拥抱爱情，都需要对自己选择爱人的条件进行认识。请你写出你最喜欢的一个他/她，用尽可能多的形容词（非物质性的）描述他/她。

你心目中的白雪公主（男生填写）。

你心目中的白马王子（女生填写）。

分组讨论交流心理感受，扩展认知。

（二）爱情价值拍卖

活动目的：帮助大学生了解自己的择偶标准。

活动步骤：制作如表8-1所示的"爱情价值拍卖项目单"。如果每个人有1000个生命单位（代表可以付出的时间和精力），请对照各个你所重视的价值观，分别对这些你愿意出价的项目出价，并请遵守以下规定。

表8-1　爱情价值拍卖项目单

项　　目	优先级	预估价	成交价
1. 我希望对方是一个温柔体贴的人			
2. 我希望对方是一个有理想的人			
3. 我希望对方是一个帅或漂亮的人			
4. 我希望对方是一个聪明的人			
5. 我希望对方是一个能说会道的人			
6. 我希望对方是一个心地善良的人			
7. 我希望对方身体健康			
8. 我希望对方是一个负责任的人			
9. 我希望对方是一个乐观的人			
10. 我希望彼此个性合得来			
11. 我希望彼此有相同兴趣			

续表

项　　目	优先级	预估价	成交价
12. 我希望对方是一个浪漫的人			
13. 我希望对方是一个容易沟通的人			
14. 我希望对方能接纳我的缺点			
15. 我希望彼此有各自的空间			
16. 我希望对方是一个很有钱的人			
17. 我希望能够有很多时间在一起			
18. 我希望对方很了解我			
19. 我希望彼此能互相信任			
20. 我希望对方是一个有思想的人			

（1）不必对所有项目出价，只要对自己感兴趣的项目出价。

（2）以 10 为单位出价，例如 10,20,…,110,120,…,990,1000。

（3）竞价过程中可以更改出价，但总数不可超过 1000 个单位。

（4）以出价最高者得标。得标后不得放弃。

注：经过拍卖之后，你是否买到自己想得到的爱情价值？

• 我买到了自己想要的爱情价值项目。我买到的是：

你是如何得到自己想要的爱情价值项目的？在这个过程中有何感想？（讨论重点：其背后隐含的原因是什么？为什么它对你而言那么重要？）

• 我没有买到自己想要的爱情价值项目。我想买的是：

你为什么没有得到自己想要的爱情价值项目呢？在这个过程中有何感想？分享活动心得。

推荐资源

（一）书籍《爱的艺术》（作者：［美］埃里希·弗罗姆）

《爱的艺术》（见图8-4）是德裔美籍社会心理学家埃里希·弗罗姆创作的心理学著作，该书是一部以精神分析的方法研究和阐述爱的艺术的理论专著，被誉为爱的艺术理论专著中最著名的作品之一。

弗罗姆认为，爱情是一种与人的成熟程度有关，且需要投入身心的感情。如果不努力发展自己的全部人格并以此达到一种创造的倾向性，那么每种爱的试图都会失败，如果没有爱他人的能力，如果不能真正谦恭地、勇敢地、真诚地和有纪律地爱他人，那么人们在自己的爱情生活中也永远得不到满足。弗罗姆进而提出爱是一门艺术，要求想要掌握这门艺术的人需要有这方面的知识并付出努力。

（二）书籍《爱的五种语言》（作者：［美］盖瑞·查普曼）

《爱的五种语言》（见图8-5）值得婚前的恋爱男女阅读，更值得已婚的夫妻阅读。如果爱情是一则神话，那么这本书可以使美梦成真；如果爱情是一颗蜜糖，那么这本书将教你如何防潮防腐，让爱情进入婚姻永不褪色，永葆如新。

图8-4　书籍《爱的艺术》　　　　　　图8-5　书籍《爱的五种语言》

每个人都有一个情绪的爱箱，只有当这个爱箱填满了时，人际关系才能发展。然而，不同人的爱箱需要用不同的语言来填满。查普曼博士发现人们基本上有五种爱的语言：肯定的言辞、精心的时刻、接受礼物、服务的行动、身体的接触。

两性间许多误解、隔阂、争吵都是由于不了解或者忽略了对方的主要爱语造成的。当恋爱双方主动选择使用对方的主要爱语时，就能够很好地发展彼此的亲密关系，并积极地处理恋爱中的冲突和失败。

《爱的五种语言》将带领读者跨越两性沟通的迷思与阻隔,填满自己和情侣的爱箱,进行一场婚姻的内在革命。

（三）电影《怦然心动》［美］

《怦然心动》(见图8-6)所讲述的故事其实非常简单,一对孩子,一棵树,是人生最初那个关于爱情天真烂漫、浮想联翩的年纪,两个尚未成年的男女主人公布莱斯和朱丽从懵懵懂懂到不断成长,从相互审视到冰释前嫌的过程。电影很简单,很纯粹,很丰富,很美好。"有些人浅薄,有些人金玉其外败絮其中。但是总有一天,你会遇到一个如彩虹般绚丽的人,她让你觉得你以前遇到过的所有人都只是浮云。"影片告诉我们只有拥有独立思考的人格,才会成为外公口中那个"如彩虹般绚丽的人"。

图8-6　电影《怦然心动》

爱情三角形理论

第九章　理解原生家庭

📧 **心灵探索**

小梅一直觉得自己心情压抑，从高中开始出现失眠、食欲不振，感到疲惫、烦躁不安、容易自责，注意力很难集中到学习上，情绪低落，感觉生活太累，经常莫名哭泣。小梅到了大学更加情绪化，不愿意和人交往，感觉所有人都不喜欢她，生活没有意思。她说："我从小一直生活在一个充满争吵、打架的家庭。小时候爸爸有点不满意甩手就打我，平时我做功课不会了，请教他时，也总是骂我笨。我妈不但不帮我说话，还总是火上浇油，怪我学习成绩差，不争气，惹得我爸总是生气，跟她吵架。于是我努力学习，努力考试。小学快毕业时，妈妈生了弟弟，这下他们更觉得我不存在似的。初中的时候我住校了，常常一个多月不回家，他们也不来看我，也不关心我。有时回家去，带着自认为还不错的成绩，但是爸爸并不满意，说考得不好你有什么脸回来见我？我感觉很累，压力很大。总觉得周围的同学看不起我，常常会发生一些矛盾和冲突。我觉得自己很孤独，没有人爱我，没有朋友。我希望自己不要去想那些不开心的事情，也不要那么情绪化，我也希望自己对未来充满希望，但是我觉得真的很难。"

分析一些大学生的心理问题，大多可以从他们最早的成长环境和经历中找到一些原因。人的生命来自父母，家是人们成长的摇篮。家庭是人们获得幸福感的重要来源。人们的许多优秀品质源于父母，而一些心理困扰也可能与家庭有关，每个人都与自己的家庭有着密切的联系。因此，理解家庭带来的心理建构，传承家庭的爱，修正家庭带来的问题，培养健全的人格，是大学生成长的重要课题。

第一节　家庭塑造了我

一、原生家庭密码

家庭是指在婚姻关系、血缘关系或收养关系基础上产生的由亲属构成的社会生活单位。家庭是社会的细胞，家庭有原生家庭和新生家庭之分。人一生一般有两个家庭，一个是自己出生并成长的家庭，也就是原生家庭，一般由父母、兄弟姐妹等家庭成员组成，另一个是进入婚姻生活后所建立的家庭，也就是自己"当家"的新生家庭。本章中所提到的家庭主要是指原生家庭。

家庭对孩子的成长非常重要。家庭的气氛、传统习惯、互动方式等，都如同遗传密码一般影响孩子日后在自己新家庭中的表现。父母的人格、为人处世、对孩子的教养方式、与父母的依恋关系等都会影响人们的生活和成长。不少大学生的心理困扰就与早年的家庭生活密切相关。家庭塑造了人，正是不同的家庭关系模式刻画了不同的你我，为人生定下了不同的基调，写下了不同的脚本。

（一）心理成长历程

美国心理学家埃里克森把人的心理发展划分为八个阶段，这八个阶段的顺序是由遗传决定的，但是每一阶段能否顺利度过却是由环境决定的。他认为个体在每个发展阶段都有其独特的发展课题。

1. 婴儿期（0～1.5 岁）：基本信任对不信任的冲突

在这个阶段，婴儿通过与他的主要抚养者之间的互动关系，建立起对世界的基本信任感和对未来的希望感。父母如果能够给孩子提供稳定的、一致的回应，比如哭闹时及时安抚，饥饿时有人喂食，脆弱时前来支持，那么这种危机就能够充分得到解决，相反如果缺乏身体的接触、情感的抚慰，儿童就可能产生出一种不安全感和焦虑感。信任在人格中形成了"希望"这一品质，它起着增强自我的力量。具有信任感的儿童充满希望，富有理想。反之则时时担忧自己的需要得不到满足。

2. 幼儿期（1.5～3 岁）：自主对自我怀疑的冲突

这一阶段随着运动能力和语言技能的发展，幼儿会产生强烈的探索周围世界的愿望。一方面父母要承担控制幼儿行为使之符合社会规范的任务，养成良好的习惯，如训练幼儿大小便，按时吃饭等；另一方面孩子也需要开始发展自己的自主与独立能力，所以这个时期主要是自主对自我怀疑的冲突。如果父母能够在一定程度上鼓励孩子以自己的方式探索世界，那么就可能会使孩子慢慢形成对自己能力的信心；如果家长采用过度保护的方式限制孩子的探索行为，那么个体可能就会产生自我怀疑。

3. 学龄初期（3～6 岁）：主动对内疚的冲突

在这一时期，幼儿生活的一个很重要的主题就是游戏，孩子在玩耍和游戏中习得规则，建立价值感。如果幼儿的主动探究行为受到鼓励，幼儿就会形成主动性，为将来成为一个有责任感、有创造力的人奠定了基础。如果成人（主要是父母）打压和批评幼儿的独创行为和想象力，那么幼儿就会逐渐失去自信心，会让他们体会到内疚感，认为自己的愿望是错误的、不应该存在的。这会使他们更倾向于生活在别人为他们安排好的狭窄圈子里，缺乏自己开创幸福生活的主动性。

4. 学龄期（6～12 岁）：勤奋对自卑的冲突

这一阶段的儿童开始接受学校教育，开始丰富自己的认知和社会技能，学会遵守纪律，学会团队合作。他们可能会花很长时间在一项任务上，试图体会到一种成就感，而来自家长和学校的肯定与鼓励，以及一次次小小的成功经验的积累都会推动个体不断地努力，发展出勤奋的、有"能力"的品质，从而他们在今后的独立生活和工作任务中充满信心，具有自我价值感。反之，当他遇到失败的时候，如果没有办法正确地解释失败，或者不能得到他人的支持和引导，那么就会产生自卑感。

5. 青春期（12～18岁）：自我同一性对角色混乱的冲突

青春期也被称作疾风骤雨期，由于青春期的本能冲动，在这个阶段青少年可能会作出一些看似叛逆的行为，他们试图尝试不同的角色，就是为了寻找一些问题的答案，即"我是谁？我可以成为一个什么样的人？"这些问题将贯穿青春期的始终。这个阶段的主要任务是建立同一感，即对自我的认识。这一时期影响青少年发展的主要是同伴、父母和社会压力。父母过分保护、干涉，或者与青少年情感疏远，都会影响他们的自我认同。

青少年可以利用这一段时间，通过社会活动，接触世界，丰富人生体验，进行人生观、价值观的碰撞，经过多次尝试，在挣扎与探索中确立自己的人生观、价值观，决定自己将来的职业，最终定义自己的社会身份，获得同一性。

6. 成年早期（18～25岁）：亲密对孤独的冲突

这一时期的挑战是亲密与孤独之间的冲突，主要任务是发展亲密感，建立亲密关系，并在这个过程中发展出爱的能力。亲密感是人与人之间的亲密关系，包括友谊与爱情。亲密的社会意义，是个人能与他人同甘共苦、相互关怀。爱人的能力是建立在自我同一性的基础上，如果不能与他人分享快乐与痛苦，不能与他人进行思想情感的交流，不能相互关心与帮助，那么就会恐惧和他人建立关系，就会陷入孤独寂寞的苦恼中。

7. 成年中期（25～65岁）：再生力对停滞感的冲突

成年中期是最长的一个阶段。人们常说的"中年危机"实际上体现的是一种成年中期的停滞感。那些建立了适当的亲密关系的人有能力将自己的注意力转向再生力，获得再生力是超越自己，对家庭、工作、社会或者下一代的承诺，是成年中期的一个至关重要的任务。很多人会通过养育子女的方式获得再生力，也可能通过一些创造性的工作和角色，在他人的身上看到自己生命的延续。相反，如果在这个阶段缺乏心理上的成长，仍然只考虑自己的需要，不考虑未来，缺乏社会责任感，那么就会产生一种挫败感和停滞感。

8. 成年晚期（65岁以后）：自我实现对失望感的冲突

这是人生的最后一个阶段，是一个衰老的过程，老人的体力、心力和健康每况愈下，对此人们必须作出相应的调整和适应。人们将会回顾和总结自己的一生，假如觉得自己的一生是快乐有意义的，会获得一种完满、超脱的感觉，体会到智慧的实现，可能怀着充实的感情，更坦然地面对死亡；如果人们有太多的遗憾与不满，就将陷入一种抑郁绝望和对死亡的恐惧中。这个阶段也要给予老年人充分的鼓励并增加他们自我选择的机会，提高他们的控制力和力量感，那么衰老的过程就会相对快乐、健康、平稳。

在这8个不同的人生阶段里，个体会经历特有的挑战与奖赏，最终书写出自己独一无二的人生。大学生的心理发展处在第6个阶段。在前5个心理发展阶段中，大学生的自我发展都与父母有着密不可分的关系。

霍尔采纳达尔文进化论的观点，他认为青少年有极大的正向发展的可能性，但也有较多的负向力量。这一时期亲子关系是最容易产生冲突的。弗洛伊德的人格发展理论试图阐明个体各个阶段的发展特征。他认为在生殖期（12～20岁）个体最重要的任务是力图摆脱父母的控制，建立自己的生活，这种独立性倾向是青春期的特点。但独立也不是一件容易的事情，从与父母的从属关系中分离出来，在情感上是痛苦的。在弗洛伊德的理论中,在生殖期,个体的心理发展会给整个家庭带来变化,这种变化也必然会表现在亲子关系上。

(二)早期依恋模式

依恋一般被定义为幼儿和他的照顾者(一般为母亲)之间存在的一种特殊的感情关系,是一种情感上的联结和纽带。依恋是爱和感受爱的能力,人的幸福感更多地来源于爱的感受,被爱的孩子更独立,也更容易建立自己的关系世界。

每个婴儿的世界都是从和母亲的关系开始,从胎儿期到学龄前的母婴关系,对幼儿的心理发展起着至关重要的作用。幼儿对母亲的情感依恋是生命的最基本的需求,正是在与母亲建立情感依恋的过程中,幼儿体会到被爱和被保护的安全感觉,以及"我是可爱的、值得被保护"的自我意识。

美国心理学家艾森沃斯用陌生情境法的实验研究了儿童和母亲之间的依恋关系。在这个实验中,首先将母亲和儿童带到一个陌生的房间,然后让妈妈坐下来,儿童进行自由的探索和玩耍,在这个过程中会有一个陌生人闯入房间,她先和母亲说话,然后再和儿童说话,之后母亲会离开一段时间,再回来和孩子重逢,结果发现儿童对于陌生情境有不同的反应。艾森沃斯根据观察,把儿童和母亲之间分为三种不同的依恋类型,后来的一些心理学家对她的工作进行了一定的拓展,发现还可以有第四种依恋类型。

1. 安全依恋型

妈妈在场的时候,孩子能够自由地探索和玩耍,显得很自在,妈妈离开的时候他们也会心烦,但是能够在比较短的时间内安抚下来,妈妈再度回来的时候他们会积极地去拥抱她。这种依恋关系中的孩子体会到妈妈的负责和关切,甚至妈妈不在时也这样想。安全型婴儿一般比较快乐和自信。

2. 回避依恋型

他们不会主动地接触妈妈,妈妈在场的时候他们和妈妈没有互动,妈妈离开的时候他们也没有太大的反应,似乎并不难过,而妈妈再度归来的时候,他们的反应也相当冷淡,似乎是在回避她。这种关系中的妈妈对孩子不是很负责,妈妈离开时孩子不焦虑,母亲回来也不特别高兴。

3. 焦虑—矛盾依恋型

刚开始时,他们紧紧地挨着妈妈,几乎不去探索环境。在妈妈离开前就显得焦虑,妈妈真的离开就大哭,别的大人不易让他们安静下来。一旦妈妈回来,孩子的反应却很矛盾,一方面寻求和她接近,另一方面却又踢又打,显得十分生气而且抗拒。

4. 混乱型依恋

混乱型依恋是所有的依恋类型中最没有安全感的一种类型。孩子表现出了相当程度的不一致、矛盾和混乱的行为。一些研究表明在暴力虐待或者创伤中成长的孩子更有可能会发展成混乱型的依恋方式。

研究表明,安全依恋型的幼儿比不安全依恋型的幼儿词汇量更大,更擅长解决问题,在象征游戏中表现得更有创意,更受同伴欢迎,易成为领导者。安全依恋型孩子的情绪以快乐等正性情绪为主,而在同样的情境下,不安全依恋型的孩子则以恐惧、压抑等负性情绪为主。安全依恋型的优势甚至可以持续到儿童中期甚至更长。安全依恋型的儿童在11～12岁时比不安全依恋型的儿童有更高的社会技能和更好的同伴关系,到15岁时在心理健康、自尊等方面的评分都较高。

对于儿童来说,寻求亲近是依恋的核心和基本的外在行为,强烈的相互依存情感是依恋的基本内在心理表征。未成熟、弱小的儿童亲近父母,是要获得关爱和安全感等生存需要的满足,是儿童探索外部环境、成长发展的重要心理基础。依恋不足,儿童长大以后就会欠缺安全感,缺少爱与感受爱的能力。如果在孩子很小的时候,妈妈给予孩子很好的照顾和情感上的回应,让孩子觉得温暖舒服,他会觉得自己是好的;稍大一些,爸爸妈妈的喜欢、陪伴、尊重、支持,会使他觉得自己是被喜爱的,这就在孩子生命初期打下了高自我价值的基础。

研究发现,亲子之间的依恋关系模式对于成年以后的人际关系也有着非常重要的影响,大多会延续到成年之后,并且成为他和其他人之间建立关系的蓝本。那些在生命的早期被充分给予爱的孩子会发展出更加健康的依恋,长大后也会更加独立,更容易建立自己的关系世界。如果在生命的早期,完全没有体验到来自母亲的安全感,孩子就会变得情感淡漠,发展出焦虑或者回避型依恋,即完全不对人产生依恋,这样的孩子长大后会很难与人亲密,很难与他人建立良好的关系,他会像刺猬一样为了保护自己而刺伤别人。

在成年后建立亲密关系过程中,安全依恋型的孩子会更善于社交,更能够敏锐地捕捉和回应他人的情绪需求,安全依恋型的恋人往往会为对方提供更加敏锐的支持性的关心;回避依恋型的人在亲密关系中往往投入比较少,缺乏与人建立持久的亲密关系的能力,常常会给人一种很冷漠的感觉;焦虑—矛盾依恋型的恋人在亲密关系中缺乏安全感,在发生冲突的时候更容易陷入多疑和歇斯底里的状态,他们给对方的支持也可能会带有一些强制性和唐突性,让对方觉得不舒服,他们可能会和同一个恋人分分合合,并且往往自尊水平比较低。

一切关于亲密的问题都是在关系中形成的,那么治愈的最好办法也是在关系中进行。若自己是不安全依恋型的人,可以寻找一个安全依恋型的恋人或者朋友,与他一起建立美好而温暖的关系,在关系的互动中重建信任,重建新的关系经验。

 **心理悦读**

哈洛的恒河猴实验

年幼的哺乳类动物,天生就有跟母亲或其他主要的养育者身体接触的需求。与母亲的身体接触,会带给孩子情感上、精神上的舒适、安全和温暖感;如果母亲不在,就会尝试与别的物种建立联结。20世纪,美国心理学家哈洛做过著名的恒河猴实验。

哈洛和他的同事们把几只刚出生的小猴放进一个隔离的笼子中养育,并用两个假猴子代替真母猴。这两个假母猴分别是用铁丝和绒布做的,实验者在"铁丝妈妈"胸前特别安置了一个可以提供奶水的橡皮奶头。按哈洛的说法就是"一个是柔软、温暖的母亲,一个是有着无限耐心、可以24小时提供奶水的母亲"。结果显示,所有的小猴几乎都一直黏着"软布妈妈"，挤进"软布妈妈"怀里，只有在饥饿时才去吸吮"铁丝妈妈"的奶管。小猴在遭遇不熟悉的物体时，如一只木制的大蜘蛛的威胁时，会跑到"绒布母猴"身边并紧紧抱住它，似乎"绒布妈妈"会给小猴更多的安全感。

哈洛从这个"代理妈妈实验"中观察到了一些问题，那些由"绒布妈妈"抚养大的猴子不能和其他猴子一起玩耍，性格极其孤僻，甚至性成熟后不能进行交配。于是，哈洛对实验进行了改进，为小猴制作了一个可以摇摆的"绒布妈妈"，并保证它每天都会有一个半小时的时间和真正的猴子在一起玩耍。改进后的实验表明，这样哺育大的小猴基本上正常了（注意，是基本正常）。

哈洛的实验说明了年幼的哺乳类动物，生来就有与母亲或其他主要的养育者身体接触，并由此获得精神、情感抚慰的需求，人类的婴儿也是如此。他们喜欢与母亲在一起，与母亲的亲近会使婴儿感到最大的舒适和愉快，反之会产生分离焦虑。因此从某种程度上来讲，接触性安慰在依恋关系的形成中可能会比母亲提供的乳汁更加重要。

（三）家庭教养方式

 **心理悦读**

大象是一种高度社会化的动物，它们拥有惊人的记忆力和情感交流能力。20世纪90年代，人们曾经将10头年轻的小象转移到南非皮林斯堡公园，因为成年象的体型太沉重，所以没有随之迁移，结果这些缺乏成年大象管教的小象们变得粗鲁且极富攻击性。直到后来引入了6头成年象，在这些成年象的管教下才结束了这场混乱，小象们的行为终于回归正轨。

同样可以看到，在人类的养育过程中，诸如被广泛关注的留守儿童的问题，都提醒人们父母的缺席会对孩子的成长造成严重的伤害。养育是一个庞杂而系统的工程，虽然没有一劳永逸的教养方式供所有的父母直接参照执行，但是教育依然是有规律可循的。

美国心理学家戴安娜·鲍姆林德提出反应性和控制性是衡量家庭教养方式的两个指标。所谓反应性是指父母对孩子需求的回应程度；控制性是父母对于孩子自身成熟、独立、承担责任的要求。根据这两个维度的不同程度，可以把父母的教养方式分为四种类型，即权威型、放任型、忽视型和专制型，如图9-1所示。不同的教养方式会对儿童的社会性发展和个性形成产生重大影响。

1. 权威型

权威型教养方式也叫作民主型，是一种相对来说比较理想的教养方式。这种教养方式要求父母在回应与控制两个维度上取得一种平衡，爱和规则都不能少。父母会指定清晰而且一致的规则，虽然他们对孩子严格，但是会尊重孩子的个性和独立性，表现出充分的爱和积极关注，并给予孩子情感支持，鼓励孩子自主独立。惩罚时，他们会和孩子讲道理并作出解释。与孩子存在平等且频繁的沟通，积极敏锐地回应孩子的需求与情绪，同时也会引导孩子明白规则与界限。这种教养方式下的孩子更独立，自尊感和自信心较强，喜欢与人交往，对待他人也更加友好，具有合作精神，自我控制能力也较强。

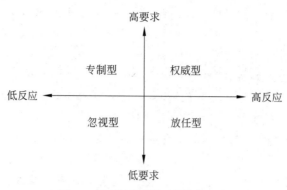

图 9-1　四种不同类型的教养方式

2. 放任型

放任型教养方式也称为溺爱型。放任型的家长对孩子有回应,但缺乏控制。父母给孩子提出不严格而且不一致的反馈,认识不到自己对孩子的责任。父母通常会比较多地参与孩子的生活,随时准备为孩子解决麻烦,但是对于孩子的行为几乎没有限制与要求。很多父母认为这样才能够充分保护孩子的创造力,让孩子无拘无束地成长,但是缺乏边界与规则反而会让孩子更加没有安全感。放任型的父母最容易培养出让人头疼的"熊孩子",孩子过于依赖并且喜怒无常,自我控制能力较低,在社交方面也会存在很多困扰。

3. 忽视型

忽视型教养也称为漠视型。这种父母对孩子既无回应也无控制,父母对孩子不感兴趣,漠不关心,感情上疏离孩子,仅给孩子提供物质上的支持。他们几乎不参与孩子的生活,任由孩子像野草一样生长,对子女既没有严格的要求,又缺乏积极的回应和沟通,缺乏有效的联结。例如有一些父母因为生活、追求自我等原因,将养育孩子的任务交给长辈、保姆或者商业机构,这样的父母会对孩子产生巨大的负面影响,孩子感到自己不被爱,他们会始终缺乏信任感与安全感,无法与他人建立舒适的关系。

4. 专制型

专制型教养方式的父母对孩子的控制性很高,回应性很低。专制型家长对孩子要求严格,却从不关心孩子的内心世界。孩子违背要求时,家长倾向于通过惩罚或强迫的方式管教孩子,不会考虑孩子的意见,要求他们服从命令,会认为自己所做的一切都是为了孩子好,而不是像权威型家长那样通过平等沟通解决问题。研究发现这样的家庭孩子可能会有更多的情绪方面的问题,孩子性格内向,女孩特别依赖父亲,男孩则表现出攻击性。

在与孩子相处的过程中,父母要学会观察孩子的行为和需要,适当地满足他们的需要。对孩子的控制最主要的是遵循一致性,并且所有的家庭成员都应该遵守这些规则,否则,孩子就会不明白什么是对的、什么是错的。在对孩子作出适当反应的前提下,对孩子进行适当的控制,才可能形成有效的教养。

二、原生家庭的影响

一个人和他的原生家庭有着千丝万缕的联系，而这种联系有可能影响他的一生。从个体发展的角度来看，家庭环境中父母的教养方式、亲子关系对个体的成长影响最大。很多相关心理学研究证明，个人早年的生活经历，对其性格形成、个性发展乃至一生的幸福都起着极其重要的作用。原生家庭的氛围、习惯、父母的关系、家人之间的互动等，无一不对成年后的个体产生深远影响。美国著名"家庭治疗大师"萨提亚女士认为，人是家庭塑造出来的。家庭对个体的影响主要表现在自我价值感、自我效能感、人际沟通方式、情感的体验和表达等方面。

（一）自我价值感

自我价值感是一个人对自己的感觉和想法，即怎样认识自己，看待自己的价值，认为自己是不是有价值，是不是值得被爱、被关注等。自我价值是一种体验，是人生命能量的源泉，是一个人内在的自我认可程度。自我价值感低的人不自信，不能做自己，不喜欢自己，不接纳自己，总觉得自己被伤害，感觉不到自己是好的、值得被爱的，会过度在乎别人的感受，特别希望得到别人的认可。自我价值感高的人认为自己是重要的，他们相信自己，喜欢自己，欣赏自己，从而接受自己，善待自己。他们相信爱，也相信自己是被爱的，懂得包容、接纳、尊重别人。他们是自信的，能够正确地评估自己的价值。

一个人自我价值感的形成，与其原生家庭的生活氛围、习惯、互动方式、父母对他的态度等密切相关，原生家庭中儿童与父母的互动是个体价值感最初发展的地方。高自我价值感的孩子与父母的关系较为密切，孩子的想法、观点和行为处事能被正确地引导，父母欣赏、喜欢、尊重孩子，让孩子能够看到自己，并且感受到父母的爱，孩子容易体验到自我价值，就会将父母的评价内化为对自我的认识，认为自己是被接纳的，是值得被爱、被尊重的，从而形成很高的自我价值感；相反，父母要求孩子顺从、听话，孩子因此压抑了真实的自我，压抑了自己真实的需求，觉得自己不重要，经常被父母批评、指责、嘲笑、漠视的孩子，从而将父母的评价内化为对自我的认识，认为自己是不好的，是不值得爱的，难以体验到自我的价值。

在原生家庭中父母对孩子的消极态度会导致孩子在成长过程中失去自我价值感。如果在孩子成长的过程中，父母对他的爱比较吝啬，就容易塑造出价值感比较低的孩子。如很多父母总是喜欢拿别人的优秀来激励自己的孩子，在成长的过程中，孩子从小就有一个敌人叫作"别人家的孩子"，很多时候这个"别人家的孩子"让孩子感觉到无地自容。当孩子面临父母的指责，或者对父母的期望遥不可及的时候，可能会认为自己的努力是没有用的，就会慢慢形成自己是"无能的"这种自我概念。

有的父母爱孩子是有条件的，他们总是说"你要听话，你要好好学习，你要乖乖的"，如果孩子犯错了，父母就会全盘否定他们，如果孩子按照自己的思想，自由地展现自己，有时也会遭受无情的攻击、批评和指责，这个时候，孩子就会彻底地感觉到，自己什么都做不好，或者觉得自己是没有价值的。有的父母把不属于孩子的情绪传染给孩子，如家长不顺心时，也会把负面情绪传染给孩子，对孩子大发雷霆，孩子会莫名感到是不是自己什么地方做得不好,惹爸爸妈妈生气了。

在这样的家庭中,孩子无论做什么都感觉不到自己是有价值的,不知道自己做什么是对的,就会以父母的标准为标准,习惯把价值感建立在父母身上,很多时候觉得只要父母高兴,自己就是被认可的、就是有价值的。长大后就会建立投射,只有别人高兴满意,自己才是有价值的。

当父母的自我价值感本身比较匮乏的时候,他们就会从伴侣或者孩子身上索取。当父母无法通过其他途径获取价值感时,就会把精力倾注于孩子,通过为孩子做事,对孩子的事情包办代替,来证明自己是有能力的,是个好家长。这其实是一种爱的伤害,是对孩子成长的剥夺,使孩子缺乏自信心、责任感和反哺心,从而丧失了价值感。

（二）自我效能感

 知识拓展

控制感实验

心理学家把猴子分成三组,一组可以通过按钮自主控制食物和饮水的供给,想吃就吃,想喝就喝,非常惬意,为控制组;另一组是不定时地被给予食物和水,不可控制、不可预测,这一组叫实验组;还有一组则被定时地给予食物和水,它们很被动,但是一日三餐很有规律,这一组叫标准喂养组。结果发现,控制组的猴子表现出较多的探索行为和较少的依赖性,自主性较强,他们对玩具机器人的恐惧也更少,在与同伴分离的时候,控制组的猴子能更有效地运用策略来减少痛苦。实验说明了可以掌控自己命运的猴子,更有能力把控和应对生活中的挑战和危机,发展出积极强大的心理,可见控制感是发展各种能力的基础。

心理学家认为控制感是人类安全需要的最高层次,控制感重在"感受",而非"控制",比如一个能力并不差的人,具有控制事情发展的能力,但是一旦认为自己无能为力,缺乏控制感,就会失去安全感。

幼儿在生命最早阶段,依靠哭声这种本能,获得对世界的掌控,这个阶段父母就是孩子的保护伞,他们无微不至的照顾赋予了孩子能力感。随着孩子慢慢长大,有了探索世界的冲动和需要,这个阶段爸爸妈妈需要鼓励孩子去自主探索,不干预、不控制,孩子通过不断探索、不断尝试,获得了一些关于失败的教训和成功的经验,从而获得了对世界的感知,对自己生活的预测和掌控,自我效能感才会不断提升。这个阶段,父母是孩子的安全基地,是可以放心探索世界的支持力量,任何时候他都可以回来寻求安慰和支持,获得父母的帮助。这时孩子恰恰是通过父母的放手、不干预、不过度控制,以自主行为获得了自我效能感。

如果在孩子成长的过程中得不到父母足够的关爱,或者父母不允许孩子犯错误,指责孩子没用,动辄对孩子厉声呵斥,常常在亲属朋友面前数落孩子的不是,让孩子感到自己一无是处,或者对孩子过分呵护溺爱,不给孩子自己做事从而体验成功的机会,阻碍孩子的自主探索,不允许孩子失败,对孩子期望太高,一味地批评,那么这个孩子很可能会渐渐产生习得性无助感而变得退缩和畏惧。这种无助感会延续到他以后的生活中，面对外来的冲击，放弃抵抗和努力，即使实际上他有能力，也不会去反抗或者努力。

（三）人际沟通方式

在人际交往中，有的人特别容易看到别人的缺点而去指责别人，很难交到知心的朋友；有的人则是太考虑别人，是人人称赞的好人，却累坏了自己；有的人在和别人交流时，容易紧张，常常说不清自己真正要表达的是什么。这些都反映了人们在沟通时，尤其是遇到威胁或压力时，常常因为自尊而采取不同的应对姿态，包括讨好、指责、超理智、打岔。

讨好——不管他们感觉什么或想什么，都说"是"。他们只顾及他人的感受，而不顾及自己的感受，常常压抑自己。他们尽量让别人高兴，取悦别人，不管有什么意见都尽量不表示反对。尽管他们也需要别人的赞同，但是他们不知道，只要他们对任何事都说"好"就不可能得到别人的赞同。

指责——不管他们感觉什么或想什么，都说"不是"。他们只顾及自己的感受，不顾及别人的感受。他们总是对别人不满意，"你到底怎么回事？你怎么什么都做不好？"尽管他们很傲慢，但内在感受很挫败，因为他们指责别人是为了让别人认为他们很强大。

超理智——不说是，也不说不是，对别人的感觉毫无反应。他们常常极端理性、有距离、单调、僵硬呆板，让人难以了解。因为他们没有感受，看起来平静、冷静和正确，但是在更深的内在缺乏自尊，很脆弱。他们试图用冠冕堂皇的话来保护自己的自尊。

打岔——他们常常打岔，使人觉得心不在焉，不会对别人的重点作出反应，很难与别人建立联结。他们没有目的地，也很孤独，但是他们努力不让别人知道这一点。

有相关的数据显示，在家庭生活中90%的问题都源于不适当的沟通，不管是在夫妻之间，还是父母和孩子之间，人们要么完全沉浸在自己的世界中，自说自话，要么把沟通当成一种宣泄的途径，或者为了避免矛盾的激化，保持表面的和谐，而选择用隐忍或者一些其他的方式回避沟通，因此无法沟通常常成为家庭矛盾的催化剂，给家庭生活带来许多不可预知的问题。

萨提亚女士认为，功能不良的家庭里的沟通存在模糊的、隐晦的、猜测的、不核对的、以偏概全的、不一致的等不健康的现象。在家庭沟通或者人际互动的过程中，人们可以选择让他人感觉更舒服、更合适、更一致的沟通方式，这就是一致性。一致性是最直接和最真诚的沟通方式，一致性的人既顾及自己和别人的感受，还要顾及对环境的适应性，他们自己内外和谐，也跟别人和谐，与情境和谐。这样的人稳定、成熟，与别人关系良好。

人的沟通方式最早是从父母那里模仿来的，也是一个人应对家庭压力的一种方式。孩子从小开始用自己的方式理解父母，发展出一种适合父母的方式来与父母沟通。当父母不允许孩子表达意见或情感时，孩子就会用讨好来保护自己或用超理智来应对；当孩子的期待常常不能在家中得到满足时，他们就会用指责表达内在的愤怒；当孩子常常被忽略时，他们就会用打岔的方式来沟通；当父母尊重孩子，和孩子关系很平等，在家中孩子可以自由地表达自己的情感和期待，家庭氛围很和谐时，孩子就会用一致性方式沟通。

（四）情感的体验与表达

家庭还会影响孩子的情感表达。爱是情感的表达，人对爱的体验源于家庭，孩子从父母那里可以感受到爱，获得安全感，以自己的爱为圆心，把心中的爱传递给他所爱的人。美国心理学家盖瑞·查普曼通过广泛的研究发现并总结了爱的五种语言。

一是身体的接触。身体接触是人类情感沟通的一种微妙方式，也是爱的表达的有力工具。研究报告显示，常被抚摸的婴儿在情感上，比不常被抚摸的婴儿发育得好，所以对于刚出生的孩子，抚育者会被要求给予抚触，这个过程就是让孩子感受到爱。父母会拥抱孩子，或者抚摸他的头顶，拍拍他的肩膀，表示对他的喜欢和爱意。当孩子得到足够的来自父母的肌肤亲近时，在未来的岁月里，也会愿意用拥抱、触摸等身体的接触来亲近他的家人或者爱人，表达他的爱意。

二是肯定的言语。孩子可以从父母肯定的语言和非语言的表达中感受到自己被喜爱、被欣赏。当孩子取得成绩或进步时，父母的夸赞让他信心满满；当父母称赞他能够坚持、善良等优秀品质时，他会感到自己被关注和被肯定；或者仅仅是父母看他的眼神充满了柔情和欢喜，他也会觉得被爱的幸福。如果孩子在爱中成长，以后他也会对所爱的人不由自主地表达赞美和喜欢。相反，如果一个孩子接收了太多负面、批评、命令式的养育，会使他产生恐惧，成年后仍会常常为了自尊而挣扎，而且一辈子觉得没有人爱他们。

三是倾心的陪伴。这里的陪伴是给予对方全部的注意力，爱一个人就愿意跟他一起共度时光，愿意跟他一起共同经历一些人或者事，有共同感受、共同情怀。在成长过程中，父母放下重要的事情，陪伴孩子度过生命中重要的时光，比如陪他去期待已久的郊游，去逛动物园，度过每个生日、"六一"儿童节，在生病时陪孩子去医院。这样的陪伴让孩子觉得自己是重要的，是值得父母关注的，由此学会了将来这样去陪伴自己所爱的人。

四是精心的礼物。礼物是爱的视觉象征，它可以是买来的、自己做的或是找到的。精心准备的礼物是最容易学习的爱的语言之一。爱一个人会通过礼物来表达爱意，比如许多同学分享童年经历时都提到，父母出差回来会给他们带礼物，过生日会收到礼物，这些礼物让他们感到惊喜和温暖，虽然这些礼物并不一定很贵重，也并非都保留着，但那些礼物带来的被爱的感受还一直留存在记忆里。当父母常常用礼物这种方式表达对孩子的爱时，孩子也学会了这种爱的语言。

五是服务的行动。在家庭中父母用服务的行动来表示他们的爱，小时候为孩子洗澡、喂饭、穿衣服，长大了接送上学，辅导家庭作业，父母承担了洗衣、做饭、打扫卫生等大部分的家务，但从来不求回报。爱一个人就愿意为他做事而不求回报，做对方想要自己做的事，替他服务，使他高兴，自己的服务行动在以一种有意义的方式传达爱。在大学里当男生和女生谈恋爱时，为对方服务都是自愿的，甚至费尽心机的，比如为对方占座，辅导恋人的学习，去食堂给恋人买饭等。

通过以上五种爱的语言，父母将他们的爱传递给孩子，帮助孩子学会怎样去爱别人，也让孩子学习到更多的爱的语言。

在传统的中国式家庭中，很少有人会直接表达感情，表达亲情的方式很生硬，不仅说不出口，也做不出什么令人满意的行动。当一个人没有感受到父母爱的时候，并不代表爱不在身边,也许只是每个人表达爱的方式不一样,要能够理解父母,相信他们只是不善表达,其实他们都是爱你的。

生活中也有些家庭,成员过于情绪化,只会发泄情绪,不能好好说话。情绪的不当表达就像杂草的种子,洒落在每一个成员的心中,伴随着争吵不断发芽、生长。这对每一个家庭成员而言,特别是幼小的孩子,具备很大的杀伤力。

不同的爱的感受和表达能力会影响孩子未来进入社会的状态。一个孩子在家庭中如果不能把爱装满,他将因为感受不到爱而产生一种错误补偿心理,去终身追寻爱,甚至用扭曲的方式去寻找爱。情感问题大多跟儿童在家庭中爱的初体验和多年爱的缺失有关,爱的缺失将会影响到未来走进家庭后幸福的体验和创造。

📖 心理悦读

如果一个孩子生活在批评之中,他就学会了谴责。

如果一个孩子生活在敌意之中,他就学会了争斗。

如果一个孩子生活在恐惧之中,他就学会了忧虑。

如果一个孩子生活在怜悯之中,他就学会了自责。

如果一个孩子生活在讽刺之中,他就学会了害羞。

如果一个孩子生活在鼓励之中,他就学会了自信。

如果一个孩子生活在忍耐之中,他就学会了耐心。

如果一个孩子生活在表扬之中,他就学会了感激。

如果一个孩子生活在接受之中,他就学会了爱。

如果一个孩子生活在认可之中,他就学会了自爱。

如果一个孩子生活在分享之中,他就学会了慷慨。

如果一个孩子生活在承认之中,他就学会了要有一个目标。

如果一个孩子生活在诚实和正直之中,他就学会了真理和公正。

如果一个孩子生活在安全之中,他就学会了相信自己和周围的人。

如果一个孩子生活在真诚之中,他就学会了头脑平静地生活。

第二节　家庭带来的困扰

一、家庭关系失调带来的伤害

家本应该是一个温暖且安全、能够让人们获得幸福的地方,但事实上,有些时候家也会给人们带来伤害。家庭的伤害是由家庭关系的失调造成的,家庭关系的失调常常有以下几种情形。

1. 依恋关系缺损

依恋关系缺损会为日后产生心理问题埋下隐患。依恋关系缺损包括很多种情况,比如由于各种原因父母把孩子寄养在祖父母或者亲友家里;单亲家庭或者父母一方常年在外工作难得回一趟家;独生子女家庭结婚以后和一方的父母生活在一起,孩子由祖父母照顾,自己基本不管教孩子;遭受家暴或者亲子关系疏离等。

以上情况,父母或者不在家,或者即便在家也没有担当起父母的角色,爸爸妈妈的功能不足,甚至是缺失的,自然会给孩子的健康成长带来障碍,这种家庭长大的孩子会比较自卑,或者过度讨好别人或者过度要强,难以与他人形成亲密关系,造成社会适应困难,出现心理和行为问题。

2. 自我分化不良

母子之间在婴儿时期需要建立非常亲密的关系,但是随着孩子慢慢长大,需要在空间和心理上逐渐和妈妈分离,顺利完成自我分化,建立自己的世界。自我分化意味着孩子不断与父母进行情绪上的分离,进行心理"断乳",而一些家庭或者因为夫妻关系不好,或者因为父母自己的分化水平不高,导致他们和孩子的分化未能顺利完成,孩子心理上和妈妈是融为一体的,还处于共生阶段,因此孩子与妈妈的关系呈现过度纠缠的状态,分不清妈妈的情绪和自己的情绪,也分不清妈妈的事情和自己的事情。分化不良的家庭可能发展出以下两种情况。

一是父母对孩子过度干预和过度保护,孩子失去掌控自己生活的机会,逐渐变得无能、无助。所谓"巨婴",也就是这样长大的孩子,因此,要分清界限,把孩子该做的事情还给孩子,做父母的可以指导、可以陪伴,但是不能代替。

二是父母的功能不足,造成家庭成员的序位颠倒。不成熟的父母的行为常常像小孩一样,会发脾气、闹别扭,等着孩子去安慰,或者说期待孩子去照顾他们的情绪。这样家庭的孩子在人际关系中比较敏感,要么过度依赖,要么过度负责,分不清彼此的边界,情绪非常容易受别人的影响,变得阴晴不定。

自我分化标志着一个人的心理逐渐成熟。成长过程中,如果孩子开始被允许在家庭中与父母有不一样的感受和观点,或者做违背他们意愿的决定,就能逐渐感受到"我"的位置和边界的存在。如果孩子在家庭中始终是由父母的意志决定一切,那么就很容易在长大后表现出很低的自我分化水平。自我分化是从建立边界感开始的。

3. 家庭关系三角化

健康的家庭关系是稳定的三角关系,应该是父母相爱相敬,共同呵护孩子成长,这样的三角关系会最大限度地帮助家庭中的个人完成自我的分化。在健康的三角关系中,家庭成员应该独立、自主地解决彼此之间的问题。比如,父母之间的矛盾不应该牵扯孩子,而孩子和父母之中任何一方的矛盾也应该在他们两人之间解决。然而,在不健康的三角关系中,孩子常常被卷入父母之间的矛盾,孩子被父母中的一方拉去"结盟",或者被迫"站队",协同其中一方对抗另一方。

在这种三角化的家庭联盟中,孩子会感知到"我的父母需要我帮助他们协调婚姻关系,我应该帮助父母处理他俩之间的矛盾。"如此一来,孩子变得不能够把自己和他人(比如父母)区分开,他们会默认父母期待自己去做的事情就是自己应该做的事情,这会发展出很多的行为问题,主要表现为过度努力,通过变成一个乖孩子,让爸爸妈妈骄傲,以此来笼络住爸爸妈妈的心;或者故意给父母制造麻烦,借此强迫他们将注意力从争吵转移到自己身上,使得他们不得不先停止争吵,为了共同解决孩子身上的问题而暂时和好;甚至可能出现身心疾病,用生病的方式对父母施加压力。

4. 家庭关系边界不清

在家庭三角关系里健康而稳定的状态就是家庭成员保持自己的边界,既要融入家庭,又要保持自己;既要与家庭成员保持亲密,同时作为个体又要充分地自我分化,而不至于过分卷入其他家庭成员的问题中而失去了自我。家庭关系的边界一般有以下几种情形。

(1)清晰的边界。这是一种非常理想的"边界"。家庭成员之间既有独立感,又有归属感;既保持各自的独立性,又能良好沟通,彼此真诚相爱。在这种家庭成长的孩子人格是健康的,自我价值较高,有爱别人的能力,也能自如地接受帮助和给予。

(2)僵化的边界。这种"边界"其实是难以跨越的障碍。家庭成员之间缺乏关爱,关系疏离而淡漠。成员之间相互独立,不愿或者不能进入彼此的世界,缺乏情感交流及相互的支持。在这种家庭中成长的孩子比较独立,但代价是孤独和缺乏归属感。

(3)模糊的边界。家庭成员之间的界限过于模糊、不明晰。成员之间关系密切,相互过分关心,彼此视对方的事为自己的事,常常会陷入纠缠不清、控制与被控制的困境。成员会有强烈的归属感,也能得到很大程度的相互支持,但却会过分地陷入他人的生活当中。

由于父母和孩子之间缺乏明确的角色边界,孩子往往难以形成独立思考以及独立行动的能力。小时候可能为了表现得像大人一样,对于父母的管教不服从;在叛逆期时,为了做自己,与父母抗争,可能出现逃学、迷恋网络游戏等情况,但其实是希望在家庭中获得价值感;长大后,独立性差,缺乏自信心,总是依靠他人作决定,还会过度容忍,为讨好他人甘愿做自己不愿做的事,或者相反,凡事以自己为中心、脾气暴躁,变成一个具有强烈控制欲的人。

因此,当家庭关系的边界过于模糊,父母要提高自我分化的水平,帮助孩子完成分化,建立起健康的边界,让孩子自由地成长。家庭成员彼此能够保持良好的边界,也就是家庭成员相处的过程中既要有亲密感,又不失去独立性,要学会把孩子的还给孩子,让孩子做回自己,把父母的还给父母,明确每个人的功能和职责。

上述依恋关系缺损、自我分化不良、家庭关系三角化以及家庭关系边界不清,会造成家庭结构的不稳定,家庭关系等级的混乱,孩子就可能发展出一系列的心理和行为问题。萨提亚工作模式帮助人们认识家庭三角关系,学会去三角化,实现自我分化,让家庭的边界更加清晰,使人们在家庭关系中不失去自我,也不过分干涉他人,从而获得真正的成长。

二、家庭问题带来的心理困扰

(一)父母的期待带来的心理压力

受传统文化的影响,中国家庭的孩子从小都承载着家长的许多期望,从而倍感压力。家庭对孩子的期望一般有以下几个方面。

1. 父母不切实际的学业期待

众所周知,中国的父母对孩子的学业历来非常重视,为了孩子的学业,他们不惜一切代价创造最好的学习条件。孩子不能顺应天性而是被提前拔苗、过度施肥,他们过早地告别了玩具,提前走上父母设计的生命轨迹,被迫参与过多应对成人世界的竞争。中国父母对孩子的学业期待,主要集中在孩子的学业成绩方面,而且紧紧围绕着将来能够达到的学历水平和就业选择。父母对孩子的期待并非结合孩子的实际情况,多数超过了孩子客观能力的限制,成为孩子无法达到的目标。从小到大孩子背负着父母的过高期待,承受了巨大的压力,即使孩子如愿考上了大学,但长久以来,来自父母的这种外在要求已经变成了学生自己的内在要求,当达不到父母及自己对学业的期待时,就会感到压力重重,自我挫败感强烈,经常感到内疚、自责、自卑、抑郁,甚至放弃自己的生命。

2. 与孩子不一致的专业渴望

专业选择对大学生的学习非常重要。学自己喜欢的专业,学适合自己的专业,能够激发学习的动力,开发自身的潜能,取得良好的学习效果。但是一些父母为了给孩子安排一个"好未来",压制孩子所喜欢的专业,而代之以所谓的热门专业、能赚钱的专业,全然漠视孩子自己的兴趣爱好和实际能力,使得一些学生对学习失去动力和创造力,甚至产生种种心理问题。例如一名很优秀的大学生,原来对文学很感兴趣,高考语文成绩很高,但数学成绩一般,但其父却认为学经济有前途,高考填志愿时劝她报了金融专业。上大学后,她用了别人几倍的时间,还是学不好专业课程,每天心情郁闷,后来学习越来越困难,她提出转专业,但是遭到了父母的阻拦,认为是她没有努力。当她觉得所有的努力都是白费时,干脆逃课、睡懒觉、打游戏,虚度光阴,最后抑郁生病。

3. 父母未曾完成的人生心愿

每个人都有一些未曾完成的心愿,在心理学上称为未完成情结。未完成情结是指自己因没有完成某件事情,而总是在有意识或无意识中追求补偿的意向,更重要的是当事人由于对此有一种难舍难分的感觉,总是在寻求加倍的满足,最后这个未完成情结可能像陷阱一样让人难以自拔。一些父母由于某些原因失去了上大学读研究生的机会,或者职业生涯未能实现自己的"成功"梦想,于是他们"望子成龙""望女成凤",有意无意地把自己未能完成的心愿强加在孩子身上。当父母以"我都是为你好"为出发点,不能尊重孩子对于自己人生的想法和规划,不顾及孩子的真实感受,一味地让孩子服从他们的要求,按他们的意愿去做时,也容易造成亲子之间的矛盾和冲突,从而阻碍孩子的成长。

(二)父母关系产生的心理困扰

家庭是人一生的起点和最温暖的摇篮。父母婚姻关系对孩子成长具有重要影响。当家庭中有良好的婚姻关系作为核心及基础时,孩子才能获得健康成长的保障。据调查发现,认为父母关系很好或较好的学生自身认同感更强,对自己的心理状态也更加自信,而那些父母关系不太好或很不好的学生容易对自身缺乏认同感。

1. 分手的父母给孩子的心理困扰

美国心理学家李·索克说过:"父母离婚给孩子带来的创伤仅次于死亡。"父母婚姻关系破裂对于孩子的影响十分严重,从婚姻冲突到准备离婚到孩子跟随单亲生活,孩子的心灵都会遭受严重的伤害,对其人格情绪的影响是灾难性的。大量研究结果表明离异家庭子女在自我概念、学习成绩、行为心理调节、社会适应、亲子关系等方面都不如完整家庭的孩子。他们更容易表现出抑郁、孤僻的心理，并出现一些行为问题。父母离婚对孩子的最大影响是使他们处于父母的冲突中，经常感受到父母之间的敌意与指责，这种体验对他们来说十分痛苦并且具有破坏性。父母离婚还会给大学生带来人际交往的困惑，他们会因为父母的漠视、家庭的破碎而自我怀疑，有很强的自卑感，往往胆小忧郁，对人缺乏信任，敏感多疑，潜意识中因害怕建立亲密关系后的分离而不敢与他人建立亲密关系。

2. 纠结的父母关系给孩子的困扰

现今社会离婚已经成为婚姻中越来越常见的一种现象，离婚对孩子造成影响是事实，但勉强凑合的婚姻、父母关系的纠结对孩子也会造成影响。常常有这样的父母，他们感情失和，经常吵架，或者彼此长时间冷战，但是他们不离婚，就是为了给孩子一个完整的家庭。实际上他们的斗争从不避开孩子，这才是对孩子最大的一种伤害。在这个情感的战场上，他们或者利用孩子做武器，或者把孩子当空气，孩子在没有爱的家庭中长大，心灵仍然会受到很大的创伤。父母的纠结似乎也是在暗示孩子的人生要被绑定在父母的婚姻上："如果父母离婚了，孩子的人生就毁了。"由此给孩子带来了对父母离婚的恐惧。对父母关系的长期不确定性，也会使孩子心烦意乱，情绪低落，回避家庭问题，对亲密关系严重不信任。

亲密关系是世界上最难处理的关系之一。分手的父母、关系纠结的父母都没有好好学习如何建立亲密关系这一门课。尽管父母的关系给大学生的成长带来很多困难和挑战，但是作为大学生仍然可以从父母的过往经历中有所学习、有所成长，从而修复个人的创伤，并把这份经验用在自己的亲密关系中，建立起超越父辈的亲密关系，领悟爱的真谛，践行爱的艺术。

（三）亲子关系引发的心理冲突

家庭关系是个体心理得以顺利成长的基石。家庭关系中无论是父母间的关系，还是亲子间的关系都极大地影响着大学生的心理成长。由于亲子之间的人生经验不同、认知上存在差距、看待事物的视角有所差别、彼此期望不同，所以常常会在思想、观念、态度、价值和行为等方面产生冲突。亲子冲突是亲子关系的重要方面，也是个体成长与父母互动过程中不可避免的现象。有的大学生因为没考上研究生被父母责骂，有人因为父母过于强硬的控制而严重焦虑，甚至无法正常生活和学习，这在一定程度上反映出当下大学生与父母不能和谐相处的困境。

据相关调查研究发现，在家庭教育中父母最大的问题是控制欲太强，不尊重孩子的自主性。当父母理智不足而情感有余的时候，很容易采取错误的教养方式，爱的过度就会导致溺爱放任，控制不当则导致专断蛮横。大学生的亲子冲突反映了个体想要摆脱家庭依赖走向独立的强烈愿望和内在需求。

从大学生心理发展阶段来看，大学生心理发展的核心任务就是要增加自己的责任感和独立性，超越依恋，获得成长。在大学校园里会看到有些学生，由于父母过于娇惯、纵容，满足他们的一切愿望，导致他们离开父母在外求学时，生活无法自理，需要父母在学校附近伴读。他们对挫折的容忍能力很弱，稍有磨难便痛苦不堪，甚至想退学，或心理失衡走向极端。产生这一现象的原因是大学生对父母的过度依恋,无法分离,未能摆脱对家庭的依赖。

其实,人在成长的每个阶段都会面对分离,分离可使人独立成长。无论分离有多痛都不可避免,因为拒绝分离,就等于拒绝成长。当学生沉溺于父母的溺爱或过度保护时,要提醒自己作为大学生已经是成人了,成人就需要自己的发展空间,需要自我负责。大学生进入大学,开始独立生活,为他们与原生家庭分离提供了极好的机会,在离开家庭后会更能理解父母,体会到亲情的可贵。因住校生活减少了日常生活中的摩擦,反而会与父母的关系更加亲密。大学生要在成长中渐渐独立,获得自主权,既与父母保持亲密的情感连接,又能保持独立的自我。

没有家庭是完美的,人无法选择原生家庭,也难以改变原生家庭的问题。萨提亚女士认为:"问题不是关键,我们如何去应对问题才是关键。"它有两个方面的含义,一是当下有问题并不可怕,关键在于如何去应对;二是出现的症状都不是真正的问题,而是要去应对真正问题的一个表象。如孩子逃学、网络成瘾等,都不是真正的问题,真正的问题可能是孩子在成长中希望获得自由,得到父母的关注,希望父母能够给予更多的爱,却不知道如何用合适的方式去表达。因此解决问题的关键在于与孩子的关系上,要看到它的根源,要在更深的层次上用心去处理,才能获得解决问题的方法。当家庭成员能够正向地对待这些问题时,就不会陷入问题的泥沼,而是找到资源和力量解决问题,促使孩子更快地成长。

第三节　在家庭中成长

如何处理孩子与父母的关系,是在孩子成长的过程中不可回避的问题。大学生有时候会感觉自己的某些问题与父母的影响和教育有关,于是产生了对父母的抱怨和不满,甚至与父母的关系疏离或者对立。人的性格确实与家庭有着密切的关系,但并不完全是因果关系。人的一生都在做着一件"捏泥人"的工作,或许早期是父母和当时的环境提供了泥与泥人的雏形,但随后的大部分工作都将是自己来完成,自己才是塑造自己的真正力量。作为一名大学生,应该理解父母,接纳父母的不完美,并为自己的人生负责,有所作为,成为独立自主的人,超越原生家庭,活出自我,实现真正的成长。

一、理解原生家庭

1. 家是生命的摇篮

家赋予了人生命。从嗷嗷待哺,到蹒跚学步,从供应衣食到接送上学。从生病时为你焦灼与担心,到离家时送别的依依不舍,从电话中轻声的问候,到一步步成长的喜悦……家不仅是人物质生活的环境,也是精神成长的家园。家是由血缘关系把家庭成员按角色有力地联系在一起的持久而互惠的情感群体。无论这中间,成员之间的情感发生了多么大的变化,它依然维系着成员的生命全程。家永远是一个人孤独时可依偎的怀抱,永远是忙碌时可歇息的港湾,永远是紧张时放松的场所,永远是苦闷时诉说衷肠的安全岛……无论家是贫穷还是富有,是平静还是有波澜,家的使命永远不会改变。家是生命之源,灵魂之巢。没有了家,一个人就成了无源之水,无本之木。

2. 父母陪伴我们长大

家意味着一种无怨无悔的陪伴,在孩子小时候,父母付出极大的耐心来教他走路、说话,无论日夜都无微不至地照顾他。父亲和母亲在陪伴孩子的成长中扮演着不同的社会角色,在促进孩子成长和发展的过程中,对孩子个性的形成、智力的发展、社会化的成熟各自发挥着不可替代的作用。母爱如水,母亲用她温柔、细腻、感性的慈爱,点点滴滴滋润心田,促进了孩子感性思维的发展,也促进了孩子情感世界的发展;父爱如山,父亲理性、刚毅、果敢的性格特点,是孩子理性思维发展的催化剂,浑厚深沉,铿锵有力,父亲多是用严厉的方式传递他们的爱。当父母年迈时,作为孩子也应用父母当初的耐心来对待他们,从某种意义上来说,"父母陪我们长大,我们陪他们变老"。

3. 接纳父母的不完美

在成长的过程中,是原生家庭塑造了人,但并不是所有的家庭都是完美的,我们不应责怪父母当初没有教育好我们,甚至给我们造成了某些心理伤害。抱怨、指责父母,觉得命运不公平,甚至与父母的关系疏离或对立,是不可取的。你想过吗?父母也是平常人,他们可能在成长过程中也经历过不少负面事件,体验过不少消极情绪,这些经历与情绪,对于他们自身的人格同样有着重要影响。他们也有自己的局限性,也有脆弱或者无奈的地方,在他们的内心也住着一个没有长大的小孩,但父母在任何时候,都在竭尽所能地给予我们满满的爱。

当我们来到这个世界上的时候,谁教过他们如何为人父母?谁教过他们如何成为完美的父母?他们做父母的经验也是从自己的原生家庭中获得的。父母的行为方式带着他们原生家庭的价值观、规则、文化习惯及互动方式,父母不可避免地携带着家族代际传递下来的性格特征,同时,父辈生活的时代与我们不同,生存环境也与我们不同,因此他们的认知及行为方式也必定带着他们成长时代的印迹。我们的父母也曾经是小孩,曾经也被他们的父母用同样的方式去对待。例如,一个父亲总是用训斥甚至打骂的方法教育孩子,因为他就是被他的父亲这样"教育"出来的,他从自己的父亲那里传承下来"不打不成材"的教育观念;一个母亲总是用指责的方式与家人沟通,那可能是她原生家庭的沟通模式,或者是她自己在家庭中不受重视而发展出的保护自己的方式。

因此,每个人的成长过程都是和父母一起探索的过程。世界上不可能有完美的妈妈,也不可能有完美的爸爸,大学生要勇于面对原生家庭的影响,用成熟的眼光,从多角度看待自己的家庭和父母,理解父母,尽管父母有不完美的地方,他们都是在尽力做好重新审视过去,接纳父母的不完美,接纳自己的家庭。如果真的受到了家庭的伤害,也要学会跟原生家庭和解,这也是跟自己和解,因为原生家庭只代表了一个人的过去,决定不了一个人的未来,只有和解才能脱离困境、自我释然、放飞自我。

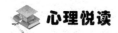 **心理悦读**

学会从父亲的窗口看世界

美国心理治疗师欧文·亚隆在他的书中讲了这样一个故事:一个女孩和父亲的关系非常紧张,她觉得父亲喜欢批判一切,从青春期开始父女俩就陷入一种不懈的斗争中,但实际上她的内心很渴望与父亲能够和解。后来女孩上大学父亲开车送她,女儿认为这是一个很好的和解机会,但是这场充满期待的旅行却变成了一场灾难。她的爸爸总是在抱怨,觉得路面肮脏,堆满了垃圾,而女孩根本没有看到什么垃圾,窗外只是一条清澈的小溪而已。她没有办法接父亲的话,只能选择沉默,整个旅途在两个人各怀心事、各自望向窗外中结束。多年以后,女孩需要重新走过那条路,这一次她自己是司机,她惊讶地发现河流蜿蜒延伸至两个方向,从驾驶座看到的河流,的确如同当年父亲所描述的那样肮脏,而且污染严重。但是当她终于学会了从父亲的窗口看世界的时候,已经太晚了,她的父亲已经过世了。

二、促进自我改变

1. 提升自我价值

自我价值是一个人的灵魂,是一个人活力和快乐的源泉。萨提亚女士认为爱是人类生存的基本心理需求,爱就是一个人的自我价值。换句话说,一个人觉得自己拥有多少爱,就是他的自我价值。提高自我价值要从改变自己开始,首先要爱自己、做自己,找回真正的自己,找到自己的价值,看到自己的选择,并为自己负责,发现自己其实一直都拥有爱,并且有能力把这份爱传递出去。形成自我价值需要接纳、欣赏、庆祝三个步骤。

提升自我价值首先要接纳自己。如果可以接纳自己,自我价值感就会增加。接纳自己就是放下对自己的评判,不再排斥自己,不再挑剔自己,要看到自己的独一无二性,接纳自己的不完美,接纳自己本身的样子,无论怎样,这些都是生命的一部分,学习接纳并尊重它们。

其次要欣赏自己。威廉·詹姆士说,"人性里最深的原理,是受欣赏的渴望。"人们努力想获得别人的认可和欣赏,却常常忘记了自己欣赏自己。欣赏自己就是认可自己,认可自己的特质,为自己已经拥有的感到高兴,而不是为不曾拥有的感到失落。

最后要庆祝生命。能够出生在这个世界上,本身就是一件值得庆祝的事,生命本身就是一个奇迹。不管自己今天过得如何,只要还能健康地活着,还有时间去改变,就是一件值得庆祝的事。

2. 找到内在资源

萨提亚女士认为,价值感的满足并不是来自于他人,而是来自于自己,从自己的身上获得满足,看到自己的资源,相信自己的价值,让自己内在和谐,从而与他人的关系更加和谐。人生下来就具备足够的特质和资源,拥有了善良、智慧、美丽、自信、果敢……只是随着人们的长大,人们开始怀疑自己是否真的拥有这些。实际上,人们内在的特质和资源一直都在。很多时候它们帮助人们成功地应对成长。有积极上进的追求,在学习和生活上克服过许多困难,拥有了一定的韧性和毅力,内在的情感丰富,具有敏感的感受力……这些都是内在资源。

但是在成长过程中不可避免地有烦恼和痛苦,这些痛苦源于自己内心深处的渴望,如爱与被爱、被尊重、被认可、被接纳的需要,自由、归属、安全等的需要未得到满足。这些未满足的渴望往往与他们在成长中的过往经历有关,特别是童年时来自父母的关爱不足,或父母期望过高,控制过度,使他们感到不被爱、不被尊重、不被认可。那些被父母过度溺爱、过度保护的孩子,也会被认为是父母对自己不信任,价值感低。这些过去未被满足的渴望,在遇到种种压力时,就会引发强烈的心理冲突,使他们看不到自己原有的积极资源,有时会认为自己是个毫无价值的失败者,无法接纳自己。

大学生要做的就是要找到自己的内在资源。每个人生来都有价值,都有自己积极的资源,都具有一些积极的品质或能力,或者是外部支持他的因素。每个应对方式都有其积极的一面,讨好是敏锐的,指责是有能量的,超理智是有智慧的,打岔是幽默、有创造力的。一切感受都是有价值的,愤怒是有力量的,因为知道自己要什么;委屈是想照顾到自己的感受,提醒不好的方面;羞耻和惭愧是对自己要求高,想做得更好,是有希望的。要学会把问题转化为正向资源,学会用自己的资源,看到自己的内心,接纳自己的渴望,并由此看到改变的力量,重建对自己的信心,提升自我的能量,激发自己的生命力。

3. 改变从心开始

在英国伦敦威斯敏斯特大教堂的地下室有一块石碑,看起来毫无特色,可是它的碑文却震动了全世界。

"当我年轻的时候,我的想象力从没有受到过限制,我梦想改变这个世界,当我成熟以后,我发现我不能改变这个世界,我将目光缩短了些,决定只改变我的国家。当我进入暮年后,我发现我不能改变我的国家,我的最后愿望仅仅是改变一下我的家庭。但是,这也不可能。当我躺在床上,行将就木时,我突然意识到:如果一开始我仅仅去改变我自己,然后作为一个榜样,我可能改变我的家庭;在家人的帮助和鼓励下,我可能为国家做一些事情。然后谁知道呢? 我甚至可能改变这个世界!"

这是一块无名碑,相比其他皇室墓碑,显得孤寂苍凉。普通的花岗岩石材质,简单的碑文,为何拥有如此强大的震撼力? 著名的南非总统曼德拉,就是在瞻仰过墓碑之后,开始从改变自己做起,进而影响家庭,影响朋友和邻居,最后挽救了一个国家。一切都是因为他悟到了:改变,从心开始!

当一个人想要努力改变世界、改变他人的时候,通常是会失败的,然后就会怀疑自己。萨提亚女士倡导要从内在改变开始。一个人可能没有办法改变这个世界,但是可以改变对这个世界的态度;可能没办法改变他人,但是可以改变自己,从而影响他人;没有办法改变已经发生的事实,但是可以改变那些事情对自己的影响。

在成长过程中,熟悉而舒适的环境让人们能够感觉到安全,过去的经验都是自己能够使用的应对方式,使人们自如地应对当下所发生的一切,不会犯错,很好地保护了自己。但是随着时间的推移和环境的变化,这些方式可能已经不再是最恰当的方式,甚至可能会阻碍成长。人们很多时候,都在重复着自己熟悉而擅长的应对方式,而不愿去尝试做一些改变。只有作出改变,从内在去改变,让内在变得更加强大,让心理能量充盈,才有足够的力量去影响他人。

任何事情的发生都有其积极与消极的一面,如果在生活中总是盯着消极的一面,那么看到的只有伤害,如果能看到积极的一面,那么这就是促进人们积极成长的内在力量。如果一个人只是一味地去改变环境,那只能说他依然被环境所控制。人们通常习惯去改变结果,却恰恰忽视了结果的改变离不开过程和情境。比如家庭关系中,通常想要去改变对方,想要有好的结果,却往往感觉无能为力。改变应当由过程开始,过程变了,结果自然就变了。

三、获得自我成长

1. 心灵成长的内涵

每个人都有两个年龄,一个是生理年龄,一个是心理年龄。前者会随着时间的推移不断增加,这是身体的成长。后者则会随着经历和智慧的增多而慢慢变大,是阶段性的,有时候会在经历了某次重大事件或有了某个感悟后觉醒而一夜长大,有时候则会在经历过创伤之后开始退化,不愿意时,它就会停滞,这就是心灵成长。

心理年龄有时候和生理年龄同步,但更多的时候是不同步的。心灵成长就是一个人在心理上从孩子成为大人。婴儿有三个特征,以自我为中心、完全依赖、缺乏自制力。一个人可能在生理年龄上长大,心理却依然具有婴儿特质,他们依然喜欢从别人那里索取心理营养,希望得到别人的照顾,依赖别人给予关心、关注,对于回报则显得十分匮乏,甚至不自知、情绪化、拖延、没有自制力。当成年人身上具有这三个特征时,他的心理年龄很可能止步于婴儿时期。成长的第一项内涵就是让人在心灵上实现成长,与生理年龄同步。除此之外,成长还包括以下六项含义。

(1)成长是重建人格尊严,发展健康的自我观念。成长是"脱去旧衣,穿上新衣"。成长是放下旧包袱,解决存在的心理问题。

(2)成长是学会充分运用杯中所盛的半杯水,而不是耗费精力抱怨为何只有半杯水。

(3)成长是由依赖到独立的过程。过去自己可能活在他人的期望中,不知道自己的方向,现在要学会自己照顾自己,知道自己想要的是什么,不再依赖他人,告诉自己应该怎么样去生活。

(4)成长是了解自己可以不被环境所操纵。知道自己有主动选择思想、态度以及行为的能力,因而勇于为自己的生命负责,不为自己的行为找借口,不诿过于他人、环境或命运。

(5)成长是学会接受自己和他人的不完美,同时不断挖掘自己的潜力与天赋,每日在爱心、品德、学识、技艺上求进步。

(6)成长是勇敢地面对自己人格中的阴影,学会与自己个性、看法不同的人和平相处。成长的人懂得欣赏差异,能为他人的喜乐而欢呼。

心灵的成长会受到自身因素和社会文化因素左右。现在很多大学生生理上早已成熟,但心理上依然稚嫩。有的大学生会说"我妈说要怎么样""我爸告诉我要怎么样";或者埋怨父母"就因为你们,我才是这个样子"等。有的人上了大学后不会洗衣服,不会打扫卫生,甚至懒得出去吃饭,于是三顿都叫外卖,搞得宿舍一团糟。出现诸多不适应的情况,主要根源还是父母替他们选择的太多，承担的太多，父母爱的太多，羁绊了他们成长的脚步，自己没有选择或是没有能力去选择。大学生要实现心灵成长，就要具有高的自我价值，能够进行自己的选择，能够为自己负责。

2. 把握成长的机遇

大学生由青春期走向成人期，其生命意义是独立的开始，应该完成与父母精神分离的使命。这个阶段开始思考"我是谁""我从哪里来""我要做什么""我要去哪里"等人生重要的命题，要做好准备承担所处的社会文化赋予成人的角色和责任。大学阶段的各种探索使得这个时期具有不稳定性，比如，对专业的探索，对未来职业定向的探索，对个人发展前途以及恋爱的探索等。大学生应将精力集中在知识、技能和自我理解上，为成年阶段的生活做准备。

大学阶段充满机遇，未来有多种可能性，这个阶段是自己改变自己的时机，可以自己决定想做什么样的人、想过什么样的生活，而不再局限于父母的模式；可以通过社会化融入社会群体和环境而习得良好的行为模式。即使原生家庭有问题的大学生，大学阶段也可以让他们感到不满的生活得以好转，他们可以选择不再依赖父母，不再受到父母问题的困扰，可以为自己作出积极的改变。大学阶段是自我关注、自我选择、自我确认、自我决定的阶段，是人生承上启下的转折点，是摆脱原生家庭影响的机会。

3. 承担成长的责任

承担责任是成长的开始，是为自己负责，是自我分化到一定程度的结果。承担责任就是不依赖、不埋怨、敢担当。当一个人不满父母有这样那样的问题时，抱怨父母没有满足自己的期望时，指责父母教育的失误时，怨恨父母对自己所做的事情时，就意味着你还没有长大，这时最好的方法就是做自己的父母——自己想要的那种父母，所有的缺失都能在后天持续不断的自我教育中得到补偿。

其实如果一个人真的成长了，即使父母做得不够好，也能够积极正向地看待，也能从另一个角度看到家庭带给自己的成长。比如父母关系不和谐会让自己更加敏感，学会了独立思考，独立做事；父母对自己的期望过高，压力过大，激发自己不断奋斗，才有了今天的成果；父母与自己沟通不好，促使自己更好地学习如何与别人沟通和交往。承担起自己应负的责任，没有责任是无法成长的。尽管原生家庭对一个人影响很大，但成人之后的自我塑造更多的在于自己，原生家庭不是为自己推脱责任的挡箭牌。

人不可能改变自己的过去，但是可以改变自己的心态，在感受父母的爱的同时，学会接纳父母，回馈父母，学会有责任地面对和解决问题，尝试从更加科学的角度了解家庭关系，给过往的经历一个新的诠释，从而活出更美好的自己。更为重要的是学会怎么在未来做一个足够好的爸爸妈妈，让自己的孩子能够健康快乐地成长。

家庭不但塑造了一个人的过去，也影响着他的现在和未来。正如心理学家荣格所说："一个人终其一生的努力就是在整合他自童年时代起就已形成的性格。"但是一个人的成长，除了家庭因素，还有社会环境因素，起决定作用的仍然是其自身的力量。应尽可能地整合自身的内在力量，走出原生家庭的影响，选择自己的人生，在对家庭的感恩与和解中获得成长。

📝 心理测试

成人依恋量表(AAS)(修订版)

指导语：请阅读表 9-1 中的语句,衡量你对情感关系的感受程度。请考虑你的所有关系,并回答有关你在这些关系中的通常感受,或者你认为的情感会是怎样的来填写与你的感受一致的数字。

表 9-1　成人依恋量表(AAS)

内　　容	完全不符合	不符合	无意见	符合	完全符合
1.我发现与人亲近比较容易	1	2	3	4	5
2.我发现要我去依赖别人很困难	5	4	3	2	1
3.我时常担心情侣并不真心爱我	1	2	3	4	5
4.我发现别人并不愿像我希望的那样亲近我	1	2	3	4	5
5.能依赖别人让我感到很舒服	1	2	3	4	5
6.我对别人是否太亲近我并不在乎	1	2	3	4	5
7.我发现当我需要别人帮助时,没人会帮我	5	4	3	2	1
8.和别人亲近使我感到有些不舒服	5	4	3	2	1
9.我时常担心情侣不想和我在一起	1	2	3	4	5
10.当我对别人表达我的情感时,我害怕他们与我的感觉会不一样	1	2	3	4	5
11.我时常怀疑情侣是否真正关心我	1	2	3	4	5
12.我对别人建立亲密的关系感到很舒服	1	2	3	4	5
13.当有人在情感上太亲近我时,我感到不舒服	5	4	3	2	1
14.我知道当我需要别人帮助时,总有人会帮我	1	2	3	4	5
15.我想与人亲近,但担心自己会受到伤害	1	2	3	4	5
16.我发现我很难完全信赖别人	5	4	3	2	1
17.情侣想要我在情感上更亲近一些,这常使我感到不舒服	5	4	3	2	1
18.我不能肯定,在我需要时,总可以找到可以依赖的人	5	4	3	2	1

计分方法：

(1)计算分量表分数

本量表包括亲近、依赖和焦虑 3 个分量表,每个分量表由 6 个条目组成,共 18 个条目,如表 9-2 所示。

先计算三个分量表的平均分数,再将亲近和依赖合并,产生 1 个亲近依赖复合维度。

亲近依赖复合维度的计算方法如下。

$$亲近依赖平均分＝（亲近分量表总分＋依赖分量表总分）÷12$$

表 9-2 成人依恋量表计分表

亲近分量表	题号	1	6	8	12	13	17	平均分
	得分							
依赖分量表	题号	2	5	7	14	16	18	平均分
	得分							
焦虑分量表	题号	3	4	9	10	11	15	平均分
	得分							

（2）依恋类型的划分

安全型：亲近依赖平均分＞3 且焦虑平均分＜3。

先占型：亲近依赖平均分＞3 且焦虑平均分＞3。

拒绝型：亲近依赖平均分＜3 且焦虑平均分＜3。

恐惧型：亲近依赖平均分＜3 且焦虑平均分＞3。

 心理训练

（一）绘制你的原生家庭图

大部分人倾向于选择熟悉的行为模式，而非舒适的、自在的应对方式，特别是在承受压力时。我们往往重复在原生家庭的成长过程中所熟悉的模式，即使知道这些模式是功能不良与辛苦的。但是，不要忘记，虽然我们无法改变过去已发生的事件，却可以改变该事件对我们的影响。因此，画家庭图会让我们在绘制的过程中，开始觉察、欣赏并接纳过去，从原生家庭中看见自己丰富的资源，并增加我们管理现在的能力。

具体方法/步骤如下。

从我们成长的原生家庭开始，提供18岁之前与你同住的所有家庭成员的信息，包括爸爸妈妈，如果爸爸妈妈离异并且再婚，也包括父母的其他伴侣；你自己，还有你的兄弟姐妹，包括亲兄弟姐妹，也包括继父母所生，或者说收养的兄弟姐妹等。只要是和你生活在一起的人，都需要把他绘制出来，如果其中有夭折的成员，只要是18岁前与你同住的，就要把他绘制出来。如果在你成长的过程中不止一个家庭，则需要把这几个家庭都画出来，例如亲生家庭或者抚养的家庭。

请把这些成员在纸上一一画出来，其中用圆形的圈代表女性成员，用正方形的框代表男性成员，爸爸和妈妈在上面横向并排，孩子在下面按照时间的先后顺序纵向按序排列，如果有的成员已经不在了，就在这个圈（框）内画一个叉，而作为主角的"我"则在圈（框）内画一个五角星。然后填写各人相关的信息。

（1）分别写出父亲和母亲的名字、出生年、现在年龄（如已过世，写出过世的年龄，并在圈（框）内画一个叉）、职业、嗜好或兴趣五项信息（可选择性的加上信仰、省籍或出生地、教育程度等信息）。

（2）父母的结婚日期。在父母当中画一条线，写在线上，如果他们已经分居或者离婚，分居或者离婚的日期写在线下。

（3）依照排行序列，写出你的兄弟姊妹及自己的五项信息（如第1项）。如有夭折、流产等情况，也依序排入，写出你所知道的有关他们的任何事实，如日期、名字、性别等。

（4）回想你18岁之前的心情，并依照当时对每位家庭成员的记忆，写出你对他们的个性形容词（每个人二三个正向的个性形容词，以及二三个负向的个性形容词）。

（5）先找出你在18岁之前家里发生的重大事件，或在重大压力下的特别事件。那是你感触很深，你觉得对你影响很大的时间点，我们一起来看看当时发生了什么，把自己带到当时的感受中，画出在那个时刻下家庭成员间的关系线。用不同的线画出每两个成员之间的关系，如果在某两个人之间有不止一种明显的关系，可以加上第2种关系线，并可以加上箭头辅助说明，是谁对谁，比如是爸爸对妈妈疏离，还是妈妈对爸爸亲密。

这里可以加上一些说明文字，关系线分成下列四种。

细实线：代表普通的、接纳的、少冲突的、正向的关系。

粗实线：代表纠缠不清的关系。

曲折线：代表风暴的、骚动的、憎恨的关系。

虚线：有距离的、负向的、冷淡的关系。

（6）同上，回想在那个时候发生了什么，每个人都是怎样应对的。画出当压力产生的时候，每一位家庭成员的应对姿态。如果某位成员不止一种应对姿态，可以加上第二种。

（7）以上是你的原生家庭图。如果想更进一步了解家庭对你的影响，也可以尝试画出父亲（或者母亲）的原生家庭图，从父亲（或者母亲）的视角去看待他们成长的家庭。

在大部分情况下，我们不可能知道所有的信息，当你无法询问亲人，或是以其他方式取得实际的情况时，你可以"猜测"与"想象"，看看最可能的情况是什么，比如你不知道父母结婚的日期，你就猜测一下可能会是哪一年。这样的"猜测"与"想象"是很有意义的。

（8）找人配合完成。由两个人轮流向对方呈现自己的家庭图，并简述自己在画的过程中的触动与感受，再由对方以支持与好奇的心情询问，欣赏你的成长过程，并帮助你找出自己的资源。

（二）冥想活动——与父母相遇

请同学们两两对坐，老师把教室的灯光变暗，播放一曲情绪激昂的音乐。然后，请大家闭上眼睛放松，深呼吸放松，让呼吸逐渐变得均匀，让自己获得一种放松的感觉。在激昂的音乐中，老师用舒缓的语调念出下面的指导语，请同学们用心跟随。

现在请你想象以下情景。

你的妈妈慢慢走过来，她轻轻地、轻轻地坐在你的面前，她曾经清澈的眼睛变得有些浑浊了，她深情地望着你，凝视着你，当她看你的时候，她的眼睛慢慢湿润了，泪水从她的眼里慢慢流出来。这个时候，你突然发现她头上的白发多了，她慢慢地变老了，无论你对她爱也好，埋怨也好，她都不再像以前那样年轻。现在她就坐在你的面前，你想对她说什么？心中有什么话一直没有对她讲，请在这一刻告诉她。请你拉起你面前的手，将你对妈妈的情感传递出去，让妈妈感受到你内心深处的那种感受、那种想法，让她理解你，把你对她的爱和怨都传递出来，让她感觉到。

妈妈听到了你的话，她平静地站了起来，她想走了，你还有什么想对她表达吗？她马上就要走了。这些年来，你对妈妈的感情怎么样呢？如果你很爱你的妈妈，如果你有话对她讲，就请让她了解你对她的感受。她感受到你内心深处多年来那种深深的情感，她带着你的爱慢慢离去，她带着你的情感慢慢地走远了。

远处，你的爸爸也慢慢走来了，你看到他脸上的皱纹越来越多，他正用渐渐浑浊的眼睛看着你。这些年，也许你和他在一起，也许很长时间都不能在一起，可是你多想用你的手去抚摩他的脸，你多想对他说你内心深处的那些话。小的时候，你的爸爸也许打过你，也许你还恨过他，但是你也明白，他对你有很深的感情，而你对他除了埋怨、除了恨，还有很多难以言传的感觉，那就是一种爱，那是一种深深的情感，现在他就坐在你的面前，请你拉起你面前的手，把这种感觉告诉他，把你心中多年来想对他说的话告诉他，让他感觉到你内心深处的那种情感。你爱他也好，恨他也好，他都是你的爸爸，是你生命中最重要的一个人。他感觉到了你内心深处的那些话，那是你不轻易表达的情感，那是你深深的眷恋，他带着一丝欣慰慢慢地站起来、离开。你知道他也将他的爱传递给了你，他内心深处深深的爱，男人那种深沉的爱。

你的爸爸妈妈都慢慢走远了，但是在你的记忆深处他们却更加重要，更加高大。有时候，我们可能感受不到父母的爱，但是父母却每时每刻、每分每秒都在深深爱着我们，父母的爱是永恒的，无论我们有多少埋怨、多少错误，他们都无条件地爱我们，他们慢慢地变老，而我们慢慢地长大了。无论如何，他们都是我们最重要的人，是我们生命当中最重要的部分，无论如何，这份情感是我们永远离不开也丢不掉的。

好，现在你睁开眼睛回到现实，回到教室，请你伸出双手搓搓你的脸，让你的脸放松，大家不要说话，静静地思考一下你和父母的关系。

 推荐资源

（一）书籍《萨提亚家庭治疗模式》（作者：［美］维吉尼亚·萨提亚等）

维吉尼亚·萨提亚（1916—1988 年），家庭治疗创始人，国际著名心理治疗师。美国著名的《人类行为杂志》（Human Behavior）称她为"每个人的家庭治疗大师"。维吉尼亚·萨提亚与三位同事合著了这本关于她的治疗方法的理论书籍。这本书历时 3 年完成，是关于萨提亚治疗方法的构造、应用和创新的最权威的著作。

《萨提亚家庭治疗模式》涵盖了她的信念系统、对改变的洞察性方法，以及她 30 多年工作在家庭治疗前沿发展出的强有力的干预技术。这些技术包括对雕塑和生存姿态、隐喻、个性部分舞会、改变与转化，以及家庭重塑的治疗性使用等。《萨提亚家庭治疗模式》

也是一本关于人类尊严和力量的书。与其他萨提亚家庭治疗书籍不同的是,它提供了对萨提亚工作各个主要方面的坚实基础的详尽描述。它全面、广泛的范围和样例对于学生和有经验的从业者都极具吸引力。

（二）书籍《看见成长的自己》（作者：[美]卡罗尔·德韦克）

图 9-2　书籍《看见成长的自己》

一个简单的观念如何能改变你的心理状态,从而改变你的一生？卡罗尔·德韦克教授通过 20 多年的心理学研究发现,有两种可以使人们创造出不同世界的思维模式——僵固式思维模式和成长式思维模式,这两种思维模式在一个人的童年期和成年期逐步显现出来,并在其确立人生目标、处理工作和人际关系、培养孩子及发挥自己的潜能等诸多方面起着完全不同的作用。

在《看见成长的自己》（见图 9-2）中,德韦克教授详细阐述了怎样利用成长型思维模式,在音乐、文学、科学、体育、商业等领域,获得卓越成就,以及在生命的不同阶段,怎样改变自己的思维模式,获得成功。接受成长式思维模式,随时准备好自我成长,你会看见一个不可思议的自己！

（三）影片《狗十三》[中]

影片《狗十三》（见图 9-3）是一部原生态现实题材的青春片,影片讲述了 13 岁少女李玩的故事。由于父母离异,她与爷爷奶奶生活在一起。正处于青春期的她孤独、敏感、叛逆,由于父女关系紧张,父亲希望通过一条宠物狗与女儿达成和解。李玩为这条小狗起名为"爱因斯坦",因为小狗的意外走失,李玩也开始了自己疼痛又无奈的成长之路。

图 9-3　影片《狗十三》

　　影片反映了一位青春期少女在家庭成长中的挣扎和阵痛。导演曹保平在谈到拍摄本片的初衷时说："没有人注意到我们在什么时候忽然长大，一切就好像自然地发生了，但那一天的到来其实很残酷，我想让大家回头看看这一天。"他将这个阶段称为"长大成人必经的艰难岁月"。

画出你的原生家庭

第十章　珍爱宝贵生命

心灵探索

没什么能阻止生命向阳

在新冠肺炎疫情期间，一张落日余晖的照片被网友刷屏了（见图10-1）。照片的背景是武汉大学人民医院东院，复旦大学附属中山医院援鄂医疗队队员刘凯医生在护送病人做CT的途中，停下来，让已经住院近一个月的87岁老先生欣赏了一次久违的日落……

图 10-1　没什么能阻止生命向阳

照片正前方，夕阳泊在远处一排楼顶上，余晖正好。照片的正下方，两个人，一老，一小，都是背影。老者87岁，是新冠肺炎患者，年轻人是27岁的刘凯医生。照片中的两个主角，一个是病人，一个是医生。虽然看不到他们的面孔，但他们的手指向同一个方向，那就是远方的落日余晖。如此美好的一瞬，被有心人顺手拍下保留，定格成永恒的记忆。在这场生与死的较量中，医者与患者休戚与共，用生命守护生命的场景，一次次让人动容。

这次突如其来的疫情，打破了我们日常的从容生活，让我们刻骨铭心地体验到生命的可贵。生命面前，所有的烦恼和欲望，都轻如鸿毛，面对死神的威胁，人间一切都是美好的，一抹夕照，满天星斗，看云起云舒，听泉鸣海涛……

这张照片在人们心里点燃的是对生命的敬意与礼赞，是人类对"生"的渴望，每一个生命都应该被尊重、被守护，没什么能阻止生命向阳。这次疫情，给人们带来很多生命的启示，也让我们更深刻地体会到生命的意义，更加珍惜生命和生活。

人们经常会面临这样的问题："我们为什么而活？""我们应该怎样活着？"从古至今，人们都在思考着这些事关生命本质的问题，也给出了不同的诠释。由于种种原因，部分大学生在思想和行为上表现出对生命的无畏、对生存的无能和对生活的无趣，其根本原因就在于缺乏对于生命的认识。人生是一次不可逆转的旅行，人们需要认识生命、尊重生命、热爱生命、提升生命，从而活出生命的意义。

第一节　认识生命的可贵

一、生命的诞生和结束

每一个人在生命的最初都只是一颗受精卵,它是由父亲的精子和母亲的卵子相结合,需要在母亲的子宫中经过约 280 天的孕育,才能分娩出一个婴儿,成为一个独立的生命体。

生命不仅有起点,也有终点,生命是珍贵的却不是无限的。据研究,人类自然寿命为140～160 岁,但由于生命自然终止而死亡的只是极少数,人类绝大部分都死于疾病,也有部分死于战争、灾害以及车祸、意外等。人生是一场单程的旅行,错过的景,错过的人和事,都将永远地错过。生命的终点必然是走向死亡,死亡是每个人的生命当中不可或缺、无法避免的环节。生命诞生的不易与结束的必然,需要人们珍惜生命、敬畏生命,真正享受生命的价值。

二、生命的存在状态

人的生命是人的生理、心理、社会性的复杂统一体,是自然生命和价值生命的统一体。生命的完整性包括从生到死的整个过程,还包括认知、情感的统一。根据生命存在的不同层次,生命分为自然生命、社会生命和精神生命。确切地说,一个人同时有三重生命,或称为三种存在状态、三个层次。

(一)自然生命

人首先是生物性的存在,有起点,就有终点,生物性是人的生命的最基本的特性。饮食代谢、生老病死,人的生长和发展必然要受生命体的自然规律的制约。自然生命是后两重生命的基础和载体。

(二)社会生命

人的生命的存在是一种社会关系的存在,社会性是人的本质属性。人既受社会关系的制约,也可以能动地改造社会。生命受之于父母,成长于社会。人们传承了父母的血脉,实现生命的延续,又在参与和融入社会生活的过程中,在与他人的沟通、交往和互动中保存自己的生命,追求生命的意义,实现生命的价值。

(三)精神生命

人之所以为人,就在于人不仅是为了满足自己的自然生命而活着,还要追求超越生物性存在的精神性存在,这是人最高层次的生命。人要规划自己的人生,不断探寻生命的意义,创造自己的价值,指导和提升其生物性的存在。正是有了精神生命的存在,人的生命才有精神上的超脱与永恒,才有理性的意蕴和道德的升华。

一个自然的生命,历经后天环境的洗礼从而具有了社会生命,社会生命将人与动物分开,也让人产生了思想与灵性,从而具有了精神生命,因此人的生命作为一种存在,其理想的状态是身、心、灵的和谐。生命的这三个部分并不是完全独立的,而是紧密地联系在一起,共存于一个生命体中,作用于人整个的生命活动过程之中。

三、生命的特征

(一) 不可逆性

每个人的生命都只有一次,不可重复,失去了就永远不会回来。人们常常会对自己的人生不满意,思索假如生命从头来过,自己会选择怎样的生活。也许会选择自己想过的生活,做自己最想做的事情,可是时光不会倒流,让人们去经历另外一种人生,但也正是因为如此,生命才显得如此可贵,使人更珍惜生命,努力活在当下。

(二) 独特性

每一个人的生命都是独特的,是独一无二、不可替代的,生命对于任何人来说都是无法复制的。从生命的诞生开始,基因的不同就注定了每个人生命的独特性,出生之后每个人的家庭背景、生活环境和成长经历也各不相同,每个人都有自己的独特心理和人生历程,会形成自己生命的独特内涵,使生命展现出不同的色彩。

(三) 有限性

生命存在的时间是有限的,人最终不可避免地会走向死亡,因为死亡也是生命的一部分。人的自然寿命一般为七八十岁,最多百十来岁,即使用 100 岁来计算,每年 365 天,每天 24 小时,人的一生也只有 36525 天,也只有 876600 小时。正是生命的有限性,才促使人去努力思考、发愤创造、积极生活,在有限的生命中实现自己生命的意义。

(四) 不可预知性

人的生命中发生的事情是不可预知的,没有人能够预测自己的生命历程,谁也不会知道自己生命的下一刻会发生什么。那些意外的地震、空难等,使多少人的生命轨迹突然发生了改变,旦夕祸福让人们看到了生命的无常。当然,不光厄运,好运也会不时光顾,人们在生活中也会遇到一些意外的惊喜。要清醒地知道,也许一个人已经规划好自己的人生,可是生命中发生的事情却不总是如自己所愿。

(五) 创造性

人的生命本身就是一个不断成长、发展、生生不息的过程,生命的意义就在于创造。生命的基本特点就是创造性和超越性,人的创造性是人类社会得以发展和延续的重要推动力量。虽然人的生命是不可预知的,但人可以通过创造把握生活的变化,通过创造发现生命的意义,通过创造实现对自己生命的认识与超越。人的生命过程就是超越自我、追求意义、创造价值的过程。

四、珍爱宝贵生命

生命的特征决定了人的生命是弥足珍贵的。生命的存在是生命意义的前提。人的一切活动都是在人的生命存在这样一个前提下进行的,因此,人最宝贵的是生命。人要敬畏生命,尊重生命,既要珍爱自己的生命,也要珍爱他人的生命。

(一)珍爱自我生命

珍爱生命就要善待生命,每个人的生命都只有一次,人生存的前提是健康,从某种意义上来说,对生命健康负责是生命的第一责任,也是生命道德的要求。作为大学生要珍惜身体,培养良好的生活习惯,比如养成良好的饮食习惯,保证充足的睡眠,坚持锻炼身体,改正吸烟、酗酒、沉溺于网络游戏、晚睡等不良生活习惯,过有规律的、健康的生活,获得生活的掌控感,让自己的生活更加绚烂精彩。

生命的形成必然是经历了艰难痛苦的过程,在生命的成长过程中,也同样会遇到挫折和困境。诸如生活中的茫然,生命中的困顿,还有对人生的无奈,以至于有的人出现网瘾、斗殴、吸毒、自残、自杀、凶杀等这些对生命极不负责任、极不尊重的行为,甚至丧失生命。拥有生命才会拥有属于自己的一切,只有拥有生命才可以选择,才可能追逐梦想,生命如此可贵,人们更要珍惜生命。每一个人的生命除了属于个体之外,还属于家庭和社会,珍爱自我生命既是对自己负责,也是对家庭和社会负责。因此,在生命遭到威胁时,要学会保护自己,对自己的生命负责。

(二)珍爱他人生命

我们不但要珍惜自己的生命,也要珍爱他人的生命。除了自然生命,人还是处于一定关系中的社会生命。只有珍爱自己生命的人才懂得珍爱他人的生命,也只有珍爱他人生命的人,才能真正地珍爱自己的生命。生命的真正价值体现在相互热爱之中,充分理解和把握自我生命的人,就一定会对他人的生命负责,同时在爱他人的过程中,自己的生命也会获得真正的提升。

我国自古以来就存在着珍爱生命的传统,从孔子的"仁者爱人""泛爱众",唐代韩愈的"博爱之谓仁",到现代教育家陶行知的"爱满天下"都充分体现了这一点。现实中一些大学生虽然珍惜自我生命,但是对他人生命意识却非常淡漠,他们没有真正理解生命的本质特征,片面地把自我生命的珍贵性看成是唯一的,把对生命的责任看成是对自己生命的责任,不知道珍爱生命不仅仅是个体生存的需要和权利,更是一种人类共同生活的责任与基本法则。

珍爱他人生命主要表现在不伤害或剥夺他人生命、尊重他人选择生存方式的自由、当他人生命发生危急时能够伸出援助之手、努力维护他人的生命等方面。在生活中,大学生要学会尊重他人,与他人和谐相处,懂得人际间的互相帮助、信任和理解,懂得欣赏和同情他人的生命,感受他人生命的闪光点,丰富自身的生命。

2010年10月20日,药家鑫驾车从西安外国语大学长安校区返回市区途中,将前方在非机动车道上同方向骑行电动车的被害人张妙撞倒。药家鑫害怕张妙记住车牌号找其麻烦,即持尖刀在张妙胸、腹、背等处捅刺数刀,将张妙杀死。逃跑途中又撞伤二人。其后,药家鑫在其父母陪同下到公安机关投案。法院审理案件中指出,药家鑫开车将被害人张妙撞倒后,不予施救,反而杀人灭口,犯罪动机极其卑劣,主观恶性极深,手段特别残忍,情节特别恶劣,后果特别严重,属罪行极其严重,应依法惩处,故以故意杀人罪判处药家鑫死刑,剥夺政治权利终身。

第二节　促进生命的成长

一、直面生命困惑

虽然生命可贵,人们也都希望珍惜生命,把生活过得有意义,但是人们对于生命仍有很多困惑,调查发现大学生所面临的生命困惑可以概括为以下几点。

(一)生命意义感的缺失

寻找生命的价值和意义是人与动物最大的区别。

大学生生命意义感的缺失主要表现在以下两个方面。

第一,当代大学生在享受着物质生活和精神生活的同时,也面临着前所未有的压力,产生了对未来生命走向无处"安放"的思索。由于市场经济的主导,物质条件成为现代社会衡量一个人成败的主要标准,世俗化的社会风气也直接影响了大学生的价值导向,导致部分大学生人生目标变得功利化,这与大学课堂中理想化、崇高化的价值观教育产生了持续的冲突和背离。部分大学生在义与利、是与非、公与私等选择面前无所适从,逐步陷入价值观的混乱与迷失,从而大大削弱了生命意义感。

第二,当前中国社会仍处于转型期,在其影响下大学生的价值取向变得分散、多元,他们所肩负的学业、就业、人际压力越来越重,面对理想与现实的冲突和碰撞,部分大学生没能从生命层面上建构自我的价值世界,产生了焦虑、恐慌、迷惘、不安等情绪,继而出现失落、消沉、无聊、虚无的精神状态,更有甚者产生轻生的念头,造成无可挽回的悲剧。

(二)生命目标的失落

目标具有方向性和目的性,是生活的动力。由于人具有自我意识,所以对人而言,生命目标不仅是衡量其生命价值的尺度,更是其生命价值的体现,具有引领方向、激励追求的重要作用。对于大学生而言,刚刚考上大学,在没有找到一个新的目标之前,往往容易感到迷茫,这使得部分大学生不知"为何而生"。有的大学生不知道自己学习和生活是为了什么;有的大学生在社会浮躁心态的影响下追逐名利,荒废了学业;有的大学生,把恋爱视为人生第一要义,一旦爱情遭遇危机便失去了人生的方向,自暴自弃甚至轻生;还有部分大学生在现实生活中找不到目标,转而从虚拟游戏中获得暂时的充实和快乐,沉浸在网络空间和游戏世界不能自拔。

当一个人单纯追求和满足于物质的获得,将生命目标局限于有限的存在中,以至于丧失了精神层面的判断力、选择力和评判力,其生命的困惑势必加剧。对于大学生而言,生活的无目的性或目的混乱使其生命目标濒于失落,而生命目标的失落则会使其生命困惑进一步加剧。有些大学生抱着随遇而安、随波逐流、得过且过的态度,丧失了对生命的规划和对生命目标的追求,不知道该"走向何处",生命发展就可能会出现迷失。他们面对瞬息万变的现代生活,找不到努力的方向,也就寻觅不到人生的意义。

(三) 生命活力的丧失

生命存在的意义就在于它能够创造价值,生命通过人的社会实践活动去超越生命能力,人通过生命活力来壮大自身,为社会作出自己的贡献。青春就是充满希望、充满生命活力的,大学生应该是年轻有为的一代,具有满腔的热情和旺盛的精力。但是当前一些大学生缺乏朝气,老气横秋,有的上课睡觉、萎靡不振;有的把时间浪费在上网打游戏、刷微信中。他们不思进取,完全享乐化、游戏化,不懂得生命的意义和价值所在。

现在的大学生大都是独生子女,在成长过程中普遍缺乏自主性。在家里,父母支配得多,在学校,上课时间安排得满满的,参与社会实践活动的机会非常少,久而久之,自主的愿望就降低了,自主的能力也没能发展起来。自主性的缺失使大学生觉得不能掌控自己的生命,无法参与到社会中,感觉自己和这个世界无关。但人不是生活在真空中,人的价值需要有一个舞台去体现、去证实。

有学者提出来的"空心病",或者社会流行的一种"丧"文化,就是这样一种缺失了生命活力的表现。如果能感觉到自己在一个有意义的领域,自己是一个有价值的参与者,那么自己的心也许就不会空,就不会觉得活着没有意思了。人需要对自己的人生负起责任,需要找到能够让自己燃起热情的事情,找到自己感兴趣的东西,让自己的特质和潜能得到发挥,这样就能与这个世界相通。比如有的大学生用自己的专业知识在校园中创业,为同学服务。在实现自己人生价值的努力下,才能获得生命的勇气和活力,保持生命的激情。

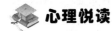 **心理悦读**

有一个年轻人天天躺在门口晒太阳,来了一位老者对他说:"你那么年轻,为什么不去找工作呢?"年轻人问:"找工作干什么呢?"老者说:"可以挣钱啊。"年轻人问:"挣了钱干什么?"老者说:"挣了钱可以盖房子、娶媳妇、生儿子,再给儿子娶媳妇、生孙子啊。"年轻人问:"然后呢?"老者说:"然后才可以躺在这里晒太阳啊。"年轻人哈哈大笑,说:"我现在就可以躺在这里晒太阳了,又何必费那么多事! 我才不想去挣钱,挣了钱,还要想着盖房子、娶媳妇、生儿子,这多麻烦,多辛苦啊。"

(四) 生命社会化的困惑

人在社会中不断塑造自己,人的生命过程是一个在与他人交往中不断社会化的过程。大学生活是大学生认识社会、走向社会的关键节点,是大学生社会化的重要阶段。在这个过程中大学生面临着两个层面的困惑和冲突。

第一,自我创造的困惑和冲突。在生命社会化进程中,人们会在不断寻找意义感、设定生命目标的同时,进行自由、自觉的创造活动。在实现自身目标的过程中,大学生势必要接触社会,投身社会实践,进行自觉或不自觉的创造活动,在这一进程中矛盾在所难免。大学生具有探索新鲜事物、接触社会的积极性,同样也具有一定的保守性和懒惰性,在理想与现实的巨大落差面前,大学生的积极性往往受到打击和牵制,消极性日益滋生和膨胀,内心会产生巨大的矛盾感、冲突感,进而涌现出诸多的生命困惑问题。

第二,相互比较带来的困惑和冲突。在一定程度上人是一种比较性的存在,人生是一个充满着相对性的生命过程。大学生处于人生的十字路口,地位、职业、收入、稳定程度等各个方面都尚未明晰,在与其他人、其他群体比较时,难免会滋生距离感、失落感和迷茫感,同时大学生个体之间也存在诸多差别,他们在成绩、家庭、交友等诸多方面各不相同,在与同龄人进行比较的时候,部分个体难免会产生自卑、嫉妒、怨恨等不良心理。当他们不能理性面对生活中的"不平等"时,生命困惑就会由此衍生。

二、促进生命成长

珍惜生命,唤起对生命的尊重,唤起对生活意义的探索和追求。人的一生究竟应该怎样度过? 要回答这个问题,人们一定会想起保尔·柯察金的一句脍炙人口的名言,"人最宝贵的东西是生命,生命属于人只有一次,人的一生应当这样度过:当他回首往事的时候,不因虚度年华而悔恨,也不因碌碌无为而羞愧。"虚度年华和碌碌无为的对立面,正是生命价值的提升和生命意义的体现,它促使我们认真思考生命的意义,努力创造生命的价值,拓展生命的内涵,促进生命的成长。

(一)追寻生命的意义

生命意义回答了"人为什么活着"的问题,是个体对自己存在目的和价值的感知,是个体关于生命的积极思考,是个体正在努力实现的、自己给予高度评价的生命目标。不同的人赋予生命不同的意义。有的人认为获取足够的物质财富是生命中最有价值的事,而有的人认为拥有一份纯真的爱情,人生将充满阳光。此外,取得成就、获取知识及智慧、提高精神的层次等也是很多人的生命追求。

在德国奥斯维辛集中营经历磨难的奥地利意义治疗理论的创始人维克多·弗兰克认为,"生命的意义既不能模仿也不能引进,它只能由每个人在各自不同的存在环境中寻找和发现。人类的目标不是寻求心理或灵魂的安宁,而是在现实到理想的健康奋斗中体验生命的意义。"弗兰克认为,生命的意义是什么,这个问题不应当由我们向命运发问,而是命运对我们提出挑战。意义或许不是生命本身所具有的属性,而是我们应对生命的方式,赋予了它意义。他提出人有三条途径去寻得生命的意义。

(1)工作。通过主动创造性的工作,人们在日常工作中获得的意义感。

(2)体验。通过体验某种事情,如体验真善美,通过对大自然、对艺术的欣赏,对爱情的感受,通过爱的碰撞创造出意义。

(3)经受苦难。在困境中创造意义,这是在忍受不可避免的苦难时采取的某种态度。正如尼采所说:"知道自己为什么而活,便可承受一切。"

弗兰克写道:"每一个个体正是通过自身的独特性和唯一性来对彼此进行区分。正是这两个特性,将每个人生存的意义同创造性的工作和人性之爱联系起来。当一个人意识到他是无可取代之时,他就会意识到自己身处于世所背负的责任,他就会将这份责任发扬光大。当一个人意识到他需要承受来自他人的温情,当一个人意识到他需要完成未竟的事业,他就永远不会放弃自己的生命。因为他已经知道了自己生存的意义,所以他能坦然面对前方的任何挑战。"

大多数人的生活不需要面对像弗兰克那样的苦难,但是,人们一样在经历着生命中的坎坷。在平凡而略显无聊的日常生活里,在没有遇到生死攸关的问题中,也可以创造属于自己的意义。追寻生命的意义是个很大的题目,将如此宏大的意义分流到三个维度,就会发现不过是好好工作(学习)、爱生活、积极应对挫折。年轻的大学生们现在也许并不知道生命的意义何在,但是只要认真生活在当下,感受到自己的存在与价值,就是在不断地创造意义。

珍惜生命绝不是苟且偷生,而是劳动与创造,正是劳动和创造的实践才使人的生命具有意义和价值。积极寻求生命的意义是人生必修课,大学生要将无比珍贵的生命把握在自己的手中,努力扩展生涯、创造价值、丰富心灵,发现生命的意义。

 **心理悦读**

胡适的《人生有何意义》

胡适在《人生有何意义》中说:"人生的意义全是各人自己寻出来,造出来的:高尚,卑劣,清贵,污浊,有用,无用……全靠自己的作为。生命本身不过是一件生物学的事实,有什么意义可说? 一个人与一只猫,一只狗,有什么区别? 人生的意义不在于何以有生,而在于自己怎样生活。你若情愿把这六尺之躯葬送在白昼做梦之上,那就是你这一生的意义。你若发愤振作起来,决心去寻求生命的意义,去创造自己生命的意义,那么,你活一日便有一日的意义,作一事便添一事的意义,生命无穷,生命的意义也就无穷了。总之,生命本没有意义,你要能给他什么意义,他就有什么意义。与其终日冥想人生有何意义,不如试用此生作点有意义的事。"

(二) 创造生命的价值

人作为有生命的存在物,不同于一般生命,因为一般生命只是具有"物"的价值,而人的生命却具有"生命价值"。生命价值是人的价值的重要组成部分,在人的价值体系中处于最高地位。生命价值包括了人的自我价值和社会价值两方面。生命的自我价值是个体的生命活动对自己的生存和发展所具有的价值,主要表现为对自身物质和精神需求的满足程度。生命的社会价值是个体的生命活动对社会和他人所具有的价值。衡量生命的社会价值的标准是个体对社会和他人所做的贡献。自我价值是生命个体存在与发展的必要条件,社会价值是实现生命的自我价值的基础,因此生命的价值在于奉献社会和完善自我的统一。

裴多菲说:"生命的多少用时间计算,生命的价值用贡献计算。"生命的真正价值是进行有目的的社会实践活动,在实践活动中发现和寻找自己的自我价值和社会价值。人们认为劳动以及通过劳动对社会和他人作出的贡献,是社会评价一个人的生命价值的普遍标准。所以一个人生命的社会价值高低,不在于生命的长短,而是他对社会和他人的贡献高低。也就说,一个人对社会和他人所作的贡献越大,他在社会中获得生命价值的评价就越高。这个贡献可以是物质的,也可以是精神的,既包括生前所作的贡献,又包括对后代的影响。

生命的价值与意义赋予了人生活的动力、生存的目标,正如著名社会学家齐格蒙特·鲍曼所说,"意识到生命的短暂性使得人们只把价值寄托于永恒的延续性上,这间接地证实了生命的意义:无论我们的生命多么短暂,在出生与死亡之间的那段时间都是我们求得超越的唯一机会,是我们在永恒中获得立锥之地的唯一机会。"一个生命的价值是需要人们自觉地认识、规划和创造的,人的一生就是需要不断发展、创造、扩展,甚至跨越自身生命的一个历程。

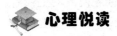 **心理悦读**

石头的价值

有一个生长在孤儿院中的小男孩,常常悲观地问院长:"像我这样没人要的孩子,活着究竟有什么意思?"院长总是笑而不答。

一天,院长交给男孩一块石头并对他说:"明天早上,你拿这块石头到市场上去卖,但不是真卖,记住,无论别人出多少钱,你都不能卖。"第二天,男孩蹲在市场角落,惊奇地发现,不少人对他的石头感兴趣,且价钱越出越高。回到院内,男孩兴奋地向院长报告这件事,院长笑笑,要他明天拿到黄金市场上去卖。在黄金市场上,竟然有人出比前一天高10倍的价钱买那块石头。最后,院长叫男孩把石头拿到宝石市场上去卖。结果石头的身价又涨了10倍,而且由于男孩怎么都不卖,竟被传为"稀世珍宝"。

男孩兴冲冲地捧着石头回到孤儿院,将这一切告诉了院长,院长望着男孩说:"生命的价值就像这块石头一样,在不同的环境下就会有不同的意义。一块不起眼的石头,由于你的珍惜而提升了它的价值。"

生命品质的高低取决于个体把自己的生命放在一个怎样的位置。当生命从社会和他人那里获得关注的时候,就具备了提高生命品质、创造生命价值的前提和基础。只要自己看重自己、自我珍惜,生命就会有意义、有价值。

(三)拓展生命的内涵

法国文学家托马斯·布朗爵士有这样一段富有哲理的名言:"你无法延长生命的长度,却可以把握它的宽度;无法预知生命的外延,却可以丰富它的内涵;无法把握生命的量,却可以提升它的质。"几百年来,这段话引发了无数人对生命价值的思考,给予无数人以人生的启迪。人的生命主要有三方面属性:长度、宽度与高度。长度是指一个人的寿命,宽度是指一个人生命的价值,高度是指一个人生命的最高境界。

人的生命太短暂,虽然一个人无法控制自己生命的长度,但可以拓展生命的宽度和广度,提升生命的高度,充盈生命的温度,实现人生时光的相对延长,让有限的生命厚重如山,通过对生命意义和价值的发现,将生命的有限推向永恒的无限。

1. 延展生命的长度

生命总是从无到有，从生到死的进程。生命的过程注定是有限的，人们无法将生命延长到自己理想的程度，但是可以善待生命，善用生命，努力将宝贵的生命时光活出精彩。然而有一些人保持一种透支生活的人生态度，在毫无节制的玩手机中度过大好时光，或不知昼夜地拼杀在网络游戏中，甚至抱着过把瘾就死的生活信念去吸毒、犯罪的。这样的生活价值观，实际上是缩短了真正的生命时光，不是好的生活态度。

时间对每个人都是公平的、无价的、一去不复返的。古罗马哲学家西塞罗说过："懂得生命真谛的人，可以使短促的生命延长。"物质生命是有限的，但精神生命是无限的。如果能够学习增添生命时光的智慧，就可以更好地丰富生命，延长人生的生物时间，得到更为理想的人生品质。

（1）树立强烈的时间观念与效率意识。如果在日常生活中树立了强烈的时间观念，加快人生的速度，最大限度地减少无意义的人生活动，增加有益、有价值的生活，便增加了单位时间内的意义量，也就相应延长了生命时间，使人生充满了无穷的活力。

（2）丰富精神生活与心理生活。人的心理时间是可变的，是可以达到无穷的。那么人生中摆脱时间限制的最好办法，莫过于丰富自我内在的精神生活与心理生活，精神生活与心理生活越丰富，自己所支配的心理时间就越多，从中获得的精神性时间就越趋于无穷尽，在某种程度上甚至获得了生命的不朽与永生。

（3）培育感恩之心。在人生中还应该拥有感恩的观念和胸襟，这样便能发现更多的人生意义。为自己在世间的任何所获而感激，无论获得的是好还是坏；为生而为人而感恩，无论自己的相貌是美还是丑，也无论是贫穷贵贱；为自己拥有如此之多而感激，无论失去多少，至少拥有无价的生命；为周遭的万事万物而感激……

（4）保持心灵的纯真。在当今高速发展的社会，日益激烈的竞争使得人们的心灵蒙上了尘埃，开始远离自然，不再纯真，所以人们更需要在生命过程中以纯净的心灵去感受自然、社会与人生，努力实现一种赤子式的存在状态，始终保有一颗赤子之心。正如老子所云："含德之厚，比于赤子。"让人生像新生婴儿一样返璞归真、接近自然。

2. 拓展生命的宽度

一个人的生命好比一个由许多块木板箍成的木桶，人的每一个方面都像一块板，出身、人格、情绪情感和意志、文化修养、为人处世、机遇运气、个人努力程度等呈现出不同，而最短的那一块"板"，将限定这个人生命的内涵。如果要增加生命的内涵，就要换掉那块短板，或者将短板加长。因此，大学生要对自己的生命做全面、深刻的思考，从而加宽生命的广度。一个人如果时常进行这样的思考，他的生活就不会落后，生命就会有光彩，生命的内涵就会更加充实、圆满。

当一个人生活状态的起伏越大之时，其人生的内涵其实越丰富，相对于一个生活状态稳定者，他就在相同的生物时间内获得了更长的生活实现。从这个角度来看，在人生过程中，人们不仅要去追寻幸福与顺境、快感与欢乐，而且要把痛苦、坎坷、悲伤等人生的负面经历，亦作为丰富其人生内涵的部分而坦然接受，这都是人生的经历与经验，都是人生时光的延长，从而是对生物时间的超越。拓展生命的宽度，意味着可能尝遍人生百味，阅尽世态炎凉。

拓展生命的宽度，最好的方法莫过于珍惜光阴，用知识、能力、奉献拓展生命的宽度。明末少年英雄夏完淳，五岁读经书，七岁能诗文，九岁写成《代乳集》，十二岁"谈论国事，凿凿其中"，可谓少年壮志，英气勃发。夏完淳十六岁时因痛心国事所作的《大哀赋》文采宏逸，辞情感人。十七岁被捕时临危不惧："人生谁无死，贵在死得其所。"他在狱中写下感人肺腑的《狱中上母书》和《遗夫人书》。他的生命长度虽然只有短短的十七个春秋，但在历史的舞台上，却演出了极其绚烂壮烈的一幕。

3. 提升生命的高度

生命是一个从成己到成人的心灵建构过程，这一过程彰显出来的是生命的高度。生命的高度标志着一个人的境界，而生命的境界在于生命的价值和意义。巴金说过："生命的意义在于付出，在于给予，而不是在于接受，也不是在于争取。"每个人都有自己的目标、自己的追求，也就会有自己的人生境界，也恰恰因为如此，每个人又都有不同的生命的高度。

哲学家冯友兰将人生划分为四个境界：自然境界、功利境界、道德境界与天地境界；美学家宗白华说人生有六个境界：功利境界、伦理境界、政治境界、学术境界、艺术境界和宗教境界；心理学家马斯洛把人的需要划分为生理的需要、安全的需要、爱和归属的需要、尊重的需要和自我实现的需要。尽管分类存在差异，但他们都把超越生理的、物质的、功利的和政治的境界向道德的、艺术的、宗教的境界攀升，实现人生的自我价值，作为人之为人的精神标识。所以，提升生命的高度就是要提升生命的价值。

人的生命长度是有限的，所以人要不断扩展自己的生命宽度。人在扩展自己生命宽度的过程中，就会不断地认识自己、奉献自己，于是人的生命就有了高度。所有生命的长度、宽度、高度的综合就形成了人的生命意义。我们要不断超越自己，不断提升生命的长度、宽度与高度，提高生命质量，使自己的生命更加精彩，人生更加美好，使这有限的人生旅途更有意义。

作为新时代的大学生，要把不可重复的生命、不可替代的生命和无比珍贵的生命把握在自己的手中，努力去扩展生涯，不断提高生活的能力，创造生命的价值，发现生命的意义，懂得爱护自然生命，提升精神生命，丰富社会生命，成就生命的和谐，过更有意义的人生，为幸福的人生奠定基础。

 **心理悦读**

用生命起舞的女人

廖智本来是一位美丽的舞蹈教师，然而在汶川地震中，她被埋 26 个小时，失去了双腿，失去了女儿，失去了婚姻……情感和身体上的双重打击，让廖智在地震后承载了常人难以想象的伤痛。廖智说："我的生命里面已经不剩下什么可以被我挥霍的，所以我必须珍惜每一天，我必须把握好每一天。"面对常人无法想象的灾难，廖智没有倒下，更没有逃避、放弃，她在绝望中一步步找回希望和梦想。她以坚强的毅力，用深爱的舞蹈向命运宣战，从雅安"最美志愿者"到《舞出我人生》节目决赛亚军，演绎出了一段段振奋人心的舞蹈，谱写了自己不平凡的人生。磨难与灾难并没有压垮廖智，她没有放弃希望，相反，灾难成了她最好的老师,让她学会了坚强和忍耐,在她写的《感谢生命的美意》这本书中,廖智讲述了她充满乐观的追梦之路,她用自己的努力证明,就算没有双腿,也可以在梦想的道路上勇敢前行。

第三节 应对心理的危机

小兰是某高职院校大三学生,即将毕业,正在努力找工作。小兰给老师和同学的印象是乖巧能干,从来不找别人的麻烦,成绩也不错。但没有人知道,事实上,小兰内心觉得很累,经常失眠,整晚都睡不好觉,有时还唉声叹气,一个人经常哭出来。宿舍里的同学小敏发现了她的异常,劝她去找辅导员谈一谈,或者去寻求心理咨询老师的帮助。小兰同意了,于是小敏陪着小兰一起去找了辅导员,在老师的帮助下,小兰在学校的心理健康教育中心预约了心理咨询。在心理咨询老师的帮助下,小兰终于打开了自己的心扉。

原来小兰从小就是留守儿童,父母都离家在外打工,她小时候跟着年迈的奶奶一起生活,一年难得见到父母几次。奶奶耳聋眼花,沉默寡言,小兰从小就感觉到孤独,幸亏她学习成绩很好,考上高中以后终于交到了一些好朋友,然而不幸的是最好的朋友在他们读高二的时候,突然自杀了。小兰无法接受这个事实,她无法理解,好朋友为什么会作出这种选择,甚至完全没有跟她说过,她感觉到非常孤独和绝望。从那时候开始,小兰总感觉到人生很黑暗,从此不再交关系密切的朋友,也很少和人交流,有时候甚至出现不如死了算了的想法。大三的时候她因为找工作的问题,这种情况更加严重,因为想到自己家境贫困,求职竞争让她压力很大。同时,她还想自己即将毕业,要去新的环境,认识新的人,觉得这对自己来说也是完全做不到的。在心理咨询室,她说自己连死的心都有了。经过诊断,小兰患有抑郁症,需要进行心理辅导和药物治疗。

从案例中的情况来看,很明显小兰处于心理危机当中,因为小兰不仅严重抑郁,还提到了有自杀的念头,而自杀是心理危机的极端表现。大学生在生活中如何提高自身的心理免疫力,预防危机的发生,自己面临危机时该如何处理,怎样识别他人产生心理危机的信号,如果周围的人产生心理危机该怎么提供帮助,这些问题都值得关注与思考。

一、心理危机概述

(一)什么是心理危机

心理危机这一概念最早由美国心理学家卡普兰提出,他认为心理危机是指"面临突然或重大生活事件(如亲人死亡、婚姻破裂或天灾人祸),个体既不能回避,又无法用惯常的方法来解决问题时所出现的心理失衡状态"。每个人在生活中都会遇到一些难以应付的重大问题或者难以适应的重大变化,这些困难和境遇会导致个人惯用的应对方式和资源失效,导致个体无力应对,这个时候会体验到失控感甚至绝望感,出现明显的情绪、认知和行为紊乱,这种状态就是心理危机。心理危机是因为个体意识到某一事件和情境超过了自己的应付能力而产生的心理失衡状态,而不是个体经历的事件本身。

首先,遭遇重大生活事件,是引发心理危机的外部原因,尤其是出乎人们意料发生的突发事件,如地震、恐怖袭击、传染疾病的暴发、重大车祸等。

其次,心理危机是人们面对自认为其自身现有的能力和方法不能克服或解决的困难或境遇时所产生的一种心理状态。

再次,心理危机是一种严重的心理失衡状态,会出现高度紧张、焦虑,难以自我控制,情感、认知和行为功能失调,心理处于崩溃边缘。

最后,心理危机是一种暂时性的心理失衡,如果及时调节和干预,可以使这种状态得到有效缓解和消除。

(二)心理危机的特征

1. 危险性与机遇性并存

心理危机有"危"的一面,也有"机"的一面。一方面心理危机是危险的,可以将当事人击垮,甚至使当事人出现严重的心理障碍和异常行为。出现心理危机时,如果应对不及时,干预不成功,就会给当事人带来严重的伤害和不良后果,甚至危及生命;另一方面心理危机也预示着成长的机会,因为危机的发生迫使当事人寻求帮助,借助于危机干预的力量实现突破,获得自我成长,所以危机可以带给当事人成长的契机。

2. 普遍性和特殊性共生

心理危机是普遍存在的,没有人能够完全幸免,因为一方面危机情境、危机事件在人生中普遍存在,另一方面每个人在人生发展历程中都要经历一些普遍存在的心理发展的阶段性危机。即使发生了心理危机,不同个体的反应和表现也是不同的,带来的影响、导致的危机状态也是不同的,这是心理危机的特殊性。

3. 复杂性和多变性相依

心理危机的各种症状和表现涉及当事人生活的各个方面,与当事人自身和所处的环境有密切的关系,所以出现的心理危机就显得尤为复杂,在进行干预时需要各方面的支持。另外心理危机的发展态势也时刻在发生变化,任意一个环节应对不当就有可能引发一连串的继发性危机,这是心理危机最显著的特征之一。这就要求当个体出现心理危机时,要根据当事人的不同特点,不同的危机事件,采取不同的应对措施。

4. 紧急性与渐变性为伍

心理危机的发展往往是出乎意料的,很多引发心理危机的情境和事件不可预见、不可控制,因此心理危机具有紧急突发性,需要进行紧急应对,迅速采取有效措施。心理危机也是一个动态发展的过程,每个发展阶段具有不同的特点,当事人会有不同的心理和行为表现。心理危机发生、发展的规律性,可以帮助人们更好地理解心理危机,为预防和干预心理危机提供条件。

(三)心理危机的类型

大学生在校期间经常遇到的心理危机主要有以下三类。

1. 发展性危机

发展性危机是指在正常的成长和发展过程中,遇到环境改变或自身生理变化等带来的异常应激反应。如高考、入学、失恋、求职、就业等都是可能导致发展性危机的原因,这些既是大学生成长过程中的必经阶段,更是新的挑战。大部分学生都能顺利度过,但也有少部分学生因缺乏足够的应对资源,导致危机的发生。

2. 境遇性危机

境遇性危机是指生活中出现突如其来的罕见或者超常性事件,个体无法预测和控制,包括自身遭遇的重大疾病、意外事故、亲人死亡、家庭婚变、失恋、被绑架、性侵害、突发流行疾病和自然灾害等。境遇性危机是无法预测的,是偶然碰到的,不是必然的,但对大学生来说是突发的、强烈的、震撼的和灾难性的。

3. 存在性危机

存在性危机是指由一些人生重要议题,如关于人生的意义、责任、自由、独立等而引起的心理的内部冲突和焦虑。作为大学生更喜欢探索人生,探索自我发展,探索生命存在的意义和价值,这种思考常常伴随着许多困扰,如果这些困扰无法得到正确的答案,就会使他感叹生命空虚无常,感到人生没有意义,陷入存在性危机之中。

二、大学生常见心理危机及影响因素

(一)大学生常见心理危机的表现

1. 环境适应问题

主要体现在不能适应从中学到大学阶段的转变,尤其是大一新生,无论是生活方式、学习方式还是交往方式都发生了很大的变化,环境和角色的改变,使很多学生感到不适应。有的学生会迷失方向和目标,茫然失落,加上学生的独立能力、自理能力普遍较弱,对家庭的依赖较大,容易陷入一种空虚的精神状态,感觉生活无聊、无助,有的学生甚至经常逃课、打网络游戏,不思上进,出现厌学现象。

2. 学业竞争压力

中学时代的学习常依靠家长和教师的严格要求,大学阶段却要靠自己,很多大学生的学习方式不能及时转变,独立学习能力不足,导致学业成绩不理想,感觉竞争压力加大,觉得自身没有丝毫优势,优秀的对手似乎无法超越,进而焦虑过度,自卑、放纵的思想席卷而来。一旦出现挂科太多、考试作弊、被要求退学等事件,更加容易产生心理危机。

3. 人际关系问题

人际关系对于大学生的心理健康有很大的影响,大学生中出现的心理危机常常是由人际关系的不协调导致的。长期的应试教育导致很多学生封闭自己,人际交往能力普遍较弱。进入大学后,面对陌生的人际关系往往无所适从,尤其是宿舍人际关系,处理不好很容易产生冲突,使他们体验到各种困难、焦虑和麻烦,而他们当中的一部分会选择逃避,从而封闭、压抑自己,最终出现心理问题。

4. 恋爱情感困扰

大学生恋爱问题已经成为不可回避的一个现实问题。面对感情,大学生理性不足而冲动有余,受单相思、失恋的干扰而影响学习,饱受折磨,进而导致精神空虚、自卑、内心焦虑等心理问题。个人感情受挫后如果处理不当,出现心理或行为异常,会造成一系列情感危机。

5. 求职就业压力

目前大学生就业形势严峻,家庭过高的期望与现实中不理想的就业状况相矛盾,无形中使大学生产生较大的心理压力。由于相当数量的大学生缺乏足够而必要的就业心理准备,毕业甚至未毕业时就出现了严重的就业心理压力,在心理上产生失落感,情绪低落,感到自卑和失望。有的大学生在求职中屡屡失败,身心疲惫,往往会发生心理崩溃,从而引发心理危机。

6. 突发事件危机

在人生道路上,大学生也会经历一些意外事件或难以克服的困难,如突然生重病、亲人亡故,遭遇抢劫、绑架、车祸、自然灾害等,都可能产生焦虑、抑郁、恐惧、无助等情绪,如这些困难不能进行有效的解决,负性情绪得不到及时缓解,大学生又缺少应对技巧和足够的社会心理支持资源,就很容易引发危机。

(二)影响大学生心理危机的主要因素

影响大学生发生心理危机的因素是多方面的,既有外在因素,如自然、社会和家庭等,也有大学生自身的内在因素。分析发生心理危机的影响因素,有助于预防和处理大学生的危机状况。

1. 社会环境影响

随着社会的进步,当今社会各行各业发展迅速、竞争激烈、节奏快、人际关系复杂、生活压力大,这些都大大增加了大学生的心理负担。不少学生缺乏稳定感和安全感,导致大学生从象牙塔到社会这个万花筒的整个适应过程变得更艰难,对于社会的一些重大变革,如文化意识、价值观念的转变无所适从。大学生就业形势的日趋紧张,竞争日益激烈,使大学生不可避免地产生了择业求职的焦虑,有的学生不能计划自己的开支,陷入"校园贷"的危机之中。另外,现在网络媒体发达,大学生无意识地从网络上受到了一些消极负面事件的影响,也对心理危机的形成具有暗示和诱导的作用。

2. 家庭影响因素

心理危机和一个人家庭结构的异常、家庭教育方式的不当有着密切的联系。如家庭不完整,父母离异后双方关系处理不当,或父母之间关系紧张,有留守儿童成长经历的大学生等往往会缺乏安全感,极易产生自卑、自闭心理,在遇到挫折时容易采取极端手段。还有一些家庭父母教育方式不当,有过高期望、干涉和指责,一旦大学生觉得达不到家长的要求,就会缺乏成就感,自我形象降低,形成心理危机。当今大学生多为独生子女,往往受到父母的过分保护和宠爱甚至溺爱,造成了他们心理脆弱,承受挫折能力有限。

3. 大学生自身因素

大学生自身因素也是发生心理危机的内在因素。大学生心理危机的发生和个体对事件的认知评价、自身的个性特点、压力应对机制和社会心理支持等都有很大的关系。

（1）对事件的认知评价。个体的压力反应不是环境因素的直接结果，而是个体对情境和事件认知评价的产物。个体通过对某一事件的认知和主观感受，评估它是否威胁自身的心理平衡，以及个体可用来应对此压力的资源有多少，进而采取有效的应对策略。如果个体对事件的认知评价是客观的、积极的，则问题被解决的可能性会大大提高；反之，则容易发生心理危机。

（2）自身的个性特点。有的大学生在个性方面存在明显缺陷，如性格过于孤僻、敏感多疑、自卑、抑郁、依赖性强等，承受挫折、意外打击和适应环境的能力较差。在情绪、情感上具有不稳定性，自信心低，独立处理问题的能力差，行为冲动欠理性，缺少应对挫折的心理弹性，一旦受到意外打击，如失恋、家庭变故、竞争失败等，往往精神上容易发生崩塌、行动上茫然无措，容易逃避现实，不能采取积极有效的措施来应对出现问题。

（3）压力应对机制。人们在日常生活中学会了运用各种手段应对焦虑和减少紧张，逐步形成了一定的解决压力的应对机制。有的大学生遇到压力事件以后，没有恰当有效的应对机制，不会或者不愿求助他人或者专业的心理机构，往往自我封闭，不与人交往，自己默默忍受，导致承受的压力越来越大，危机便会随之产生。

（4）社会心理支持。人的本质是社会化的，个人依赖周围的人提供的内在、外在的评价而存在。对个体而言，获得确定的评价的意义比其他任何事都更为重要。这是人们应对大量压力时重要的心理支持资源。这种重要的支持资源一旦丧失或没能发挥或支持失当，面对压力的个体将变得无比脆弱、失衡，并进一步产生危机。

大学生在自然、社会、家庭等外在因素的影响下，遭遇重大应激事件时，由于自身心理素质和应对机制的局限，应对方式不当，应对能力不足，又无法获得有效的社会支持，就很容易产生心理危机。

三、心理危机可能产生的后果

心理危机是一种正常的生活经历，并非病理过程。在大学阶段难免会面临着环境适应、学业、恋爱、人际关系、竞赛、创业、就业等各种压力性事件，应对的方法不同，结果也就不同。对于大多数大学生来说，危机反应无论在程度上还是在时间上，都不会给生活带来永久或者极端的影响，他们需要的只是时间，安然渡过以后，就能够逐步恢复对现状和生活的信心。心理危机可能产生的后果包括两个方面，即危险性后果和机遇性后果。

1. 危险性后果

（1）会造成伤害。当事人因承受不住强烈的刺激，而自伤自毁，企图以结束生命寻求解脱，如果周围的人没有识别到危机信号，并进行及时干预，会造成非常严重的后果。

（2）导致心理疾病。当事人无力应对心理危机，又得不到及时的帮助与有效的干预时，会因承受不了严重的打击而内心崩溃，出现严重的心理障碍，甚至导致精神失常等严重的心理疾病。

（3）遗留心理创伤。有些当事人暂时渡过了心理危机，表面上看起来已经恢复了心理平衡，但却可能因此而造成了心理创伤，给今后的生活带来阴影，当再次遇到同样的危机事件或者类似的经历时，这些埋在心底的创伤就会再次浮现，严重影响正常的生活，甚至重新陷入危机中。

2. 机遇性后果

危机是化了妆的天使，如果当事人应对得当，干预有效，不仅能够顺利渡过危机，而且能获得成长的机会。

（1）学会应对危机。如果当事人可以在危机中积极寻求外界的帮助和支持，并充分调动自身的能量，发展出更有效、更灵活的应对机制，最终运用正确的策略和方法，使自己避免处于心理失衡的状态，顺利渡过心理危机，那么当事人会在危机应对的过程中领略到有效的策略，学会解决问题的方法。

（2）获得成长和改变的动力。当事人可以顺利地渡过心理危机，这一结果本身就会大大地激发他战胜困难和挫折的勇气，可以帮助他获得生命的成长和改变的动力，让他有信心、有斗志接受未来生活的挑战，不断创造与实现自我的生命价值。

（3）促进人格的成熟和完善。当事人在应对危机的过程中，需要调动自我的所有能力和资源，需要经受严峻的意志品质考验，需要有相对成熟的人格特点，需要有强大的挫折承受力和解决问题的能力，才能顺利地渡过危机。危机应对会让他的人格更加成熟和完善，战胜心理危机的历程就是塑造健全人格的过程。

四、积极应对心理危机

（一）积极预防心理危机

1. 积极应对压力

压力是环境促使人作出改变或者选择时的个人感受，如果环境需求超过了个人的处理能力，就会感到压力。适度的压力能够激发人们生活和学习的动力，但是过度强烈和持久的压力，容易引发心理危机，所以作为大学生首先要学会压力管理，积极应对压力。

第一，要正确认识压力。人生中难免会遇到许多意料之外的事情，也会遭遇许多困难和逆境。但是并非所有的事情带来的都是压力，将它们看作一种挑战，反而会使压力转化为奋发向上的动力。

第二，要积极面对压力。大学生要正确看待生活中发生的意外和事故，改变能改变的，接受不能改变的。遇到难以逾越的困境，不能逃避和退缩，要直面压力，了解压力来自哪里，积极寻求解决问题的办法。如果总是逃避压力，会使问题越积越多，压力越来越大，产生恶性循环。

第三，要提高应对压力的能力。不能改变环境的时候，需要增强自我调适能力，提高应对压力的能力，才能够使自己在面对各种压力时游刃有余。如果找到了适合自己的排解压力的途径，掌握了一些放松的方法，疏解压力的技巧和解决问题的技能，学习、掌握了心理成长策略，就能够进行有效的自我调节，提高应对压力和解决问题的能力。

2. 树立乐观的心态

乐观是积极人格的核心品质，也是人们幸福生活的核心要素。乐观的人努力用更加开放、欣赏的眼光去看待他人，提倡用主动乐观的心态看待事物，追求普通人的幸福、发展和快乐。大学生应学会以积极的态度看待人性，培养积极健康的心理素质，采取积极的生活态度，用积极的心态解读世界，对人的发展和幸福生活给予积极的关注。

（二）及时识别心理危机

当人们遭遇危机事件后，不可避免地会出现一些身心反应，表现为情绪、认知、心理、行为的异常，一般也会有各种求助信号。可以依据大学生个人长期的成长环境、个性特征，是否遭遇的具体的触发事件等，识别大学生的心理危机。具体有以下几个方面。

（1）是否有较大的自身难以应对和承受的生活事件、危机情境、突发性变故的发生，比如说亲人去世、失恋、重大人际冲突等。

（2）是否出现了心理失衡，是否出现了认知活动效率下降，如注意力不能集中，记忆力下降，思维能力和活跃程度降低，做决定和解决问题的能力受影响；出现了难以控制的不良情绪，比如高度的忧郁、紧张、焦虑、愤怒、痛苦、沮丧等情绪体验；出现了行为消极改变，比如学习和工作积极性下降，对于原来喜欢的活动，参与的热情下降，脾气变坏，与人交往的兴趣下降等。

（3）是否出现了一些生理上的不良变化，如失眠、头痛、心慌、食欲不振、胃部不适等症状。

（4）社会支持资源的状况，比如与家庭、同学、老师的关系，是否能够得到他人的主动关心以及有没有主动寻求帮助的意识。

（三）科学应对心理危机

1. 学会积极自助

自助即当自己遇到心理危机时，自己帮助自己渡过难关。危机中，在强烈的负面情绪状态下，一个人的认知能力会下降，认知反应会走极端，表现为"绝对化""概括化""糟糕至极"等不合理信念。这种以偏概全的不合理思维方式，常常使人过分关注某项困难而忽略解决方法。正如古希腊哲学家埃皮克迪特斯的那句名言："人不是被事物本身所困扰，而是被其对事情的看法所困扰。"如果此时能积极地调整自己的认知，寻求积极的解决问题的方法和途径，危机也就迎刃而解。

2. 利用支持及时求助

个体面对自己无法应对的危机时，能够及时寻求他人的帮助，从而顺利地渡过危机，这本身就是一种十分重要的自助能力。当危机发生时，如果自己想尽各种办法，利用各种资源都无法解决，就要及时、主动地寻求社会支持，向同学、朋友、亲人、老师等求助，或者寻求专业组织机构的支持，这些人员或机构可以分别在心理、经济、信息等方面给予当事人帮助和支持，尽可能地帮助其渡过心理危机。

此外，在遇到心理危机时，主动向学校心理咨询机构求助，寻求专业人员的帮助，也是大学生必须具备的意识和能力。专业的心理咨询人员会借助专业知识，帮助当事人有效地应对心理危机。遭遇心理危机后，往往会出现一些应激的症状，如失眠、情绪低落、食欲不振等，通常情况下这些应激反应都会在一周左右减少或者消失，如果这些症状持续两周以上，就说明需要寻求专业的帮助了。

创伤后应激障碍（post-traumatic stress disorder，PTSD）是指人在遭遇或对抗重大压力后，心理状态产生失调的后遗症。可以使人产生这类障碍的经验包括生命遭到威胁、严重物理性伤害、身体或心灵上的胁迫，如战争、地震、严重的流行疾病、严重灾害、严重事故、被强暴、受酷刑、被抢劫等。PTSD发病多数在遭受创伤后数日至半年内出现。当出现PTSD的症状时，也需要寻求专业的帮助。

 知识拓展

PTSD临床症状

（1）持续地重新体验到创伤事件。

① 反复闯入性地痛苦回忆起创伤事件，包括印象、思想或知觉。

② 反复而痛苦地梦到创伤事件。

（2）对创伤伴有的刺激作持久的回避，对一般事物的反应显得麻木。

① 努力避免有关此创伤的思想、感受或谈话。

② 努力避免会促使回忆起此创伤的活动、地点或人物。

③ 不能回忆此创伤的重要方面。

④ 很少参加有意义的活动或没有兴趣参加。

⑤ 有脱离他人或觉得他人很陌生的感觉。

⑥ 情感范围有所限制（例如不能表示爱恋）。

（3）警觉性增高，症状表现为以下几点。

① 难以入睡，或睡得不深。

② 易发怒。

③ 难以集中注意力。

---

3. 转"危"为"机"获得成长

面对心理危机，若能够正确地认识心理危机的症状表现、特征及常见的类型，那么就具备了应对心理危机的意识和知识。如果能不断提高自己的危机应对能力，树立乐观的心态，学会自助、求助，就能很好地预防心理危机的发生。经历了危机的大学生也必将把危机转化为机遇，获得自我的成长。

（四）心理危机的干预

心理危机干预是一项技术性很强的专业工作，一般由专业人员实施。同学们可以做的、应该做的是发现心理危机的信号，及时向学校心理健康教育中心和学院辅导员、班主任反映，及时报告可以有效地避免悲剧的发生，使陷入心理危机者得到最大限度的帮助，因此这种报告不是贬义的告密，是关心当事人、对同学负责的最好体现。由于普通同学不是专业人员，对心理危机的信号难以辨别，可能会误报或者错报，但宁可报错，也不可漏报，这一点大学生应该牢记。除了报告外，大学生还可以根据老师的布置对当事人给予及时的关注和力所能及的支持与帮助，比如基本的生活照顾，更多的关心和体谅，不评判的倾听和陪伴等。

知识拓展

每一个生命都能被挽留

让每个家庭都有足够的能量，每个家庭成员都感到幸福，从而有足够的"拉力系统"抵御自杀的念头，是根本不可能的。林昆辉说，如果那样，"希望24热线"早就停办了。中国每年至少有200万人自杀，这其中只有很少一部分人会拨打热线求助。"即使有24小时热线，但仍然有很多电话被漏接。"林昆辉希望每个人都能成为自杀危机干预的志愿者，为挽留更多生命而努力。

那么，我们如何成为自杀危机干预的志愿者呢？林昆辉说，每个有自杀念头的人，其实都有"六变三托"，即六种巨大的改变和三种托付的征兆。

"六变"是指性情、行为、花钱、言语、身体、环境的改变。

性情改变：原来腼腆羞涩的人变得飞扬跋扈，原来阳光开朗的人变得孤独和害羞。

行为改变：做自己不应该做的事、不做自己应该做的事时没有愧疚感。

花钱改变：无论是给别人还是给自己，钱都花光。用钱来交代和这个世界、和某些人的关系。

言语改变：分以下四个阶段。

第一阶段：总是谈生命的意义和价值，从某本书、某个观点里努力寻找自己活下来的理由，找不到就觉得自己该死。

第二阶段：找死的理由，死亡的价值、仪式、费用和程序。

第三阶段：怎么死？询问自杀的方法，在网上寻找，吃什么药、吃多少等。

第四阶段：经常会提到"死"字，比如天气冷会抱怨"冻死好了"，稍不如意就说"干脆死了算了"。

身体改变：出现急性或者慢性重病的人都会出现自杀的想法。

环境改变：天灾人祸、家毁人亡，越坚强的人越有自杀的危险。因为坚强，他们得到的关心、在乎、支持的概率就更小，"拉力系统"渐渐匮乏，敌不过"推力系统"而走向极端。

"三托"：托人、托事、托物。

托人：突然向亲友嘱咐、要求或委托，加强对某人的照顾。

托事：突然把自己的重大事件要求或委托他人代为执行或完成。

托物：突然将身边的重要文物、玩物或宠物要求或委托他人代为照顾或保护。

如果发现身边有自杀倾向、采取过自杀行为的人，我们要做到的是"三规六禁"。

"三规"是指陪、听、说。

陪：温柔体贴、和颜悦色、展露感情地陪伴，表达关爱，照顾起居生活。陪是如影随形地陪同，上楼跟后面，下楼挡前面，绝不让当事人离开自己的视线。

听：原则是只听不说，不说是指不对当事人提问，而随时准备好听当事人说话，对方一有说话的征兆，陪同者就要在第一时间转头看对方并作倾听状。千万不要边听边说，问东问西，尤其是问原因。

说：如当事人长时间（整天）不说话，陪同者才可对他说话，但不是提问，只说生活琐事，不劝善（不要告诉他自杀是错的，不要自杀等）；不责骂，不哭哭啼啼，不抱怨，不哀求；

控制好自己的情绪,不问他为什么想自杀,而是通过告知家中每个人身上发生的事情,重建当事人与家庭以及实体生活的"连接",重建其"拉力系统"。

"六禁":

不要劝善,诉说人生有多美好。

不要规过,要求别再做错事。

不要哀求,责怪当事人让你伤心哭泣、生病。

不要责骂,生气辱骂责备当事人。

不要抱怨,责怪当事人引起大家生活的不便与困扰。

不要质问,逼问事件发生的原委。

人生不如意事十之八九,从不如意、不快乐、不幸福以至痛苦,生命就这样从生向死。但是,没有什么比死更可怕,也没有什么比生命更为珍贵。所以,爱自己的同时也爱身边的人,彼此相信和陪伴,而不是指责、伤害甚至相看两厌,建立坚不可摧的"拉力系统",是我们每个人来到这个世界的责任和意义,也是最好的危机干预和预防自杀的方法!

 心理测试

测测你的心理压力有多大

心理压力的自我测试可根据日本大学医学部调查研究报告编制的一份诊断表来进行。

这个诊断表列举了 30 项自我诊断的症状,如在这些症状中,你出现了 5 项,属于轻微紧张型,只需多加留意,注意调适休息便可以恢复;如有 11～20 项,则属于严重紧张型,需要重视,可以选择进行心理咨询;如果在 21 项以上,那么就会出现适应障碍的问题,需要引起特别的注意。

1. 经常感冒,且不易治愈。

2. 常有手脚发冷的情形。

3. 手掌和腋下常出汗。

4. 突然出现呼吸困难的苦闷窒息感。

5. 时有心脏悸动现象。

6. 有胸痛情况发生。

7. 有头重感或头脑不清醒的昏沉感。

8. 眼睛很容易疲劳。

9. 有鼻塞现象。

10. 有头晕眼花的情况发生。

11. 站立时有发晕的情况。

12. 有耳鸣的现象。

13. 口腔内有破裂或溃烂情况发生。

14. 经常喉痛。

15. 舌头上出现白苔。

16. 面对自己喜欢吃的东西,却毫无食欲。

17. 常觉得吃下的东西像沉积在胃里。

18. 有腹部发胀、疼痛的感觉,而且常下痢、便秘。

19. 肩部很容易坚硬酸痛。

20. 背部和腰经常疼痛。

21. 疲劳感不易解除。

22. 有体重减轻的现象。

23. 稍微做一点事就马上感到很疲劳。

24. 早上经常有起不来的倦怠感。

25. 不能集中精力专心做事。

26. 睡眠不好。

27. 睡觉时经常做梦。

28. 在深夜突然醒来时不易继续入睡。

29. 没有兴趣与他人交际应酬。

30. 稍有一点不顺心就会生气,而且时有不安的情况发生。

 心理训练

(一) 我的生命线

活动目的:画出个人的人生路线图,帮助自己对人生的过去和未来有更清晰的认识。
活动步骤:

(1) 准备一张白纸和一盒彩笔,将纸横向放,在纸的中部,从左至右画一条长长的横线。长短随意,但长比短好,当然可以按照自己的喜好决定。然后给这条线加上一个箭头,让它成为一条有方向的线。就像这样:——————————→

(2) 请你在线条的左侧,写上"0",在线条右方,箭头的旁边,写上你为自己预计的寿命。可以写88,也可以写100。然后,请在这条线的最上方写上你的名字,再写上"生命线"三个字。游戏的准备工作就完成了。

这个线条代表了你的生命长度。它有起点,也有终点,你为它规定了具体的时限。这条线就是你脚步的蓝图。无论你走到哪里,都走不出它的坐标系。

(3) 请按照你为自己规定的生命线长度,找到你目前所在的那个点。比如你打算活75岁,你现在只有25岁,那么就在整个线段的1/3处留下一个标志。之后,请在标志的左边,即代表着过去岁月的部分,把对你有着重大影响的事件写出来。比如7岁你上学了,就找到和7岁相对应的位置,填写上学这件事。注意,如果你觉得是件快乐的事,就用鲜艳的笔写在生命线的上方,如果你觉得非常快乐,就把这件事的位置写得更高些。相反,假如10岁时,你的祖母去世了,她的离世给你造成了极大的心理创伤,就在生命线10岁的位置下方,用暗淡的颜色把它记录下来。或17岁时高考失利,你十分痛苦,就继续在生命线的相应位置下方留下记录。依此操作,就可用不同颜色的彩笔和位置的高低,记录下自己在今天之前的生命历程。

看一看,数一数,在影响你的重大事件中,是位于横线之上的部分多? 还是下边的多? 上升和陷落的幅度是怎样的?

(4) 在标志的右边,把你这一生想干的事都标出来。如果可以,尽量把时间注明。根据它们将带给你的快乐和期待的程度标在线上方的不同位置。如果它是你的挚爱,就用鲜艳的笔高高地填写在生命线最上方;如果是可能会发生的不幸,不妨用黑笔将它们在生命线的下方大略勾勒出来,这样生命线才称得上完整。

活动感悟:这个游戏可以帮助你看清自己人生波澜起伏的过程,承认自己的局限,接纳自己的悲哀和沮丧,同时也看到自己未来希望的发展方向和可能遇到的挫折。

无论回首过去还是展望未来,都要注意你是活在当下的。

生命线不是掌握在别人手里,它只有一个主人,就是你自己。生命最宝贵之处,并不是它的长度,而是它的广度和深度。如果能很精彩地过好每一分钟,那么这些时间的总和也必定精彩。

(二) 成长三步曲

活动目的:成长三步曲描述了人一生成长的缩影,通过石头、剪刀、布决定成长中的三种状态,即“鸡蛋”“小鸡”“大鸡”——最后变成“人”。此练习的目的在于帮助同学们正视成长过程中的失败,将其看成成长的一种方式。

活动步骤:

(1) 游戏从“鸡蛋”开始,每个人都是“鸡蛋”,抱成团蹲在地上,与同类进行猜拳,如果赢了,就进化成“小鸡”。变成“小鸡”后再与“小鸡”猜拳,如果赢了,就进化成“大鸡”。成为“大鸡”如果再赢了,就成长为“人”。

(2) 与同类猜拳时,输的一方自动退化为前一个状态。

(3) 晋升为“人”的可以在旁边观察大家的举动。

活动分享:

(1) 有些同学始终是“鸡蛋”,此时的感受如何?

(2) 有的同学多次即将成为“人”时,但又被挫败为“鸡蛋”,感受如何?

(3) 一路顺利成长的同学有何特别的感受?

(4) 如何看待成长过程中的失败?

(5) 在这个过程中有何特别的发现?

(三) 改变不良认知,积极拥抱挫折

活动目的:正确对待挫折

活动步骤:

(1) 积极心理学创始人之一塞利格曼的 ABCDE 记录介绍。“人生逆境十之八九”,挫折是普遍存在的。法国作家巴尔扎克说:“挫折就像一块石头,对于弱者来说是绊脚石,让你却步不前;而对于强者来说却是垫脚石,使你站得更高。”引起挫折感的不是事件本身,而是人们对事件所持有的态度和看法。

塞利格曼在埃利斯的情绪 ABC 理论的基础上,发展了他的认知治疗技术,其中最关键的是做 ABCDE 反驳记录。ABCDE 反驳记录是指在一个不愉快事件之后,仔细倾听自己的想法,观察这个想法带来的后果,然后无情地反驳这个想法,观察自己成功地处理悲观念头所获得的激励,再将这些都登记下来。具体格式如下。

A(activating events)不愉快的事件:

B(belief)当事件发生时自动浮现的念头、想法:

C(consequence)这个想法所产生的后果:

D(disputation)反驳:

E(energization)成功进行反驳后所受到的激励:

(2) 请同学们回忆进入大学后都遇到过什么挫折? 以自己的挫折事件为例,进行 ABCDE 记录。

例如:我是一名教师,在课上不小心说错了一个词,我很尴尬。一个学生指着我说:"天哪! 你太弱了!"我揣着满满的负能量回到办公室,办事的效率降低了,而且可能会被负面情绪影响一整天。

我尝试用 ABCDE 模式去反驳。

A 不愉快事件:在课上我不小心说错了一个词,我很尴尬。一个学生指着我说:"你太弱了!"

B 念头:我太丢脸了! 而且被学生这样嘲笑了! 更气人的是,我怎么会说错? 我真怀疑自己是不是真的适合这份工作,我的能力真的足够吗? 我很惭愧……

C 后果:我很沮丧,回到办公室后,觉得做什么都做不成,我还做错了一张表格! 可能我真的不行吧!

D 反驳:或许我把事情想得太严重了。谁还没犯过错? 我不应该因一次小错误就否定我的全部啊! 其实对于这份工作,我还是有不少优势的。再说了,学生说我"太弱了",是他第一时间的反应,我猜这是因为他以前犯错时,别人曾经这么说过他,所以他也学过来了。我不应该把这一句评价看得那么重。还有,作为教师,在学生面前犯了错,我应该从此一蹶不振呢,还是借助这个机会,教他们如何面对自己犯下的错误? 是的,我想我会选择后者。他们会理解我、尊重我的,他们一直如此……

E 激励:我的心情已经平静多了,我想我知道接下来该怎么做了。下节课,我就去大方承认自己的错误,接着告诉他们我的心情,或许,他们也会跟我分享他们的经历和心情。太好了,我在这件事中获得了成长,他们也会的。

(3) 让学生每 4 人一组,共同练习做塞利格曼 ABCDE 记录。

(4) 团体分享今天训练的感受。

 **推荐资源**

(一) 书籍《活出生命的意义》(作者:[美]维克多·弗兰克尔)

《活出生命的意义》(见图 10-2)的作者、著名心理学家维克多·弗兰克尔是 20 世纪的一个奇迹。纳粹时期,作为犹太人,他的全家都被关进了奥斯威辛集中营,他的父母、妻子、哥哥都死于毒气室中,只有他和妹妹幸存。弗兰克尔不但超越了这炼狱般的痛苦,更

图 10-2　书籍《活出生命的意义》

将自己的经验与学术结合，开创了意义治疗法，替人们找到绝处再生的意义，也留下了人性史上最光彩的见证。

作者在奥斯威辛集中营，即使每时每刻都面临着死亡的威胁，仍然可以选择做有意义的事情：可以把自己的面包分一点给其他人，可以安慰生命垂危的人，可以选择原谅伤害自己的人。

弗兰克尔一生对生命充满了极大的热情，67 岁开始学习驾驶飞机，并在几个月后领到驾照，80 岁时登上了阿尔卑斯山。他并不是当年集中营里被编号为 119104 的待决囚徒，而是让人的可能性得以扩大的圣者。

（二）书籍《生命的重建》（作者：[美]露易丝·海）

露易丝·海是最负盛名的美国心理学专家、著名作家和演讲家，她是全球"整体健康"观念的倡导者和"自助运动"的缔造者，她帮助千千万万的人重塑了健康状态，提升了生命质量，被世界各地的媒体亲切地称为"最接近圣人的人"。露易丝·海揭示了追求身心和谐的心理模式，她认为每个人都有能力采取积极的思维方式，实现身体、精神和心灵的整体健康。

《生命的重建》（见图 10-3）被全世界读者誉为"人类身心健康的福音书"。跟随现代人的心灵导师露易丝·海，一起穿越生命的痛苦与孤独，解放心灵，找到生命的价值，给自己一次重建美好人生的机会。

图 10-3　书籍《生命的重建》

图 10-4　电影《当幸福来敲门》

（三）电影《当幸福来敲门》[美]

如果一个电影可以让你感动流泪，如果一个电影可以代表你的某种愿望，如果一个电影值得你无数次地拿出来细细品味，如果一个电影可以让你无数次地找到某种似曾相识的感觉……假如我的计算机里只珍藏一部电影，我会选择这部父子情深的励志电影——《当幸福来敲门》（见图 10-4）。

影片讲述了一位濒临破产、妻子离家的落魄业务员克里斯·加德纳，如何吃苦耐劳地尽责任，奋发向上成为股市交易员，最后成为知名的金融投资家的励志故事。

幸福需要我们不断追求，需要我们像克里斯那样不停地奔跑，勇敢面对生活中的困苦，不时擦去脸上的泪与汗，因为我们还要不断地追求。

（四）电影《无问西东》[中]

"无问西东"四字来自清华大学的校歌"立德立言，无问西东"，是一种青春态度。影片讲述了四个不同时代却同样出自清华大学的年轻人，他们对青春满怀期待，也因为时代变革在矛盾与挣扎中一路前行，最终找寻到真实自我的故事。四个故事看起来毫无关联，但是看完之后，会发现整个剧情串联得非常巧妙，穿越了百年时光，直到现代，张果果道出了泰戈尔问题的答案，也就是全篇的主旨：你们会因绿芽冒出土地而欣喜，会因初生的朝阳欢呼跳跃，也会给别人善意和温暖，也不要在为别人付出的同时忘记了自己的珍贵，爱你所爱，行你所行，听从你心，无问西东。

电影（见图 10-5）里面有一句台词："这世道不缺完美的人，缺的是从自己心底里给出的真心、正义、无畏和同情。"在成长过程中，每个人都面临纷繁的选择，受到万事万物的干扰和阻碍。拥有属于自己的价值观，并始终坚守，才能勇往直前，成就属于自己的"生命意义"。

图 10-5　电影《无问西东》

生命列车

参考文献

一、文献类

[1] 克里斯托弗·彼得森. 打开积极心理学之门[M]. 侯玉波,王非,译. 北京：机械工业出版社,2016.

[2] 阿伦·卡尔. 积极心理学——关于人类幸福和力量的科学[M]. 郑雪,等译. 北京：中国轻工业出版社,2008.

[3] 任俊. 积极心理健康：幸福快乐的科学[M]. 北京：开明出版社,2019.

[4] 郭念锋. 国家职业资格培训教程心理咨询师(基础知识)[M]. 北京：民族出版社,2011.

[5] 钱铭怡. 心理咨询与心理治疗[M]. 北京：北京大学出版社,1995.

[6] 马丁·塞利格曼. 活出最乐观的自己[M]. 洪兰,译. 沈阳：万卷出版公司,2010.

[7] 许燕. 人格心理学[M]. 北京：北京师范大学出版社,2009.

[8] 丹尼尔·戈尔曼. EQ情感智商[M]. 耿文秀,查波,译,上海：上海科学技术出版社,1997.

[9] 罗伯特·斯滕伯格. 爱情心理学[M]. 李朝旭,等译. 北京：世界图书出版公司,2010.

[10] 艾里希·弗罗姆. 爱的艺术[M]. 李建鸣,译. 上海：上海译文出版社,2008.

[11] 盖瑞·查普曼. 爱的五种语言[M]. 王云良,等译. 北京：中国轻工业出版社,1992.

[12] 卡尔·罗杰斯. 充分发挥作用的人[M]. 林方,译. 北京：华夏出版社,1987.

[13] 维克多·弗兰克尔. 活出生命的意义[M]. 北京：华夏出版社,2010.

[14] 马丁·塞利格曼. 持续的幸福[M]. 赵昱鲲,译. 杭州：浙江人民出版社,2012.

[15] 罗纳德·理查森. 超越原生家庭[M]. 牛振宇,译. 北京：机械工业出版社,2018.

[16] 维吉尼亚·萨提亚,约翰·贝曼,简·格伯,玛利亚·葛莫莉. 萨提亚家庭治疗模式[M]. 聂晶,译. 北京：世界图书出版公司,2007.

[17] 苏珊·福沃德,克雷格·巴克. 原生家庭——如何修补自己的性格缺陷[M]. 黄姝,王婷,译. 北京：北京时代华文书局,2018.

[18] 芭芭拉·弗雷德里克森. 积极情绪的力量[M]. 王珺,阳志平,译. 北京：中国人民大学出版社.

[19] 丛扬洋. 找到意想不到的自己——萨提亚模式与自我成长[M]. 武汉：武汉大学出版社,2015.

[20] 任俊. 写给教育者的积极心理学[M]. 北京：中国轻工业出版社,2010.

[21] 刘儒德,等. 教育中的心理效应[M]. 上海：华东师范大学出版社,2006.

[22] 罗崇敏. 生命·生存·生活(高等学校)[M]. 昆明：云南人民出版社,2008.

[23] 毕淑敏. 心灵七游戏[M]. 长沙：湖南文艺出版社,2018.

[24] 张大均,吴明霞. 大学生心理健康[M]. 北京：清华大学出版社,2007.

[25] 江光荣,吴才智. 大学生心理健康教育[M]. 武汉：华中师范大学出版社,2012.

[26] 樊富珉. 团体心理咨询[M]. 北京：高等教育出版社,2005.

[27] 古典. 拆掉思维里的墙[M]. 北京：中国书店出版社,2010.

[28] 桑志芹. 青春阳光之路——大学生心理健康教程[M]. 南京：南京大学出版社,2010.

[29] 成光琳,王淑芳. 大学生心理健康教育[M]. 北京：高等教育出版社,2018.

[30] 杨兢,周靖. 大学生心理健康导读[M]. 北京：首都师范大学出版社,2012.

[31] 李春华,贾楠. 大学生心理健康指导[M]. 北京：机械工业出版社,2019.

[32] 王官成,刘艺. 阳光心灵伴我成长[M]. 北京：机械工业出版社,2019.

[33] 肖淑梅,彭彤. 高职大学生心理健康[M]. 北京：机械工业出版社,2019.

[34] 叶星,邹斌. 大学生心理健康指导[M]. 大连：大连理工大学出版社,2019.

[35] 刘庆明,赵生玉. 新编大学生心理健康[M]. 大连：大连理工大学出版社,2019.

[36] 周李俐,周丽玉. 高职生心理健康与发展[M]. 北京：清华大学出版社,2019.

[37] 何少颖. 新编大学生心理健康教育与训练[M]. 2 版. 北京：高等教育出版社,2017.

[38] 雷鸣,王琛. 幸福心理学[M]. 北京：机械工业出版社,2016.

[39] 傅琼,康海燕. 大学生心理健康教程[M]. 北京：科学出版社,2014.

[40] 吴继霞,黄辛隐. 大学生心理健康学[M]. 上海：学林出版社,2007.

[41] 杨世昌,黄国平. 大学生心理健康教育教程[M]. 北京：人民卫生出版社,2014.

[42] 包陶迅. 现代生活与心理健康[M]. 沈阳：辽宁教育出版社,2012.

[43] 王晓钧,郭田友,张玮. 管理心理学[M]. 北京：高等教育出版社,2016.

[44] 季建林. 自杀预防与危机干预[M]. 上海：华东师范大学出版社,2006.

[45] 方舟. 珍爱生命[M]. 北京：北京理工大学出版社,2008.

[46] 李媛,刘基. 心理健康训练手册——成功心理素质[M]. 北京：高等教育出版社,2010.

[47] 杨秀君. 心理素质训练[M]. 上海：上海交通大学出版社,2010.

[48] 朱育红,潘力军,王爱丽. 大学生心理健康教育课堂互动手册[M]. 上海：华东理工大学出版社,2015.

[49] 邢群麟. 哈佛大学教授给学生讲的 200 个心理健康故事[M]. 北京：中央编译出版社,2007.

[50] 任俊,叶浩生. 积极：当代心理学研究的价值核心[J]. 陕西师范大学学报：哲学社会科学版,2004,33(4)：106-111.

[51] 王甫勤. 大学生寝室人际关系影响因素的实证研究[J]. 大学教育科学,2008(1)：84-89.

[52] 刘玉新,张建卫,金盛华. 社会支持与人格对大学生压力的影响[J]. 心理学报,2005(1)：92-99.

[53] 张建卫,刘玉新,金盛华. 大学生压力与应对方式特点的实证研究[J]. 北京理工大学学报(社会科学版),2003(1)：7-11.

[54] 张锦坤,杨丽娴. 测试效应：致力于有效学习的一项基础研究[J]. 心理科学,2011,34(05)：1101-1105.

[55] 安芹,吴玉珊,王茹,曹娟. 青少年自我分化与亲子关系、同伴关系：有调节的中介效应[J]. 中国临床心理学杂志,2018,26(05)：1026-1029＋1033.

[56] 张红霞. 当代大学生面临的生命困惑及其疏解[J]. 中州学刊,2015(08)：79-82.

[57] 杨娟,冯永辉. 以心灵的和谐培植出心理健康之花——生命视阈下的大学生心理健康教育[J]. 教育文化论坛,2019,11(05)：44-50.

[58] 王娟. 父母婚姻冲突处理策略与青少年同伴冲突处理策略的关系[D]. 西南大学,2015.

[59] 唐文辉. 大学生亲子冲突及其建设性转化的研究[D]. 南京师范大学,2018.

[60] 张玉梅. 高校生命教育内容及路径研究[D]. 首都师范大学,2008.

二、慕课类

[1] 盛佳伟,等. 大学生心理健康. 中国大学慕课. https://www.icourse163.org/learn/USTB-1003037004? tid=1003248003#/learn/announce

[2] 柯晓扬,等. 高职心理辅导与教育. 中国大学慕课. https://www.icourse163.org/learn/NTAC-1001752150? tid=1003213024#/learn/announce

[3] 李媛,等. 心理健康与创新能力. 中国大学慕课. https://www.icourse163.org/learn/UESTC-235011? tid=1003108017#/learn/announce

[4] 康海燕,等. 大学生心理健康. 中国大学慕课. https://www.icourse163.org/learn/NBCC-437003?

tid＝1206736201♯/learn/announce

[5] 陈秀珍，吉家文. 大学生心理健康教育. 中国大学慕课. https：//www.icourse163.org/learn/HNJMZYJSXY-1003786004？tid＝1004018004♯/learn/announce

[6] 朱逢九. 大学生心理健康教育指导. 中国大学慕课. https：//www.icourse163.org/learn/NJUST-1206281806？tid＝1207308202♯/learn/announce

[7] 顾永红，等. 家庭塑造人——让生命更有质感. 中国大学慕课. https：//www.icourse163.org/learn/CCNU-1205930802？tid＝1206755215♯/learn/announce

[8] 陈昌凯. 心理学与生活. 中国大学慕课. https：//www.icourse163.org/learn/NJU-1001573001？tid＝1206950235♯/learn/announce

[9] 唐湘宁，等. 心理科普——大学生心理健康. 中国大学慕课. https：//www.icourse163.org/learn/NJUPT-1206359807？tid＝1450334460♯/learn/announce

[10] 雷鸣，王琛. 幸福心理学. 中国大学慕课. https：//www.icourse163.org/learn/SWJTU-1206448817？tid＝1206785221♯/learn/announce

[11] 蒋娇，等. 心理健康教育. 中国大学慕课. https：//www.icourse163.org/learn/NJCC-1206697848？tid＝1207017260♯/learn/announce

[12] 何少颖，等. 大学生心理健康教育. 中国大学慕课. https：//www.icourse163.org/learn/FZU-1002329032？tid＝1205911212♯/learn/announce

[13] 余瑞玲，等. 心理健康教育. 中国大学慕课. https：//www.icourse163.org/learn/NYIST-1206688850？tid＝1207129206♯/learn/announce

[14] 赵生玉，等. 大学生心理健康教育. 中国大学慕课. https：//www.icourse163.org/learn/WZZY-1207360802？tid＝1207709201♯/learn/announce

[15] 叶晓璐. 高职生心理健康教育. 中国大学慕课. https：//www.icourse163.org/learn/ZJITC-1453073166？tid＝1453507448♯/learn/announce

[16] 成光琳，等. 大学生心理健康教育. 中国大学慕课. https：//www.icourse163.org/learn/HNJMXY-1002127006♯/learn/score

[17] 郭洪芹，等. 大学生心理健康教育. 中国大学慕课. https：//www.icourse163.org/learn/HZIC-1205905816？tid＝1450016444♯/learn/announce

[18] 彭凯平. 积极心理学. 学堂在线. https：//next.xuetangx.com/course/THU07111001088/1515870（上），https：//next.xuetangx.com/course/THU07111001089/1510461（下）

[19] 耿睿，等. 大学新生适应指南. 学堂在线. https：//next.xuetangx.com/course/thu04011002686/1520531

[20] 李雄鹰. 大学生心理健康教育. 学银在线. http：//www.xueyinonline.com/detail/206974810

[21] 李艳. 大学生心理健康教育. 学银在线. http：//www.xueyinonline.com/detail/209918550

[22] 赵雪. 大学生心理健康教育. 学银在线. http：//www.xueyinonline.com/detail/204877138

[23] 万秋红. 大学生心理健康教育. 学银在线. http：//www.xueyinonline.com/detail/201841980